GESCHICHTE UND GEGENWART

Arbeitsbuch Geschichte

Ausgabe für Realschulen in Baden-Württemberg

Herausgegeben von
Hans Ulrich Rudolf und Edgar Walter

Band 2

Vom Beginn der Neuzeit bis zur Industrialisierung

Bearbeitet von
Arno Baur, Horst Buszello, Ursula Löfflmann,
Hans Ulrich Rudolf, Edgar Walter

24642

Ferdinand Schöningh, Paderborn

Auf dem Einband:

Vorderseite: **Barrikadenkampf in Berlin am 18. März 1848.** Zeitgenössische Lithographie
Rückseite: **Die Nationalversammlung in der Frankfurter Paulskirche 1848.** Zeitgenössische Lithographie

Die Verfasser dieses Bandes:

Arno Baur verfaßte die Seiten 166—192 und 208—214; Prof. Dr. Horst Buszello S. 8—43 und 56—67; Ursula Löfflmann S. 126—165; Prof. Dr. Hans Ulrich Rudolf S. 7, 44—55 und 68—102; Prof. Edgar Walter S. 103—125 und 193—207.

Bildmaterial stellten zur Verfügung:
Archiv Gerstenberg, Frankfurt/M. 156, 196, 200; Archiv für Kunst und Geschichte, Berlin 102; Badisches Generallandesarchiv Karlsruhe 46, 173; Biblioteca Medicea Laurenziana, Florenz 13; Bibliothèque Nationale, Paris 79, 80, 86, 91, 94, 115; Bildarchiv Preußischer Kulturbesitz, Staatsbibliothek Berlin 8, 14, 97, 125, 130, 135, 138, 148, 161, 191, Einband; Federau, Hamburg 16; Geographische Verlagsgesellschaft Velhagen & Klasing und Herm. Schroedel 183; Girandon, Paris 82/83, 84, 87, 109, 111, 112/113, 118, 122, 131; Hauptstaatsarchiv Stuttgart 44, 49, 51; Heimatmuseum/Stadtchronik Villingen-Schwenningen 175; Historisches Museum, Frankfurt/M. 153; Institut für Auslandsbeziehungen, Stuttgart 20; Keystone, München 14; Landesbildstelle Württemberg, Stuttgart 44; Nationalbibliothek, München 178; Nationalgalerie, Berlin 166/167; Pineider, Florenz 13; Propyläen Verlag, Berlin 126; Rockenstein, Überlingen 168; Sammlung Schäfer, Obbach 166; Scala, Florenz 8; Stadtarchiv Kassel 139; Toledo Museum of Art, Toledo/USA 36; Universitätsbibliothek der TU Berlin 184/185; Verlag der Europ. Bücherei H. M. Hieronimi, Bonn (Foto Serraillies) 20; Verlag Gruner+Jahr, Hamburg 192; Verlag Mondadori, Verona 105; Verlag Thorbecke, Sigmaringen 56, 62, 63, 64; Verlag Westermann, Braunschweig 95; Verlagsarchiv Schöningh, Paderborn: Wagener, Müllheim/Bd. 157.

ISBN 3-506-24642-0

Inhaltsverzeichnis

DIE INDUSTRIELLE GESELLSCHAFT VOR PROBLEMEN: DIE SOZIALE FRAGE 193

Vorwort

Liebe Jungen und Mädchen!

Wir Verfasser dieses Buches meinen, daß euch die Geschichte nur etwas nützt, wenn ihr über sie nachdenkt und Fragen stellt. Deshalb haben wir kein Lesebuch, sondern ein Arbeitsbuch gemacht. Ereignisse und Zusammenhänge werden euch also in der Regel nicht erzählt, sondern ihr sollt sie selbst — mit Hilfe von Quellentexten, Bildern, Karten und anderen Materialien — vergegenwärtigen und durchdenken.

Warum ist das Thema wichtig?

Ihr solltet zuerst einmal wissen und verstehen, warum ihr euch mit einem bestimmten Geschichtsthema überhaupt beschäftigen sollt. Eine Hilfestellung dazu geben wir euch zu Beginn jeden Großkapitels auf den gelbgefärbten

Einleitungsseiten.

Wie arbeiten wir mit dem Buch?

Zuerst braucht ihr einige Informationen, um einen Ausgangspunkt für Fragen zu schaffen. Dazu dienen Texte mit

Berichten, Informationen, Zusammenfassungen.

Und nun seid ihr an der Reihe! Mit Hilfe der verschiedenen Materialien:

Quellen
Biographien
Sonstige Materialien

sollt ihr berichten, rekonstruieren, vergleichen, zusammenfassen, diskutieren und bewerten. Damit ihr merkt, wie wir uns diese Arbeit gedacht haben, folgen auf die Materialien

Fragen und Arbeitsanweisungen.

Eine weitere große Hilfe dabei ist das

Arbeitsheft*.

Wie können wir die Ergebnisse sichern?

Damit die Ergebnisse eurer Arbeit nicht verloren gehen, solltet ihr manches wiederholen und vertiefen. Dies ermöglichen

Arbeitsfragen, Arbeitsheft, Zeitleiste und Worterklärungen!

Viel Freude und Erfolg bei der Arbeit!

Wir würden es begrüßen, ab und zu von euch zu erfahren, wie ihr mit dem Buch zurecht kommt, was euch daran gefällt, oder was ihr gerne anders hättet.

---

* Ein Arbeitsheft ist eng mit dem Schülerbuch verklammert. Es enthält ca. 50 Arbeitsblätter. Sie helfen, Probleme und Zusammenhänge, also Arbeitsergebnisse anschaulich zu machen, zu vertiefen oder gar auszuweiten (Best.-Nr. 24652).

Eine neue Zeit bricht an: Entdeckungen – Erfindungen – Reformation

Im 15. Jahrhundert schrieb ein Italiener aus Florenz diese Sätze:

Erst in unserer Zeit [sind] Kunst [und Wissenschaft] wieder auf dem Wege, sich aus der Finsternis zu erheben. Gelehrte Männer bringen sie zu neuer Blüte, [nachdem] sie den Menschen vor mehr als 800 Jahren verlorengingen.
Die Menschen unserer Tage sollten Gott danken, daß sie in dieser neuen Zeit geboren wurden — einer Zeit voll Hoffnung und Versprechen . . . Ich sehe den Tag kommen, an dem Philosophie, Wissenschaft und Kunst sich erneuern — und zwar aus der Weisheit der alten Griechen und Römer.

(D. Hay (Hg.), The Renaissance Debate, New York 1965, S. 9 f.; eig. Übers.)

So wie dieser Autor dachten damals noch andere Menschen. Sie alle hatten das Gefühl, am Beginn einer neuen Zeit zu stehen, in der nach Jahrhunderten der „Finsternis" Kunst und Wissenschaften wieder aufblühten. Das große Vorbild war das Altertum, die Antike; Kunst und Weisheit jener Zeit sollten zu neuem Leben erweckt, sollten wiedergeboren werden. Wiedergeburt heißt im Französischen „renaissance" (sprich: renäsángs). Mit diesem Wort nennen wir die Zeit des 15. und frühen 16. Jahrhunderts das Zeitalter der *Renaissance**.
Sicherlich können wir die Verachtung jener Menschen für das Mittelalter nicht teilen. Doch in einem Punkt denken wir wie sie; auch wir sind der Meinung, daß damals eine neue Zeit begann.
Während des ganzen Mittelalters waren die Menschen am Äußeren der Welt kaum interessiert. An einem Menschen war nicht der Körper, sondern allein der Geist, die Seele wichtig; deshalb sind Menschen auf mittelalterlichen Bildern für unser Empfinden so ungenau und unnatürlich dargestellt. Eine Landschaft finden wir auf Gemälden jener Zeit so gut wie gar nicht. Erst gegen Ende des Mittelalters änderte sich diese Einstellung. Jetzt sollte auch das Äußere, ein menschlicher Körper, ein Tier oder eine Landschaft, naturgetreu dargestellt werden; Bilder sollten auch ein Abbild der sichtbaren Wirklichkeit sein.
Dazu mußte man jedoch erst einmal genau hinschauen und exakte Studien treiben: Wie sieht ein Mensch wirklich aus? Wie bewegen sich Menschen und Tiere? Wie sehen wir eine Landschaft?
Fragen wie diese aber waren der Beginn moderner Wissenschaft und Technik, die heute unser aller Leben bestimmen.
Bereits im 15. und 16. Jahrhundert machten Forscher zwei große Entdeckungen. Sie erkannten,
— daß die Erde die Gestalt einer Kugel hat und daß es auf ihr mehr Kontinente gibt, als man bislang angenommen hatte
— daß nicht die Erde, sondern die Sonne der Mittelpunkt unserer Welt ist.

Der neue Geist machte auch vor der Religion und der Kirche nicht halt.
— Hier entdeckten viele Menschen einen Widerspruch zwischen den Geboten Christi und der Wirklichkeit. Der Versuch, die Kirche von Mißständen zu reinigen (d. h. sie zu reformieren), führte zu einer bis heute andauernden Spaltung der Kirche in Katholiken und Protestanten.

Unbekannter böhmischer Meister, Madonna mit dem Kind (Glatzer Madonna), um 1350 (Berlin, Gemäldegalerie)

Raffael, Madonna mit dem Stieglitz, um 1507 (Florenz, Uffizien)

Leonardo da Vinci, Frauenhandstudien, ▷ um 1500 (Windsor, Royal Library/England)

Rechts: **Leonardo da Vinci, Die Muskeln des menschlichen Beines,** 1505/08 (Windsor, Royal Library/England)

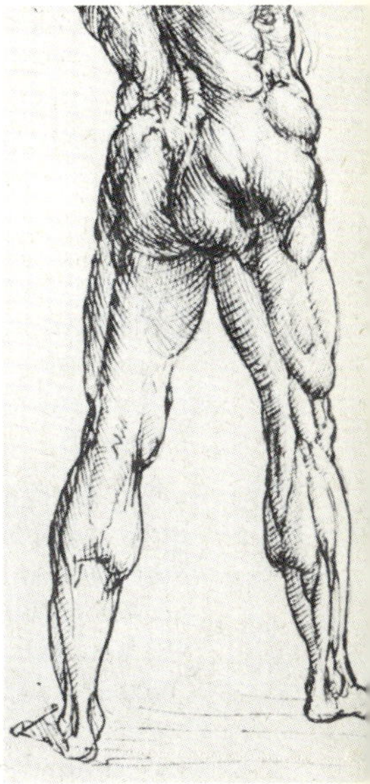

1. Christoph Kolumbus entdeckt einen neuen Kontinent: Amerika

Welche Gestalt hat die Erde?

Während des Mittelalters hielten sich die Seefahrer nur in der Nähe bekannter Küsten auf. Ihre Schiffe und Geräte erlaubten keine Fahrt aufs offene Meer. Auch glaubten sie, sie würden zu Eis erstarren oder von der Sonne verbrannt werden, wenn sie zu weit nach Norden oder nach Süden segelten; im Westen fürchteten sie große Meeresungeheuer, die jedes Schiff verschlingen. So ist es nicht verwunderlich, daß die Menschen jener Zeit nur eine ungenaue Vorstellung von der Gestalt der Erde hatten.

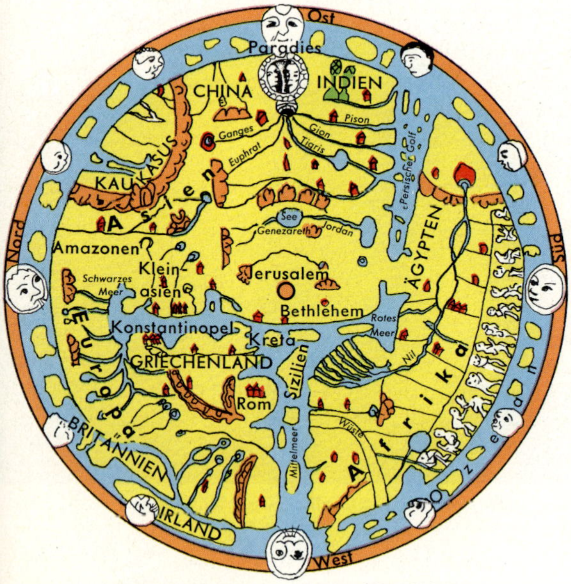

Das Weltbild des hohen Mittelalters. Londoner Psalterkarte, 13. Jahrhundert

Das Weltbild des endenden Mittelalters. Weltkarte des Fra Mauro aus Venedig, Mitte des 15. Jahrhunderts

Für die Menschen des Mittelalters war die Erde eine flache Scheibe inmitten eines riesigen Meeres.

a) *Stelle anhand der beiden mittelalterlichen Weltkarten fest, welche Kontinente damals bekannt waren.*
b) *Auf beiden Karten sind einige Orte besonders hervorgehoben, auch sind Menschen und Gegenstände eingezeichnet. Versuche, sie zu deuten.*
c) *Vergleiche die beiden Weltkarten. Haben die geographischen Kenntnisse vom 13. bis zum 15. Jahrhundert Fortschritte gemacht?*

Portugiesische Seefahrer waren die ersten, die bisher unbekanntes Land entdeckten. Mit neuen seetüchtigen Schiffen und verbesserten Geräten wagten sie sich an der Küste Afrikas immer weiter nach Süden vor. — Was war der Grund für diese Fahrten? Entdeckerfreude und Abenteuerlust reichen zur Erklärung sicher nicht aus. Etwas anderes kam hinzu. Seit 1453 beherrschten die Türken das gesamte östliche Mittelmeer (s. dazu die Karte auf S. 12). Jederzeit konnten sie die alten Handelswege von Europa nach Indien unterbrechen; die Preise für die begehrten Luxusgüter aus Asien (Gewürze, Edelsteine, Seide, Farben, Gold usw.) stiegen.

In Afrika fanden die Portugiesen keine Schätze. Doch im Jahre 1497 umsegelte Vasco da Gama die Südspitze Afrikas, das Kap der Guten Hoffnung; im folgenden Jahr erreichte er Indien. Damit hatte er eine neue Route, den Seeweg nach Indien gefunden.
Die Fahrten der Portugiesen hatten gezeigt, daß die Erde viel größer ist, als man bisher angenommen hatte. Zur gleichen Zeit wurde aber auch die Frage laut: Hat die Erde wirklich die Gestalt einer flachen Scheibe? Hat sie nicht die Gestalt einer Kugel? Mehrere Beobachtungen sprachen für diese Annahme. So erscheinen — um nur ein Beispiel zu nennen — Schiffe am Horizont des Meeres nicht sofort in voller Größe, sondern allmählich von oben nach unten.

Wenn die Erde wirklich eine Kugel sein sollte, dann lag darin eine große Chance.

1474 schrieb der Gelehrte Paolo Toscanelli aus Florenz an einen Bekannten in Portugal:

Schon früher habe ich mit Dir über einen kürzeren Seeweg zu den Gewürzländern gesprochen, als derjenige es ist, welcher über Guinea [in Afrika] führt. Nun wünscht der König [von Portugal] von mir eine noch bessere und leichtere Erklärung . . . Am besten könnte man alles an einer Kugel, welche die Erde darstellt, zeigen; dennoch will ich den neuen Seeweg auf einer Karte verdeutlichen, die ich eigenhändig entworfen habe und Seiner Majestät zusende . . . Darauf nenne ich die Gewürzländer das westliche Gebiet, obwohl sie gewöhnlich als das östliche bezeichnet werden. Denn auf dem Seeweg liegen jene Länder [von uns aus gesehen] im Westen; nur auf dem Landweg liegen sie im Osten . . . In einem der berühmtesten Häfen [dort], mit Namen Zaiton, gibt es so viele Handelsschiffe wie sonst nirgends auf der Welt. Dies wird so behauptet. Auch behauptet man, daß in jenem Hafen jährlich hundert große Schiffe mit Pfeffer ablegen — nicht gerechnet die Schiffe, die andere Gewürze geladen haben . . . Dieses Land sollten wir aufsuchen, nicht nur, weil ungeheure Schätze von Gold, Silber und Edelsteinen sowie an Gewürzen . . . von dorther gewonnen werden können, sondern auch wegen der vielen gelehrten Männer, die es dort gibt . . .

(F. Dickmann (Bearb.), Renaissance, Glaubenskämpfe, Absolutismus = Geschichte in Quellen, Bd. 3, München [2]1976, S. 39 f.)

Die Erdkarte des Toscanelli aus dem Jahre 1474. Cippangu = Japan. (Rekonstruktion nach Wagner)

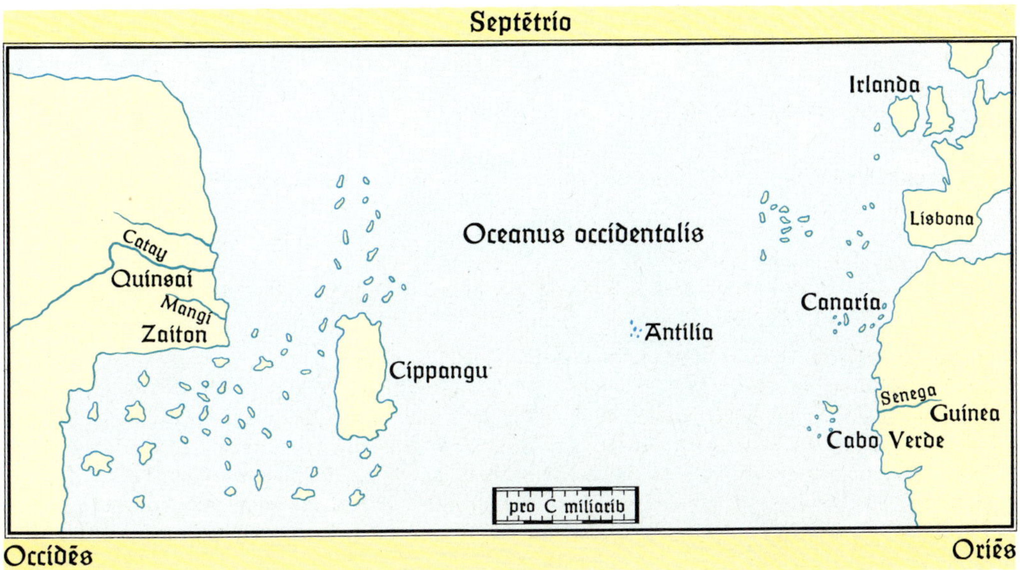

a) *Erläutere die Ausführungen des Toscanelli über die Gestalt der Erde anhand des Textes und seiner Karte.*

b) *Aus welchem Grund war der portugiesische König an den Ideen des Toscanelli interessiert? — Der Inhalt des Briefes gibt einen deutlichen Hinweis.*

Die Fahrt nach Westen

Die Anschauungen des Toscanelli kannte auch ein Mann aus Genua, Christoph Kolumbus (ca. 1450—1506). Auf zahlreichen Reisen hatte er das Mittelmeer und den Atlantik befahren; er war ein begabter und erfahrener Seemann. Nun wollte er die *Westfahrt* nach Indien wagen. Zuerst verhandelte er mit dem König von Portugal; doch dieser wies ihn schließlich ab. Mehr Glück hatte er bei den Herrschern Spaniens, König Ferdinand und Königin Isabella. Nach langen Verhandlungen rüsteten sie ihm drei Schiffe aus.

In einem Vertrag wurden die gegenseitigen Rechte und Pflichten genau festgelegt:

Als Entschädigung für das, was Christoph Kolumbus im Dienst der [spanischen] Könige entdecken wird, versprechen wir ihm auf seine Bitte hin folgendes:

1. Wir ernennen ihn zum Admiral über alle Inseln und Festländer, die er entdeckt. Nach seinem Tode sollen seine Erben dieses Amt erhalten ...
2. Wir ernennen ihn zum Vizekönig und Statthalter aller entdeckten Länder ...
3. Vom Reinertrag aller Waren, die in diesem Gebiet gehandelt werden, soll er für sich $^1/_{10}$ behalten dürfen; die übrigen $^9/_{10}$ gehören den spanischen Königen ...

(F. Dickmann (Bearb.), Renaissance, Glaubenskämpfe, Absolutismus, S. 44 f.)

a) *Welche Hoffnungen und Wünsche bewogen Kolumbus zu seiner Reise nach Westen?*

b) *Warum ließen sich die spanischen Herrscher auf das Abenteuer des Kolumbus ein? Was erwarteten sie?*

Am 3. August 1492 verließen drei Schiffe den spanischen Hafen Palos. Kolumbus selbst fuhr auf der „Santa Maria".

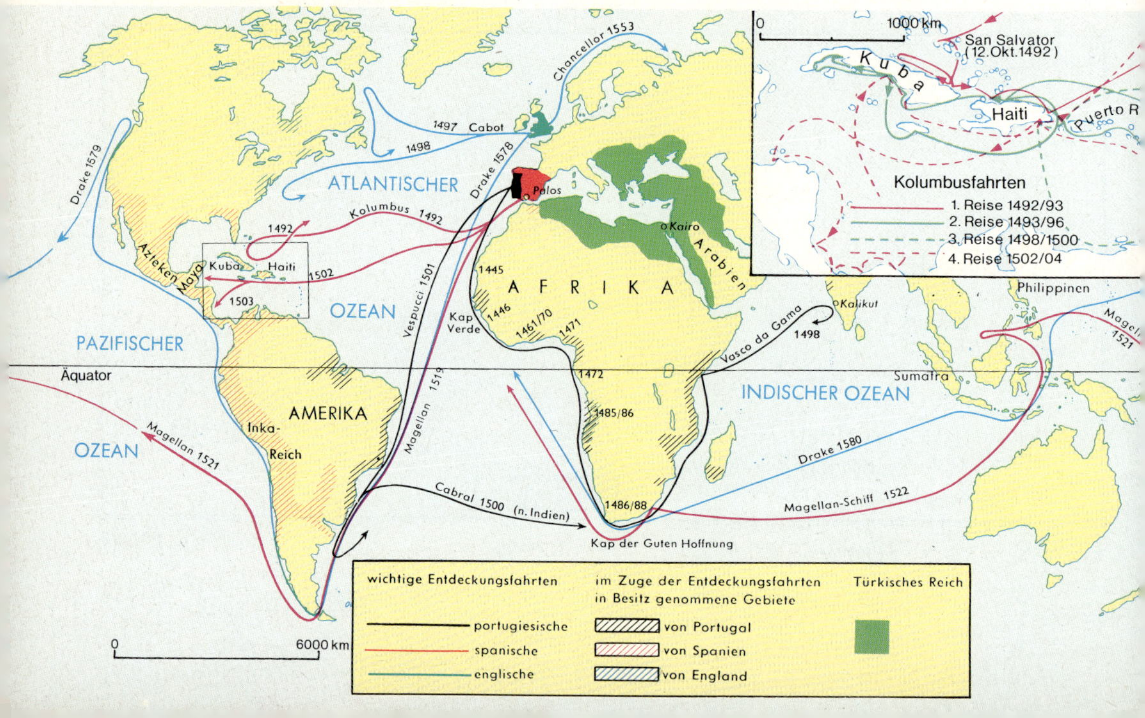

In einem Tagebuch hat Kolumbus den Verlauf der Reise genau festgehalten. Unter dem Datum des 11. und 12. Oktober steht der folgende Eintrag:

Wir erblickten einige Vögel und ein grünes Schilfrohr . . ., einen Stock, ein kleines Brett, einen Grasbüschel und den Ast eines Dornbusches mit roten Früchten . . . Um zwei Uhr morgens kam das Land in Sicht . . . Bei Anbruch des Tages gelangten wir zu einer Insel, die in der Indianersprache Guanahani hieß [Kolumbus nannte sie San Salvador] . . . In einem bewaffneten Boot begab ich mich an Land. Dort hißte ich die königliche Flagge . . . Im Namen des Königs und der Königin nahm ich die genannte Insel in Besitz . . . Sofort versammelten sich zahlreiche Eingeborene am Strand . . . Ich schenkte ihnen rote Kappen und Halsketten aus Glas; sie brachten uns Papageien, Baumwolle, lange Wurfspieße . . . Sie gingen nackt umher . . . Sie führten keine Waffen mit sich . . . Ich zeigte ihnen unsere Schwerter; aus Unkenntnis faßten sie sie an der Schneide an und schnitten sich. Denn sie besaßen kein Eisen; ihre Spieße waren nur Stäbe ohne Eisen, die an der Spitze mit einem Fischzahn oder einem anderen harten Gegenstand versehen waren.

(G. Guggenbühl / H. C. Huber (Hgg.), Quellen zur Geschichte der Neueren Zeit = Quellen zur Allgemeinen Geschichte, hg. v. G. Guggenbühl, Bd. 3, Zürich [2]1956, S. 7—10)

a) *Verfolge anhand der Karte auf S. 12 den Reiseweg des Kolumbus.*

b) *Erläutere seine erste Amtshandlung auf der neu entdeckten Insel.*

c) *Wie beschrieb Kolumbus die Eingeborenen? Was bedeutet vor allem die Feststellung, daß sie noch kein Eisen kannten?*

Drei Monate segelte Kolumbus noch umher; er entdeckte Kuba und Haiti. Am 15. März 1493 landete er mit zwei Schiffen wieder in Palos; die Santa Maria war vor Haiti auf Grund gelaufen.
Kolumbus hatte auf seiner Reise erkannt, daß er nicht in China, schon gar nicht in Indien gelandet war. Doch war er bis zu seinem Tode fest davon überzeugt, einige Inseln vor der Küste Chinas entdeckt zu haben. Erst ein anderer Seefahrer, Amerigo Vespucci (sprich: Wesputschi) aus Florenz, stellte 1504 fest, daß die Länder jenseits des Atlantik zu einem neuen, bisher unbekannten Kontinent gehörten. Nach ihm heißt dieser bis heute Amerika.

Amerika. Ausschnitt aus einer Weltkarte, entstanden um 1525 in Sevilla/Spanien ▷

— *Diese Karte entstand ca. 30 Jahre nach der Entdeckung Amerikas. Für welchen Teil Amerikas besaß man bereits gute Kenntnisse; welche Gebiete galt es noch genauer zu erforschen? Nimm einen modernen Atlas zu Hilfe.*

Tempelpyramide (der Maya in Chichen Itzá). Die Pyramide ist 24 Meter hoch. Der Tempelbau ist 6 Meter breit und 4,50 Meter tief. Die neun Pyramidensockel symbolisieren neun Bereiche der Unterwelt. Die Gesamtzahl der Treppenstufen zusammen mit der Stufe zum Haupteingang des Tempels stellt die 365 Tage des Jahres dar.

2. Nach den Entdeckern kommen die Eroberer: Das Beispiel des Hernán Cortés

Das Reich der Azteken

Anfangs waren die spanischen Entdecker nur auf kleinere Indianerstämme gestoßen, deren Unterwerfung nicht allzuviel Mühe kostete. Dies änderte sich jedoch, als sie auf das mittel- und südamerikanische Festland vordrangen.
In Mittelamerika, im heutigen Mexiko, lag das Reich der Azteken. Erst 1518 hatten die Spanier davon Kenntnis erhalten; ein Jahr später begannen sie mit der Eroberung. Unter Führung des Hernán Cortés drangen etwa 600 Mann von der Küste ins Landesinnere vor. Indianerstämme, die den Azteken feindlich gesinnt waren, schlossen sich dem spanischen Heer an.

Cortés wird von einem Indianerstamm gastlich empfangen; neben ihm seine indianische Dolmetscherin Marina. Zeichnung nach dem verbrannten „Leinentuch von Tlaxcala"

Kundschafter berichteten dem Aztekenherrscher Montezuma II. von den Fremden:

Sehr entsetzt war [Montezuma], als er vom Feuergeschütz hörte, wie es donnert ... Und wie ein Berg zusammenstürzt, wenn eine Kugel ihn trifft, und wie ein Baum zerpulvert wird, wenn eine Kugel ihn trifft ... Lauter Eisen ist die Kriegstracht der Fremden ... Sie reiten auf dem Rücken ihrer Hirsche, hoch wie Dächer sind sie dadurch ... Und ihre Hunde sind sehr groß — mit gefalteten Ohren, mit großen, hängenden Lefzen, mit feurigen, flammenden Augen ... Montezuma fürchtete sich sehr, er war in großer Angst.

(J. Jahn, Das Herz auf dem Opferstein. Aztekentexte, Köln o. J., S. 268 f.)

— *Welchen Eindruck machten die Spanier auf die Indianer? (Erkläre zunächst einige Ausdrücke im Text, die dich sicherlich verwundern.)*

In der Stadt Tenochtitlan

Am 8. November 1519 erreichte Cortés die Hauptstadt des Aztekenreiches, Tenochtitlan. Montezuma begrüßte die Spanier feierlich als seine Gäste; als Quartier gab er ihnen einen Palast in der Stadt. Die Azteken hielten die Spanier anfangs sogar für Götter, die — entsprechend einer alten Weissagung — nun wiedergekommen seien.

Über die Stadt Tenochtitlan berichtete Cortés in einem Brief an den spanischen König:

Die große Stadt Tenochtitlan liegt in einem Salzsee ... Sie hat vier Zugänge auf aufgeschütteten Dämmen ... Ihre Hauptstraßen sind sehr breit und gradlinig; sie sind zur einen Hälfte feste Wege und zur anderen Hälfte Kanäle, auf denen die Kähne fahren ... Die Stadt hat viele Plätze, auf denen ständig Markt stattfindet ... Es gibt in dieser großen Stadt viele sehr gute und sehr große Häuser ..., weil alle großen Herren des Landes, Vasallen* des Montezuma, ihre Häuser in der Stadt haben und dort einige Zeit im Jahr wohnen. Aber auch sonst gibt es in ihr viele reiche Bürger, die ebenfalls schöne Häuser haben. Sie alle haben außer sehr schönen großen Gemächern auch sehr hübsche Blumengärten ... Längs des einen Dammes, der in die Stadt führt, laufen zwei Steinröhren, jede etwa drei Schritte breit und eine Mannslänge hoch. Durch die eine fließt ein dicker Strahl sehr guten süßen Wassers bis mitten in die Stadt, und alle trinken es. Die andere, die leere Röhre wird nur benutzt, wenn die erste gereinigt werden muß.

(G. Guggenbühl / H. C. Huber (Hgg.), Quellen zur Geschichte der Neueren Zeit, S. 14—17)

Aber noch etwas anderes sahen die Spanier:

Alsbald kam [der Priester vom Tempel des Kriegsgottes Vitzilopochtli] herunter und holte alle, die sterben sollten ... Diejenigen, die die Opfer zu töten hatten, hatten sich die Gesichter gefärbt ..., hatten ihre Priesterjacken angezogen und [die Federkrone der Priester] aufgesetzt ... Sie packten das Opfer zu viert und zerrten es auf den Opferstein ... Schnell schnitt einer ihm die Brust auf, nahm das Herz heraus, legte es in eine Holzschale, und sie ließen das Herz ausbluten. Darauf ließen sie den Gefangenen die Stufen der Pyramide hinunterrollen — nur seinen Leib, nicht das Herz ... Er aber, der den Gefangenen gemacht hatte, nahm dessen Leiche hinweg; nur er nahm sie weg — niemand eignete sich eines anderen Gefangenen an.

(L. Schultze-Jena, Gliederung des alt-aztekischen Volks in Familie, Stand und Beruf ..., Stuttgart 1952, S. 239)

a) *Wie beurteilst du das technische Können der Azteken (Städtebau, Tempel, Straßen, Wasserversorgung usw.)?*
b) *Was erfährst du über die Religion der Azteken?*
c) *Die beiden letzten Texte machen auch einige Angaben über die gesellschaftliche Gliederung im Aztekenreich. Welche Bevölkerungsgruppen werden genannt? (→ Arbeitsblatt Nr. 1)*

Das Ende des Aztekenreiches

Um die Azteken in seine Gewalt zu bekommen, zwang Cortés Montezuma, künftig im Quartier der Spanier zu wohnen. Dieser Umzug — so mußte Montezuma erklären — sei sein freier Entschluß; auch mußte er anordnen, daß alle Gold- und Silberschätze den Spaniern auszuliefern seien.
Doch dann kam die Katastrophe. Als die Azteken ein hohes Fest feierten, wurden sie von den Spaniern überfallen. Nun brach der Aufstand gegen die Fremden los; Montezuma, der seine Untertanen beruhigen sollte, wurde von einem Stein getroffen und starb drei Tage später. Unter großen Verlusten mußte Cortés die Stadt verlassen.
Ein Jahr später, 1521, kehrten die Spanier jedoch zurück. Sie schnitten die Stadt von allen Verbindungen ab; vor allem unterbrachen sie die Wasserleitung. Nach dreimonatiger Belagerung ergaben sich die Einwohner. Die Stadt der Azteken wurde zerstört; an ihrer Stelle entstand eine neue, spanische Stadt — das heutige Mexiko.

— *Die Niederlage der Azteken hatte mehrere Gründe. Stelle sie zusammen. (Lies dazu auch noch einmal den Bericht des Kolumbus über die Bewaffnung der Indianer nach, S. 13.)*

In Südamerika, auf den Hochflächen der Anden und umgeben von mächtigen Gebirgszügen, lag das Reich der Inka. 1530 brach Francisco Pizarro zu seiner Eroberung auf. Die Mittel der Spanier waren dieselben wie in Mexiko: List, Verrat und Gewalt. 1533 marschierte Pizarro in Cuzco, der Hauptstadt des Inkareiches, ein; der gefangene Herrscher Atahualpa wurde ermordet, nachdem er den Spaniern einen ganzen Raum voll Gold für seine Freilassung angeboten hatte.

Goldschmiedekunst südamerikanischer Indianer vor der spanischen Eroberung: Maske (von Schlangen umgebenes Menschengesicht), Kultmesser (mit Menschenfigur als Griff)

3. Die Herrschaft der Spanier in Mittel- und Südamerika

Das Zusammenleben von Weißen und Indianern: Gesetz und Wirklichkeit

Auf seiner ersten Expedition nach Westen fuhr Kolumbus mit 3 Schiffen und 90 Mann Besatzung. Als er im September 1493 zu seiner zweiten Reise aufbrach, bestand die Flotte aus 17 Schiffen und 1 500 Mann Besatzung und Passagieren. An Bord befanden sich Proviant und Waffen, aber auch Saatgut, Werkzeug, Baumaterial und Haustiere. Offensichtlich hatten sich bereits einige hundert Menschen entschlossen, in die neu entdeckten Gebiete auszuwandern. Die spanische Regierung förderte die Auswanderung nach Kräften; gleichzeitig erließ sie die ersten Gesetze für das Zusammenleben von Weißen und Indianern.

Aus dem Jahre 1503 stammt dieser Erlaß der spanischen Königin Isabella:

Ich habe erfahren, daß die Indianer . . . die Christen fliehen, Gespräch und Umgang mit ihnen meiden, auch gegen Lohn nicht arbeiten wollen . . . und sich nicht zu unserem heiligen katholischen Glauben bekehren lassen. Die auf der Insel Hispaniola [Haiti] wohnenden Christen können deshalb keine Arbeitskräfte für ihre Farmen und für die Goldgewinnung finden; dadurch entsteht den einen wie den anderen Schaden . . .
Deshalb befehle ich Euch als Unserem Gouverneur*: Ihr sollt die Indianer dazu anhalten, mit den Christen Umgang zu pflegen, in ihren Häusern zu arbeiten, Gold und andere Metalle zu schürfen und Landarbeit für die auf der Insel ansässigen Christen zu leisten. Doch sollt Ihr jedem Indianer für den Arbeitstag einen angemessenen Lohn geben . . .
Jeder Indianerhäuptling soll eine bestimmte Anzahl Indianer bereithalten, die jeweils dort, wo es nötig ist, zur Arbeit eingesetzt werden können. An Festtagen . . . sollen sie sich an bestimmten Orten zusammenfinden, um dort im christlichen Glauben unterrichtet zu werden.
Die genannten Verpflichtungen sollen die Indianer als freie Menschen leisten . . ., nicht als Sklaven. Sie sollen gut behandelt werden — und zwar die Christen unter ihnen besser als die anderen. Niemand darf ihnen Leid oder Schaden zufügen.

(F. Dickmann (Bearb.), Renaissance, Glaubenskämpfe, Absolutismus, S. 67 f.)

Wie dieser Befehl ausgeführt wurde, schilderte der Dominikanermönch und spätere Bischof von Mexiko, Bartholomé de las Casas (gest. 1566).

Las Casas schrieb:

Der Bekehrung [der Indianer] zum Christentum widmeten der Gouverneur und die weißen Siedler nicht mehr Mühe und Sorgfalt, als wenn die Indianer Klötze oder Steine, Hunde oder Katzen gewesen wären . . .
Die zweite Vorschrift, daß jeder Häuptling eine bestimmte Anzahl von Leuten zu stellen habe, wurde so ausgeführt, daß die zahlreiche Bevölkerung der Insel vernichtet wurde. Der Gouverneur gab jedem Spanier, der den Wunsch äußerte, 50, 100 oder mehr Indianer, je nach Gunst und Laune . . ., Kleine und Große, Kinder und Greise, Männer und Frauen . . .
Die Familien wurden auseinandergerissen, da die Männer bis zu 500 Kilometer zum Goldgraben fortgeschleppt wurden. Die Frauen mußten auf den Farmen Feldarbeit verrichten; da sie keine Hacken oder Pflüge hatten, mußten sie die Erde mit Stöcken aufbrechen . . . Wenn die Männer wieder nach Hause kamen, dann waren sie durch Hunger und Strapazen erschöpft und ausgemergelt, elend und entkräftet . . . So starben die Männer in den Goldminen, die Frauen auf den Farmen aus Erschöpfung und die neugeborenen Kinder, weil die Mütter keine Nahrung für sie hatten . . .

Indianer beim Abbau von Silber. Kupferstich von Johann Theodor de Bry, um 1600

Die Indianer mußten in den Goldminen ohne Ruhepause arbeiten; die Aufseher behandelten sie mit unmenschlicher Strenge und Härte ... Wenn ein Indianer aus Verzweiflung floh, setzte man Häscher ein, die ihn wieder herbeischleppten ...

(F. Dickmann (Bearb.), Renaissance, Glaubenskämpfe, Absolutismus, S. 58—72)

a) *Erläutere Ziel und Inhalt der königlichen Verordnung von 1503.*

b) *Wie wirkte sich die Verordnung in der Praxis aus?*

c) *Ergänzend: → Arbeitsblatt Nr. 2.*

Die Eroberung Amerikas: Folgen bis heute

Las Casas fällte ein hartes Urteil über das Verhalten der Spanier in Amerika:

Über diese sanftmütigen Menschen [Indianer] kamen nun die Spanier ... wie grausame Wölfe, Tiger und Löwen ... Sie haben in den letzten vierzig Jahren ... nichts anderes getan und tun auch heutzutage nichts anderes als zerreißen, töten, ängstigen, quälen, foltern und vernichten ... Und das alles in einem solchen Maße, daß auf der Insel Hispaniola [Haiti] von drei Millionen Menschen, die einst dort gelebt haben, heute keine 200 Eingeborenen mehr da sind. [So oder schlimmer ist es auch auf den anderen Inseln].

(F. Dickmann (Bearb.), Renaissance, Glaubenskämpfe, Absolutismus, S. 89 f.)

Moderne Geschichtsforscher haben die Bevölkerungsentwicklung in Mittel- und Südamerika untersucht. Obwohl die Zahlen für die zurückliegenden Jahrhunderte nur Schätzungen sind, ergeben sie doch ein erschreckendes Bild.

a) *Beschreibe und erkläre die Grafik S. 19 oben (Mestizen: Mischlinge zwischen Weißen und Indianern; Mulatten: Mischlinge zwischen Weißen und Negern).*

b) *Suche eine Erklärung für die große Zahl der Neger in Südamerika.*

c) *Überlege abschließend noch einmal: In den meisten mittel- und südamerikanischen Ländern leben die Indianer bis heute in großer Armut. Wie ist es dazu gekommen? Welche Schuld tragen die Europäer?*

Die Eroberung Amerikas blieb auch für Europa nicht ohne Folgen. Interessant waren die neuen Früchte, die aus den Kolonien kamen: Kakao, Erdnüsse, Mais, Kartoffeln, Tomaten, Ananas, Tabak usw. Doch wichtiger waren Gold und Silber; in ganzen Schiffsladungen wurden diese wertvollen Metalle nach Europa, vor allem natürlich nach Spanien, gebracht.

a) *Beschreibe und erkläre die Grafik rechts unten.*
b) *Überlege, wie sich der große Reichtum an Gold und Silber auf die wirtschaftliche und politische Stellung Spaniens auswirkte.*

Die Gold- und Silbereinfuhren aus Amerika brachten aber auch Probleme mit sich. Die Preise für alle Arten von Waren stiegen immer mehr an. In Spanien war der Preisanstieg am größten; im Verlauf des 16. Jahrhunderts betrug er 400%.

Nur wenige Menschen konnten dafür eine Erklärung geben wie z. B. dieser spanische Theologe:

Wenn man das Gold vermehrt, dann nimmt sein Wert ab; man bekommt immer weniger dafür. So wächst der Preis aller lebensnotwendigen Dinge . . . [Die Entwicklung in unserer Zeit] geht zurück auf die ungeheure Menge an Gold und Silber, die jährlich aus der Neuen Welt und von anderen Orten nach Spanien gebracht wird . . . So sehen wir, daß innerhalb von 50 Jahren die Preise um das Zwei- und Dreifache angestiegen sind.

(H. Pleticha, Das Zeitalter der Entdeckungen, Stuttgart 1955, S. 42)

a) *Erläutere diese Ausführungen.*
b) *Welche Folgen mußte der enorme Preisanstieg langfristig für die Menschen, vor allem in Spanien, haben? Welche Bevölkerungsgruppen mußten am meisten leiden?*

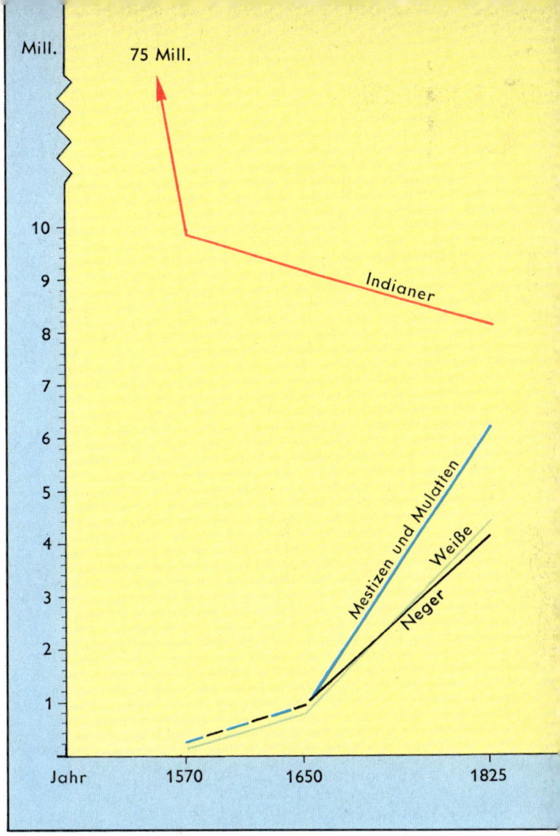

Die Bevölkerungsentwicklung in Mittel- und Südamerika, 1492—1825. Die einzelnen Zahlen sind Schätzungen.

(Nach: R. Konetzke, Süd- und Mittelamerika I = Fischer-Weltgeschichte, Bd. 22, Frankfurt/M. 1965, S. 102 ff.)

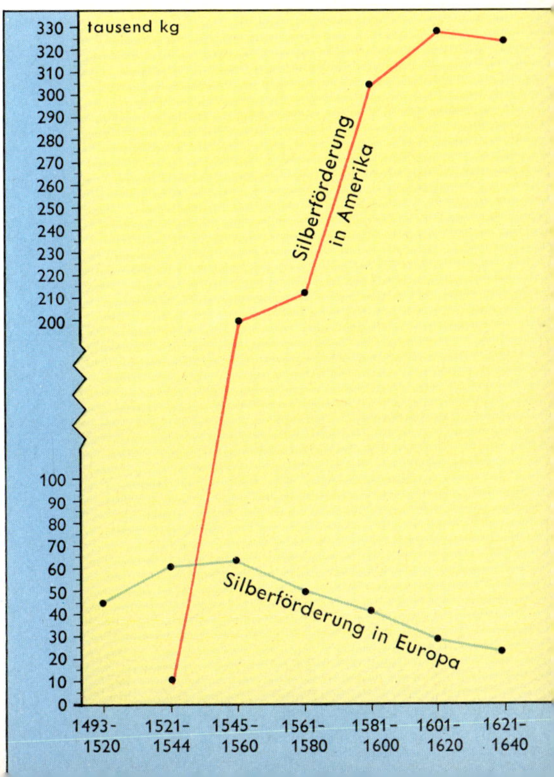

Geschätzte Silberförderung in Europa und in Amerika, 1493 bis 1640.

(Nach: G. Wiebe, Zur Geschichte der Preisrevolution des 16. u. 17. Jahrhunderts, Leipzig 1895, S. 253 ff.)

„Platz der drei Kulturen" in Mexiko(-Stadt), der Hauptstadt des Landes Mexiko

— *Man nennt Mexiko das Land mit den drei Stockwerken oder Kulturen. Erkläre diesen Ausdruck mit Hilfe des Bildes. Zu deiner Information: Unter der von den Spaniern erbauten Kirche lag der Palast des Montezuma.*

◁ **Moderne Wandmalerei am Postministerium in Mexiko (-Stadt)**

— *Was wollen die modernen mexikanischen Künstler ausdrücken, indem sie Bildmotive aus der indianischen Vorgeschichte des Landes aufgreifen? Welches Geschichtsbewußtsein äußert sich in einer solchen Darstellung?*

4. Die Sonne ist der Mittelpunkt der Welt

Die Entdeckung des Nikolaus Kopernikus

Im Jahre 1543 erschien in Nürnberg ein Buch mit dem Titel „Über die Umdrehungen der Himmelskörper". Sein Autor war Nikolaus Kopernikus. Nach langem Zögern hatte er sich entschlossen, seine Ansichten über die Stellung und die Bewegung der Sonne und der Planeten zu veröffentlichen. Als das Buch dann endlich erschien, war Kopernikus gerade gestorben.

Den Inhalt seines Buches hatte Kopernikus schon früher so zusammengefaßt:

Der Erdmittelpunkt ist nicht der Mittelpunkt der Welt . . . Alle Bahnen [der Himmelskörper] umgeben die Sonne, als stünde sie in der Mitte von allen; und daher liegt die Weltmitte nahe bei der Sonne . . .
Alles, was uns bei der Sonne an Bewegung sichtbar wird, entsteht nicht durch sie selbst, sondern durch die Erde und die Erdbahn, auf der wir uns um die Sonne bewegen wie jeder andere Planet . . .
Was uns bei den Planeten als [Bewegung] erscheint, ist nicht von sich aus so, sondern von der Erde aus gesehen. Nur aus der Bewegung der Erde erklären sich so viele verschiedenartige Erscheinungen am Himmel.

(E. Zinner, Astronomie. Geschichte ihrer Probleme, Freiburg/München 1951, S. 61 f.)

a) *Vergleiche das Weltsystem des Kopernikus mit dem des Ptolemäus*, nach dem sich die Menschen des Mittelalters richteten. Nimm dafür die beiden Skizzen unten zu Hilfe.*

b) *Wie erklärte Kopernikus die Tatsache, daß wir die Sonne und die Planeten — scheinbar — in Bewegung um die Erde sehen?*

c) *Erkläre die Begriffe „heliozentrisch" und „geozentrisch". (Zu deiner Information: Die Wörter „hélios" und „ge" stammen aus dem Griechischen und bedeuten Sonne bzw. Erde.) Ordne die Begriffe den Weltsystemen des Ptolemäus und des Kopernikus zu.*

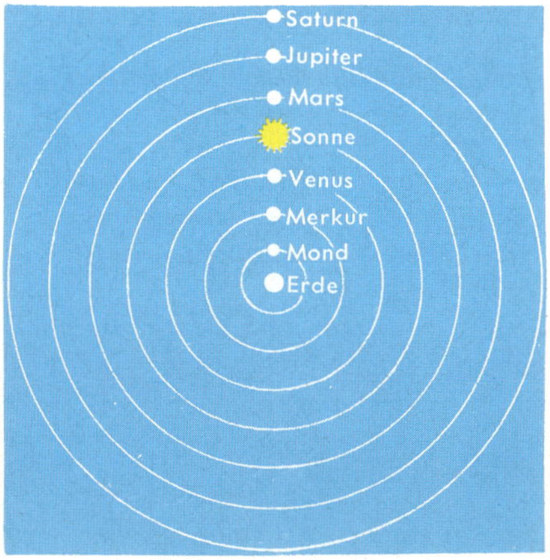

Das Weltbild des Ptolemäus

Das Weltbild des Kopernikus nach ▷ eigener Darstellung

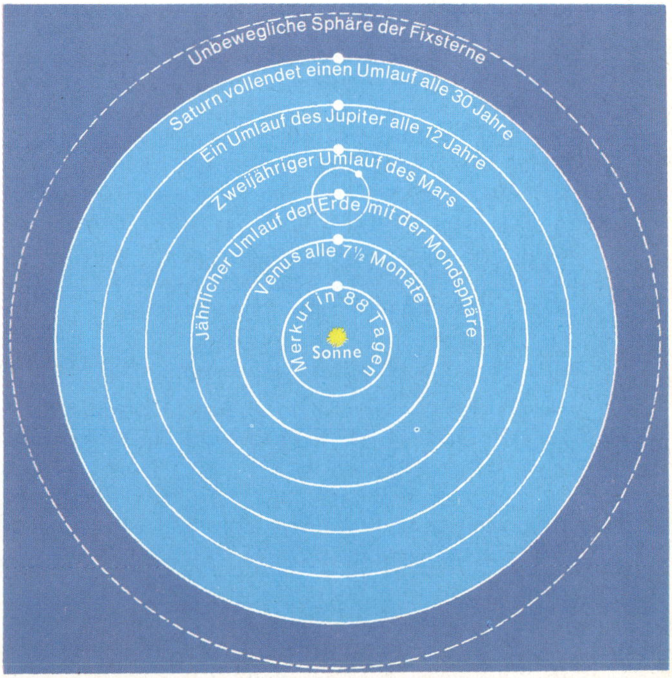

Nikolaus Kopernikus

1473 wurde er in Thorn/Weichsel geboren. Er studierte Philosophie, Jura und Medizin in Krakau und an italienischen Universitäten. 1503 wurde er Doktor des Kirchenrechts und war dann Domherr* in Frauenburg/Ostpreußen; das Gebiet um Frauenburg, das Bistum Ermland, gehörte damals zum Königreich Polen. Er starb 1543.

Kopernikus/Copernicus ist die lateinische Namensform für (wahrscheinlich) Koppernigk. Sich einen lateinischen Namen zu geben, war damals unter den Gelehrten üblich.

◁ **Kopernikus,** dargestellt als Arzt. Holzschnitt, 16. Jahrhundert

Wie kam Kopernikus zu seinen Gedanken, die sich so sehr von den herrschenden Vorstellungen unterschieden?

Seinem Buch von 1543 setzte er eine Widmung an Papst Paul III. voran. Darin schrieb er:

Warum nahm ich eine Bewegung der Erde an? Dazu hat mich nichts anderes veranlaßt als die Tatsache, daß die einzelnen Mathematiker bei ihren Untersuchungen nicht übereinstimmen. In vielen Dingen sind sie ganz unterschiedlicher Meinung; sie widersprechen sich und können vieles nicht erklären. [Deshalb] nahm ich mir vor, die Schriften aller gelehrten Männer zu lesen, die ich bekommen konnte. Ich wollte feststellen, ob niemand auf die Idee gekommen war, daß die Weltkörper sich anders bewegten, als es die Mathematiker annahmen. Und da fand ich [bei Schriftstellern aus dem Altertum, daß einige Gelehrte eine Bewegung der Erde angenommen hatten.] . . . Nun begann ich selber über die Möglichkeit nachzudenken, daß sich die Erde bewegt. Ich wollte herausfinden, ob man die Bewegungen der Himmelskörper nicht besser erklären könnte, wenn man eine Bewegung der Erde annahm.

(E. Zinner, Astronomie, S. 75 f.)

— *Überlege: Ist das Weltsystem des Kopernikus eigentlich neu in der Geschichte der Astronomie? Hat er es „entdeckt“ oder „wiederentdeckt“?*

Die Ideen des Kopernikus widersprachen allem, was die Menschen täglich sahen und bis heute sehen. Doch trotz allen Anfeindungen hielten bedeutende Mathematiker und Astronomen an den Ansichten des Kopernikus fest. Einer von ihnen war Johannes Kepler (geb. 1571 in Weil der Stadt, gest. 1630 in Regensburg).
Er untermauerte das kopernikanische Weltbild* mit neuen Argumenten und entwickelte es gleichzeitig weiter. Er fand heraus, daß die Erde sich nicht auf einer Kreis-, sondern auf einer Ellipsenbahn um die Sonne bewegt.

Galileo Galilei: „Und sie bewegt sich doch!“

Zur gleichen Zeit wie Kepler arbeitete in Italien der Mathematiker und Astronom *Galileo Galilei* (geb. 1564 in Pisa, gest. 1642 bei Florenz). Beide, Kepler und Galilei, standen in regelmäßigem Briefwechsel.
Galilei war es gelungen, ein Fernrohr für die Beobachtung des Himmels zu bauen. Mit ihm machte er Beobachtungen, die ohne weiteres zum Weltbild des Kopernikus, nicht aber zu dem des Ptolemäus paßten.

Galilei wußte, daß das von ihm vertretene kopernikanische Weltbild* von der Kirche nicht anerkannt wurde. Die Kirche verwies auf die Bibel.

Dort liest man:

Da redete Josua mit Gott . . . und sprach . . .: „Sonne, stehe still zu Gibeon, und Mond, im Tal Ajalon!" Da standen die Sonne und der Mond still, bis sich das Volk Israel an seinen Feinden rächte . . . Also stand die Sonne mitten am Himmel und verzögerte ihren Untergang beinahe einen ganzen Tag.

(Altes Testament, Buch Josua, Kapitel 10)

Die Sonne geht auf an einem Ende des Himmels und läuft um bis wieder an sein Ende; nichts bleibt vor ihrer Hitze verborgen.

(Psalm 19, Vers 7)

— *Erkläre, inwiefern beide Bibelstellen als Argument gegen das kopernikanische Weltbild dienen konnten.*

In einem Brief erklärte Galilei den Gegensatz von naturwissenschaftlicher Erkenntnis und bestimmten Aussagen der Bibel:

Was den Stillstand oder die Bewegung von Sonne und Erde anbetrifft, so muß die Bibel sich dem Fassungsvermögen des Volkes anpassen; und sie tut dies, wie wir wissen, durch ihre Ausdrucksweise. Auch heute noch hat das Volk, obgleich es nicht mehr so ungebildet ist [wie früher], die Ansicht, [daß die Erde stillsteht]. Es davon abzubringen, wäre vergeblich, da es die Gegengründe nicht versteht . . . Die Bibel muß darum . . . von ruhender Erde und bewegter Sonne sprechen. Das Volk würde sonst bei seiner geringen Fassungskraft verwirrt.

(K. H. Peter (Hg.), Briefe zur Weltgeschichte, München 1964, S. 80 f.)

— *Mit welchem Argument löste Galilei den Widerspruch zwischen Naturwissenschaft und Bibel? Wie denkst du darüber?*

Gleichwohl konnte Galilei nicht verhindern, daß er nach Rom vor ein Inquisitionsgericht* geladen wurde. Sieben von zehn Kardinälen entschieden, daß die Lehre von der Sonne als dem Mittelpunkt der Welt gegen die Bibel verstoße und deshalb eine Irrlehre sei. Galilei schwor daraufhin seinen — wie es hieß — „Irrtümern und Ketzereien" ab; er versprach, nie wieder ähnliche Gedanken zu äußern.
Warum tat er das? Hatte er das Schicksal eines anderen Gelehrten vor Augen, der im Jahre 1600 in Rom wegen ähnlicher Ansichten verbrannt worden war?

Es wird berichtet, daß Galilei nach seiner Verurteilung gemurmelt habe: „Und sie bewegt sich doch!" Ob diese Angabe stimmt, wissen wir jedoch nicht. Belegt ist dagegen die folgende Erklärung des Galilei am Ende seiner Vernehmung:

Nachdem Ihr mir den Befehl erteilt habt, daß ich die Lehre des Kopernikus aufgeben solle, halte ich an seinen Ansichten nicht länger fest. Im übrigen bin ich hier in Euren Händen. Tut mit mir nach Eurem Gefallen.

(E. Schmutzer / W. Schütz, Galileo Galilei, Leipzig [3]1977, S. 82)

Wir wissen auch, daß Galilei noch im Jahr seiner Verurteilung ein Exemplar seines wichtigsten Buches heimlich an einen Freund nach Paris sandte. Zwei Jahre später wurde das verbotene Buch in Holland neu gedruckt.

a) *Warum unterwarf sich Galilei deiner Meinung nach dem Urteil des Inquisitionsgerichtes? War er nach dem Prozeß davon überzeugt, etwas Falsches gelehrt zu haben?*

b) *Wie beurteilst du die Haltung des Galilei?*

5. Die Kirche am Ende des Mittelalters

Frömmigkeit und Kritik

Im April 1517 zog ein Geistlicher aus Italien über die Alpen nach Deutschland. Seine Beobachtungen und Eindrücke hat er in einem Tagebuch festgehalten.
Darin heißt es:

Von Trient an stellt man an allen Straßen, die in der Nähe der Dörfer und Städte liegen, . . . sehr hohe und große Kruzifixe auf, meist mit den Schächern an der Seite, was zugleich Schrecken und Andacht erweckt. Und in geringen Entfernungen voneinander sind überall hölzerne oder steinerne Säulen aufgerichtet mit einem ausgehöhlten Fensterchen; darin befindet sich ein Bild, welches den Gekreuzigten . . . oder andere Geheimnisse aus dem Leidensweg des Herrn darstellt . . .
Die Kirchtürme sind hoch und spitz. Sie haben sehr schöne Glocken. Und es gibt kein noch so kleines Dorf, das nicht wenigstens eine schöne Kirche besitzt — mit großen, schönen und kunstvollen Glasfenstern . . .
Dem Gottesdienst und den Kirchen widmen [die Menschen] viel Aufmerksamkeit; . . . viele Kirchen werden neu erbaut . . . Sowohl Frauen als auch Männer besuchen fleißig die Kirchen.

(L. Pastor, Die Reise des Kardinals Luigi d'Aragona durch Deutschland . . ., beschrieben von Antonio de Beatis, Freiburg/Br. 1905, S. 51 f.)

— *Wie beurteilte der Reisende das kirchliche Leben in Deutschland um 1500? Welche Zeichen von Frömmigkeit entdeckte er?*

Im selben Jahr (1517) hielt der Bischof von Augsburg auf einer Kirchenversammlung diese Rede:

An die Stelle der Tugend und Heiligkeit unserer Väter sind heute alle Arten von Lastern getreten. Jene widmeten sich der Andacht, gaben Almosen und hielten die Fastenzeiten ein; wir raffen überall Reichtümer zusammen . . . Die Bischöfe und die anderen Geistlichen wollen nicht Christus dienen, sondern durch Christus ein gutes Leben führen. Ihre Tische sind beladen mit erlesenen Weinen und Speisen . . . Sie haben unzählige Diener; einige tragen auf, einige kredenzen die Getränke, andere kosten die Speisen . . . Das Herz bricht mir . . ., wenn ich so viele Geistliche sehen muß, . . . denen die Einsamkeit zum Ekel, Frömmigkeit, Gehorsam und Demut hassenswert geworden sind . . . Solche Menschen nennt Petrus nicht Diener Gottes, sondern Hunde.

(W. Andreas, Deutschland vor der Reformation, Stuttgart/Berlin 1932, S. 81)

— *Stelle die Vorwürfe zusammen, die der Bischof von Augsburg gegen seine Standesgenossen erhob. Wie lebten sie, wie sollten sie leben?*

Das Leben der Mönche. Holzschnitt von Hans Sebald Beham, 1521

— *Beschreibe das Bild und deute seinen Inhalt. (Zu deiner Information: Superbia, Luxuria, Avaritia und Paupertas sind lateinische Wörter und bedeuten: Hochmut, Luxus, Geiz und Armut.)*

Die Kirche Christi und die Kirche der Päpste um 1500. Zwei Holzschnitte von Lucas Cranach dem Älteren, 1521.
Lucas Cranach schrieb dazu: „Christus treibt die Wucherer aus dem Tempel." — „Mit Bullen und Bannbriefen treibt sie der Papst wieder hinein."

Die Kritik an den Zuständen in der Kirche machte auch vor den Päpsten in Rom nicht halt:

Alle Geldabgaben werden von den Päpsten ohne Aufschub eingefordert; dabei ist es offenkundig, daß sie sogar über das Maß hinaus erpreßt werden. Die Kirchenämter werden nicht mehr dem übertragen, der sie verdient, sondern dem, der am meisten dafür bezahlt. Um Gelder aufzubringen, werden täglich neue Ablässe bewilligt . . . Es werden tausend Arten ausgedacht, mit denen die Päpste . . . auf listige Weise das Geld aus uns herauspressen.

(W.-E. Peuckert, Die große Wende, Hamburg 1948, S. 81)

a) *Woran waren die Päpste in erster Linie interessiert? Mit welchen Mitteln versuchten sie, ihr Ziel zu erreichen?*
b) *Stand das Verhalten der Päpste in Einklang mit den Geboten Christi? Wie die Menschen jener Zeit darüber dachten, zeigen zwei Holzschnitte von Lucas Cranach (Abb. oben). Deute sie.*

Die Menschen am Ende des Mittelalters waren sehr fromm; gleichzeitig kritisierten sie aber auch die Kirche.
Überlege einmal:

a) *Wie passen Frömmigkeit und Kirchenkritik zusammen?*
b) *Welche Folgen könnte es haben, wenn fromme Menschen mit den Zuständen in der Kirche unzufrieden sind? (→ Arbeitsblatt Nr. 3)*

Jan Hus: Ein Reformator aus Böhmen

Vier Jahre lang, von 1414 bis 1418, tagte in Konstanz am Bodensee ein großes Konzil*. Seine wichtigste Aufgabe war es, der Kirche die Einheit wiederzugeben. Denn seit 1378 stritten zwei, seit 1409 sogar drei Päpste um den Stuhl Petri. Jeder behauptete von sich, der rechtmäßige Papst zu sein. Wem sollten die Gläubigen folgen? Dem Konzil gelang es — gestärkt durch die Macht des deutschen Königs —, zwei Päpste abzusetzen; der dritte trat freiwillig zurück. Nun konnte ein neuer, von allen anerkannter Papst gewählt werden. Die Kirchenspaltung, das *Schisma**, war nach vierzigjähriger Dauer beendet.
Das Konzil sollte der Kirche nicht nur die äußere, sondern auch die innere Einheit, die des Glaubens, zurückgeben. Zu diesem Zweck war ein Priester aus Böhmen nach Konstanz geladen worden; sein Name war Jan Hus.
Hus war der Überzeugung, daß nur eine gründliche Reform der gesamten Kirche die Mißstände beseitigen könne, die überall eingerissen waren.

Dies sind die wesentlichen Punkte seiner Lehre:

— Zu einem Glied der heiligen katholischen Kirche wird man dadurch, daß man [von Gott] auserwählt ist, . . . nicht aber durch eine Ehrenstellung [d. h. ein Amt], eine Erwählung durch Menschen oder durch sonst ein wahrnehmbares Zeichen . . .

— Wenn der Papst auf dem Weg der Tugend wandelt, dann glauben wir, daß er wirklich der Stellvertreter Petri und der oberste Bischof der Kirche ist . . . Wenn der Papst aber böse und verworfen ist, dann ist er wie der Apostel Judas ein Teufel, ein Dieb und ein Sohn des Verderbens . . . Wenn ein Papst, ein Bischof oder ein anderer Geistlicher in Sünde lebt, dann ist er nicht mehr Papst, Bischof oder Geistlicher . . .

— Die Kardinäle sind nicht die sichtbaren und wahren Nachfolger der anderen Apostel Christi, wenn sie nicht nach der Art der Apostel leben und die Gebote . . . des Herrn Jesus Christus befolgen . . .

— Mißbrauch ihrer Macht treiben auch diejenigen, die die heiligen Weihen verkaufen und kaufen, die Bischofsämter, Domherren*- und Pfarrstellen [gegen Geld] erhalten oder vergeben, die für die Sakramente . . . Geld nehmen, die in Geiz und Verschwendung . . . leben und das Priestertum beflecken.

(J. Bujnoch, Hus in Konstanz. Der Bericht des Peter von Mladoniowitz, Graz-Wien-Köln 1963, S. 185 ff.)

a) *Verdeutliche die einzelnen Lehrsätze des Jan Hus.*
b) *Was bedeutete die Lehre des Jan Hus für die damalige Kirche, vor allem für die Päpste, Kardinäle und Bischöfe?*

Das Konzil in Konstanz erklärte, daß die Lehre des Jan Hus eine Irrlehre und er selbst ein Ketzer* sei. Es forderte ihn auf, seine Ansicht zu widerrufen. Doch Hus lehnte dies ab, falls ihm nicht aus der Bibel ein Irrtum nachgewiesen werde.

Das weitere Schicksal des Jan Hus erzählen die nebenstehenden Bilder aus einer Chronik des 15. Jahrhunderts.

◁ **Das Schicksal des Jan Hus in Konstanz.** Vier Zeichnungen aus der Chronik des Konstanzer Konzils des Ulrich von Richenthal, 1483

6. Martin Luther: Kritiker und Ketzer

1517: Der Ablaßstreit

Im Jahre 1513 wurde ein junger Fürstensohn, Albrecht von Brandenburg, zum Erzbischof von Magdeburg gewählt; gleichzeitig sollte er das Bistum Halberstadt verwalten. Ein Jahr später wurde Albrecht auch zum Erzbischof von Mainz gewählt. Nur bestand da eine Schwierigkeit: Das Kirchenrecht verbot eine derartige Anhäufung von Erzbistümern und Bistümern in einer Hand; außerdem hatte Albrecht das notwendige Mindestalter noch nicht erreicht. Doch war der Papst bereit, eine Ausnahmegenehmigung zu erteilen, wenn Albrecht ihm dafür eine Gebühr von 10000 Dukaten zahlen würde. In Rom wußte man auch einen Weg, wie die gewaltige Summe aufzubringen sei. Der Papst hatte einen *Ablaß* bewilligt, dessen Verkauf der Erzbischof in seinen Ländern durchführen sollte. Die eine Hälfte des einkommenden Geldes sollte ihm gehören, die andere Hälfte dem Papst, der das Geld dringend für den Bau der Peterskirche in Rom benötigte.

Was ist ein Ablaß?

Nehmen wir an, ein Christ hat gesündigt. Nach der Lehre der katholischen Kirche wird ihm die *Schuld* vergeben, wenn er sein Vergehen bereut und es einem Priester beichtet. Unabhängig davon verhängen die Kirche und Gott aber noch eine *Strafe*. Die Kirchenstrafe muß der Sünder hier auf Erden, die Strafe Gottes im Jenseits — im Fegefeuer — ableisten.
Nun kann die Kirche einem reuigen Sünder die Kirchenstrafe erlassen, „ablassen". Ein solcher Ablaß wirkt auch für das Jenseits — doch nur in Form einer Bitte an Gott, die Fegefeuerstrafe zu erlassen oder zu mildern. In welchem Ausmaß Gott der Bitte nachkommt, können Menschen allerdings nicht wissen.
Seit dem Ende des Mittelalters war es zudem üblich geworden, den Ablaß auch für bereits Verstorbene (z. B. Verwandte oder Freunde) zu erwerben.
Der Ablaß wurde vom Papst bei verschiedenen Gelegenheiten gewährt. Sein Erwerb war an Bedingungen geknüpft — z. B. eine Wallfahrt. Später kam regelmäßig eine Geldabgabe hinzu. So konnte man sagen: Der Ablaß wurde gekauft.
Der Erwerb des Ablasses wurde in einem Ablaßbrief bestätigt.

Bald zog der geschickteste Ablaßprediger jener Zeit, der Dominikanermönch Johann Tetzel, durch das Land.

Ein Zeitgenosse berichtete:

Es ist unglaublich, was dieser ... Mönch behaupten, reden und predigen durfte. [Er] gab Brief und Siegel, daß auch die Sünden vergeben sein sollten, die jemand erst noch tun würde.

Schon früher soll Tetzel gesagt haben:

Vergebung der Sünden und ein ewiges Leben [können wir Menschen nur] erlangen, ... wenn wir ... einen päpstlichen Ablaß erwerben. [Dieser bedeutet] Vergebung der Sünden und sicheren Eingang ins ewige Leben.

(H. Junghans (Hg.), Die Reformation in Augenzeugenberichten, Düsseldorf 1967, S. 45, 50)

Vom Ablaßhandel erfuhr auch Martin Luther. Er war Mönch im Orden der Augustiner-Eremiten, Bibelprofessor an der Universität Wittenberg und Prediger an der dortigen Stadtkirche. Voller Stolz wiesen ihm die Leute ihre Ablaßbriefe vor — im Vertrauen darauf, daß ihnen alle Sünden jetzt und in Zukunft vergeben seien. Doch Luther verweigerte ihnen die Absolution*, da er bei ihnen keine Reue feststellen konnte.

In einer Diskussion mit anderen Gelehrten wollte Luther klären, was ein Ablaß sei und was er bewirken könne. Deshalb veröffentlichte er 95 Thesen (Streitsätze). Vielleicht schlug er sie am 31. Oktober 1517 — wie es damals üblich war — an die Türe der Wittenberger Schloßkirche an; doch sicher wissen wir dies nicht.

Aus den 95 Thesen:

1. Wenn unser Herr und Meister Jesus Christus spricht: Tut Buße . . ., so hat er damit sagen wollen, daß das ganze Leben eine Buße sein soll . . .

20. Wenn daher der Papst vollkommenen Erlaß aller Strafen verleiht, so meint er damit nicht alle Strafen überhaupt, sondern nur diejenigen, die er selbst auferlegt hat [oder ein anderer Priester].

21. Daher irren diejenigen Ablaßprediger, die da sagen, daß durch den päpstlichen Ablaß ein Mensch von jeder Strafe los und selig werde . . .

27. Menschenlehre predigen diejenigen, die sagen: Sobald das Geld im Kasten klingt, die Seele vom Fegefeuer in den Himmel fährt . . .

36. Jeder wahrhaft reuige Christ hat volle Vergebung von Strafe und Schuld auch ohne Ablaß . . .

43. Man lehre die Christen: Wer dem Armen gibt oder dem Bedürftigen hilft, handelt besser als derjenige, der einen Ablaß kauft . . .

66. Der Ablaß ist nur das Netz, in dem man heute den Reichtum der Menschen fängt.

(D. Martin Luthers Werke, Weimar 1883 ff., Bd. 1, S. 233—238)

a) *Welche Versprechungen machte Johann Tetzel den Käufern von Ablaßbriefen?*

b) *Welche Haltung nahm Luther gegenüber dem Ablaß ein? War er grundsätzlich gegen den Ablaß eingestellt, oder kritisierte er nur bestimmte Versprechungen? (→ Arbeitsblatt Nr. 4)*

Luthers Kampf gegen den Ablaß fand ein großes Echo. Seine 95 Thesen, die ursprünglich in lateinischer Sprache geschrieben waren, wurden ins Deutsche über-

◁ **Der Ablaßhandel des Johann Tetzel.** Flugblatt, um 1517

— *Auf wessen Seite stand der Verfasser des Flugblattes? Wie werden Tetzel und Luther dargestellt?*

Martin Luther

1483 wurde er in Eisleben als Sohn eines Bergarbeiters und Bergbauunternehmers geboren. Er besuchte die Schule in Mansfeld, Magdeburg und Eisenach.
Seit 1501 studierte er an der Universität Erfurt und sollte nach dem Wunsch des Vaters Jurist werden.
1505 trat er als Mönch ins Kloster der Augustiner-Eremiten in Erfurt ein und studierte Theologie in Erfurt und Wittenberg.
1512 wurde er Bibelprofessor an der Universität Wittenberg. Er starb 1546.

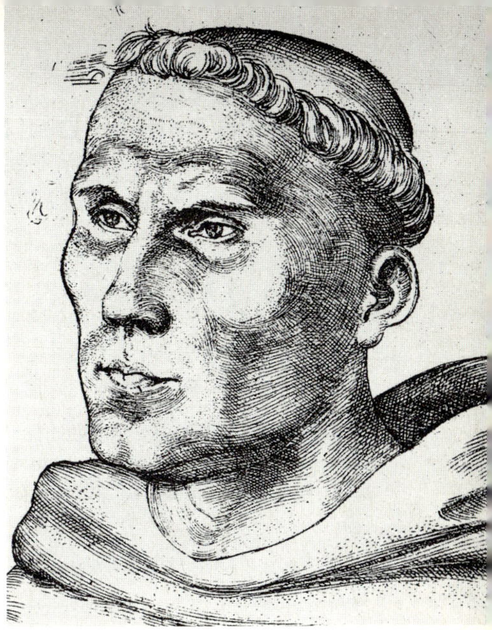

Martin Luther als Mönch. Kupferstich von Lucas Cranach dem Älteren, 1520 ▷

setzt; in kürzester Zeit waren sie in ganz Deutschland verbreitet — „als wären die Engel selbst Botenläufer gewesen" (so ein Beobachter von damals).
Daneben erschienen auch Abhandlungen und Flugschriften über den Ablaßstreit wie das Blatt auf Seite 28.

1520: Der Kirchenbann

Die Diskussion über den Ablaß, wie Luther sie gewollt hatte, kam nicht zustande. Statt dessen fand zwei Jahre später eine öffentliche Disputation* in Leipzig statt. Dr. Johann Eck, Bibelprofessor in Ingolstadt (an der Donau), hatte Luther zu diesem Streitgespräch herausgefordert.
Im Verlauf der Diskussion machte Luther zwei wichtige Aussagen. Einmal behauptete er, daß viele Lehren des Jan Hus durchaus christlich seien und in Einklang mit der Bibel stünden. Zum anderen vertrat er die Ansicht, daß auch ein Konzil — z. B. das in Konstanz — irren könne.
Damit hatte er sich gegen die Lehre der Kirche gestellt. Nun drohte der Papst mit dem *Bann**, falls Luther nicht innerhalb von 60 Tagen seine Aussagen widerriefe. Sofort sollten alle Bücher und Schriften Luthers eingesammelt und feierlich verbrannt werden. Doch in einer öffentlichen Demonstration verbrannte Luther das päpstliche Schreiben zusammen mit anderen kirchlichen Schriften vor dem Stadttor von Wittenberg.
Der Bann trat in Kraft; Luther war aus der Kirche ausgestoßen.

Du hast den Beginn der Reformation in Deutschland kennengelernt. Nun stellen sich einige Fragen:*

a) *Wollte Luther mit seiner Kritik am Ablaß die Kirche spalten?*

b) *Was bedeutet das Wort „Reformation"? — Zu deiner Information: Das lateinische Wort „reformare" bedeutet „wiederherstellen"; das kleine Wörtchen „re" heißt soviel wie „zurück".*

c) *Was sollte die Reformation also sein? Was wurde sie?*

d) *Wie kam es, daß die Kirche durch Luther gespalten wurde? Wer trägt die Schuld? Kann man überhaupt von Schuld sprechen?*

7. Martin Luther: Der Reformator

Über die Lage in Deutschland zu Beginn des Jahres 1521 berichtete ein Gesandter des Papstes nach Rom:

Nicht genug kann man sich wundern über die Tatsache, daß Geistliche und Mönche [überall für] Luther sind ... Das Volk läßt sich ... blindlings fortreißen ..., die Menschen lassen den [alten] Glauben leichten Herzens im Stich ... Deutschland ist in hellem Aufruhr ...

(P. Kalkhoff, Die Depeschen des Nuntius Aleander vom Wormser Reichstag 1521, Halle 1886, S. 24—27)

Zwei Fragen drängen sich auf: Was mag die Menschen bewogen haben, sich Luther anzuschließen? Woher wußten die Menschen denn überhaupt etwas von Luther; wie konnten sich seine Ansichten so schnell und so weit verbreiten?

Die Lehre Martin Luthers

Wem muß ein Christ gehorchen?

Bei der Disputation mit Dr. Eck in Leipzig hatte Luther behauptet, daß auch Päpste und Konzilien irren könnten. Ferner sagte er:

Überhaupt hat weder der Papst noch die Inquisition* das Recht, einen neuen Glaubensartikel zu schaffen ... Kein Christ kann gezwungen werden, [etwas zu glauben], was nicht in der Heiligen Schrift steht; [nur] sie ist im strengen Sinne das göttliche Recht ... Daher ziehe ich für meinen Teil ... die Heilige Schrift [allem anderen] vor.

(Luthers Werke, Bd. 2, S. 279)

— *Erkläre, warum die Anhänger Luthers auch die „Evangelischen" genannt werden.*

Wie unterscheiden sich Priester und Laien*?

In seiner berühmten Schrift „An den christlichen Adel deutscher Nation" (1520) untersuchte Luther das Verhältnis von Priestern und Laien.

An den Christlichen Adel deutscher Nation. Titelblatt des Leipziger Nachdrucks noch aus dem Jahre 1520. Zur Erklärung des Titels schreibt Luther, er habe sich an den Adel gewandt, „da Gott vielleicht durch den Laienstand seiner Kirche helfen wolle. Denn der geistliche Stand, dem dies eigentlich gebührte, ist ganz unachtsam geworden."

Man hat gesagt, daß der Papst, die Bischöfe, Priester, Mönche und Nonnen der geistliche Stand, Fürsten, Herren, Handwerker und Bauern [dagegen] der weltliche Stand seien. Doch das ist nicht wahr . . . Alle Christen sind von geistlichem Stand; sie unterscheiden sich nur nach dem [Beruf]. Denn wir sind alle getauft, haben alle ein Evangelium und einen Glauben; wir sind alle in gleicher Weise Christen . . . Wenn wir aber alle in gleicher Weise getauft wurden, dann können wir von uns behaupten, daß wir alle Priester sind . . . Wenn wir aber alle Priester sind . . ., alle einen Glauben und ein Evangelium . . . haben, dann haben wir auch alle das Recht, zu entscheiden, was recht und unrecht im Glauben ist.

(Luthers Werke, Bd. 6, S. 404, 407—412)

Martin Luther, Das Neue Testament in deutscher Sprache. Titelblatt des Erstdruckes, Wittenberg 1522. In den folgenden Jahren übersetzte Luther auch das Alte Testament.

a) *Welchen Schluß zog Luther aus der Behauptung, daß alle Menschen „Priester" seien?*
b) *Welche Aufgabe konnte dann der Adel übernehmen?*

In welcher Sprache soll der Gottesdienst gehalten werden?

Der Priester soll das Wort [Gottes] . . . vor unseren Ohren mit deutlicher und lauter Stimme verkünden und zwar in der Sprache des Volkes; nur so kann der Glaube wirksam geübt werden. Denn warum soll es erlaubt sein, die Messe griechisch und lateinisch und hebräisch zu halten — nicht jedoch in deutscher oder einer anderen Sprache?

(Luthers Werke, Bd. 6, S. 524)

— *Siehst du einen Zusammenhang zwischen Luthers Forderung nach deutschsprachigem Gottesdienst und seiner Bibelübersetzung ins Deutsche?*

Was sind gute Werke?

Fragst du die Menschen, ob sie auch das für ein gutes Werk halten, wenn sie ihr Handwerk treiben . . . und die vielen Arbeiten für den Lebensunterhalt . . . tun, . . . so werden sie nein sagen. Denn sie legen den Begriff der guten Werke so eng aus, daß sie nur noch Beten, Fasten und Almosengeben darunter verstehen. Alle anderen Werke halten sie für verloren, als wäre Gott nichts daran gelegen. Dadurch verkürzen . . . sie in ihrem . . . Unglauben den „Gottesdienst", dem doch alles dient, was im [christlichen] Glauben geschieht . . . In diesem Glauben werden alle Werke gleich, und es ist eines wie das andere.

(Luthers Werke, Bd. 6, S. 205 f.)

a) *Welche Tätigkeiten zählte Luther zu den guten Werken?*
b) *Überlege, wie diese Ansicht auf die einfachen Menschen jener Zeit gewirkt haben mag.*
c) *In seinem Schreiben nach Rom (vgl. oben S. 30) hatte der päpstliche Gesandte berichtet, daß sich Menschen aller Schichten Luther anschlossen. Gab es dafür einen Grund in seiner Lehre? Welchen Menschen kam sie entgegen? (→ Arbeitsblatt Nr. 5)*

Eine Erfindung hilft der Reformation: Der Buchdruck

Etwa 70 Jahre vor der Reformation, in der Mitte des 15. Jahrhunderts, gelang dem Mainzer Bürger Johann Gutenberg eine bedeutende Erfindung — die des Buchdrucks mit beweglichen Metall-Buchstaben. Im Mittelalter mußten Bücher mit der Hand geschrieben bzw. abgeschrieben werden. Nun wurden die Texte aus unzähligen Einzelbuchstaben zusammengesetzt und in vielen Exemplaren gedruckt. Anschließend konnte man die Buchstaben für andere Texte wiederverwenden. Das neue Verfahren war billiger und zeitsparend. Dazu noch einige Zahlen: Um 1450 gab es in Europa schätzungsweise 100000 Bücher; um 1500 waren es etwa 9 Millionen; eine handgeschriebene Bibel kostete 300—400 Gulden, eine gedruckte Bibel 25—40 Gulden.

◁ **Hans Sachs, Die Wittenbergisch Nachtigall** (ein Gedicht), 1523. Titelblatt

In diesem Gedicht heißt es, der Löwe habe des Nachts die Schafe in die Wüste gelockt.
„Auch legte er ihnen Stricke verborgen,
darin die Schafe fielen mit Sorgen."
Weiter heißt es dann:
„Nun, damit ihr besser mögt verstehen, wer die liebliche Nachtigall ist, die uns den hellen Tag verkündet: Es ist Doktor Martin Luther, Augustiner-Mönch zu Wittenberg, der uns von der Nacht aufweckt . . ."

(A. von Keller (Hg.), Hans Sachs, Bd. 6, Tübingen 1872, S. 368 ff.)

a) *Überlege: Welche Auswirkungen hatte die Erfindung des Buchdrucks? (→ Arbeitsblatt Nr. 6)*

b) *Ergänzend: Arbeitsblatt Nr. 7.*

Welche Rolle spielte der Buchdruck bei der Ausbreitung der Reformation? Einige der Schriften, die damals von oder über Luther erschienen, sind hier und auf den vorangegangenen Seiten abgebildet.

a) *Beschreibe die abgebildeten Drucke. Wovon handeln sie?*

b) *Wie gut konnte ein Mensch jener Zeit über Luther unterrichtet sein? Bedenke dabei auch, daß viele Menschen damals nicht lesen konnten.*

c) *Kann man einige Schriften über Luther als Propagandaschriften bezeichnen? Mit welchen Mitteln arbeiteten sie?*

d) *Stimmst du der Behauptung zu: Ohne Buchdruck keine Reformation?*

Albrecht Dürer, Die falschen und die wahren Apostel Christi. Einblattdruck, Anfang des 16. Jahrhunderts

Das Reich Karls V. (1519—1556)

8./9. Kaiser — Fürsten — Reformation

Die Wahl Karls V. zum deutschen König und Kaiser

Im Jahre 1519 war Kaiser Maximilian I. gestorben. Um seine Nachfolge bewarben sich zwei Kandidaten: der eine war Karl, König von Spanien und Erzherzog von Österreich, der Enkel Maximilians, der andere der König von Frankreich, Franz I. Die Entscheidung lag bei den sieben deutschen Kurfürsten. Nach langem Zögern und vielen Verhandlungen entschieden sie sich schließlich für Karl, der einstimmig zum deutschen König und Kaiser gewählt wurde.

a) *Welche Länder gehörten zum Reich Kaiser Karls V.? Wie waren sie in seine Hand gekommen? (Schau dazu auf die Tafel mit den Vorfahren Karls.)*

b) *Die Bewerbung König Franz I. von Frankreich um die deutsche Königs- und Kaiserkrone wurde vor allem vom Papst unterstützt. Erkläre mit Hilfe der Karte oben, warum der Papst eine Wahl Karls verhindern wollte.*

c) *In welcher außenpolitischen Lage befand sich Frankreich nach der Wahl Karls V. zum deutschen Kaiser?*

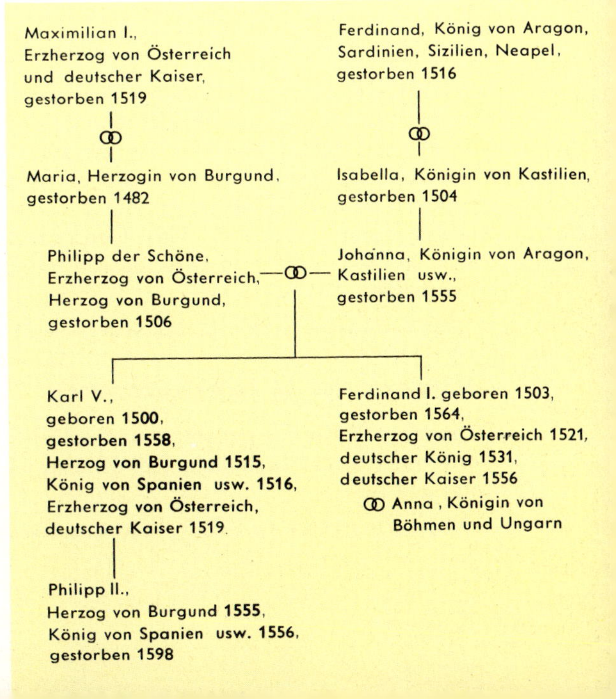

Die Vorfahren Kaiser Karls V.

Der junge Kaiser Karl V., etwa zur Zeit des Wormser Reichstages. Gemälde von Bernart van Orley

1521: Der Reichstag zu Worms

Seinen ersten Reichstag* hielt Kaiser Karl V. 1521 in Worms ab. Dorthin war auch Martin Luther geladen worden. Denn nach altem Recht mußte der Kaiser über denjenigen, der von der Kirche gebannt war, die *Reichsacht** verhängen. Andererseits hatte Karl bei seiner Wahl jedoch versprochen: „Ohne Verhör und ohne einen ordentlichen Prozeß werden wir niemanden, er sei von hohem oder niederem Stand, ... mit der Reichsacht belegen."
Der Kaiser hatte Luther eine freie Hin- und Rückreise nach bzw. von Worms zugesichert. Am 16. April traf Luther in Worms ein; am folgenden Tag begann das Verhör.

Am Ende faßte Luther seinen Standpunkt noch einmal zusammen:

Eure Majestät ... verlangen eine klare Antwort; ich will sie ohne Spitzfindigkeiten geben. Wenn ich nicht mit Zeugnissen aus der Bibel oder mit klaren Vernunftgründen widerlegt werde, so [bleibe ich weiterhin bei meiner Überzeugung] — und mein Gewissen bleibt gefangen in Gottes Wort. Denn ich glaube weder dem Papst noch den Konzilien*, da es offenkundig ist, daß sie öfters geirrt und sich widersprochen haben. Widerrufen kann und will ich nichts, weil man nichts gegen sein Gewissen tun darf. Gott helfe mir, amen.

(F. Dickmann (Bearb.), Renaissance, Glaubenskämpfe, Absolutismus, S. 125)

Später gab der Kaiser folgende Erklärung ab:

Ihr wißt, daß ich von [Vorfahren] abstamme, die alle treue Söhne der katholischen Kirche gewesen sind ... Wofür jene sich eingesetzt haben, das will auch ich verteidigen; dies gilt insbesondere für das, was sie auf dem Konzil zu Konstanz und auf anderen Konzilien angeordnet haben. Denn es ist sicher: ein einzelner Mönch irrt in seiner Meinung, wenn diese gegen die der ganzen Christenheit steht, so wie sie seit mehr als tausend Jahren ... gelehrt wird. Denn sonst hätte ja die ganze Christenheit heute und immer geirrt ... Ich bin entschlossen, mich gegen [Luther] wie gegen einen Ketzer* zu verhalten.

(F. Dickmann (Bearb.), Renaissance, Glaubenskämpfe, Absolutismus, S. 126)

Ausdrücklich fügte der Kaiser jedoch hinzu:

Dennoch will ich das gegebene und schriftlich zugestellte Geleit* nicht verletzen; ich werde mich sogar bemühen, daß [Luther] heil dorthin zurückkehrt, von wo er [gekommen] ist.

(H. Junghans (Hg.), Die Reformation in Augenzeugenberichten, S. 112)

a) *Mit welchen Argumenten begründeten Luther und der Kaiser ihren Standpunkt? Vergleiche.*

b) *Wie beurteilst du die Haltung Luthers und des Kaisers?*

Am Ende des Reichstages wurde über Luther die Reichsacht verhängt. Niemand durfte ihm mehr Unterkunft gewähren, Essen oder Trinken geben oder sonstwie helfen. Falls möglich, sollte man Luther gefangennehmen und dem Kaiser ausliefern. Genauso sollte man gegen die Helfer und Freunde Luthers verfahren; deren Gut sollte beschlagnahmt werden.
Als die Acht offiziell verkündet wurde, war Luther jedoch bereits in Sicherheit. Auf der Wartburg in Thüringen lebte er verkleidet als Ritter; sein Landesherr, Kurfürst Friedrich der Weise von Sachsen, hatte ihm diesen Aufenthaltsort zugewiesen. Die meisten Menschen glaubten, Luther sei tot. Auf der Wartburg übersetzte er das Neue Testament ins Deutsche; später übersetzte er auch noch das Alte Testament (vgl. dazu auch S. 31). Erst Anfang 1522 zeigte sich Luther wieder in der Öffentlichkeit.

Fürsten und Städte unterstützen die Reformation

Kaiser Karl V. war ein überzeugter Gegner der Reformation und fest entschlossen, die Glaubensspaltung zu verhindern. Wir wissen, daß er keinen Erfolg hatte. Die evangelische Konfession* lebte fort und existiert bis heute. Wie war das möglich? Wie konnte sich ein Mönch — ein Ketzer und Reichsfeind nach damaliger Auffassung — gegen den Kaiser behaupten?

Ein wichtiger Grund war sicherlich dieser: Die Reformation hatte von Anfang an mächtige und einflußreiche Helfer. Im Anfang war es Friedrich der Weise, Kurfürst von Sachsen; er war es, der Luther auf der Wartburg versteckte. Später traten noch andere Fürsten und viele Städte auf die Seite der Reformation (vgl. dazu die Karte auf S. 38).

Welche Gründe mögen diese Fürsten und Städte für ihre Entscheidung gehabt haben?

— Viele waren von der Lehre Martin Luthers überzeugt.
  Friedrich der Weise z. B. empfing auf dem Totenbett das Abendmahl in evangelischer Form, d. h. in beiderlei Gestalt, mit Brot und Wein.
— Manche fürchteten aber auch einen Aufstand des Volkes, wenn sie gegen Luther vorgehen würden.

So schrieben einige Fürsten 1521 an den Kaiser:

Wenn man mit aller Schärfe gegen Luther vorgeht, dann könnte dies Unruhe und Empörung wecken.

— Andere erwarteten von der Reformation ganz einfach Vorteile für sich.

Im November 1526 schrieb Luther an den sächsischen Kurfürsten:

Es ist . . . die Pflicht . . . der Obrigkeit, die Jugend in der Furcht Gottes zu erziehen; deshalb muß man Schulen, Prediger und Pfarrer haben . . . Nun ist in Eurem Kurfürstentum die alte, päpstliche Ordnung abgeschafft; Klöster und Stifte sind Euch als dem obersten Herrn zugefallen. Damit habt Ihr aber auch die Pflicht, diese zu ordnen und neu zu verwenden . . . Deshalb ist es notwendig, daß Ihr alle kirchlichen Einrichtungen im ganzen Land von vier Personen begutachten laßt. Zwei Personen sollen auf die kirchlichen Einkünfte, zwei auf die Geistlichen und deren Lehre achten . . . Wo nun ein Ort in der Lage ist, Schulen und Pfarreien zu unterhalten, müßt Ihr diesen dazu

Kurfürst Johann Friedrich von Sachsen im Kreise der Reformatoren. (Von links nach rechts: Martin Luther, Johann Oecolampad, Reformator in Basel, Ulrich Zwingli, Philipp Melanchthon.) Gemälde von Lucas Cranach dem Älteren, um 1530 (The Toledo Museum of Art, Toledo/USA)

— *Wie hat der Maler den Kurfürsten und die Reformatoren dargestellt? Achte auf die Stellung der Personen zueinander, auf ihre Größenverhältnisse und auf ihre Haltung. Was wollte der Maler damit wohl ausdrücken?*

zwingen . . . Reichen die Mittel jedoch nicht aus, dann soll man die Klostergüter dafür verwenden . . . So kann man den einfachen Mann mit weiteren Abgaben verschonen . . . Was von den Klosterbesitzungen dann noch übrig bleibt, könnt Ihr zum Nutzen des Landes oder für arme Leute verwenden.

(Luthers Werke. Briefe, Bd. 4, Weimar 1933, S. 133 f.)

a) *Welchen Platz nimmt der Landesherr in der lutherischen Kirche ein? Welche Rechte hat er?*
b) *Wie sollte nach Luthers Meinung das Klostergut verwendet werden? Wer zog Nutzen aus der fälligen Neuordnung?*

Europäische Politik und Reformation (1521—1548)

Die Reformation hatte mächtige Helfer. Warum — so müssen wir weiterfragen — konnte sich der Kaiser nicht gegen sie durchsetzen?
Kaiser Karl V. herrschte in Europa über ein großes Reich; es erstreckte sich von Spanien bis Österreich und vom Mittelmeer bis zur Nordsee. Doch waren damit auch zahlreiche Probleme verbunden. Auf dem Balkan und in Ungarn drangen die Türken beständig nach Westen vor. Mit König Franz I. von Frankreich gab es Kriege um den Besitz der Niederlande (Burgund) und um die Herrschaft in Italien.
Die Zusammenstellung auf der nächsten Seite nennt die wichtigsten Ereignisse aus der Regierungszeit Karls V. bis zum Jahre 1548.

a) *Erläutere und beurteile die außenpolitische Lage Kaiser Karls V. von 1521 bis 1548.*
b) *Gab es einen Zusammenhang zwischen der Außenpolitik Karls V. und dem Schicksal der Reformation in Deutschland? — Schau dir zunächst die Zeit bis etwa 1545, dann die Jahre danach an.*
c) *Welche Rolle spielten einige protestantische Fürsten in den Jahren nach 1540?*

Der Augsburger Religionsfriede 1555

Über die Vorgänge im Anschluß an den Augsburger Reichstag 1548 berichtete ein Protestant, Bartholomäus Sastrow aus Pommern:

Nach Beendigung des Reichstages von Augsburg zog der Kaiser in die Niederlande. Dabei habe ich selbst gesehen, wie die neue Kirchenordnung in Ulm durchgeführt wurde. Der Kaiser setzte nämlich den alten Rat ab und einen neuen Rat ein, der dem Kaiser in allen Dingen gehorsam war — auch in Sachen der Religion. Mit den sechs [evangelischen] Predigern redete er eine gar harte Sprache. Vier von ihnen, die sich nicht überreden ließen, wurden gefangen fortgeführt. Und auch die zwei, die abfielen, wurden hart behandelt und mußten Frau und Kinder verlassen.

(G. Guggenbühl / H. C. Huber (Hgg.), Quellen zur Geschichte der neueren Zeit, S. 98)

— *Mit welchen Mitteln versuchte der Kaiser, die Reformation (hier in der Reichsstadt Ulm) rückgängig zu machen? Gegen welche Personen ging er vor allem vor?*

Das Schicksal der Reformation schien 1548 besiegelt zu sein. Doch die Lage änderte sich innerhalb weniger Jahre. Insgeheim rüstete Herzog Moritz von Sachsen zusammen mit einigen protestantischen Fürsten nun gegen den Kaiser. Nachdem sie noch ein Bündnis mit dem französischen König (seit 1547 Heinrich II.) abgeschlossen hatten, eröffneten sie den Krieg. Der völlig überraschte Kaiser floh über die Alpen (1552).
Gegen den Willen Karls V., doch mit Unterstützung seines Bruders Ferdinand, schlossen Katholiken und Lutheraner (die Anhänger der *Augsburger Konfession** von 1530) auf dem Reichstag zu Augsburg 1555 Frieden. Ausgeschlossen blieben andere Protestanten, die Anhänger von Ulrich Zwingli und Johann Calvin (die sog. *Reformierten**).

Die Türken dringen auf dem Balkan vor.

Die Türken siegen in der Schlacht bei Mohács und besetzen große Teile Ungarns. [1526]

Die Türken belagern Wien, die Hauptstadt des Habsburgerreiches. [1529]

Die Türken brechen erneut in Österreich ein. [1532]

Die Türken erobern Ofen (Budapest). [1541]

Waffenstillstand zwischen Karls Bruder Ferdinand und dem türkischen Sultan [1545]

Krieg Kaiser Karls V. gegen König Franz I. von Frankreich

Krieg Karls V. gegen Franz I.

Krieg Karls V. gegen Franz I.

Krieg Karls V. gegen Franz I.

Endgültiger Sieg des Kaisers über den französischen König

1521 – 1524 – 1526 – 1529 – 1530 – 1531 – 1532 – 1536 – 1538 – 1540 – 1541 – 1542 – 1544 – 1545 – 1546 – 1547 – 1548

Reichstag zu Worms: Reichsacht über Luther und seine Anhänger („Wormser Edikt")

Reichstag zu Nürnberg: Die Klärung der religiösen Probleme wird auf den nächsten Reichstag verschoben.

Reichstag zu Speyer: Die Durchführung der Beschlüsse des Reichstags zu Worms (1521) wird aufgeschoben.

Reichstag zu Speyer: 5 evangelische Fürsten und 14 Städte **protestieren** gegen den Mehrheitsbeschluß des Reichstags, das Wormser Edikt durchzuführen.

Reichstag zu Augsburg: Die Anhänger Luthers legen in der **„Augsburger Konfession"** ihre Glaubensgrundsätze dar.
Das Wormser Edikt wird erneut in Kraft gesetzt.

Protestantische Fürsten und Städte schließen ein Verteidigungsbündnis, den **„Schmalkaldischen Bund"**.

Reichstag zu Nürnberg: Die Strafverfolgung der Protestanten wird aufgeschoben.

Der protestantische Landgraf Philipp von Hessen geht eine Doppelehe ein.

Um der Strafverfolgung zu entgehen, schließt er ein geheimes Bündnis mit dem Kaiser.

Reichstag zu Speyer: Alle Prozesse gegen die Protestanten werden eingestellt.

Der protestantische Herzog Moritz von Sachsen schließt ein Bündnis mit dem Kaiser; er hofft auf Landgewinn.

Schmalkaldischer Krieg: Der Kaiser besiegt die Protestanten.

Reichstag zu Augsburg: Neue Kirchenordnung für Deutschland mit ganz geringen Zugeständnissen an die Protestanten.

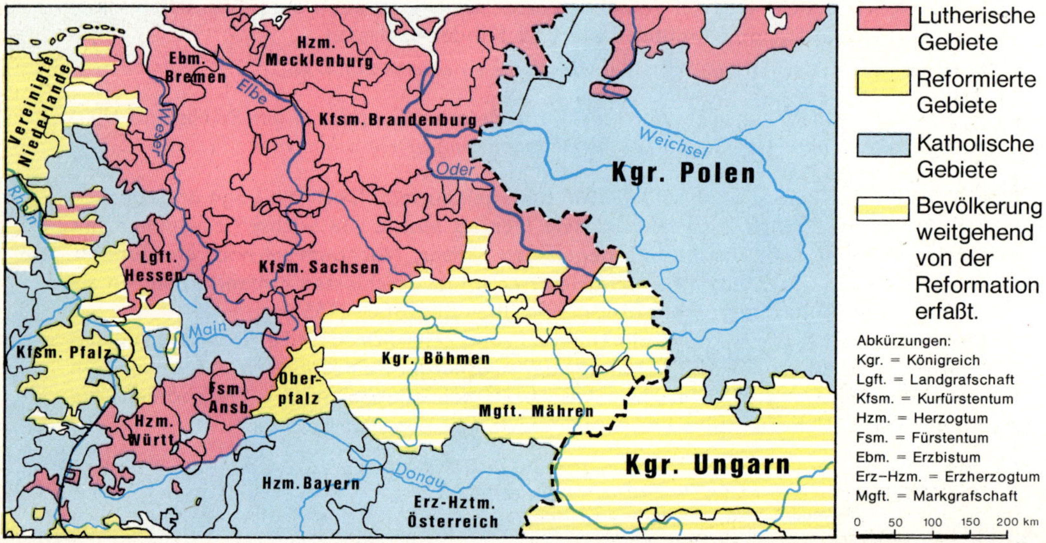

Die wichtigsten Bestimmungen des Augsburger Religionsfriedens lauten:

— Kaiser, König, Kurfürsten, Fürsten und Stände des Reiches geloben, keinen Anhänger der Augsburger Konfession wegen seines Glaubens anzugreifen oder zu verklagen.
— Die Anhänger der Augsburger Konfession versprechen das gleiche gegenüber den Anhängern der alten, katholischen Religion.
— Wenn ein Geistlicher (ein Bischof, ein Abt oder dergleichen) seine alte Religion aufgeben will, so darf er dies tun; doch muß er dann auf sein Erzbistum, Bistum oder sonstiges Amt verzichten.
— Die protestantischen Landesherren dürfen die ehemals geistlichen Güter, die sie vor dem Jahre 1552 eingezogen haben, behalten.
— Die Untertanen aller Fürsten haben das Recht, unbehelligt und mit ihrer Habe aus einem Fürstentum wegzuziehen, wenn sie die vom Landesherrn gewählte Konfession nicht annehmen wollen.
— In vielen Reichsstädten leben Anhänger der katholischen und der Augsburger Konfession nebeneinander; dies soll dort auch in Zukunft so sein.

(F. Dickmann (Bearb.), Renaissance, Glaubenskämpfe, Absolutismus, S. 204—207)

a) *Die beiden letzten Artikel enthalten Bestimmungen, die für die Menschen besonders wichtig waren. Wer bestimmte in einem Fürstentum die Konfession? Wie war die Lage der Untertanen? Welche Regelung galt für die Reichsstädte?*

b) *Beurteile den Augsburger Religionsfrieden. Überlege vor allem: Gab es nach 1555 eine Religionsfreiheit für die Menschen in Deutschland?*

c) *In der Mitte des 16. Jahrhunderts gab es in Deutschland katholische und protestantische Länder. Wo waren die einen, wo die anderen in der Überzahl?*

d) *Erläutere die Konfessionsverhältnisse im deutschen Südwesten.*

Kaiser Karl V. Gemälde von Tizian, 1548 (München, Bayerische Staatsgemäldesammlungen)

Am Augsburger Reichstag nahm Kaiser Karl V. nicht mehr teil; sein Bruder Ferdinand leitete ihn. Enttäuscht und krank hatte sich der Kaiser von der Politik zurückgezogen. Die Herrschaft über die Niederlande (Burgund) und Spanien zusammen mit den Besitzungen in Italien und den Kolonien in Amerika übergab er seinem Sohn Philipp; die Kaiserwürde und die habsburgischen Länder in Deutschland trat er an seinen Bruder Ferdinand ab. 1558 starb Karl in einem spanischen Kloster.

— *Als das auf dieser Seite abgedruckte Bild entstand, war der Kaiser 48 Jahre alt. Welchen Eindruck macht er auf den Betrachter (Gesichtsausdruck, Haltung, Kleidung)? Vergleiche dieses Bild mit dem Jugendbildnis (S. 34).*

◁ **Die Verbreitung der Konfessionen in Deutschland und Mitteleuropa nach dem Augsburger Religionsfrieden (1555).** Im heutigen Bundesland Baden-Württemberg schlossen sich folgende Reichsstädte der Reformation an: Aalen, Bopfingen, Esslingen, Giengen, Schwäbisch Hall, Heilbronn, Isny, Reutlingen, Ulm. Konfessionell gemischt waren Biberach, Leutkirch, Ravensburg.)

10. Die Reformation im Südwesten des Reiches

Das Beispiel Rothenburg ob der Tauber

Über die Vorgänge in der fränkischen Reichsstadt Rothenburg ob der Tauber um und nach 1520 sind wir sehr genau unterrichtet. In der Chronik des katholischen Stadtschreibers Thomas Zweifel heißt es:

Schon im Jahre 1521, zur Zeit des Wormser Edikts, gab es in Rothenburg Anhänger und Gegner Luthers. Zu den Anhängern gehörten der Pfarrer Doktor Johann Teuschlein, ein blinder Mönch namens Hans Schmid und Caspar Christian, ebenfalls Pfarrer ...

Zu Johann Teuschlein gesellte sich auch ein Bauer aus dem Ries. Als dieser in einer Kirche predigte, verbot ihm dies der Rat der Stadt. Daraufhin predigte er vor dem Rödertor; viel Volk aus der Stadt und von anderswoher versammelte sich auf der Wiese vor dem Tor und hörte ihm zu ...

Schließlich rief der Bischof von Würzburg den Caspar Christian zu sich nach Würzburg. Doch Christian kam dem Befehl nicht nach. Darauf verhängte der Bischof den Bann* über ihn. Seine Anhänger, etwa 300 Bürger, baten ihn, bei dem Evangelium zu bleiben und sich nicht um den Bann zu kümmern; sie versprachen, ihm mit Leib und Gut zu helfen. Später setzte sich auch der Rat der Stadt für ihn ein, und der Bischof hob den Bann wieder auf ...

Überhaupt unternahm der Rat nichts gegen die neuen Prediger. Vielleicht hatte er Angst vor einigen Ratsmitgliedern, die es mit dem gemeinen Volk hielten und gegen die er nichts ausrichten konnte.

(F. L. Baumann (Hg.), Quellen zur Geschichte des Bauernkriegs aus Rothenburg an der Tauber, Tübingen 1878, S. 8—13, 26)

Zu Beginn des Jahres 1525 spitzte sich die Lage weiter zu:

Zu dieser Zeit kam Doktor Andreas Bodenstein, genannt von Karlstadt, nach Rothenburg. Er predigte gegen die heilige Messe und gegen die Heiligenbilder in den Kirchen. Da er als ein Aufrührer überall gesucht wurde — auch Luther hatte sich von ihm abgewandt —, versteckten Johann Teuschlein und seine Anhänger ihn in der Stadt.

Drei Franziskanermönche wandten sich mit folgender Bitte an den Rat: Da sie das mönchische Leben für unnütz und überflüssig hielten, möchten sie aus dem Kloster austreten und ein Handwerk erlernen. Der Rat möge ihnen dieses gestatten.

Am 24. März hat man auf dem Kirchhof zur Marienkapelle dem Herrgott am Kreuz den Kopf und die Arme abgeschlagen.

Am 26. März hat in der Marienkapelle ein Mann das Meßbuch vom Altar geworfen und die Priester von der Messe verjagt.

Am 27. März zeigte sich Karlstadt offen in der Stadt.

Am 7. April hat ein Mann während eines Gottesdienstes die Lampe, die vor dem Sakramentshäuschen brennt, mit Licht und Öl in die Kirche geworfen; einige Ratsmitglieder waren anwesend.

(F. L. Baumann (Hg.), Quellen zur Geschichte des Bauernkriegs aus Rothenburg ..., S. 16 f., 26 ff., 92 f., 596—599)

Ein wichtiges Datum war der 12. April 1525; an diesem Tag erließ der Rat der Stadt auf Drängen der Bürgergemeinde eine neue Ordnung. Darin wurde u. a. bestimmt:

Junge und kräftige Priester sollen ein Handwerk erlernen und sich verheiraten.

Ein alter, betagter Priester darf ein Einkommen von 50 Gulden haben. Was darüber hinausgeht, soll zum Nutzen der Allgemeinheit verwandt werden. Wenn ein solcher Priester sich aber ungebührlich verhält, z. B. Vigilien* oder Messen liest, dann soll er nichts bekommen.

Bildersturm. Holzschnitt von Erhard Schoen, um 1530

— *Welche Tätlichkeiten sind auf diesem Bild dargestellt? Was ist ein „Bildersturm"?*

Alle geistlichen Personen, die in der Stadt wohnen, sollen wie die anderen Bürger städtische Lasten tragen (z. B. Steuern zahlen und Wachdienste leisten) und den Bürgereid schwören.
Alle geistlichen Ornate, Kelche, Schmuckstücke und dergleichen sollen zum Nutzen der Allgemeinheit verwandt werden.

(F. L. Baumann (Hg.), Quellen zur Geschichte des Bauernkriegs aus Rothenburg . . ., S. 177 f.)

Über die folgenden Tage und Wochen wird berichtet:

Am Karfreitag, dem 14. April, fand in Rothenburg kein katholischer Gottesdienst mehr statt; nur Doktor Teuschlein hat gepredigt.
Am 15. April nannte der blinde Mönch die Messe Götzendienst und Ketzerei.
Am heiligen Ostertag hat man in den Kirchen weder gesungen noch die Messe gelesen.
Am 12. Mai sind bewaffnete Bürger vor den Johanniterhof und danach vor das Dominikanerinnen-Kloster, Franziskaner-Kloster, das Deutschordens-Haus, Schwesternhaus usw. gezogen. Neben ihnen gingen zwei Ratsmitglieder, einige Personen vom Bürgerausschuß und von jedem Handwerk ein Vertreter. Diese gingen in die genannten Klöster und beschlagnahmten alles, was sie fanden, im Namen des Stadtrates und der Bürgergemeinde. In jedem Kloster ließen sie einige Personen als Aufpasser zurück. So hatten die Mönche, Nonnen und Schwestern nichts mehr darin zu sagen.
Etwa 150 Rothenburger Bürger baten den Rat, die katholische Messe wieder zuzulassen. Doch aus Furcht vor neuer Unruhe schlug der Rat dies ab.

(F. L. Baumann (Hg.), Quellen zur Geschichte des Bauernkriegs aus Rothenburg . . ., S. 345, 370—374, 598 f.)

a) *Welche Personengruppen unterstützten in Rothenburg die neue Lehre? Wie gingen sie vor? (→ Arbeitsblatt Nr. 8)*

b) *Wie verhielt sich der Rat der Stadt gegenüber den Anhängern Luthers? (→ Arbeitsblatt Nr. 8)*

Wenige Wochen später erhielt die katholische Partei jedoch noch einmal die Oberhand in Rothenburg. Erst 1544 konnten sich die Anhänger der neuen Lehre erneut und endgültig durchsetzen.

Das Beispiel Zürich

Zürich war eine mächtige und wohlhabende Stadt in der Schweizer Eidgenossenschaft. Seit dem 1. Januar 1519 war *Ulrich Zwingli* Priester an der größten und ältesten Kirche Zürichs, dem Großmünster.
Als Pfarrer ging Zwingli von Anfang an einen eigenen Weg. So predigte er nicht über die von der Kirche vorgeschriebenen Bibelstellen, sondern er erklärte aus eigenem Entschluß das Matthäus-Evangelium und andere Bücher der Bibel. Dann wurde Zwingli auf Luther aufmerksam. Doch übernahm er nicht einfach dessen Lehren, sondern er vertrat in manchen Fragen eigene Ansichten.
In einen offenen Konflikt mit der alten Kirche geriet Zwingli jedoch erst 1522. Ein Freund Zwinglis veranstaltete in der Fastenzeit ein Wurstessen. Zwingli war anwesend; zwar aß er nichts von der Wurst, doch unternahm er auch nichts dagegen.

In einer Schrift verteidigte er seine Haltung:

Willst du gerne fasten, so tue es. Willst du kein Fleisch essen, so iß es nicht. Laß aber dem Christenmenschen seine Freiheit . . . Meint ihr denn, daß aus dem, was Gott nicht verboten hat, Schaden oder Gefahr drohe? Läge eine Gefahr für die Seele darin, so hätte Gott es schon verboten [z. B. das Fleischessen in der Fastenzeit] . . . Gönne deinem Nächsten, daß er von der christlichen Freiheit Gebrauch macht . . . Mache das, was die Menschen erfunden haben, nicht größer als das, was Gott geboten hat.

(E. Egli / G. Finsler (Hgg.), Ulrich Zwinglis sämtliche Werke, Bd. 1, Berlin 1904, S. 106 ff.)

a) *Gegen welche Vorschrift der katholischen Kirche haben die Teilnehmer am Wurstessen verstoßen?*

b) *Was verstand Zwingli unter der Freiheit eines Christen? Wodurch wird diese Freiheit allein eingeschränkt?*

Um Streit und Unruhe zu vermeiden, lud der Rat der Stadt alle Geistlichen zu einer großen Disputation* in deutscher Sprache nach Zürich ein. Wer die Lehren Zwinglis für ketzerisch hielte, der sollte dies aus der Bibel beweisen. Am Ende der Disputation stellte der Rat das Ergebnis fest:

Obwohl Meister Ulrich Zwingli . . . zuvor viel beschuldigt worden ist, hat sich . . . niemand [bei dieser Disputation] gegen ihn erhoben; niemand hat es vermocht, ihn

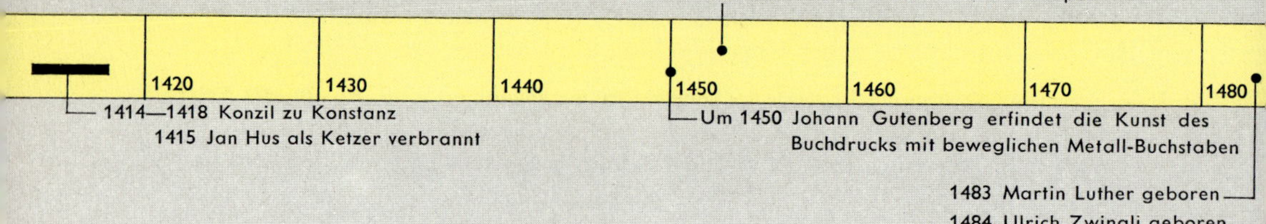

mit der gerechten göttlichen Schrift zu überwinden . . .; niemand hat ihm irgendeine Ketzerei nachgewiesen . . . Darum haben Bürgermeister und Rat der Stadt Zürich . . . beschlossen, daß Meister Ulrich Zwingli fortfahren und wie bisher das heilige Evangelium . . . so lang . . . verkünden soll, bis er eines Besseren belehrt wird. [Ebenso sollen sich alle anderen Priester verhalten.]

(H. Junghans (Hg.), Die Reformation in Augenzeugenberichten, S. 264 f.)

Die Zürcher Disputation fand im Januar 1523 statt. Im Oktober desselben Jahres sprach sich Zwingli dafür aus, die Bilder aus allen Kirchen zu entfernen; denn man solle Gott im Herzen, nicht auf Bildern verehren, woraus nur Götzendienst erwachse. Hier zögerte der Rat. Erst im Juni 1524 gab er seine Erlaubnis.

Anno 1524, am 20. Juni, wurden von den [reichen Familien] zwei Mann und von jeder Zunft ein Mann gewählt. Die fingen an, aus dem Triumphbogen das große Kreuz und von den Altären alle Bilder abzutun und das Gemälde, das mit Ölfarben gemalt war, mit Äxten abzuhacken . . . Es wäre zu lang, wollte ich im einzelnen erzählen, wie und an welchem Tag alle Kirchen in und vor der Stadt geräumt wurden. Es geschah dies alles in dreizehn Tagen . . . Und das halte ich für ein großes Wunder und eine Gnade Gottes, daß diese Dinge alle im Frieden geschahen; keinem Menschen stieß etwas zu, auch entstand kein Aufruhr daraus. Trotzdem war mancher traurig darüber, doch man gehorchte.

(H. Junghans (Hg.), Die Reformation in Augenzeugenberichten, S. 269 f.)

Schließlich wurde im April 1525 die katholische Messe durch Ratsbeschluß abgeschafft und durch ein einfaches Abendmahl ersetzt. Die Klöster wurden aufgehoben, den Pfarrern die Ehe erlaubt.

a) *Welchen Anteil hatte der Rat der Stadt am Sieg der Reformation in Zürich? (→ Arbeitsblatt Nr. 8)*

b) *Welche Rolle spielte Ulrich Zwingli? (→ Arbeitsblatt Nr. 8)*

c) *Auch in Zürich gab es einen „Bildersturm*"? Wie ging er vor sich? (→ Arbeitsblatt Nr. 8)*

d) *Vergleiche zum Schluß die Vorgänge in Zürich mit denen in Rothenburg? Wo liegen die Unterschiede?*

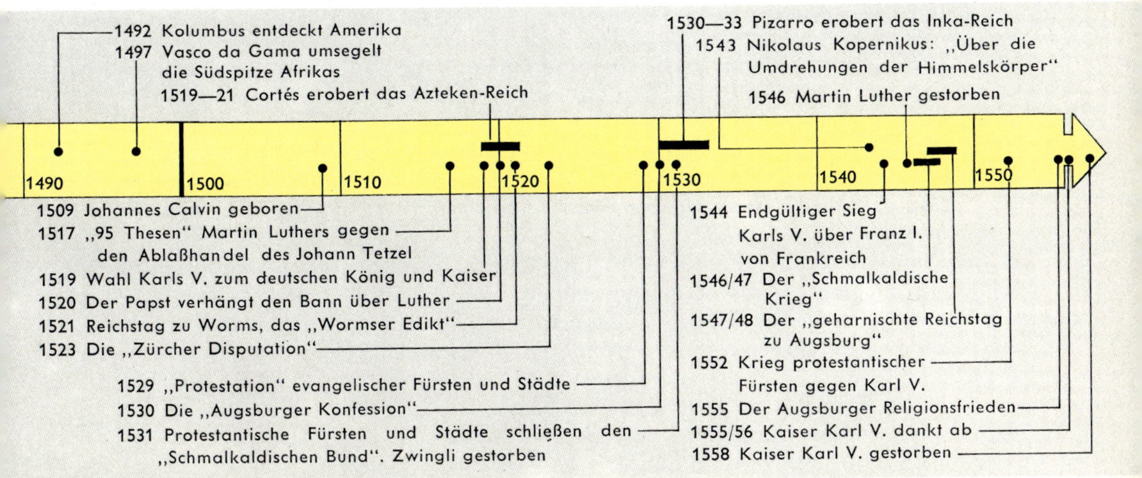

Fürsten und Stände bestimmen: Der Territorialstaat

Unser Staat, die Bundesrepublik Deutschland, ist noch verhältnismäßig jung; vor wenigen Jahren erst feierten wir das dreißigjährige Bestehen. Noch jünger ist unser Bundesland Baden-Württemberg. Es entstand 1952 aus der Vereinigung der früher selbständigen Länder Baden und Württemberg. Auch diese beiden sind ihrerseits aus älteren Ländern und Landesteilen gebildet worden. An die größten und wichtigsten Landesteile erinnert noch heute das große Staatswappen Baden-Württembergs:

Das große Staatswappen des Bundeslandes Baden-Württemberg

Vor etwa 80 Jahren gehörten das Großherzogtum Baden und das Königreich Württemberg zum deutschen Kaiserreich. Vor etwa 800 Jahren bezeichneten die Namen „*Baden*" und „*Württemberg*" kaum mehr als zwei Burgen mit ziemlich kleinen Herrschaftsbereichen. Das änderte sich im Laufe der Jahrhunderte. Aus unbedeutenden Vasallen* des mittelalterlichen Kaisers wurden *Landesherren*, die dem Kaiser nur noch locker unterstanden. Aus zerstreutem Herrschaftsbesitz wurden große — im Falle Württembergs auch geschlossene — *Flächenstaaten*.

Es gab freilich nicht nur Veränderung und Wandel, sondern auch Dauerhaftigkeit. Seit 500 Jahren zum Beispiel gibt es in Württemberg schon eine einflußreiche Volksvertretung, einen *Landtag**. Auch die heutige Staatsverwaltung hat tiefe geschichtliche Wurzeln. Wir wollen am Beispiel Badens und Württembergs die Entwicklung von Landesstaaten untersuchen und fragen:

— wie es im Mittelalter zu ihrer Entstehung kam
— wie diese Staaten aufgebaut und verwaltet wurden und
— welchen Anteil das Volk an der Herrschaft erlangen konnte.

Die Entwicklung der Markgrafschaft Baden bis 1535

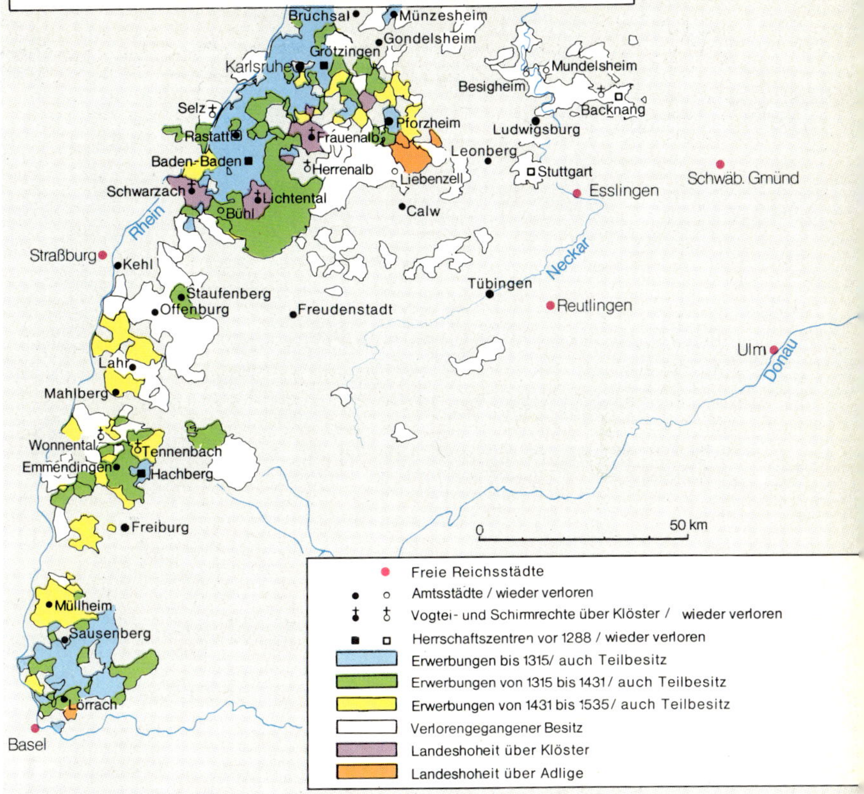

Baden

a) *Suche die im Wappen von 1583 vertretenen Herrschaften in der Karte auf. Warum wurden gerade sie ins Wappen aufgenommen?*

b) *Unterscheide Zeiträume größeren und kleineren Wachstums! Wo wuchs oder schwand der badische Besitz? (→ Arbeitsblatt Nr. 9)*

Die Entwicklung der Grafschaft Württemberg bis 1504

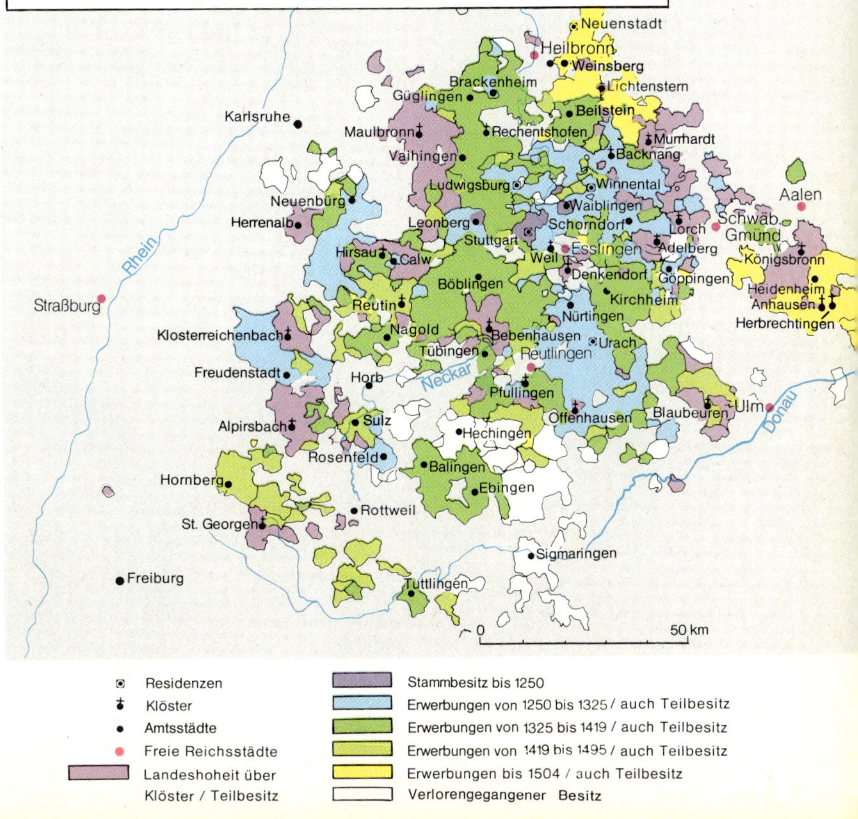

Württemberg

a) *Unterscheide Zeiträume größeren und geringeren Wachstums. (→ Arbeitsblatt Nr. 10)*

b) *Wo wuchs der Besitz auffallend stark? Zu wessen Lasten erfolgte dies?*

c) *Vergleiche die Entwicklung und Gestalt Württembergs mit der Badens. Welche Unterschiede werden deutlich? Worauf gründete die Geschlossenheit Württembergs?*

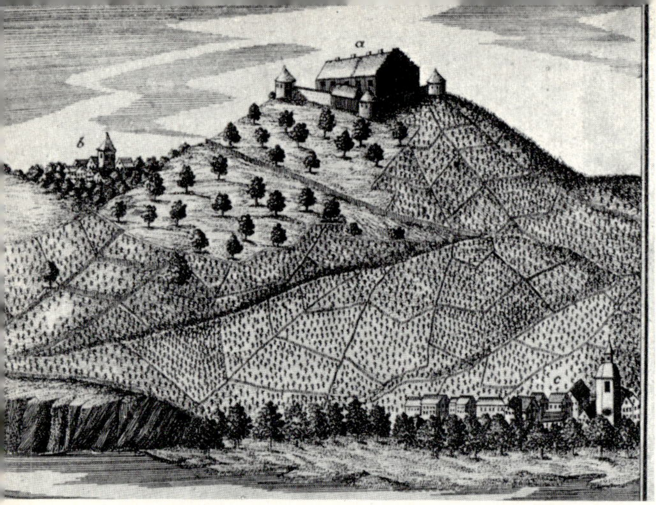

Burg Wirtemberg um 1750. Nur relativ kurz war hier die Residenz des Geschlechtes. Mitte des 13. Jahrhunderts übersiedelten die Grafen in die neuerworbene (vorher badische) Stadt Stuttgart. Im Vordergrund Untertürkheim (c). Links oben der Weiler Rotenberg (b).

Eine ehemalige Residenz: Hohenbaden. Die Ansicht von W. Hollar zeigt Hohenbaden um 1640.

1. Landesherren versuchen Flächenstaaten zu schaffen

Von der Burg zum Flächenstaat: Baden und Württemberg

Die Markgrafschaft Baden

Die Familie der Markgrafen von Baden stammt ab von den Herzögen von Zähringen, die um 1200 zu den mächtigsten Herren Süddeutschlands gerechnet wurden, dann aber ausstarben. Den Titel „Markgraf" führten die Badener seit etwa 1100 nach der Markgrafschaft Verona, die ein Mitglied der Familie einmal für kurze Zeit besessen hatte. Ab 1112 begannen sie sich nach der Burg Baden (bei Baden-Baden) zu nennen.

Die Abbildung oben rechts zeigt die Stammburg Hohenbaden, die bis 1479 Mittelpunkt der Herrschaft und Residenz war.

Der ererbte Besitz der Markgrafen lag anfangs vor allem am mittleren Neckar. Auch Stuttgart war damals noch badisch und wurde von den Markgrafen zur Stadt erhoben. In der Stiftskirche zu Backnang war das Familienbegräbnis.
Im 13. und 14. Jahrhundert wurde dies allmählich anders. Das Herrschaftsgebiet erweiterte sich und verlagerte seinen Schwerpunkt.

Die Entwicklung des badischen Herrschaftswappens spiegelt dies wider:

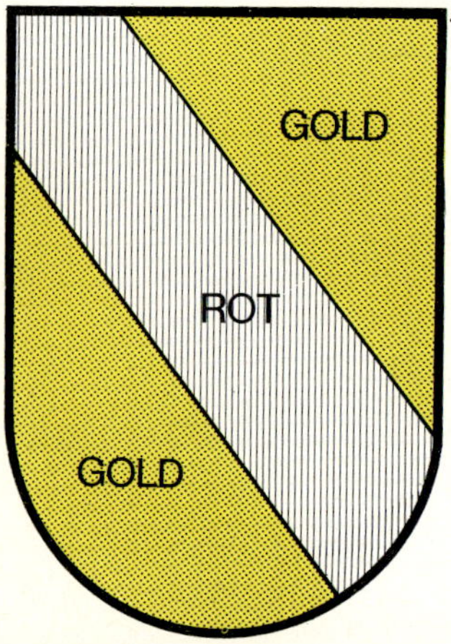

◁ **Familien- und Herrschaftswappen Badens um 1100:** In Gold ein roter Schrägbalken

Herrschaftswappen im Jahre 1583. Mittelschild: Baden — Hauptschild: Oben rechts und links: Grafschaft Sponheim. Links unten: Rose von Eberstein. Rechts unten: Querbalken von Lahr und Löwe von Mahlberg. Die „Helmzierden" rahmen die Wappen ein. ▷

Die Karte S. 45 oben zeigt, wie sich der badische Herrschaftsbesitz bis zum Jahre 1535 verändert hat.

Die Grafschaft Württemberg

Die Herkunft der Familie der Württemberger ist unbekannt. Um 1100 begannen sie sich nach ihrer Burg Wirtemberg (bei Stuttgart-Untertürkheim) zu nennen. Ab etwa 1130 führten sie den Grafentitel, nachdem sie die Grafschaft im Remstal erworben hatten.
Um 1250 war die Grafschaft Württemberg noch recht klein. Sie umfaßte neben der Stammburg als wichtige Orte noch Cannstatt, Waiblingen, Beutelsbach, Leonberg, Neckarrems und die Stadt Stuttgart, die durch Heirat an Württemberg gekommen war.
Dieser Besitz wuchs im Laufe von etwa 200 Jahren außerordentlich. Aus unbedeutenden Grafen im Herzogtum Schwaben wurden Fürsten, die das politische Geschehen in Südwestdeutschland lange und nachhaltig beeinflußten.

Die Karte S. 45 unten zeigt die Entwicklung Württembergs bis 1504.

Mittel der Herrschaftsausweitung

Wie andere Herren waren auch die Grafen von Württemberg bemüht, ihre Herrschaft auszuweiten, und sie nutzten alle Möglichkeiten, die sich dazu boten:

— Sie bemühten sich beim Kaiser um freigewordene Reichslehen.
— Sie schlossen günstige Heiraten ab, bei denen die Braut reiches Heiratsgut einbrachte und vielleicht noch Erbaussichten auf weiteren Besitz besaß.
— Sie schreckten auch nicht davor zurück, Dörfer, Städte und Herrschaften gewaltsam und unter Mißachtung des Rechts zu erwerben.
— Als das Kaisergeschlecht der Staufer ausstarb, gelang es ihnen, große Teile des Reichsgutes* an sich zu reißen und zu verteidigen.
Um ihren Besitz zu erhalten, wagten sie selbst gegen den Kaiser den Krieg.

Darüber hinaus aber nutzten sie auch noch andere Möglichkeiten mit großem Erfolg und mehr als viele Standesgenossen. Wir wollen dies an einigen Fällen untersuchen.

Der deutsche König Albrecht aus der Familie der Habsburger war während seiner Regierungszeit (1298—1308) oft in Geldnöten. Um ihnen wieder einmal zu entgehen, traf er in einer Urkunde im Jahre 1304 folgende Verfügung:

Wir verkünden auch, daß wir unserm Oheim Graf Eberhard für die Dienste, die er uns und dem Reiche getan hat und noch tun soll sowie für den Schaden, den er in unserem und des Reiches Dienst erlitten hat, 2000 Mark Silber schulden. Und für diese 2000 Mark Silber geben wir ihm die Burg Spitzenberg [Krs. Göppingen] und die Stadt Kuchen, Leute und Güter, alles was dazu gehört, und die Vogtei* über das Kloster Lorch mit Gütern und dazugehörigen Leuten gegen [einen Aufpreis von] 200 Mark. Und er soll, ebenso wie seine Erben, diesen Besitz so lange nutzen, bis wir oder unsere Nachfolger auf dem Thron ihm oder seinen Erben 2000 Mark Silber geben.

(Chr. F. Sattler, Geschichte des Herzogtums Württemberg unter den Grafen, Bd. 4, Tübingen 1768, Beilage Nr. 35, S. 61 f.)

Zu den angesehensten Adelsfamilien Schwabens gehörten auch die Herzöge von Teck (Krs. Nürtingen). Von ihnen wird einmal berichtet:

Anfang 1322 kamen die beiden Herzöge von Teck, Konrad und Ludwig, zu Graf Eberhard nach Stuttgart. Sie brauchten Geld und suchten bei ihm eine Anleihe von 2000 Pfund Pfennigen. Er streckte ihnen diese Summe vor und sie gaben ihm zum Pfande ihre Einkünfte an Korn, Wein, Geld, Mühlenzinsen, Erträgen von Kirchen,

Zollstationen, Verbrauchssteuern [Ungeld*] und anderen großen und kleinen Nutzungen . . . Wobei sie nur den kleinen Zoll zu Kirchheim vorbehielten sowie von allen ihren Gütern die Abgaben an Hühnern, Gänsen, Eiern, Käsen, Öl und Salz; dies brauchten sie für ihre Ernährung, dazu ein Fuder Wein aus dem Zehnten*. Auch den alten Berg zu Owen [Teck] behielten sie.

(Chr. F. Sattler, Geschichte des Herzogtums Württemberg unter der Regierung der Grafen, Bd. 2, Tübingen 1767, S. 100 f.)

Ein begehrter und oft heißumkämpfter Besitz war die Schirmherrschaft oder *Vogtei** über Klöster. Der Schirmherr konnte von den Leuten des Klosters eine Steuer, das sogenannte „Vogtrecht"*, fordern; er durfte die Burgen und Wälder des Klosters benutzen. Als Richter in schweren Straffällen beanspruchte er einen Teil des Strafgeldes (Buße). Darüber hinaus fand er leicht einen Vorwand, auch sonst zu seinem Nutzen in die Klosterherrschaft einzugreifen.

Im Jahre 1342 trug Kaiser Ludwig dem Grafen von Württemberg auf:

Wir wollen und gebieten Dir ernstlich, daß Du den Propst [Vorsteher des Klosters] Denkendorf, unseren Lieben, Demütigen, in unserem Auftrage schirmst und ihm zu seinem Rechte und zu anderen Angelegenheiten, dazu er ein Recht hat, behilflich bist, wenn er dessen bedarf. Und Du sollst nicht zulassen, daß er von jemand widerrechtlich an Leuten und Gütern belästigt werde . . .

(F. Chr. Sattler, Geschichte des Herzogtums Württemberg unter den Grafen, Bd. 4, Beilage Nr. 103, S. 123)

— *Welche Möglichkeiten der Herrschaftsausweitung werden in Buchtext und Quellen genannt? Notiere sie. (→ Arbeitsblatt Nr. 11)*

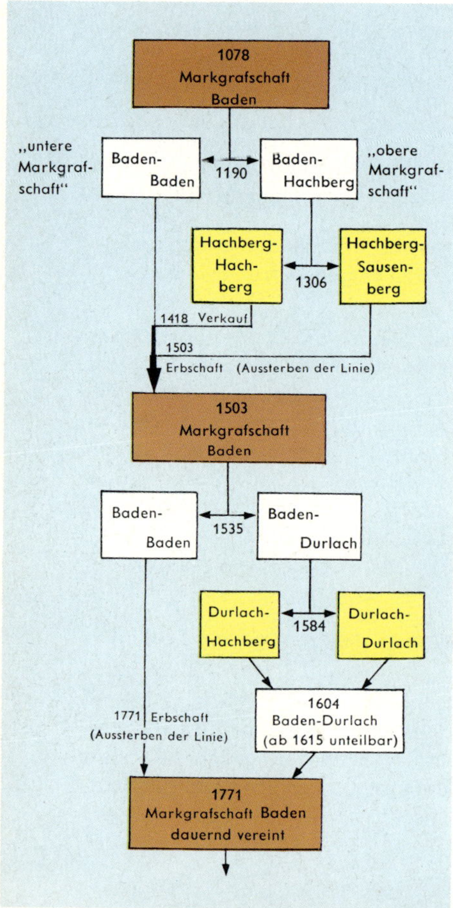

Wie kann man das Erworbene sichern?

Der Aufbau eines großen Territoriums war schwierig und gefährlich. Noch schwerer aber war es, den einmal errungenen Besitz auch zusammenzuhalten. Es drohten Gefahren von außen ebenso wie von innen. Das zeigen auch die unterschiedlichen Entwicklungen von Baden und Württemberg.

In Württemberg war es nach dem Tode des Grafen Ulrich III. († 1344) zu langen Auseinandersetzungen unter seinen Söhnen Ulrich und Eberhard gekommen. Im Jahre 1361 versöhnten sie sich; dabei machte Graf Ulrich ein Zugeständnis:

Zum ersten verzichte und verspreche ich, . . . daß ich auf ewig niemals einen Anteil noch eine Teilung der Grafschaft Württemberg und der zu ihr gehörigen Herrschaften, Freiheiten, Rechte und Gewohnheiten . . . von dem genannten Grafen Eberhard, meinem Bruder, und von seinen Erben fordern oder nehmen werde, sondern ich will und meine, daß die Grafschaft Württemberg mit allen ihren Herrschaften, Ländern, Leuten und Zugehörungen . . . ungesondert, ungeteilt und unzerbrochen auf ewig bleiben und bestehen soll.

(E. Schneider, Ausgewählte Urkunden zur württembergischen Geschichte, Stuttgart 1911, S. 16 ff.)

Die Entwicklung der Markgrafschaft Baden bis zum Jahre 1772 zeigt das Schaubild.

— *Was bedeutete die Urkunde von 1361 für den Bestand Württembergs? Bedenke, was vorausging, und vergleiche die Entwicklung Badens.*

Württemberg wird ein Herzogtum

Die äußere Entwicklung Württembergs fand im Jahre 1495 einen ersten Abschluß. Damals erhob Kaiser Maximilian I. alle Lehen und Besitzungen der Grafen von Württemberg zu einem Herzogtum. Die Grafen erfreuten sich zwar schon vorher aufgrund ihres Reichtums und ihrer Macht eines fürstlichen Ansehens, doch fehlte ihnen der fürstliche Name. Nun wurden auch die so unterschiedlichen Teile des gräflichen Gebietes, die Lehen, Eigengüter, Pfänder, Erbschaften und Eroberungen zu einem einheitlichen Fürstentum vereinigt.

Ein Vergleich der württembergischen Wappen macht die Entwicklung der Burgherrschaft zum Flächenstaat nochmals bildhaft deutlich.

Links: **Ursprüngliches Wappen.** In Gold drei schwarze Hirschstangen. Farbige Handzeichnung

Rechts: **Wappen des Herzogtums Württemberg nach 1496.**
Oben links: Hirschstangen, württembergisches Stammwappen. Oben rechts: „Wecken" oder Rauten des Herzogtums Teck. Unten links: Reichssturmfahne von Markgröningen. Auf sie gründete sich lange — wohl unberechtigt — der Anspruch der Herzöge auf das Reichsfeldherrnamt. Unten rechts: „Barben" (Fische) der gefürsteten Grafschaft Mömpelgard (bei Belfort in Frankreich). Sie war im 14. Jh. durch Heirat an Württemberg gelangt.

— *Stelle fest, wann und wie die im Wappen von 1496 vertretenen Herrschaften an Württemberg kamen. (→ Arbeitsblatt Nr. 10) Warum erhielten ihre Wappen den Vorzug vor anderen?*

2. Was ist ein Territorialstaat? — Das Beispiel Württemberg

Was ist ein Territorium?

Die Erhebung Württembergs zum Herzogtum im Jahre 1495 hob das Ansehen des Landes innerhalb des Heiligen Römischen Reiches Deutscher Nation. Der Herzog trat auch äußerlich auf den Reichstagen* als Fürst des Reiches in Erscheinung.
Gegenüber den Untertanen aber änderte diese Rangerhöhung nichts. Schon als Grafen hatten die Württemberger im größten Teil ihrer Länder die volle Staatsgewalt ausgeübt. Sie forderten Steuern und Zölle, besaßen die oberste Gerichtsgewalt, prägten Münzen und übten den Geleitschutz für die Kaufleute aus. Die meisten Wälder unterstanden ihrer Forsthoheit. Selbst auf die Kirchen und Klöster ihres Gebietes hatten sie großen Einfluß und viele Pfarreien wurden von ihnen besetzt. Ein Herrschaftsgebiet, in dem ein Herr über eine so weitgehende Macht verfügte, bezeichnete man als *Territorium* (lateinisch: Land) oder *Territorialstaat*. Sein Herr war ein *Landesherr**.

So wurden zum Beispiel die Rechte des Herzogs von Württemberg in Stuttgart von den Stadträten und Richtern so beschrieben:

[Der rechtmäßig regierende Herr] des Fürstentums Württemberg ist auch rechtmäßiger und alleiniger Herr in der Stadt Stuttgart. Er allein und sonst niemand hat dort — soweit der Zehntbezirk und der Zwing und Bann [der Stadt] reichen — allein den Stab [Gerichtsbarkeit] und auch alle [sonstige] Obrigkeit und Herrschaft:
das Recht, Gebote und Verbote auszusprechen, das Geleit [Straßenzwang für Reisende und Kaufleute] sowie die hohe und niedere Gerichtsbarkeit.

(K. Leipner (Hg.), Altwürttembergische Lagerbücher aus der österreichischen Zeit 1520—1534, Bd. III, Stuttgart 1972, S. 5, vereinfacht)

— *Drücke die Herrschaftsrechte des Landesherrn gegenüber seinen Untertanen in einer Skizze aus. (→ Arbeitsblatt Nr. 12)*

Warum Beamte statt Vasallen?

Im Mittelalter war es üblich geworden, daß weltliche und geistliche Herren, die über eine große Herrschaft geboten, einzelne Bezirke und Rechte als *Lehen** an Vasallen weitergaben. Diese vertraten dann den Herrn und standen ihm zu Rat und Hilfe zur Verfügung, besonders im Kriegsfalle. Die Einnahmen aus den Lehen behielten sie selbst. Mit der Zeit aber wurden solche Lehen erblich. Die Lehensleute kümmerten sich immer weniger um ihre Herren. Sie versuchten, ihre Lehenspflichten zu verringern oder gar abzuschütteln.

Daher beschritten viele Landesherren einen anderen Weg. Sie teilten ihr Land in *Amtsbezirke* ein. In Württemberg hießen sie „Ämter".
Mit der Verwaltung eines solchen Amtes war in Württemberg der *Vogt** betraut. Er hatte die Herrschaftsrechte des Landesherrn auszuüben. Daneben gab es oft noch den *Keller**, der die Steuern und Abgaben verwaltete.

Das Bild S. 51 oben zeigt den Mittelpunkt des Amtes Beilstein um 1664.

a) *Stelle zusammen, welche Aufgaben der Vogt als Vertreter des Herzogs im Amtsbezirk hatte. Lies nochmals oben nach.*
b) *Welchen Zwecken und Aufgaben dienten die Amtsgebäude Beilsteins?*

Wer als Vogt oder Keller im Dienste des Landesherrn stand, galt als sein „Diener" oder — mit einem modernen Wort — als sein „Beamter". Er besaß sein Amt nicht lebenslänglich oder gar erblich, sondern nur auf Zeit. Diese Beamten waren im 15. Jh. meist nicht mehr Adlige, sondern kamen aus dem Bürgertum der Städte. Die Bürger waren oft besser gebildet und galten als zuverlässiger.

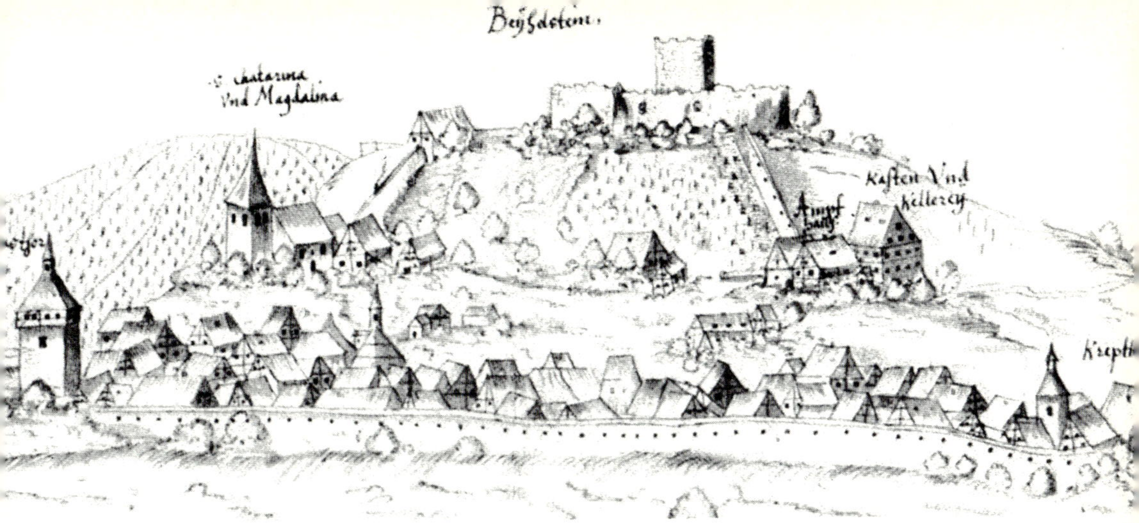

Amtsstadt Beilstein um 1664. Zeichnung von W. Kleinsträttl. (Hauptstaatsarchiv Stuttgart)

Als Graf Eberhard III. im Jahre 1414 eine Pfennigmünze prägen lassen wollte, übertrug er auch diese Aufgabe einem „Diener“:

Und wir haben also das Recht, diese Münze zu schlagen, an den ehrbaren Hans Sporlin von Zoffingen und seine Erben auf ganze vier Jahre verliehen . . . und zwar so, daß er die genannte Hellermünze* in der vorgeschriebenen Weise schlagen soll in unserer Stadt Stuttgart, so lange die Frist gesetzt ist.

(G. Mehring, Aus den Registern der Kanzlei der Grafen von Wirtemberg, Württembergische Vierteljahreshefte für Landesgeschichte 25, 1916, S. 146)

Landesherrliche Regierung und Verwaltung

Die Vögte der Ämter erhielten ihre Anweisungen aus Stuttgart, das schon früh zur Hauptstadt des Landes geworden war. Hier wohnten und regierten die Grafen und Herzöge, hier war die *Residenz**.

Die Residenz der Grafen und Herzöge von Württemberg nach Merian, 1643

Schloß und Stadt Stuttgart (Ausschnitt): A = Schloß (Altes Schloß), B = Neuer Bau (Archiv und Behörden), C = Kanzlei (Regierungsbehörden), D = Lustgarten, E u. F = Altes und neues Lusthaus, H = Stiftskirche (Grablege), I = Marktplatz (mit Herrenhaus);
1 Gesandtenhaus, 2 Marstall, 3 Landtagsgebäude, 4 Rathaus, 5 Münze, 6 Gefängnistürme, 7 Jägerhaus

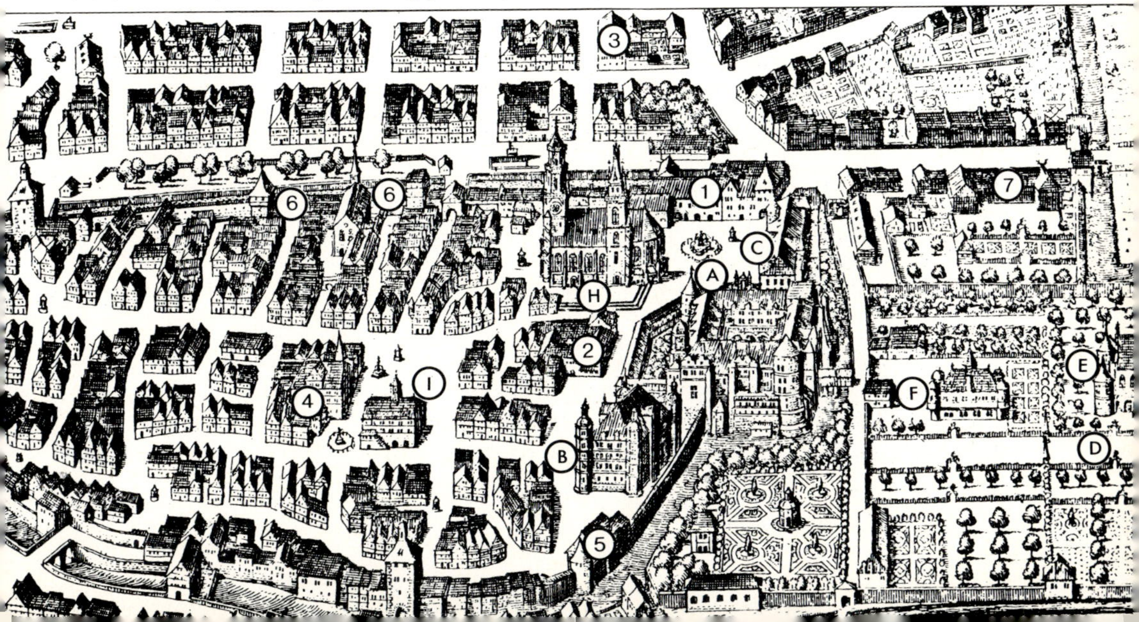

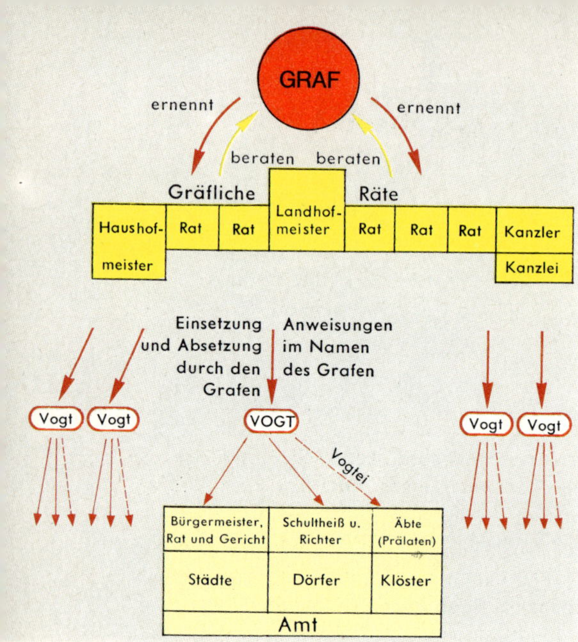

Regierung und Verwaltung Württembergs um 1400

Womit werden die Ausgaben bestritten?

Der Aufbau eines Territoriums durch Kauf, Pfandbesitz und Kriege verschlang ungeheuere Summen. Aber auch die Verwaltung des Landes im Frieden kostete viel Geld. Die herzoglichen Räte und Beamten mußten regelmäßig bezahlt werden. Burgen und Städte mußten instandgehalten werden. Die Hofhaltung des Fürsten war gleichfalls sehr kostspielig. Das Geld dafür kam aus unterschiedlichen Quellen:
Die Grafen und Herzöge von Württemberg waren in ihrem Territorium die reichsten Grundherren. In vielen Orten gehörten ihnen Höfe, Häuser, Äcker, Wiesen, Weingärten, Mühlen, Keltern und Märkte. Wichtiger waren die landesherrlichen Rechte: Münzprägung, Zölle, Geleite, Gerichtsstrafen, Leibeigenengelder und verschiedene Steuern. Besonders die „gewöhnliche Steuer" warf hohe Erträge ab. In besonderen Notfällen, z. B. im Kriegsfalle, konnte der Landesherr eine Sondersteuer, eine sogenannte *Schatzung** fordern.

Ein Buch aus dem 14. Jahrhundert enthält eine genaue Aufstellung der Güter und Rechte der Grafen. Wir greifen das Beispiel der Stadt Stuttgart heraus. Was erhielten die Grafen von dort?

In Stuttgart beträgt die gewöhnliche Steuer 1300 Pfund Heller. Das Ungeld* [Verbrauchssteuer auf Wein] bringt ungefähr 150 Pfund. Das Amt des Schultheißen bringt 25 Pfund. Die Summe: 1475 Pfund.
Dies sind die Geldzinsen: . . . Werner Erstain [zahlt] 1 Schilling von einem Weinberg in Rainsburg . . . Guta [zahlt] 2 Schilling von ihrem Haus und 4 Schilling von einem Acker in Horgarten.
Die Summe [aller Geldzinsen]: 113 Pfund und 8 Schilling und 1 Heller. Einnahmen aus Zinshafer, Vogthafer [Schutzgeld von Klosterleuten] und Tretthafer [für Weiderecht auf gräflichen Wiesen], aus Vogthühnern und Zinshühnern: . . . Dietrich Kodich [entrichtet] 2 Hühner von einem Haus und $1\frac{1}{2}$ Simri[1] Hafer von einem Weinberg in Eckartshalde. Sein Sohn Haidmann 1 Huhn von einer Hofstatt zu Tuntzhofen. Die Schoberin 2 Hühner von ihrem Haus . . .
Die Summe: 175 Scheffel[1] Hafer, 500 Hühner, 27 Kapaune, 25 Gänse, 9 Meß [etwa 200 l] Salz, 20 Käse, 4 Simri Öl.
Der Weinbergzehnte: . . . Die Gesamtsumme: Von 1386 Morgen [Weingärten] erhält man $\frac{2}{3}$ des Zehnten, von 200 Morgen die Hälfte und von 16 Morgen $\frac{1}{3}$ des Zehnten.

(K. O. Müller (Hg.), Altwürttembergische Urbare, Stuttgart 1934, S. 1 ff., vereinfacht)

a) *Stelle die in der Quelle genannten Einkünfte zusammen (→ Arbeitsblatt Nr. 13). Unterscheide zwischen Einkünften aus Herrschaftsrechten und solchen aus Grundbesitz.*
b) *Wie konnte der Landesherr solche Einkünfte erhöhen?*

[1] 1 Scheffel = 8 Simri ≈ 128 Liter, 1 Simri ≈ 16 Liter

3. Das Herzogtum Württemberg wird ein Ständestaat

Die Untertanen haben Beschwerden

Die Herren Württembergs brachten ihrem Land nicht nur Glück und Wohlstand. Ihre Untertanen lernten auch die Schattenseiten der Herrschaft kennen: Unglück und Not, militärische Niederlagen, Streitigkeiten in der gräflichen Familie, Teilung des Landes (1442—1482) und Verschuldung.

Eine schwere Krise brach aus unter Herzog Ulrich (1498—1519). Durch höfischen Prunk, ungezügelte Bautätigkeit und kriegerische Rüstung trieb er seine Schulden auf weit über 800000 Gulden im Jahre 1514. Seine jährlichen Einkünfte dagegen, von denen die Staatsverwaltung bezahlt werden mußte, betrugen nur durchschnittlich 100000 Gulden. An eine Tilgung der Schulden war daher nicht zu denken; nicht einmal die laufenden Schuldzinsen konnten aufgebracht werden.

Es blieb nur ein Ausweg: es mußte eine außerordentliche Steuer oder *Schatzung** erhoben werden. Diese jedoch konnte Herzog Ulrich nicht allein anordnen. Seit langem war es üblich, daß die wichtigsten seiner Untertanen dieser Maßnahme zustimmten.

Zuerst versuchte Ulrich eine *Vermögenssteuer* einzuführen; danach hätten die Untertanen einen bestimmten Prozentsatz ihres Vermögens bezahlen müssen. Am Widerstand Tübingens, einer der reichsten Städte des Landes, scheiterte der Plan.

Nun plante der Herzog eine *Verbrauchssteuer*, die beim Kauf von Wein, Fleisch und Getreide auf den Preis geschlagen werden sollte. Diese Art der Steuer verteuerte jedoch die damals wichtigsten Grundnahrungsmittel. Sie schädigte so gerade die unteren, ärmeren Volksschichten. Die Landbevölkerung verweigerte die Steuer und faßte Beschwerden ab. Die Vögte wurden der Unruhen nicht Herr. Sie rieten dem Herzog, einen Landtag einzuberufen. Das war ein seit etwa 70 Jahren üblicher Ausweg, wenn der Landesherr allein nicht mehr weiterkam. Zu solchen Versammlungen oder Landtagen lud man die angesehensten und einflußreichsten Untertanen, die sogenannten *Landstände** ein. Dazu gehörten meist die 3 Stände der Geistlichen, Adligen und Bürger, also die Untertanen, die besondere Vorrechte besaßen, selten die Bauern.

Das Schaubild unten zeigt die Landstände Württembergs im Jahre 1514.

a) *Welche Stände waren auf dem Landtag von 1514 vertreten? — Wen vertraten sie? Wie war es um die Vertretung der Bauern bestellt?*

b) *Anfangs gehörten auch die Ritter als 3. Stand zum Landtag. Das waren meist Adlige, die ein Lehen vom Herzog hatten. Zum Landtag von 1514 kamen sie nicht. Kannst du dir denken warum?*

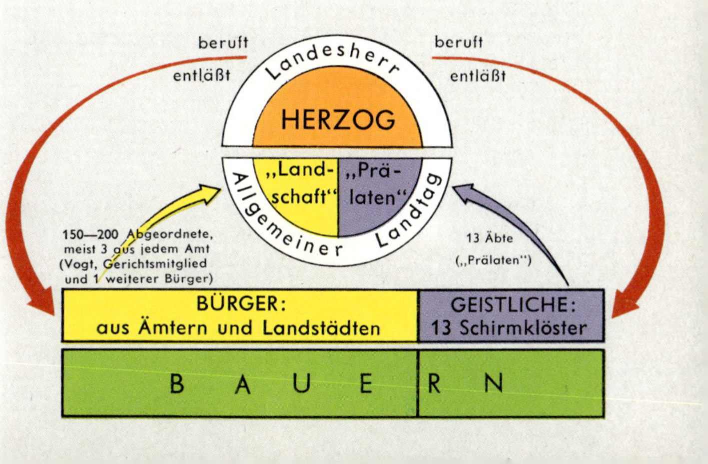

Der württembergische Landtag. In Württemberg wurden die Bürger auch als „Landschaft" bezeichnet. Sie vertraten die Ämter und Landstädte und wurden vom Herzog ausgewählt.

Die Landstände stellen Forderungen

Wegen der drohenden Bauernunruhen wurde der Landtag nicht in Stuttgart abgehalten, sondern in das sichere Tübingen berufen. Dort überreichten die Stände zu allererst ein umfangreiches Schriftstück, das in 54 Artikeln Forderungen an den Herzog enthielt.

Die Stände forderten vom Herzog:

Seine fürstliche Gnaden [solle] zuerst an seiner Gnaden Hof und auch sonst in seiner Gnaden Land das übermäßige Trinken, Gotteslästerung, Ehebruch und andere unehrenhafte Dinge abschaffen . . .
daß niemand in Sachen des Strafrechts unverurteilt getötet oder gestraft werde . . .
daß der fürstliche Rat mit einheimischen Adligen und auch sonst mit Leuten aus dem Land [d. h. nicht mit Fremden] besetzt werde . . .
daß seine fürstlichen Gnaden selber an den Sitzungen des fürstlichen Rats teilnehme und dort seine Entscheidung treffe . . .
daß unser gnädiger Fürst und Herr zukünftig eine gute Ordnung in seiner Gnaden Kanzlei mache, damit der arme Mann nicht überteuert noch sonst in hohe Kosten gedränget werde . . .
daß unser gnädiger Fürst und Herr die Ämter der Vögte und Keller mit einer angemessenen Besoldung versehen und sie mit ehrbaren, tüchtigen, verständigen, wohlhabenden Personen besetzen soll . . . Sie sollen dem armen Mann tugendhaft, freundlich, förderlich und hilfreich Bescheid geben . . .
daß die Pfarreien mit tüchtigen, verständigen, gelehrten und geschickten Personen besetzt werden . . .
daß [die Kriegs- und Jagdleute] . . . den rechten Weg reiten, nicht den Leuten durch ihre Güter . . .
Unser gnädiger Fürst und Herr möchte auch die Kosten des Hofes in eine maßvolle Ordnung bringen . . .
Sooft wirkliche Not oder ein großer Krieg ausgebrochen ist, soll unser gnädiger Herr und Fürst die gemeine Landschaft zusammenrufen, wie es früher üblich war . . .
daß alle städtischen Ämter, wie Stadtschreiber, Büttel, Torwächter, Mesner, Weinzieher und andere von den Städten wie früher besetzt werden dürfen und ihnen niemand . . . aufgedrungen werde.

(W. Ohr / E. Kober, Württembergische Landtagsakten 1498—1515, Bd. I, Stuttgart 1913, S. 167—181, vereinfacht)

a) *Welche Druckmittel hatten die Stände für ihre Forderungen?*

b) *Hinter den Klagen standen unterschiedliche Beweggründe, wirtschaftliche, politische, religiöse und andere. Ordne sie. (→ Arbeitsblatt Nr. 14)*

Der Tübinger Vertrag 1514 — Eine Lösung für alle?

Nach langen und zähen Verhandlungen fand der Landtag schließlich ein Ende. Sein Ergebnis war ein Vertrag, der — wie eine Art Grundgesetz — das Verhältnis von Herzog und Ständen, von Herr und Untertanen für künftige Zeiten regelte. Dieser „*Tübinger Vertrag*“* von 1514 blieb bis zum Jahre 1806 gültig.

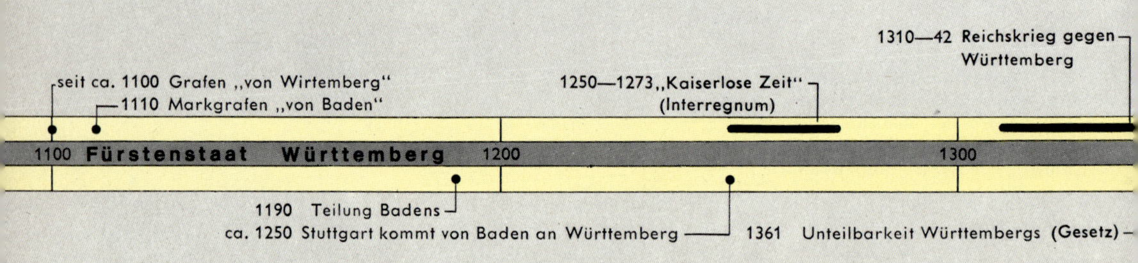

Mit Hilfe einiger Artikel wollen wir untersuchen, wer seine Absichten verwirklichen konnte, die Stände oder der Herzog:

(1) Die Landschaft soll Herzog Ulrich 5 Jahre lang [jährlich] 22000 Gulden bezahlen. Dazu sollen ihm die Prälaten, Stifte* und Klöster . . . zahlen, soviel man von ihnen erhalten kann. Und all dies soll zur Bezahlung der abgelaufenen Darlehen und der fälligen Zinsen von Herzog Ulrichs Schuld verwendet werden.
(2) Nach Ablauf der 5 Jahre soll die Landschaft* zusammen mit den Prälaten . . . 800000 Gulden Kapital zur Ablösung der Schulden des Herzogtums auf sich nehmen und bezahlen . . .
(3) Wenn der Herzog Hauptkriege zur Rettung von Land und Leuten, der Bundesgenossen, auch zur Durchsetzung seiner Obrigkeit, Herrlichkeit und Gerechtigkeit . . . unternimmt, so soll die Landschaft darüber unterrichtet und um Rat gefragt werden . . .
(4) Damit das breite Volk die Belastungen um so geduldiger und williger trägt, soll ihnen Herzog Ulrich aus Gnade das Recht der Freizügigkeit gewähren . . .
(5) Land, Leute, Schloß, Städte und Dörfer dürfen ohne Rat, Wissen und Zustimmung der Landschaft nicht mehr versetzt oder veräußert werden . . .
(6) Künftig soll keine Schatzung oder sonst eine außerordentliche Steuer . . . auf Prälaten und Landschaft gelegt werden . . .
(7) Es soll auch niemand in Strafsachen, wo es um Ehre, Leib oder Leben geht, ohne Gerichtsurteil bestraft oder hingerichtet werden . . .
(8) Wer in Zukunft Aufruhr und Empörung gegen die Herrschaft, ihrer fürstlichen Gnaden Räte, Amtleute, Diener, Prälaten, Geistlichkeit, Bürgermeister, Gericht, Rat oder sonst eine Obrigkeit plant oder durchführt . . . der soll Leib und Leben verwirkt haben . . . sei es mit Vierteilen, Radbrechen, Ertränken, Enthaupten, Hängen, Abhauen der Hände und dergleichen Strafen . . .
(9) Herzog Ulrich und nach ihm jeder neue Herzog soll der Landschaft zu Anfang seiner Herrschaft mit Brief und Siegel bestätigen, die aufgezählten Freiheiten zu beachten. Vorher sind sie ihm nicht . . . Gehorsam schuldig.

(W. Ohr / E. Kober, Württembergische Landtagsakten I, Stuttgart 1913, Nr. 72, S. 225 ff.)

a) *Vergleiche den „Tübinger Vertrag" mit den vorgelegten Beschwerden. Welche Vertragsartikel nützen dem Herzog, welche den Landständen? (→ Arbeitsblatt Nr. 15)*

b) *Welche Rechte — man könnte sie als „Grundrechte" bezeichnen — galten für alle?*

c) *Welche der Stände hob der Vertrag besonders heraus? — Welche Bevölkerungsgruppe wurde — gerade im Jahre 1514 — durch den Vertrag sehr heftig bedroht?*

Der Tübinger Vertrag bewirkte, daß in Württemberg künftig neben dem Herzog die Landstände mitbestimmten. Württemberg war ein Ständestaat*. Auch im Zeitalter des Absolutismus gelang es den Fürsten nicht mehr, die Stände zu entmachten. Diese überstanden alle Angriffe und wirkten bis zum Jahr 1806.

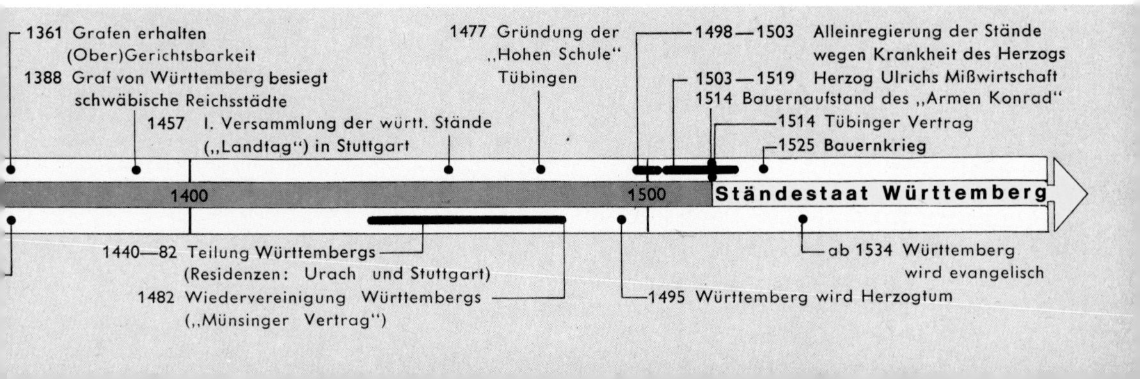

Das Volk erhebt sich gegen seine Herren: Der deutsche Bauernkrieg (1525)

Immer wieder erreichen uns aus aller Welt Nachrichten wie diese: Unruhen — Zusammenstöße — Straßenschlachten — Aufstand — Bürgerkrieg — Revolution.
Solche Ereignisse sind nicht erst eine Erscheinung unserer Zeit; die Geschichte kennt viele ähnliche Fälle, in denen sich die Menschen eines Landes gegen ihre Herren oder Regierungen erhoben. Ein Beispiel aus der frühen deutschen Geschichte ist der (Volks-)Aufstand des Jahres 1525. Wir nennen ihn den deutschen Bauernkrieg.
Der Bauernkrieg war nicht die erste Empörung des *gemeinen Mannes* (so nannte man damals die einfachen Menschen in Stadt und Land) gegen seine Herren. Am Oberrhein hatte es schon mehrere, freilich immer verratene Verschwörungen gegeben. Als Symbol ihrer Bewegung hatten die Verschwörer die Fußbekleidung der Bauern, den Bundschuh (d. h. den mit langen Riemen am Bein festgebundenen Schuh) gewählt; deshalb nennen wir diese Verschwörungen die *Bundschuhverschwörungen*. Und in Württemberg hatte sich 1514 der *arme Konrad* erhoben. Konrad war hier der symbolische Name für den einfachen, armen Mann.
Keine Verschwörung, kein Aufstand war jedoch mit dem Bauernkrieg vergleichbar.
Im folgenden wollen wir uns mit dem Bauernkrieg näher beschäftigen. Wir wollen versuchen, auf zwei Fragen eine Antwort zu finden:

- Die Aufständischen waren Menschen wie wir. Was trieb sie zum Ungehorsam, zum Aufstand? Welche Ziele verfolgten sie? Wofür wollten sie notfalls kämpfen?
- Haben die Bürger eines Landes (damals sagte man: die Untertanen) ein Recht, sich gegen ihre Regierung (ihre Herren) zu erheben? Dürfen sie Widerstand leisten? Wie dachte man damals, wie denken wir heute darüber?

Bauern besetzen das Kloster Weißenau (bei Ravensburg). Die Mönche fliehen. Zeichnung aus Jacob Murers Weißenauer Chronik des Bauernkriegs von 1525. Jacob Murer war zur Zeit des Bauernkriegs Abt des Klosters Weißenau.

1. Der „gemeine Mann“ erhebt sich gegen seine Herren

Bauern demonstrieren für ihr Recht

Im Jahre 1525 geschahen aufsehenerregende Dinge in Deutschland. Das Volk — oder wie man zu jener Zeit sagte: der *gemeine Mann** — verweigerte seinen Herren den Gehorsam.

Ein Chronist schrieb damals:

Es war in der Fastnachtszeit des Jahres 1525. Da kamen sechs oder sieben Bauern in einem Dorf bei Ulm, Baltringen genannt, zusammen. Und wie es in jener Jahreszeit Brauch war, zogen sie von einem Dorf zum andern, aßen und tranken mit den dortigen Bauern und zogen schließlich zusammen mit diesen weiter. So ging es jeden Dienstag; schließlich waren fast 400 Menschen beieinander. Da klagte einer dem andern seine Sorgen und erzählte ihm, wo ihn am meisten der Schuh drückte. Zuletzt beschlossen sie, sich bei ihren Herren zu beklagen; sie wollten um Entgegenkommen und Verringerung der Lasten bitten.

Inzwischen hatten auch die Herren erfahren, was im Land vor sich ging. Sie schickten eine Abordnung zu den Bauern. Diese sagte: „Mit euch Bauern ist es wie mit den Fröschen im Frühling. Sie kommen zusammen, schreien und quaken. Doch dann kommt der Storch und verschlingt sie. Genauso schreit ihr: Wau! Wau! Dann kommen die Herren und schlagen euch tot.“ Darauf antwortete der Sprecher der Bauern, Ulrich Schmid: „Die hier versammelten Leute planen weder Gewalttätigkeit noch Aufruhr. Ihr Anliegen ist nur dieses: Sie sind übermäßig von euch, ihren Herren, in geistlichen und weltlichen Dingen beschwert. Man verweigert ihnen die rechte Predigt des Gotteswortes; die Abgaben und Lasten sind so hoch, daß sie sie nicht mehr aufbringen können.“

Die Herren schlugen nun vor, daß die Bauern ihre Beschwerden schriftlich einreichen sollten. Dies geschah dann auch.

Am 27. Februar wollten die Herren ihre Antwort geben. Deshalb versammelten sich die Bauern erneut — allerdings in noch größerer Zahl als vordem. Die Antwort der Herren lautete: „Wer von den Bauern etwas gegen seine Herren vorzubringen hat, der soll es vor einem ordentlichen Gericht tun.“ Darauf sagte Ulrich Schmid: „Liebe Herren! Ich bitte euch, schlagt kein Gerichtsverfahren vor, sondern zeigt Entgegenkommen.“ Doch die Herren blieben bei ihrer Antwort; und sie fragten: „Welches Recht schlägst du, Ulrich Schmid, denn vor, wenn nicht das eines ordentlichen Gerichts?“ Darauf antwortete dieser: „Das göttliche Recht, das jedem Stand sagt, was er tun und lassen soll.“ Darauf die Herren: „Lieber Ulrich, du verlangst nach dem göttlichen Recht. Sag an, wer soll denn solches Recht sprechen? Gott wird wohl kaum vom Himmel herabkommen.“ Darauf wieder Ulrich: „Liebe Herren, es ist mir im Augenblick schwer, in aller Eile solche Richter zu benennen. Aber ich will die Priester in allen Gemeinden bitten, zu Gott zu beten, daß er uns gelehrte, fromme Männer anzeigt, die diesen Streit nach der göttlichen Schrift [d. h. der Bibel] beurteilen und entscheiden können.“

(E. Egli / R. Schoch (Hgg.), Johannes Keßlers Sabbata, St. Gallen 1902, S. 173—179)

a) *Charakterisiere und beurteile das Verhalten der Bauern und der Herren.*

b) *Welchen Grund gab Ulrich Schmid für das Vorgehen der Bauern an?*

c) *Was verstanden Ulrich Schmid und die Bauern unter dem „göttlichen Recht“? Wie unterschied es sich von dem Recht, das die Herren vorschlugen?*

Für eine bessere Ordnung des Lebens: Die Zwölf Artikel

Die Herren hatten die Bauern aufgefordert, ihre Beschwerden schriftlich einzureichen. Rund 300 Klageschriften wurden daraufhin verfaßt. Ein Kürschnergeselle aus Memmingen, Sebastian Lotzer, Schreiber der Baltringer Bauern, faßte die vielen Einzelbeschwerden übersichtlich in zwölf Artikeln zusammen. Diese *Zwölf Artikel* wurden nicht nur das Programm der schwäbischen, sondern auch der meisten anderen aufständischen Bauern. Um den 20. März wurden sie zum ersten Mal in Augsburg gedruckt und anschließend auf dem Markt verkauft; mindestens vierundzwanzigmal wurden sie noch nachgedruckt.

Welche Forderungen erhoben die Bauern?

1. Jede Gemeinde soll das Recht haben, ihren Pfarrer selbst zu wählen und bei schlechtem Verhalten auch abzusetzen.
2. Den großen oder Kornzehnten wollen wir gerne geben, da er im Alten Testament begründet ist. Er soll zum Unterhalt des Pfarrers dienen. Was dann noch übrigbleibt, soll den Armen des Dorfes gegeben oder für Notzeiten zurückgelegt werden. Den kleinen oder Viehzehnten wollen wir dagegen nicht mehr entrichten.
3. Man hat uns bisher als Leibeigene* gehalten. Dies ist eine Schande, da Christus alle Menschen mit seinem Blut erlöst hat. Deshalb sind wir auf Grund der Heiligen Schrift frei und wollen es auch sein.
4. Niemand außer den Herren darf wilde Tiere, Vögel oder Fische fangen. Dies ist dem Wort Gottes nicht gemäß; denn Gott hat allen Menschen Gewalt über Tiere, Vögel und Fische gegeben.
5. Unsere Herren haben alle Wälder zu ihrem Eigentum erklärt. Wenn nun jemand Holz braucht, dann muß er es für Geld kaufen. Deshalb sollen die Wälder wieder wie früher der Gemeinde gehören [und von ihr verwaltet werden]; jeder soll das Recht haben, für seinen Bedarf kostenlos Holz daraus zu nehmen.
6. Die Frondienste sind im Laufe der Zeit immer mehr erhöht worden. Wir bitten, sie wieder auf das alte Maß zu beschränken.
7. Wir wollen den Herren nur noch das geben, wozu wir verpflichtet sind. Wenn der Herr zusätzliche Dienste benötigt, dann soll der Bauer ihm willig und gehorsam sein — doch nur zu solchen Zeiten, an denen der Dienst ihm selbst nicht von Nachteil ist. Auch soll er eine Entlohnung bekommen.
8. Viele Bauerngüter können die Abgaben nicht mehr tragen. Solche Güter sollen durch ehrbare Leute besichtigt werden, welche die Abgaben dann neu festsetzen.
9. Vor Gericht werden die Strafen oft nicht nach der Schwere des Vergehens, sondern nach Gunst oder Feindschaft verhängt. Wir bitten, die Strafen nach den alten Gesetzen zu verhängen.
10. Einige Herren haben Äcker und Wiesen, die der Gemeinde gehören, an sich gezogen. Sie sollen zurückgegeben werden.
11. Der Todfall* soll abgeschafft werden.
12. Sollte eine Forderung dem Wort Gottes nicht gemäß sein, dann werden wir sie fallenlassen. Doch sollten wir in Zukunft noch weitere Dinge finden, die gegen die Heilige Schrift verstoßen, dann wollen wir diese schon jetzt angemeldet haben.

(G. Franz (Hg.), Quellen zur Geschichte des Bauernkrieges, Darmstadt 1963, S. 174—179)

Die Zwölf Artikel informieren uns nicht nur über die Wünsche und Ziele der Bauern, sondern auch über deren Lage.

a) *Wie war nach Auskunft der Zwölf Artikel die Lage der Bauern? Welche Veränderungen waren in der zurückliegenden Zeit vor sich gegangen? (→ Arbeitsblatt Nr. 16)*

b) *Mit welchen Forderungen wollten die Bauern ihre wirtschaftliche und soziale (d. h. auch: ihre persönliche) Lage verbessern? Mit welchen Forderungen wollten sie mehr Selbst- und Mitbestimmung erreichen? (→ Arbeitsblatt Nr. 17)*

c) *Welche Forderungen wurden mit dem göttlichen Recht begründet? Überlege einmal, warum die Bauern gerade hier auf das göttliche Recht und nicht auf Herkommen und altes Recht verwiesen.*

Mönch und Bauer. Holzschnitt von 1522

Gesellschaftskritik in Wort und Bild

Die Zwölf Artikel haben uns gezeigt, daß sich die Lage der Bauern am Ende des Mittelalters verschlechterte:

— Die Herren hatten Abgaben und Leistungen der Bauern erhöht. Auf Kosten der Dorfgemeinden hatten sie ihre Herrschaftsrechte ausgedehnt, vor allem bei den Allmenden*.

Aus anderen Quellen wissen wir außerdem:

— Um die Bauern am Weggang oder an der Flucht zu hindern, versuchten die Herren mit allen Mitteln, möglichst viele Bauern zu Leibeigenen* zu machen — von denen sie dann auch wieder besondere Abgaben fordern konnten.

— Den Dorfgemeinden nahmen die Herren ihre Selbstverwaltung. Der Amtmann sollte allein vom Herrn eingesetzt werden; seinen Anweisungen sollten die Bauern gehorchen.

Um zu verstehen, warum es gerade damals zum Aufstand kam, sollte man aber noch etwas anderes bedenken.

Das folgende Gedicht stammt aus der Zeit um 1500:

Nun möcht' ich wissen also gern,
wo die Adligen herkommen wär'n.
. . . Ich will euch nicht belügen,
man find't es in der Bibel [1. Mose, 8—12] geschrieben,
daß Nimrod sich nahm Gewalt an
und war der erste Edelmann.
Er war träg' und faul,
drum setzt er sich auf einen Gaul;
nahm seinen Freunden Kälber und Küh'.
Das macht ihm keine große Müh',
denn er baute sich eine Burg so gut,
darinnen war er wohl behut'.
Und er wollte nicht arbeiten;
drum zwang er die armen Leute,
daß sie ihm Zins mußten geben,
wollten sie behalten ihre Güter eben.

(G. Jäckel (Hg.), Kaiser, Gott und Bauer, Berlin 1975, S. 367)

Im Jahre 1522 schrieb Martin Luther:

Vor einem Geistlichen, der nicht Gottes Wort lehrt, muß man sich hüten wie vor dem Teufel selbst . . .; denn ohne Gottes Wort kann die Seele nicht leben noch vom Teufel erlöst werden . . . Es wäre besser, daß alle Geistlichen ermordet, alle Klöster abgerissen würden, als daß eine einzige Seele verderben sollte . . . Wozu sind solche Geistlichen denn nütze? Sie leben vom Schweiß und der Arbeit anderer Menschen und unterdrücken dabei das Gotteswort.

(D. Martin Luthers Werke, Bd. 10, Weimar 1907, S. 111)

a) *Wie werden die Herren: Adlige und Geistliche, in den beiden Texten und auf dem Bild oben dargestellt? Wie wirken Text und Bild auf den Leser bzw. den Betrachter; was empfindet er, was soll er empfinden?*

b) *Überlege: Trugen auch solche Gedichte, Lehren und Bilder zum Aufstand von 1525 bei? Welche Rolle spielte der Buchdruck?*

c) *Siehst du einen Zusammenhang zwischen dem Bauernkrieg und der Reformation?*

2. Der deutsche Bauernkrieg — die erste Revolution in Deutschland?

Die Bauern organisieren den Widerstand

Die Bauern sahen, daß sie die Herren zur Annahme ihrer Forderungen zwingen mußten; denn freiwillig würden sie nicht nachgeben. Deshalb schlossen sich die Baltringer Bauern Anfang März mit denen vom Bodensee und aus dem Allgäu zusammen; diese drei *Haufen** (wie man damals sagte) bildeten die „Christliche Vereinigung Oberschwabens".

Eine Bundesordnung regelte das gemeinsame Vorgehen. Ihre wichtigsten Bestimmungen lauteten:

— Die Mitglieder dieser christlichen Vereinigung werden alles tun, wozu sie auf Grund des göttlichen Rechts verpflichtet sind . . .
— Burgen und Klöster, deren Besitzer nicht Mitglied dieser Vereinigung sind, dürfen nur noch mit Proviant, nicht aber mit Geschütz [und Munition] versorgt werden.
— Dienstleute von Fürsten und Herren müssen Mitglied der Vereinigung werden. Tun sie das nicht, müssen sie das Land mit Frau und Kind verlassen.
— Handwerker, die wegen ihrer Arbeit aus dem Land gehen müssen, dürfen nichts gegen diese Vereinigung unternehmen; vielmehr müssen sie ihr in Fällen der Not zu Hilfe kommen. Gleiches gilt für Landsknechte.
— Jeder der drei Haufen soll einen Obersten und vier Räte zur gemeinsamen Leitung bestimmen.

(G. Franz (Hg.), Quellen zur Geschichte des Bauernkrieges, S. 195—197)

a) *Mit welchen Mitteln versuchten die oberschwäbischen Bauern, den Widerstand der Herren zu brechen?*

b) *War die Vereinigung ein Angriffs- oder ein Verteidigungsbündnis?*

c) *Als die Bundesordnung im Druck erschien, war sie mit einem Titelblatt geschmückt. Was wollte der Drucker mit dem Holzschnitt wohl zum Ausdruck bringen? Entspricht das Bild dem Inhalt der Bundesordnung?*

Der Aufstand der oberschwäbischen Bauern war nicht der einzige. In vielen Gebieten des damaligen deutschen Reiches geschah Gleiches — an manchen Orten sogar schon früher.

a) *Stelle an Hand der Karte fest, wann und wo der Aufstand zuerst ausbrach.*

b) *Beschreibe die Gebiete, über die sich die Empörung im Laufe des Jahres 1525 ausbreitete. Beachte dabei auch die zeitliche Reihenfolge.*

c) *Kleinere Bauernaufstände hatte es schon vor 1525 gegeben. Auf der Zeitleiste am Ende dieses Kapitels sind die wichtigsten verzeichnet.*

Titelblatt der oberschwäbischen Bundesordnung,
Augsburger Druck, 1525

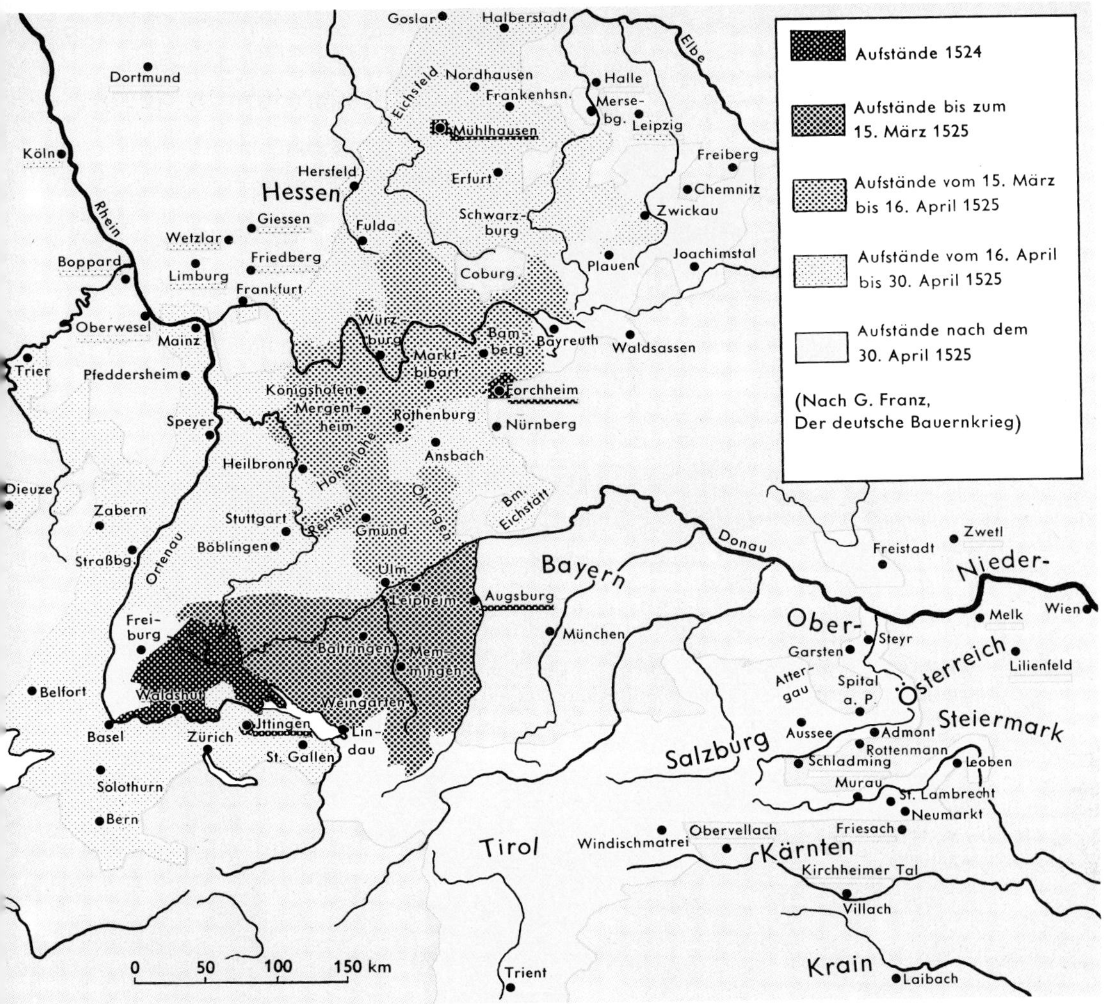

Der deutsche Bauernkrieg

Die Herren waren vom Aufstand der Bauern völlig überrascht; kampflos mußten sie das Feld räumen. Die Bauern besetzten Burgen und Klöster. Viele Gebäude gingen dabei in Flammen auf oder wurden zerstört; Menschen kamen nur selten zu Schaden. (Vgl. die Bilder auf S. 62 und 63.)

Der Bauernkrieg — nur ein „Bauern"-Krieg?

Der Aufstand der Bauern wirkte auch in die Städte. Der ärmere und politisch einflußlose Teil der Stadtbevölkerung, die sogenannte Gemeinde, erhob sich gegen die Oberschicht. Als Beispiel sei die Reichsstadt Rothenburg ob der Tauber gewählt.

Die wichtigsten Forderungen der Gemeinde waren:

— Der Rat der Stadt soll aus 16 Mitgliedern bestehen. Davon sollen acht Räte aus dem Kreis der Oberschicht und acht aus der Gemeinde stammen . . .

— Das Amt des Bürgermeisters soll halbjährlich besetzt werden. Abwechselnd soll der Bürgermeister aus den beiden Parteien im Rat stammen, aus der Gruppe der Ehrbaren* [d. h. der Vertreter der Oberschicht] und der der Gemeinde . . .

— In Zukunft sollen vier Gemeindemeister gewählt werden. Diese sollen alle Beschwerden der Gemeinde beim Rat vortragen und vertreten. Klagen von Handwerkern sollen von den Handwerksmeistern vorgebracht werden . . .

— Alle Geistlichen, die in der Stadt wohnen und dort ein Einkommen haben, sollen wie alle anderen Bürger an den Lasten der Stadt mittragen . . .

— Die jährliche Steuer soll um die Hälfte gesenkt werden . . .

— Das Abzugsgeld [eine Gebühr beim Wegzug] und die Tranksteuer [auf Wein] sollen wegfallen . . .

— Die Gebühren an der Mehlwaage sollen gesenkt werden . . .

— Die Allmenden* der Stadt sollen allen Bürgern offenstehen . . .
Jeder soll das Recht haben, an den Gräben, den Verteidigungsanlagen und den Stadttoren Gras zu mähen.

(F. L. Baumann (Hg.), Quellen zur Geschichte des Bauernkrieges aus Rothenburg an der Tauber, Tübingen 1878, S. 173—182)

a) *Auf welche Bereiche des Lebens bezogen sich die Forderungen der Rothenburger Bürger?*

b) *Vergleiche die Forderungen der Rothenburger Bürger mit dem Inhalt der Zwölf Artikel.*

c) *Der Aufstand von 1525 wird seit alters als „Bauernkrieg" bezeichnet. Ist dies zutreffend?*

Pläne für eine neue Staatsordnung: Das Beispiel Württemberg

In vielen Fällen bezogen sich die Forderungen der Bauern und Bürger nur auf das tägliche Leben im Dorf oder in der Stadt. In einigen Fällen gingen die Überlegungen jedoch weiter. Man dachte an das ganze Land, in dem man lebte, und an seine Regierung.

Im Mai 1525 fragten die Aufständischen in Württemberg Herzog Ulrich, ob er mit der folgenden neuen Landesverfassung einverstanden sei:

— Adel, Bürger und Bauern bestimmen zwölf Personen: vier vom Adel, vier aus den Städten und vier aus den Dörfern. Ohne deren Zustimmung darf der Herzog in Zukunft nichts mehr anordnen. . .

— Das Land zahlt dem Herzog jährlich 8000 Gulden zur Bestreitung aller seiner Ausgaben; außerdem unterhält es 60 Pferde für ihn. Alle übrigen Einnahmen werden vom Land bzw. seinen Vertretern verwaltet . . .

— Die zwölf Vertreter des Landes ordnen alle Angelegenheiten von Wiese, Wasser, Feld, Vögeln und Wild. Sie setzen alle Waldvögte, Forstmeister und alle Amtleute ein.

— Die Soldaten, die vom Land bezahlt werden, müssen dem Herzog und dem Land einen Eid schwören; gleiches gilt für die Amtleute . . .

— Gericht und Rat soll eine jede Stadt oder ein jedes Dorf selbst besetzen. Den Amtmann im Dorf oder in der Stadt sollen der Herzog und die zwölf Vertreter des Landes gemeinsam einsetzen.

(G. Franz (Hg.), Quellen zur Geschichte des Bauernkrieges, S. 429 f.)

Bauern zerstören die Wasserburg Linden (bei Biberach). Zeichnung aus Jacob Murers Weißenauer Chronik des Bauernkrieges

Bauern plündern das Kloster Weißenau.
Aus Jacob Murers Weißenauer Chronik des Bauernkrieges

a) *Im Speisesaal des Klosters bedienen Mönche die Bauern. Wie ist das zu verstehen?*

b) *Was geschieht sonst noch? Beschreibe die einzelnen Szenen.*

Lies die Quelle S. 62 mit den folgenden Aufgabenstellungen:

a) *Verdeutliche zunächst die einzelnen Forderungen. (→ Arbeitsblatt Nr. 18)*

b) *Nimm einmal an, dieser Plan wäre Wirklichkeit geworden. Wer wäre der eigentliche Herr in Württemberg gewesen — der Herzog oder die zwölf Vertreter des Landes?*

c) *Vergleiche diesen Plan mit den tatsächlichen Verhältnissen in Württemberg (lies dazu noch einmal auf S. 53—55 nach).*

3. Das Ende des Bauernkriegs: Die Herren bleiben Sieger

Warum unterlagen die Aufständischen?

Im April 1525 sah es ganz so aus, als sei der „gemeine Mann" Herr im Lande. Doch der Schein trog. Insgeheim rüsteten die Herren zur Gegenwehr. Im Mai gingen sie zum Angriff über. In mehreren großen Schlachten besiegten sie die Heere der Bauern. Nur in den Alpenländern konnten sich die Aufständischen noch längere Zeit behaupten.

Wo lagen die Gründe für die plötzliche und schnelle Niederlage des „gemeinen Mannes"? Ein Historiker sieht sie so:

Die Bauern waren an Zahl nur selten geringer, zuweilen sogar stärker als ihre Gegner. Die Masse der Bauern war nicht etwa nur mit Sensen und Dreschflegeln, sondern mit Spießen und Gewehren bewaffnet . . . Auch an Geschütz mangelte es den Aufständischen nicht . . . Dagegen fehlte den Bauern die Reiterei. Ihr gegenüber war das Fußvolk im offenen Felde fast wehrlos . . .
Entscheidend wurde [aber] stets, daß den Bauern in der Schlacht der militärische Führer fehlte. Kriegsgewohnte Landsknechte mochten gute Feldwebel sein, als Feldherren mußten sie versagen . . . Mit dem Versagen der Führung hing eng zusammen, daß den Bauern überhaupt jede einheitliche Organisation fehlte . . . Einzig in der eigenen Gefahr besannen sich die Aufständischen auf ihre Brüder und suchten bei ihnen Hilfe . . . Aber kein Haufe machte ernstlich Anstalten, einem anderen zu Hilfe zu ziehen, denn jeder dachte nur an sich und wollte sich nicht vorzeitig der Gefahr aussetzen.

(G. Franz, Der deutsche Bauernkrieg, Darmstadt [11]1977, S. 281—285)

— *Wo lagen nach Meinung dieses Historikers die entscheidenden Schwächen der Aufständischen? War der Aufstand von vornherein zum Scheitern verurteilt?*

War alles umsonst?

Der Bauernkrieg war beendet. Die Fürsten und Herren hielten Gericht; sie fällten harte und blutige Urteile. Mehrere tausend Aufständische wurden hingerichtet oder zur Strafe verstümmelt. Allein ein Henker meldete seinem Herrn, daß er 80 Mann enthauptet, 62 die Augen ausgestochen und 7 die Finger abgeschlagen habe. Bauern und Bürger mußten ihren Herren erneut Gehorsam schwören und als Buße für das begangene „Unrecht" zum Teil hohe Straf- und Entschädigungsgelder zahlen.

Die Bauern schwören von neuem Gehorsam — hier dem Abt des Klosters Weißenau. Aus Jacob Murers Weißenauer Chronik des Bauernkrieges

— *Geschah der neue Gehorsamsschwur freiwillig? Beachte den Hintergrund des Bildes.*

In vielen Büchern kann man nun lesen, daß der Aufstand des „gemeinen Mannes“ völlig umsonst gewesen sei, daß es den Bauern nach 1525 sogar schlechter ging als vorher. War das wirklich so? Oder setzte sich bei manchen Herren doch die Erkenntnis durch, daß die größten Mißstände beseitigt werden müßten?

Am 25. Mai 1525 schlossen Herren und Bauern aus der Ortenau im Ort Renchen diesen Vertrag:

— Die Pfarrer dürfen von den Landesherren nur mit Zustimmung eines Gemeindeausschusses ein- und abgesetzt werden.
— Der große Zehnt* soll seinen Besitzern verbleiben, die jedoch die Pfarrer davon besolden müssen. Der kleine Zehnt wird aufgehoben.
— Die Leibeigenschaft bleibt bestehen, aber die freie Eheschließung und der freie Abzug werden zugestanden.
— Das Jagdrecht, abgesehen vom Vogelfang, behalten sich die Herren vor; doch dürfen sich die Bauern künftig vor Wildschaden schützen. Fischwasser, die im letzten Menschenalter den Gemeinden entzogen worden sind, werden zurückgegeben; die übrigen bleiben in Herrenhand.
— Die Untertanen sollen Brenn- und Bauholz von der Herrschaft erhalten.
— Die Frondienste werden auf vier Tage im Jahr beschränkt, an denen jedoch Verpflegung zu reichen ist.
— Bauernstellen, die zu sehr mit Abgaben belastet sind, darf der Inhaber aufgeben. Bei Erblehen* setzt ein unparteiischer Ausschuß die Lasten neu fest.
— Nur noch solche Strafen, die ein Gericht verhängt hat, dürfen eingefordert werden.
— Entzogene Allmenden* sollen der Gemeinde zurückgegeben werden.
— Der Todfall* wird aufgehoben.

(G. Franz, Der deutsche Bauernkrieg, S. 140)

a) *Vergleiche den Inhalt dieses Vertrages mit den Forderungen der Bauern in den Zwölf Artikeln.*

b) *Konnten die Ortenauer Bauern einen Erfolg für sich verbuchen? Haben auch die Herren etwas aus dem Aufstand gelernt?*

Der Bauernkrieg im Streit der Meinungen

Schon während des Bauernkriegs wurde die Frage diskutiert, ob der Aufstand des „gemeinen Mannes“ eine gerechte oder eine ungerechte Sache war.

Anfang Mai 1525 wandte sich ein Unbekannter in einer Flugschrift an die „Versammlung gemeiner Bauernschaft“. Er wollte untersuchen, ob sich die Bauern zu Recht oder zu Unrecht gegen ihre Herren erhoben:

Alle Fürsten und Herren, die ihre Untertanen aus Eigennutz belasten, versehen ihr Amt falsch, und sie betrügen Gott . . . Sie sind Söldner des Teufels, und Satan ist ihr Hauptmann . . . Nur weit hinweg mit ihnen! Das ist Gott wohlgefällig . . .
Alle Herren, die aus Lust und Mutwillen eigennützige Gebote . . . erlassen, die Steuer, Zoll und Ungeld* für sich verwenden (statt das Geld zum Schutz und Unterhalt des Landes zu benutzen), sind Räuber und Feinde ihres Landes. Man muß sie von den Stühlen stoßen! Das ist Gottes Wille . . .
Als Beweis dafür, daß ein Land oder eine Gemeinde das Recht hat, einen schädlichen Herrn abzusetzen, will ich aus der Bibel dreizehn Zeugnisse anführen. [Es folgen dreizehn Bibelstellen und ihre Deutung.] Sind das nicht alles klare göttliche Sprüche gegen die gottlose Obrigkeit, die man nicht erdulden darf, sondern ohne Scheu absetzen muß?

(H. Buszello, Der deutsche Bauernkrieg von 1525 . . ., Berlin 1969, S. 162—167, 175—182)

An die versamlung gemayner Pawer-
schafft/so in Hochteütscher Nation/vnd vil ande
rer ort/mit empörung vñ auffrür entstandẽ. rc.
ob jr empörung billicher oder vnpillicher ge
stalt geschehe/ vnd was sie der Oberkait
schuldig oder nicht schuldig seind. rc.
gegründet auß der heyligen Göt-
lichen geschrifft / von Oberlen-
dischen mitbrüdern gütter
maynung außgangen
vnd beschriben. rc.

Hie ist des Glückradts stund vnd zeyt
Gott wayst wer der oberist bleybt.

„An die Versammlung gemeiner Bauernschaft . . .“ Titelblatt der Flugschrift, 1525

— *Beschreibe das Titelbild. Vergleiche es mit dem Inhalt der Flugschrift (S.65).*

In einer Schrift von Ende April 1525 hatte Martin Luther die Not der Bauern und das Unrecht der Herren durchaus anerkannt. Dennoch erlaubte er den Bauern nicht, sich auf Gott und die Bibel zu berufen. Denn jede Obrigkeit war seiner Meinung nach von Gott eingesetzt — die gute wie die schlechte. Deshalb ermahnte er beide Seiten, sich gütlich zu einigen. Doch der Kampf ging weiter.

Anfang Mai erschien Luthers Schrift „Wider die mörderischen und räuberischen Rotten der Bauern“:

So soll nun die Obrigkeit . . . mit gutem Gewissen dreinschlagen . . . Denn die Bauern haben ein böses Gewissen, sie kämpfen für eine ungerechte Sache. Wer von den Bauern erschlagen wird, ist mit Leib und Seele verloren . . . Aber die Obrigkeit hat ein gutes Gewissen und kämpft für eine gerechte Sache . . . Wer auf der Seite der Obrigkeit erschlagen wird, ist ein Märtyrer vor Gott . . .

(D. Martin Luthers Werke, Bd. 18, Weimar 1908, S. 357 bis 361)

Viele Menschen waren über Luthers Haltung entsetzt. Ein Bürgermeister schrieb Anfang Juni:

Der Pastor und die Prediger in unserer Stadt [Zwickau] sind über die Bücher, die Luther vor kurzem geschrieben hat, . . . entsetzt . . . In seiner ersten Schrift . . . hat er beide Seiten eindringlich ermahnt; er hat einen Vorschlag gemacht, wie der Streit beizulegen sei — und ich könnte keinen besseren Rat geben. Aber die großen Herren wollten keine der . . . unerträglichen Lasten, unter denen der arme Mann litt, abstellen . . . Das letzte Büchlein erscheint mir nicht mehr christlich; darin fordert Luther die Herren auf die Bauern überall zu ermorden . . . Er sagt, die Seelen der Bauern gehörten dem Teufel und die Seelen der Herren Gott. Das kann ich nicht glauben.

(G. Franz (Hg.), Quellen zur Geschichte des Bauernkrieges, S. 583 f.)

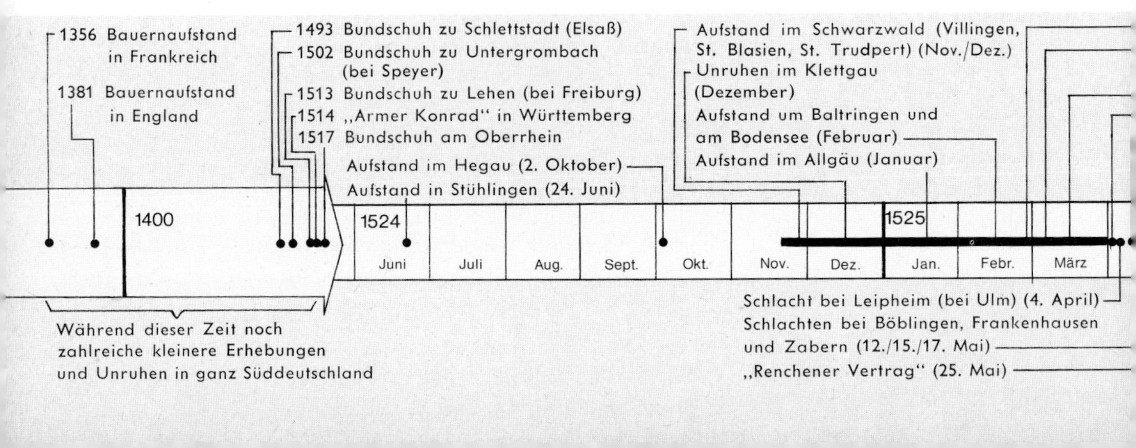

Kaiser Karl V. sandte dem Obersten Feldhauptmann des Schwäbischen Bundes, Georg Truchseß von Waldburg, ein Dankesschreiben:*

Du hast Dich als Oberster Feldhauptmann . . . überaus ritterlich und tapfer verhalten. Durch Gottes Hilfe und Deine Kriegskunst wurden in unserem . . . Reich die göttlichen, christlichen und löblichen Satzungen und Ordnungen, auch Recht und Billigkeit vor der Zerstörung [durch die Bauern] bewahrt. Dafür sagen Wir Dir unseren gnädigen und schuldigen Dank.

(G. Franz (Hg.), Quellen zur Geschichte des Bauernkrieges, S. 582 f.)

a) *Welche Haltung nahmen die vier Personen gegenüber den Aufständischen ein? Wie begründeten sie ihr Urteil?*

b) *Wie bewertest du den deutschen Bauernkrieg — genauer: die Ziele und das Verhalten der Aufständischen?*

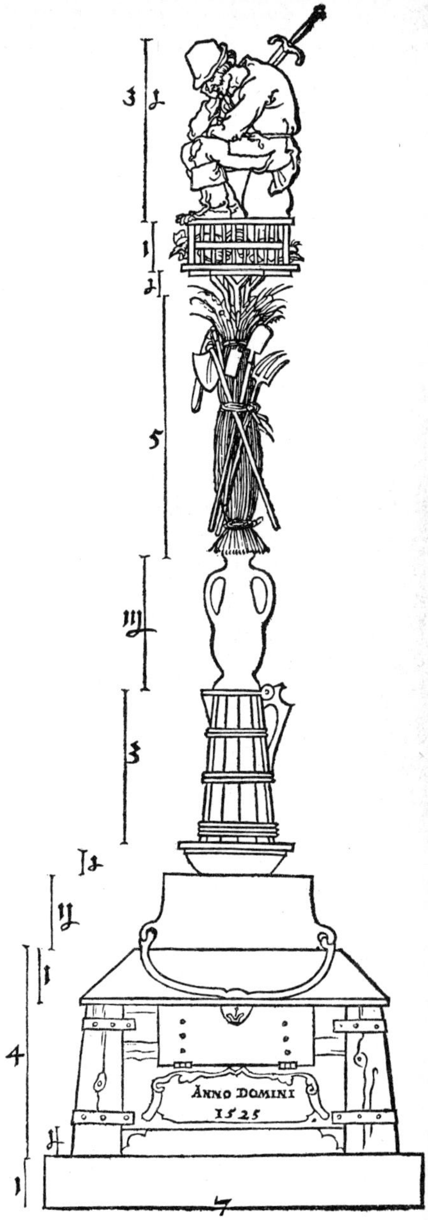

Entwurf für ein Bauernkriegsdenkmal (eine Gedächtnissäule). Holzschnitt von Albrecht Dürer, 1525. Dürer schrieb dazu: „Wer von den Herren ein Siegesdenkmal errichten möchte, weil er die aufrührerischen Bauern geschlagen hat, der kann es mit Hilfe der dargestellten Geräte tun . . . Oben darauf soll er einen trauernden Bauern setzen, der von einem Schwert durchbohrt ist." ▷

(E. Ullmann (Hg.), Albrecht Dürer. Schriften und Briefe, Leipzig 1971, S. 275, 278)

— *Schau dir die Zeichnung und die Erklärung genau an. Kannst du erkennen, wem die Sympathien Dürers galten, den siegreichen Herren oder den geschlagenen Bauern?*

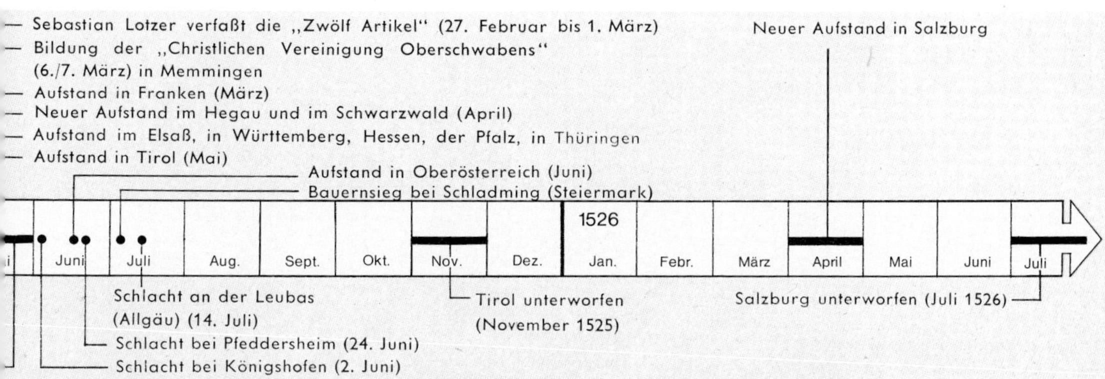

Ein dreißigjähriger Krieg

Traurig, aber wahr: Die Geschichte ist reich an langen und grausamen Kriegen. Immer wieder versuchten Völker, Reiche oder Staaten, ihre Streitigkeiten (Konflikte) gewaltsam zu lösen oder durch Eroberungen Vorteile zu erlangen, und führten Kriege.
Manchmal erreichten sie damit ihre Absichten, oft auch nicht. Immer aber verursachten Kriege Unordnung, Gewalttat, Zerstörung und Tod. Fast nie beschränkten sie sich auf die Armeen und Soldaten; immer litten und starben auch Unbeteiligte und Unbewaffnete: Frauen, Kinder, Alte und Kranke. Über Sieger wie Besiegte brachten Kriege große Not. Alle Versuche, den Krieg ganz abzuschaffen, sind bisher stets gescheitert. Aber es zeigte sich auch, daß man Kriege — wenn alle Beteiligten es wirklich wollen — vermeiden oder wenigstens eingrenzen kann.
Einer der längsten und verheerendsten Kriege in Deutschland war der Dreißigjährige Krieg von 1618 bis 1648. Er blieb bis heute unvergessen; in vielen Gedichten, Liedern, Erzählungen und Theaterstücken wird an ihn erinnert.
Wir wollen daher fragen
— wie dieser Krieg entstand
— welche Ziele die beteiligten Völker und Parteien hatten oder auch vorschützten
— warum dieser Krieg so schrecklich war
— wie sich die Menschen im Krieg verhielten und
— welche Folgen der Krieg hatte.

Schlachtfeld mit Leichen erschlagener und ausgeplünderter Soldaten. Radierung von K. Dujardin

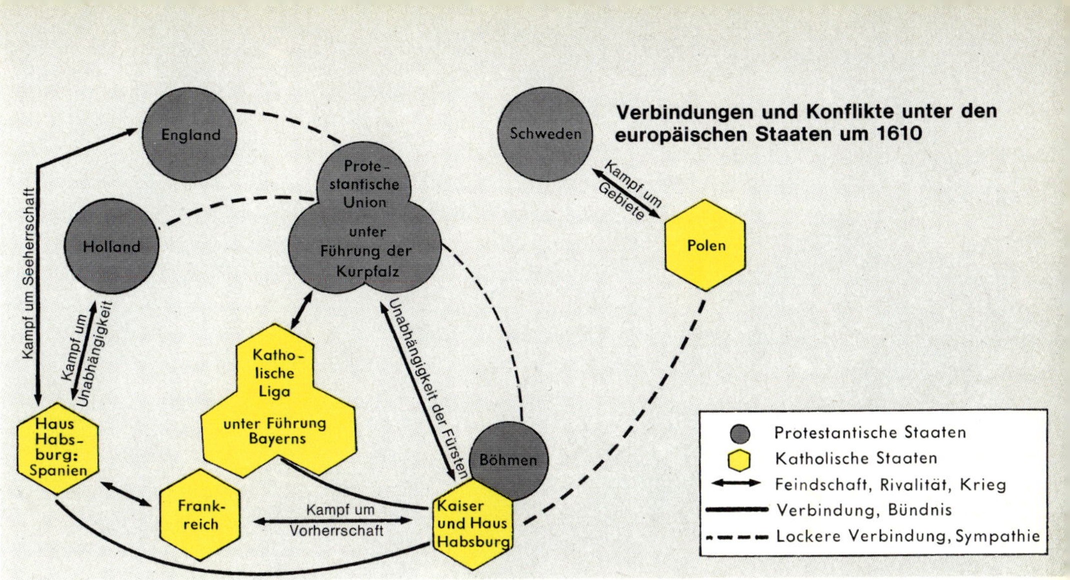

1. In Deutschland wird ein dreißigjähriger Krieg entfesselt

Deutschland gleicht einem Pulverfaß

Um 1600 bildeten die Staaten des Heiligen Römischen Reiches zwei feindliche Lager. Die katholischen Fürsten scharten sich um den Kaiser und den Herzog von Bayern; um den Kurfürsten Friedrich von der Pfalz sammelten sich die Protestanten.
Lange Zeit hatte sich die Reformation fast ungehindert ausbreiten können und große Teile Deutschlands erfaßt. Dagegen schritten nun die katholischen Fürsten und der Kaiser energisch ein. Sie wollten sich der Reformation* entgegenstellen und sie — wenn möglich — wieder rückgängig machen. Der Papst und die katholische Kirche unterstützten dieses Vorhaben; ihr unermüdliches und erfolgreiches Kampfmittel war der Orden der Jesuiten*. Diese Bemühungen nennt man die *Gegenreformation**.
Ein Streit in der Stadt Donauwörth erhöhte 1608 die Spannungen. Als dort die protestantische Bevölkerung eine Prozession der wenigen Katholiken störte, sprach der Kaiser die Reichsacht* aus. Der nahe Herzog von Bayern vollstreckte sie, eroberte die Stadt und ließ sie gewaltsam zum katholischen Glauben zurückführen. Zum Ersatz seiner Kriegskosten durfte er die Stadt seinem Herzogtum eingliedern. Alle Proteste blieben vergeblich.
Die protestantischen Fürsten und Städte schlossen daraufhin ein Verteidigungsbündnis, eine *Union**; sie wählten den Kurfürsten von der Pfalz zum Führer. Prompt gründeten auch die katholischen Fürsten einen Kampfbund, die *Liga** unter dem Herzog von Bayern. Der Kaiser blieb scheinbar neutral.
Das Reich glich einem Pulverfaß. Es bedurfte nur noch des zündenden Funkens, um eine große Explosion auszulösen.

Die Karte S. 70 zeigt, wie sich Katholiken und Protestanten im Reich gegenüberstanden.

Besonders gefährlich war, daß sich die Spannung innerhalb des Reiches mit politischen Konflikten im europäischen Raum verband. Es ging fast überall um beides, um Religion und Politik, um Glaubens- und Machtfragen.

Das Schaubild oben gibt ein ungefähres Bild der Gegensätze und Feindseligkeiten, aber auch der Verbindungen und Bündnisse.

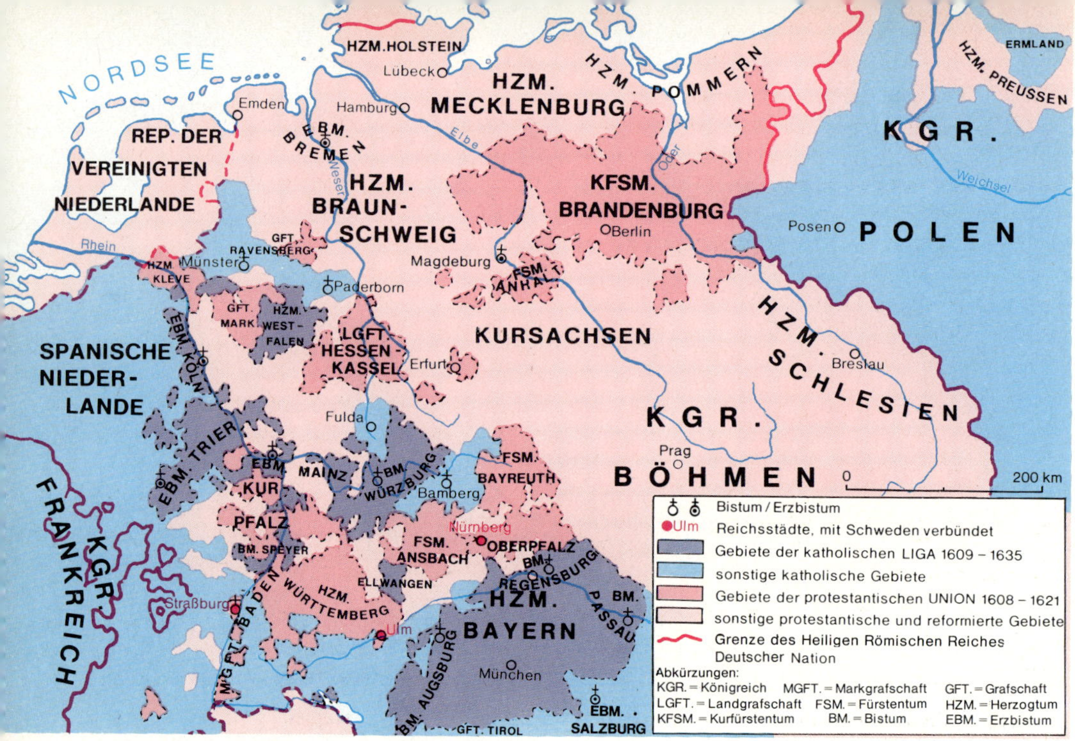

Die Glaubensspaltung im Reich um 1618

Die Böhmen erheben sich

Das Königreich Böhmen gehörte zu den Ländern des Hauses Habsburg mit der Hauptstadt Wien. Seit 1526 war stets ein Habsburger, meist der Kaiser selbst, böhmischer König. Im Jahre 1617 erlangte diese Würde der Erzherzog Ferdinand (der spätere Kaiser Ferdinand II.). Die Böhmen erkannten ihn freilich nur gezwungenermaßen und voll Mißtrauen an. Sie waren seit langem überwiegend protestantisch und im Jahre 1609 war ihnen vom Kaiser die Glaubensfreiheit zugestanden worden.

Der sogenannte „Majestätsbrief" von 1609 garantierte den Böhmen:

Vom heutigen Tag an soll niemand ... von der Obrigkeit oder irgendjemand, sei es von geistlichen oder weltlichen Personen, von [seiner] Religion abgedrängt und zu einer anderen Religion durch Gewalt oder auf irgendeine ersonnene Art gezwungen werden.

(F. Dickmann (Hg.), Renaissance, Glaubenskämpfe, Absolutismus = Geschichte in Quellen, Bd. 3, München 1966, S. 303)

Der neue König Ferdinand aber hatte angeblich gesagt:

Er wolle lieber und eher auf seine Königreiche und Länder verzichten, als eine Gelegenheit versäumen, dem rechten Glauben [d. h. dem katholischen] fortzuhelfen.

(H. Diwald, Wallenstein, München-Esslingen 1969, S. 93)

— *Vergleiche die Einstellung des Königs mit dem Wortlaut des Majestätsbriefes. Versuche die Sorgen der Böhmen auszudrücken und zu begründen.*

Die Befürchtungen schienen sich zu erfüllen. Bei Streitigkeiten zwischen Katholiken und Protestanten erhielten immer öfter die Katholiken Recht. Die Vertreter der böhmischen Adligen und Städte, die Stände, protestierten dagegen schriftlich beim König in Wien; sie verwiesen auf ihren „Majestätsbrief". Als dies nichts half, warfen sie zwei seiner katholischen Statthalter und deren Sekretär aus einem Fenster der Prager Burg und rüsteten ein Heer. Im Jahre 1519 schließlich setzten sie König Ferdinand ab und wählten den Kurfürsten Friedrich von der Pfalz, den Führer der Union, zum neuen böhmischen König. Dieser nahm die Wahl an, kam nach Prag und ließ sich krönen. Ferdinand betrachtete das Vorgehen der Böhmen als unrechtmäßigen Aufstand und als Treuebruch. Die Katholiken im Reich teilten seine Meinung. Der Herzog von Bayern bot Ferdinand die Hilfe der Liga bei der Unterwerfung Böhmens an. Der Krieg war unvermeidlich geworden, weil ihn keiner mehr vermeiden wollte. Beide Seiten gedachten miteinander abzurechnen; der böhmische Krieg schien die geeignete Gelegenheit zu sein.

— *Man unterscheidet in der Geschichte oft zwischen den tieferen Ursachen eines Streites und dem Anlaß, d. h. dem Ereignis, das den Streit offen auslöste. Tue dies beim Böhmischen Krieg und formuliere die Kriegsziele der Parteien.*

Der Dreißigjährige Krieg 1618—1648

Der Kampf in Böhmen zog immer weitere Kreise. Er weitete sich allmählich zu einem europäischen Krieg aus, der das Heilige Römische Reich 30 Jahre lang erschütterte.

Die folgende Aufstellung gibt einen knappen Überblick über die Ereignisse:

1618	„Prager Fenstersturz“ — Beginn des Dreißigjährigen Krieges.
1619	Zur selben Zeit, als die Böhmen Ferdinand absetzen, wird dieser zum Kaiser des Heiligen Römischen Reiches gewählt.
1620	Die Böhmen werden am „Weißen Berge“ bei Prag vom Heer der Liga und des Kaisers besiegt. Der „Winterkönig“ muß fliehen.
1625	Als das katholische Heer aus Böhmen ins Reich vorrückt, insbesondere nach Norden, greift der dänische König auf seiten der Protestanten ein. Feldherr eines neuen kaiserlichen Heeres neben dem der Liga wird der böhmische Adlige Wallenstein, der bereits früher katholisch geworden ist.
1629	Große Erfolge der katholischen Heere, die bis zur Ostsee vorrücken, stärken die Macht des Kaisers. Er erläßt ein Gesetz, daß alle seit 1552 verweltlichten Kirchengüter an die katholische Kirche zurückgegeben werden müssen. Viele protestantische, aber auch katholische Fürsten sind dagegen, weil das ihre Macht sehr geschwächt und den Kaiser gestärkt hätte.
1630	Auch den katholischen Fürsten ist der Kaiser gefährlich mächtig geworden. Sie zwingen ihn, seinen erfolgreichen Feldherrn Wallenstein zu entlassen. Im selben Jahre landet der schwedische König Gustav Adolf mit einem Heer an der Ostseeküste. Er will den Protestanten helfen und dringt rasch ins Reich vor.
1632	Der Kaiser ernennt Wallenstein von neuem zum Feldherrn. In der (unentschiedenen) Schlacht bei Lützen fällt der Schwedenkönig. Die Schweden führen den Krieg trotzdem fort.
1634	Wallenstein gerät in Verdacht, den Kaiser zu verraten. Der Kaiser setzt ihn ab und läßt ihn ermorden.
1635	Der Kaiser verständigt sich mit den protestantischen deutschen Fürsten. Ein allgemeiner Friede scheint in Sicht. Frankreich, das die Schweden bisher durch Geld (Subventionen) unterstützt hat, greift nun offen in den Krieg ein. Der Kampf nimmt an Erbitterung zu. Immer stärker ernährt sich der Krieg vom Land und seinen Bewohnern. Das Hin und Her der Fronten bewirkt schwerste Zerstörungen und Leiden.
1648	Friedensschluß zu Münster und Osnabrück („Westfälischer Friede“).

Geht es um den Glauben oder um die Macht?

Die meisten Menschen waren damals der festen Überzeugung, in erster Linie für die Erhaltung ihres Glaubens zu kämpfen. Ob man nun protestantisch oder katholisch war, der jeweilige Glaube bestimmte damals viel stärker als heute das Leben in allen Bereichen. Daher war die Aussicht, den Glauben wechseln zu müssen, schrecklich.
Traf dies auch auf die Herrscher und Politiker zu? Ließen auch sie sich überwiegend von Glaubensfragen leiten?

Kurz bevor der schwedische König Gustav Adolf im Jahre 1630 in den Krieg eingriff, hatte ihm eine Versammlung der schwedischen Großen geraten:

Man weiß, daß der Kaiser einen unauslöschlichen Haß gegen Schweden trägt, nicht allein in dem Grundvorsatz aller Papisten [Papstanhänger, Katholiken], alle Evangelischen auszurotten, sondern auch in dem alten brennenden Verlangen des Hauses Österreich nach der Oberherrschaft . . . Es gibt keinen besseren Schutz für die Ostsee — und folglich keine andere Sicherheit für Schweden — als den Angriff.

(H. Scherrinsky / W. Wulf, Renaissance, Reformation und Glaubenskämpfe = Geschichtliche Quellenhefte mit Überblick, H. 4/5, Frankfurt 1975, S. 106 f.)

Frankreich zögerte lange, das gefährliche Risiko eines offenen Krieges auf sich zu nehmen. Der Erste Minister, Kardinal Richelieu, bedachte verschiedene Möglichkeiten:*

Jede dieser Möglichkeiten hat ihre Vorteile und ihre Nachteile. Die Vorteile . . . bestehen darin, daß man das ganze Haus Habsburg [Spanien und den Kaiser] absolut ruinieren und damit auf immer von der Furcht, der Eifersucht und den Ausgaben frei sein könnte, zu denen seine Größe seit langer Zeit Frankreich nötigte, daß man aus seinen Trümmern Nutzen ziehen und der König [von Frankreich] sich zum Chef aller katholischen Fürsten der Christenheit und infolgedessen zum mächtigsten Herrscher Europas machen könnte.

(Aus Richelieus Staatspapieren, in: W. Mommsen (Hg.), Klassiker der Politik, Bd. 14, Berlin 1936, S. 276)

Alle diese Absichten und Pläne blieben aber weitgehend geheim. In der Öffentlichkeit verkündete jede Partei nur ihre lautersten Absichten und klagte die Gegenseite an. Besonders durch *Flugblätter* versuchte man die breite Bevölkerung zu beeinflussen. Ein häufiges Thema dieser *Propaganda* war die Frage, wer schuld am Krieg und seinem Elend sei.

a) *Arbeite heraus, welche Befürchtungen und Absichten Schweden und Frankreich mit ihrem Kriegseintritt verbanden. (→ Arbeitsblatt Nr. 19)*

b) *Welche Absichten wurden dem Kaiser (Haus Habsburg) unterstellt? Siehst du Anzeichen dafür in den bisherigen Kriegsereignissen? Lies nach S. 71 unten. (→ Arbeitsblatt Nr. 19)*

Anwerbung und Ausrüstung von Soldaten. Kupferstich, 1621. Rechts nimmt der Schreiber den Rekruten in sein Verzeichnis auf. Im Hintergrund stehen Waffen (Büchsen, Spieße) zur Ausrüstung.

2. Ein schrecklicher Krieg ohne Ende

Die Heere

Damals besaßen nur wenige Länder ein ständiges Heer. Wenn es zum Krieg kam, mußten Kriegsleute gegen ein Handgeld und monatlichen Sold geworben werden. Das war Aufgabe der Feldherren, aber auch der höheren Offiziere. Die Soldaten kamen aus den unteren Volksschichten, besonders aus der bäuerlichen Bevölkerung. Die Offiziere waren meist Adlige.

Das Bild S. 72 zeigt, wie man damals Soldaten warb.

— *Versuche die Stellung und die Tätigkeit der abgebildeten Personen zu beschreiben.*

Der Krieg muß den Krieg ernähren

Selten hatte es in Europa im Laufe seiner Geschichte so große und so viele Heere gegeben. Keine der Parteien, weder die katholische noch die protestantische, weder die Kaiserlichen, Bayern oder Schweden konnten die ungeheuren Ausgaben für Rüstung und Unterhalt von ihren bisherigen Staatseinnahmen bestreiten. Man suchte und fand neue Wege, den Krieg zu unterhalten.

Ein Schuhmacher aus dem Orte Neenstetten bei Ulm berichtete zum Jahre 1627:

Um Ulm und im oberen Teil des Schwabenlandes sind 44 Kompanien zu Roß und zu Fuß einquartiert und täglich sollen noch mehr kommen. Die führen sich mit großem Mutwillen auf und verderben das Land aufs äußerste. Allein die Stadt Ulm muß alle Wochen in erschreckendem Ausmaße Kontributionen und Abgaben leisten, wie das nachfolgende Verzeichnis beweist:

15 rittmeister, jedem wochendtlich 75 Gulden, thut	1125 Gulden
30 leitenampt, jedem 37 Gulden 30 Kr[euzer], thut	1125 Gulden
30 cornet, jedem 30 Gulden, thut	900 Gulden
15 wachtmeister, jedem 30 Gulden, thut	450 Gulden
1500 reiter, jedem 2 Gulden fuer tranckh, thut	3000 Gulden
mehr jedem 2 Pfund fleisch und 2 pfund brot, darüber 14 kreuzer	2471 Gulden
mehr jedem 3 viertel haber fuer sein pferdt, thut an gelt	2625 Gulden
16 capitina zu fuß, jedem 30 Gulden, thut	480 Gulden
16 leitenanten, jedem 25 Gulden, thut	400 Gulden
64 gemeine officierer und 5000 soldaten wochendlich	26490 Gulden
Suma 39066 Gulden alle wochen.	

(G. Zillhardt, Der dreißigjährige Krieg in zeitgenössischer Darstellung, Stuttgart 1975, S. 123 vereinfacht)

Weder in Ulm noch anderswo ging es immer so geordnet zu. Eine Beschwerdeschrift *des Herzogs von Pommern bestand aus 54 Artikeln. Es hieß da unter anderem:*

— Die armen Leut auf dem Land und in den Städten hat man bald an einem, bald an einem andern Ort zu unnötiger Arbeit gezwungen, auch dazu geprügelt . . . [Artikel 47]

— Ferner, wann Offiziere oder Soldaten über Land reisten, mußten die Inwohner des Landes, da noch ein Bissen Brot vorhanden, nicht allein solches, gleich als wäre alles allgemeiner Besitz, ohne Bezahlung, sondern auch ihre Pferde oft auf 15 oder mehr Meilen hergeben . . . [Artikel 48]

— Sonst wäre gar gemein, daß die Reiter und Soldaten aus den Garnisonen* täglich ausritten und liefen, die Dörfer fast alle Nacht plünderten, den Bauern ihre Wagen,

Pflüge und andere zum Ackerbau gehörige Instrumente entweder wegführten oder mutwillig verbrennten, die Leut prügelten und verwundeten . . . [Artikel 49]

(H. Jessen (Hg.), Der Dreißigjährige Krieg in Augenzeugenberichten, Düsseldorf 1963, S. 218)

a) *Wie brachten die kriegführenden Parteien die hohen Kriegskosten auf? Was hieß es, wenn man damals sagte: „Der Krieg ernährt den Krieg"?*

b) *Vergleiche die beiden Berichte! Worin unterscheiden sie sich?*

Menschen quälen einander — Warum?

Aus der Zeit jenes Krieges, den manche auch als *Religionskrieg** ansahen, sind uns viele erschreckende Schilderungen überliefert. Menschen, die noch vor Ausbruch des Krieges als rechtschaffene, brave Mitmenschen galten, begingen Handlungen, die in uns Abscheu und Entsetzen wachrufen.

Ende 1633 wurden katholische (kaiserliche) Truppen im Kloster Salem am Bodensee einquartiert; sie sollten es vor den Schweden schützen. Ein Mönch des Klosters Salem hat aufgezeichnet, wie sich die Truppen im Kloster aufführten:

Aus der Pfisterei [Bäckerei], aus der Küche und aus allen Kellern war ein solches Heraustragen bei Tag und bei Nacht, daß es kaum zu beschreiben oder zu erzählen ist . . . Aus den Kellern hat man Wein geholt mit allerlei Geschirr, was einer nur bekommen und was Wein fassen konnte, sauber oder unsauber, mit Kübeln und Gelten, Häfen und Pfannen, Schuhen, Stiefeln und Hüten, Saukübeln, Hundskübeln, Abfallkübeln, Feuerkübeln, Brunnenkübeln, Ofenhäfen, Flaschen, Hüten und Helmen, nicht zuletzt auch mit Nachttöpfen, was halt einer bekommen konnte.
Die lieben Früchte [d. h. das Getreide] hat man überall, nicht allein in den Scheuern, sondern auch auf den Gassen nur mit Prügeln oder Stecken grob abgeklopft [d. h. gedroschen], ja sogar den Pferden untergestreut und damit abgekocht . . .
Das Kloster hat überall ausgesehen wie eine Kloake, ein Schindplatz oder eine Mördergrube. Allerorten hat es gestunken, daß man beinahe nicht mehr darin wohnen konnte, wie wir damals glaubten. Dabei war dies nur ein Kinderwerk und kleiner Schaden, gegen den, der später folgen sollte, im Jahre 1643 . . .

(Chronik des Sebastian Bürster, in: Fr. v. Weech (Hg.), Beschreibung des Schwedischen Krieges, Leipzig 1875, S. 36)

Von der Einnahme der Stadt Reichenbach in Schlesien wurde berichtet:

Was da vor himmelschreiende Sünden verübt worden, weiß der liebe Gott. Da sah man, wie Mann und Frau, Klein und Groß, Reich und Arm nur Mittel suchte, sein Ehr und Leben zu retten mit Hintansetzung alles andern. Die Not, so bald anging, ist nicht genugsam zu beschreiben. Des Plünderns an Geld, Geschmeide, Kleidung und Geräten etc. denke ich gar nicht . . . Aber das Hauen, Stechen, Schlagen, Rütteln, Peitschen, Martern, mit Zangen reißen, Töten, Schänden, verübt in der Kirche beim hohen Altar, Dreßkammer, Chor, Schule, Gassen, Häusern, Winkeln gegen Kleine, Große, Junge, eisgraue Alte und was mehr, will ich mündlich erzählen bei ehester Gegenwart. Es war kein Erbarmen, wie flehentlich um Gottes Gerichts und Barmherzigkeit willen niederkniend die Leute baten, das henkermäßige Gesindel ihnen lieber den Hals nehmen und erschießen wollte. Es war kein Schonen, wie ansehnlich und redlich man auch in der größten Angst alles offenbarte . . . Es war kein Respekt und Ansehen, wie jung und klein, wie alt und grau, wie Adel oder nicht einer war.

(H. Jessen (Hg.), Der Dreißigjährige Krieg in Augenzeugenberichten, S. 369)

Auch Künstler haben versucht, die Schrecken des Krieges darzustellen. Das folgende Bild ist ein Beispiel dafür (ein weiteres Beispiel findest du S. 68):

Verfolgung und Flucht. Radierung von H. U. Franck, 1645

a) *Unterscheide die dargestellten Personen und erkläre, warum das Bild die Sinnlosigkeit und Grausamkeit des Krieges ausdrückt. Welche Einstellung hatte der Künstler?*

b) *Vergleiche mit Hilfe der beiden Berichte, wie die Soldaten beider Parteien mit Freund und Feind umsprangen.*

c) *Welche Szenen in den Berichten zeigen mit aller Deutlichkeit, daß der Krieg die Menschen verändert und oft jede Hemmung beseitigt. Suche nach Gründen, warum die Soldaten solche Handlungen begingen.*

Ein Friede und kein Ende des Krieges

Im Jahre 1648 fanden Krieg, Rauben und Töten ein spätes Ende. In Münster und Osnabrück trafen sich die Abgesandten der kriegführenden Mächte und schlossen Frieden. Das Flugblatt unten drückte die Erleichterung und Freude der Menschen damals aus.

— *Wodurch ist das Ende des Krieges ausgedrückt? Worauf deuten die im Bild genannten Städte hin? Wie verbreitete sich die Friedensnachricht?*

Der Friedensreiter. Holzschnitt von 1648. Das Flugblatt zeigt die wichtigsten am Frieden beteiligten Mächte und die verschiedenen Mittel der Nachrichtenübermittlung.

Keine Partei konnte mit Recht behaupten, gesiegt zu haben. Keine erreichte ihre ursprünglichen Kriegsziele. Den Hauptton gaben bei den Verhandlungen Frankreich und Schweden an. Sie wurden mit Reichsgebieten entschädigt. Die verschiedenen Konfessionen waren künftig rechtlich anerkannt. Es war nicht mehr allein ins Belieben der Fürsten gestellt, ihrem Land einen anderen Glauben aufzuzwingen.
Die größten Einbußen erlitten der Kaiser und das Reich. Abgesehen von den Gebietsabtretungen mußte der Kaiser den Landesfürsten nun größere Selbständigkeit einräumen. Sie konnten künftig auch mit ausländischen Mächten Verträge schließen, waren also praktisch unabhängig oder souverän.
Der Friede von 1648 setzte nur den offenen Kampfhandlungen ein Ende. Für viele Menschen war der Krieg damit noch lange nicht abgeschlossen. Sie mußten wieder Fuß im bürgerlichen Leben fassen, einen Beruf erlernen und eine Existenz aufbauen. Viele erlebten noch lange in Alpträumen die Ängste und Grausamkeiten, die sie durchgemacht hatten. Viele waren verstümmelt oder hatten sonst ihre Gesundheit eingebüßt. Für sie alle dauerte der Krieg noch lange fort.

Die Karte unten zeigt Auswirkungen des Krieges auf die Bevölkerung des Herzogtums Württemberg.

a) *Stelle fest, welche Gegenden Württembergs besonders stark vom Krieg betroffen waren. Wie könnte man dies zu erklären versuchen?*

b) *Vergleiche die Auswirkungen des Krieges auf Württemberg mit denen auf andere Länder Deutschlands. (→ Arbeitsblatt Nr. 20)*

c) *Sprich darüber, was diese Auswirkungen im einzelnen für das Land und seine Bewohner bedeuteten. Beschreibe, wie es in Dörfern und Städten ausgesehen haben mag.*

d) *Lies nochmals die Berichte über die Kriegsgreuel (S. 74). Warum war für viele Betroffene der Krieg nicht mit dem Frieden zu Ende?*

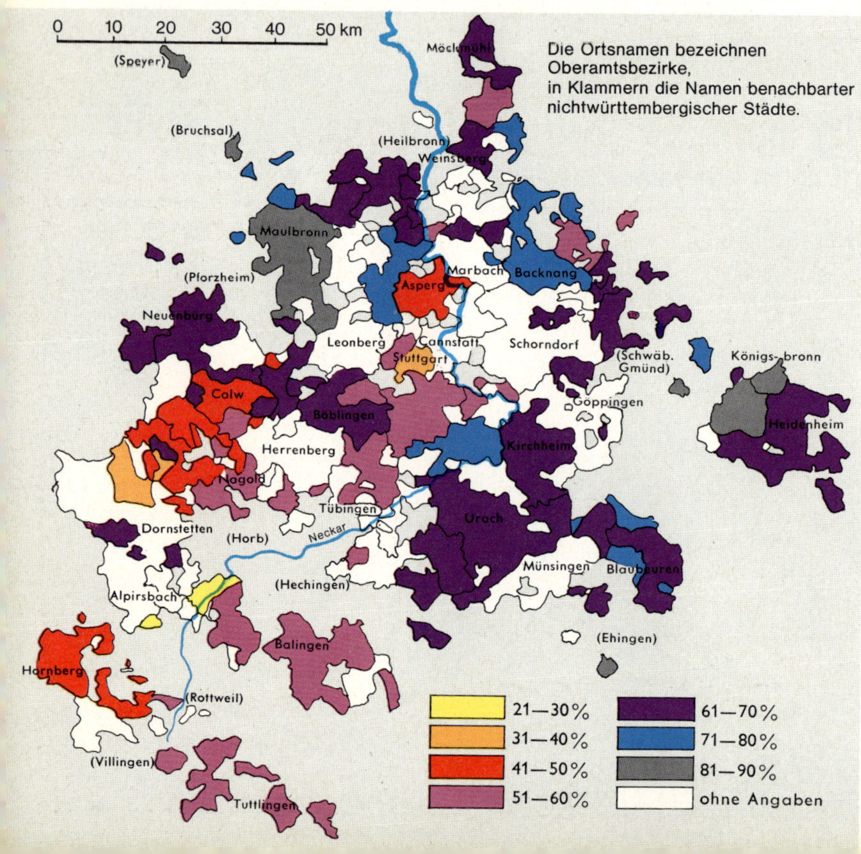

Bevölkerungsrückgang im Herzogtum Württemberg von 1634—1652. (Nach Mehring)

Unumschränkte Herrschaft: Der Absolutismus

Im Mittelalter waren die Aufgaben, die heute der Staat erfüllt, oft in den Händen zahlreicher Herren verteilt. Kaiser und König, geistliche und weltliche Fürsten, Reichsstädte und Reichsritter, aber auch die zahlreichen anderen Grundherren, sie alle übten Hoheitsrechte aus und waren — mehr oder weniger — „*Staat*". Im späten Mittelalter begann sich die staatliche Gewalt stärker auf einzelne Herren, die sogenannten Landesherren, zu konzentrieren. Die hohen Geistlichen, Adligen und Bürger ihrer Gebiete besaßen aber noch immer wichtige Rechte. Sie standen den Landesherren oft als *Landstände** gegenüber. Solche Staaten glichen einer Ellipse, die durch zwei Brennpunkte in Spannung gehalten wird. Im Zeitalter des Absolutismus* veränderte sich das Bild erneut. Vielen Landesherren gelang es nun, sich vollends zum überragenden und fast unumschränkten Mittelpunkt ihrer Staaten zu machen und sich von der *Mitsprache* der Stände zu lösen.
Jetzt war nur noch der Landesherr „der Staat". Er allein gab Gesetze, bestimmte die Außenpolitik, befahl über Polizei und Heer, setzte Beamte ein und ab und begann sich auch um viele andere Bedürfnisse seiner Untertanen zu kümmern.
So wurzelt unser modernes Staatswesen sehr stark in jener Zeit des Absolutismus zwischen 1600 und 1800.
Eines fehlte damals freilich noch: Der absolute Fürst betrachtete den Staat weitgehend als seine private Angelegenheit und wollte keine Kontrolle durch die Untertanen zulassen. So bestand also noch ein großer Unterschied zwischen dem absoluten und dem heutigen demokratischen Staat.

Die Skizzen verdeutlichen die Entwicklung:

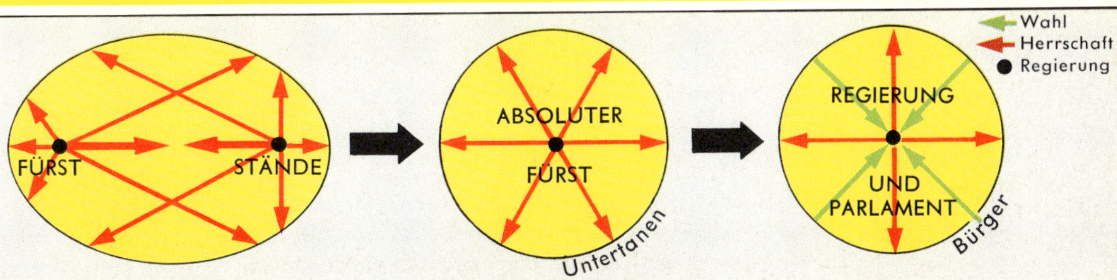

Ständestaat des Spätmittelalters — **Absoluter Fürstenstaat des 17./18. Jhs.** — **Demokratischer Staat von heute**

Um diese Entwicklung besser verstehen und beurteilen zu lernen, wählen wir das Beispiel Frankreichs und wollen fragen:

— welche Voraussetzungen jene Veränderungen ermöglichten
— welche Kräfte diese Veränderungen bewirkten
— wie sie sich auf das Leben und die Kultur auswirkten
— wie die Menschen sich mit dem Wandel abfanden.

1. König oder Stände: Wer soll die Macht im Staat haben?

Ein Königreich in der Krise: Frankreich um 1600

Auch Frankreich erlebte eine Art Dreißigjährigen Krieg. Zwischen 1562 und 1598 herrschte ein fast ununterbrochener Bürgerkrieg zwischen den Katholiken und den Protestanten, die in Frankreich „Hugenotten" hießen. Das Land wurde dadurch von Grund auf erschüttert. Das Ansehen des Königs sank zeitweilig fast bis zum Nullpunkt. Zwei Könige wurden von unzufriedenen Untertanen ermordet (1589 und 1610).
Als König Ludwig XIII. den Thron bestieg, sah er sich mehreren Gegnern gegenüber.

Die *katholischen Adligen* waren unzufrieden, weil die Hugenotten seit 1598 durch ein Gesetz geduldet wurden. Sie fanden Unterstützung und sogar militärische Hilfe beim König von Spanien.
Die *Hugenotten** waren ein ständiger Unruheherd. Sie belauerten mißtrauisch die Politik ihres katholischen Königs und fürchteten den Einfluß Spaniens. Politisches Gewicht besaßen sie durch ein eigenes Heer, zahlreiche Festungen und die Unterstützung der protestantischen Staaten Holland und England.
Der französische König befand sich in einer verzwickten Lage. Unterstützte er offen eine der Parteien, so riskierte er den erneuten Bürgerkrieg und das Eingreifen fremder Mächte. Blieb er neutral, dann verärgerte er beide.
Auf seine Beamten in den Provinzen, die hochadligen *Statthalter (Gouverneure)* konnte er sich selten verlassen. Sie gehörten meist einer der beiden Parteien an und machten ihre eigene Politik. Einen starken Rückhalt besaßen sie an ihren angesehenen Familien; manche geboten auch über ein eigenes Heer.
Ein weiteres Hindernis engte die Bewegungsfreiheit des Königs ein: Nach altem Gewohnheitsrecht durfte er wichtige politische Entscheidungen nur mit Zustimmung der hohen Geistlichen, des Adels und der Bürger treffen. Besonders wenn es um neue oder höhere Steuern ging, mußten diese sogenannten *Generalstände** des Königreichs Frankreich einberufen und befragt werden.

Es schien unter solchen Verhältnissen fast unmöglich, im Innern wieder Ruhe und Frieden herzustellen und Frankreich nach außen Ansehen und Achtung zu verschaffen.

— *Drücke mit Hilfe einer Skizze aus, welche Kräfte und Parteien die politische Entscheidungsfreiheit des Königs von Frankreich um 1600 beschränken. (→ Arbeitsblatt Nr. 21)*

Alle Macht dem König!

Unter der Regierung König Ludwigs XIII. (1610—1643) erschien vielen Politikern diese Schwäche des Königtums unerträglich und verderblich für den Staat. Zu ihnen gehörte auch der langjährige Minister des Königs, der Kardinal Richelieu (1624—1642). Sein oberstes Ziel war es, die Macht des Königs unablässig zu stärken. Sie sollte frei werden von allen Schranken; sie sollte — wie man damals sagte — *absolut** (losgelöst, frei) von den Gesetzen und der Mitsprache der Stände sein.
Den Ständen mußten ihre althergebrachten Rechte, insbesondere die politische Mitsprache, entrissen werden. Die Betroffenen, also Geistlichkeit, Adel und Bürgertum, glaubten sich daher durchaus im Recht, wenn sie sich gegen diese Politik hartnäckig und mit allen Mitteln zur Wehr setzten. Der Ausgang der Auseinandersetzung war mehr als einmal ungewiß.

Eine Übersicht nennt Ereignisse, welche die lange Auseinandersetzung zwischen Königtum und Ständen widerspiegeln.

Die Könige von Frankreich werden absolute Herrscher

1610—1643	König von Frankreich ist Ludwig XIII. Für ihn führt seit 1624 der Kardinal Richelieu als Erster Minister die Regierungsgeschäfte. Sein Hauptziel ist die Stärkung der königlichen Macht.
1614	Zum letzten Mal beraten die drei Stände (Adel: Geistliche: Bürger und Bauern) gemeinsam. Diese „Generalstände" werden von da an nicht mehr einberufen.
1629	Sieg der königlichen Truppen über die französischen Protestanten oder Hugenotten, die von England unterstützt werden. Die Hugenotten müssen auf eigene Heere und Festungen verzichten.
1630	Hohe Adlige versuchen vergeblich Richelieu zu stürzen.
1632	Einer der mächtigsten Gouverneure* (Provinz Languedoc) erhebt sich gegen den König und wird besiegt.
1635—1659	Frankreich führt gegen Spanien Krieg. Französische Adlige verbünden sich mit dem Gegner.
1641	Der Aufstand des angesehenen Grafen von Soissons scheitert.
1643—1715	König von Frankreich wird Ludwig XIV. Auch für ihn führt bis 1661 ein Erster Minister die Regierungsgeschäfte, der Kardinal Mazarin (sprich: Masaräng).
1648—53	Das Volk von Paris, der oberste Gerichtshof (das „Parlament"*), und der Hochadel erheben sich zum letzten Mal. Sie rufen spanische Truppen zu Hilfe. Schließlich siegt doch der französische König.

— *Erkläre anhand der Ereignisse, wie der französische König seine absolute Herrschaft durchsetzte. Notiere die Maßnahmen des Königs. (→ Arbeitsblatt Nr. 21)*

Ludwig XIII. als absoluter König. Kupferstich von M. Lasne. Radierung von Callot, 1631. Das Reiterbildnis zeigt eindringlich, daß Ludwig XIII. seine Herrschaft als „von Gottes Gnaden" auffaßte. Damit wird sein absolutistischer Anspruch untermauert. ▷

— *Wodurch drückte der Zeichner das Gottesgnadentums Ludwigs XIII. aus?*

Aufständische vor dem König (1649). Die drei Gestalten vor dem jungen König Ludwig XIV., dem Sohne Ludwigs XIII., gehören verschiedenen Ständen an.

Das Bild links drückt den Sieg des französischen Königs über die Stände seines Reiches aus.

— *Beschreibe und deute die abgebildete Szene. Versuche festzustellen, welchen Ständen die drei Personen angehören.*

Was heißt: „Absolut herrschen"?

In einer Zeit, als die innere Ordnung und das äußere Ansehen Frankreichs völlig am Boden lagen, im Jahre 1577, hatte der französische Rechtsgelehrte Bodin gefordert, der König müsse „*absolut*" regieren. Er hatte seine Forderung aus der Geschichte und dem Recht zu begründen versucht. Seiner Lehre folgten nicht nur die französischen Könige, sondern auch viele andere Herrscher Europas.

In seinem Buch „Über den Staat" beschrieb er, was er unter der absoluten Herrschaft oder der „höchsten Gewalt" des Königs verstand:

Was darf der absolute (souveräne) Herrscher?

Und so schließen wir, daß das erste Merkmal des souveränen Fürsten die Gewalt ist, allen das Gesetz im allgemeinen und jedem im besonderen zu geben . . .
Unter jener Gewalt, Gesetze zu geben und zu brechen, sind alle anderen Rechte und Merkmale der Souveränität* eingeschlossen. So daß dies eigentlich das einzige Merkmal der Souveränität ist. In ihm sind alle anderen Rechte enthalten, also die Entscheidung über Krieg und Frieden, das Recht, letzte Instanz zu sein für die Entscheidungen aller Behörden, die Ernennung und Entlassung der höchsten Beamten, die Besteuerung oder Befreiung der Untertanen von Lasten und Gebühren, das Begnadigungsrecht, das Recht auf Erhöhung und Verminderung des Feingehaltes, des Wertes und der Maßeinheit des Geldes, das Recht, ohne Vorbehalt von Untertanen und Vasallen den Treueid zu verlangen . . .

(A. Moser u. a., Das Werden einer neuen Zeit. Staat und Staatensystem im Zeitalter des Absolutismus = Politische Weltkunde I. 3, Stuttgart 1972, S. 41)

Was darf der absolute Fürst nicht?

Gänzlich anders verhält es sich mit dem göttlichen und den natürlichen Gesetzen. Alle Fürsten der Erde sind ihnen unterworfen; es liegt nicht in ihrer Macht, sich ihnen entgegenzustellen, sonst machen sie sich der göttlichen Majestätsbeleidigung schuldig und führen gewissermaßen gegen Gott Krieg.

(A. Moser u. a., Das Werden einer neuen Zeit, S. 42, vereinfacht)

a) *Welche wichtigen politischen Aufgabenbereiche sollten allein dem absoluten König vorbehalten sein? Wie war das bisher gewesen? (→ Arbeitsblatt Nr. 22)*
b) *Nach der Lehre Bodins fielen bisherige Beschränkungen der Herrschaft des französischen Königs weg. Welche? (→ Arbeitsblatt Nr. 21)*
c) *Kann man die Herrschaft eines absoluten Herrschers als „Tyrannei", d. h. als rechtlose, schrankenlose und willkürliche Herrschaft bezeichnen? (→ Arbeitsblatt Nr. 22)*

2. Ludwig XIV.: Die Sonne Frankreichs?

Im Jahre 1643 wurde Ludwig XIV. König. Er war jedoch erst fünf Jahre alt und so regierte auch für ihn ein Erster Minister, der Kardinal Mazarin. Auch dessen oberstes Ziel war es, die Macht des Königs gegenüber den Adligen und den königlichen Gerichtshöfen, den Parlamenten*, zu stärken. Als er im Jahre 1661 starb, traf der König einige folgenschwere Entscheidungen.

Er berichtete später darüber in seinen „Erinnerungen“:

Ich habe es mir zur festen Pflicht gemacht, regelmäßig zweimal am Tage zu arbeiten, und zwar jedesmal zwei bis drei Stunden mit verschiedenen Personen. Dabei berücksichtige ich nicht die Stunden, in denen ich ganz allein arbeitete, und auch nicht die Zeit, die ich daneben außergewöhnlichen Angelegenheiten widmete; denn wegen dringender Dinge, die überraschend dazwischen kamen, durfte man mich zu jeder Zeit ansprechen . . .
Nun komme ich auf die Personen zu sprechen, die meine Arbeit unterstützen sollten: Als erstes faßte ich den Entschluß, keinen „Ersten Minister“* mehr in Dienst zu nehmen . . ., denn nichts ist unwürdiger, als wenn eine Person alle wichtigen Aufgaben hat und die andere nur den leeren Titel eines „Königs“ führt . . .
Ich ging noch einen Schritt weiter, weil ich die oberste Leitung einzig und allein in meiner Hand zusammenfassen wollte . . .
Nachdem ich meine Minister ausgewählt hatte, faßte ich daher den Entschluß, mit jedem von ihnen von Zeit zu Zeit, dann nämlich, wenn er es am wenigsten erwartete, die Angelegenheiten in allen Einzelheiten zu besprechen. Er sollte auf diese Weise begreifen, daß ich dies auch in jeder anderen Sache und zu jeder beliebigen Zeit tun könne.

(Memoiren Ludwigs XIV., in: J. Longnon (Hg.), Louis XIV. Mémoires, Paris 1978, S. 41 und S. 44, eig. Übers.)

a) *Wie entschied sich der König? Welche Stellung und welche Aufgaben wies er den Ministern zu?*
b) *Überlege einmal, welche Konsequenzen die Entscheidung des Königs für ihn selbst hatte, welche Vorteile, welche Gefahren?*

Ein Schloß für einen Sonnenkönig

Der junge König wollte aber nicht nur im Innern ein unbestrittener Herrscher sein. Sein Fleiß und sein Ehrgeiz strebten nach höheren Zielen. Frankreich sollte mehr sein als nur ein reiches und angesehenes Königreich.

Eine Schaumünze (Medaille), die Ludwig 1674 prägen ließ, drückt in Bild und Wort aus, welche Stellung der König anstrebte (Abb. unten).

— *Du verstehst jetzt, warum man Ludwig XIV. auch den „Sonnenkönig“ nennt. Erkläre das Bild und den Anspruch, der darin steckt.*

Auf vielen Gebieten versuchte der König im Laufe seiner Regierungszeit, seinen Anspruch in die Wirklichkeit umzusetzen. So auch, als er sich ein neues Schloß zu bauen begann.
Es sollte nicht in der Hauptstadt Paris entstehen. Dort gab es zu wenig Platz für eine großzügige Anlage. Außerdem wollte der König vermutlich nicht länger inmitten dieser Volksmassen leben, die vor noch nicht langer Zeit einen Aufstand gegen ihn und seinen Minister, Kardinal Mazarin, unternommen hatten.

Medaille Ludwigs XIV. von 1674.
Das Gesicht versinnbildlicht den König. Die lateinische Umschrift bedeutet: AUCH VIELEN GEWACHSEN!

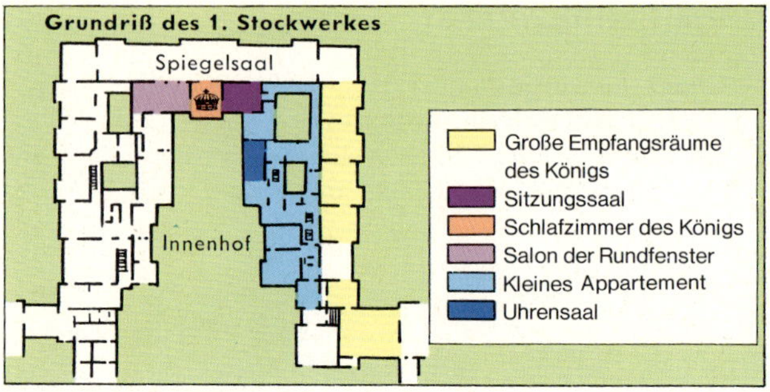

Die Residenz des Sonnenkönigs. Versailles war das größte Schloß Europas. Es mißt in der Breite 580 Meter. Dahinter beginnen die weitausgedehnten Parkanlagen. Im Vordergrund gehen drei Straßen sternförmig vom Schloß aus und verbinden es mit der Stadt Versailles, die Ludwig XIV. gleichfalls gegründet hat. (Gemälde von J. B. Martin, 1722, Paris, Louvre) ▷

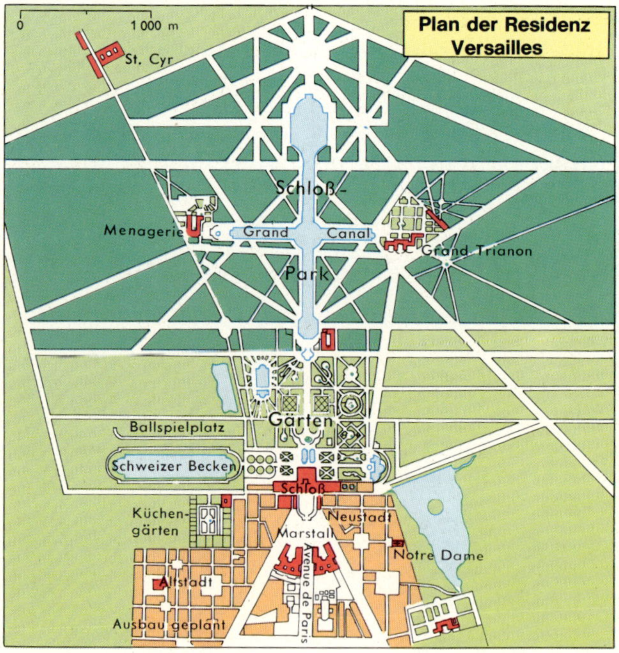

Zum Ort der neuen *Residenz** wählte er überraschenderweise ein kleines Jagdschloß seines Vaters nahe Paris namens Versailles (sprich: wersai). Die Gegend war flach, ohne Aussicht, ohne Wald und Wasser. Der Boden war sumpfig oder bestand aus losem Sand. Ab 1661 wurde in Versailles fast ohne Unterbrechung gebaut. Zeitweilig waren dort 22000 Arbeiter mit 6000 Pferden beschäftigt. Der König drängte und überzeugte sich immer wieder selbst vom Fortschritt der Arbeiten.

Im Jahre 1682 siedelte der Hof endgültig von Paris nach Versailles über. Das Schloß war damals noch lange nicht vollendet. Die Arbeiten fanden erst im Jahre 1710, fünf Jahre vor dem Tode des Königs, mit der Einweihung der Schloßkapelle ihren Abschluß.

Einen Eindruck vom Ergebnis der jahrzehntelangen Bautätigkeit vermitteln die Abbildung und der Plan. Der Schloßbau bildete nur einen Teil der neuen Residenz; er war ihr Mittelpunkt. Um ihn herum entstanden weitere Anlagen.

a) *Bestimme anhand des Planes die drei Hauptbestandteile der Residenz Versailles.*
b) *Mache dir mit Hilfe des Grundrisses klar, wo das „Herz“ des Schlosses und der Residenz lag.*
c) *Es gab verschiedene Gründe, warum Ludwig gerade Versailles zur neuen Residenz wählte. Sammle sie. Hinzu kommt, daß der Sonnenkönig auch die Natur „beherrschen“ wollte. Woran wird dies deutlich? (Berücksichtige die natürlichen Voraussetzungen).*

Luxusausstattung. Die kostbare Einrichtung Versailles' und anderer Schlösser wollte Ludwig im eigenen Lande herstellen lassen. Das Bild zeigt eine solche Werkstätte (Manufaktur) der Brüder Gobelin*, die Ludwig gerade besucht. Dort wurden nicht nur Teppiche (Gobelins) hergestellt. (Wandteppich nach Charles le Brun, 1667)

— *Welche Einrichtungsstücke zeigt das Bild? Überlege, was sie so kostbar machte!*

Das Schloß war auch im Innern großzügig und kostspielig gestaltet. Nur das Erlesenste war wert, die Umgebung des Sonnenkönigs zu verschönern.

Was soll der unerhörte Prunk?

Die Schloßbauten Ludwigs XIV. kosteten im Laufe der Jahre etwa 200—300 Millionen Pfund. Hinzu kamen aber die laufenden Ausgaben für den zahlreichen *Hofstaat**.
Man hat Ludwig XIV. deswegen als maßlosen Verschwender bezeichnet, der die Steuern seiner Untertanen vergeudet habe. Unser Urteil darüber muß aber auch berücksichtigen, was die Zeitgenossen über solchen Aufwand dachten:

Ein bayerischer Schriftsteller schrieb damals über die Pracht fürstlicher Höfe:

Vornehme Abkunft und Tüchtigkeit verschaffen einem Fürsten noch nicht Hoheit und Größe in den Augen der anderen. Er muß auch größere Taten vollbringen können als sie. Daher verleiht die Großartigkeit und die Prachtentfaltung einem fürstlichen Hof den größten Anschein und Schmuck der Herrlichkeit. Dies ist das einzige Mittel, das einen Fürsten im Ausland berühmt macht. Dazu verschafft es ihm größeren Gehorsam und tiefere Achtung bei seinen Untertanen.

(Mundus christiano-bavaro-politicus, in: J. von Kruedener, Die Rolle des Hofes im Absolutismus, Stuttgart 1973, S. 81, vereinfacht)

a) *Welche Absichten hätte nach diesem Text Ludwig XIV. mit seiner prächtigen Hofhaltung verfolgt? Zeichne eine Skizze. (→ Arbeitsblatt Nr. 23)*
b) *Mit einem modernen Wort könnte man Schloß und Hof als „Statussymbol" eines absoluten Fürsten bezeichnen. Auf wen sollten sie wirken? Gibt es ähnliche Erscheinungen auch noch heute?*
c) *Viele Touristen bewundern und rühmen heute die Schönheiten von Schlössern wie Versailles. Damals sind sie unter hohen Kosten und Belastungen der Bevölkerung gebaut worden. Wie denkst du darüber?*

3. Das Leben am Hof zu Versailles: Vergnügen oder Zwang?

Adlige als Diener?

Vom Zeitpunkt seiner Alleinregierung an war Ludwig XIV. bestrebt, die Adligen und hohen Geistlichen seines Reiches ständig an seinem Hofe zu versammeln. Sie sollten durch ihre ehrwürdigen Namen und ihren Glanz auch sein Ansehen vergrößern.

Die meisten dieser Adligen bekleideten eines der zahlreichen Hofämter, zum Beispiel:

Minister Staatssekretär Kanzler Generalkontrolleur der Finanzen Gesandter Marschall Admiral	Großalmosenier (Geistlicher) Großkämmerer Großstallmeister Obervorsteher der Garderobe Edelleute der königlichen Gemächer Oberzeremonienmeister Großvogt	Großjägermeister Großfalkner Groß-Wolfsjägermeister Großfurier (für die Versorgung des Hofes zuständig) Intendant der Bäckereien und viele andere

Die meisten dieser Ämter hatten je vier Inhaber, die sich vierteljährlich im Dienst abwechselten. Der Verkauf solcher Ämter stellte für den König eine wichtige Einnahmequelle dar. Allein zwischen 1691 und 1709 wurden ca. 40000 Ämter aller Art in ganz Frankreich verkauft.

a) *Einige der genannten Ämter wurden nicht einfach verkauft, auch wurden sie unter Ludwig XIV. selten von Adligen ausgeübt. Bei ihnen kam es auf Zuverlässigkeit und Befähigung an. Andere Ämter waren reine Ehrenämter. Unterscheide.*

b) *Kannst du dir denken, warum Adlige für teures Geld Ämter vom König erwarben? Was versprachen sie sich davon? (→ Arbeitsblatt Nr. 24)*

c) *Adlig zu sein, hieß ursprünglich, möglichst selbständig zu sein, also weitgehend sein eigner „Herr" zu sein. Nur wenige Tätigkeiten waren mit dieser Stellung vereinbar: Krieg, Herrschaft, Verwaltung, Jagd, Diplomatie. Diskutiere darüber, ob die Tätigkeiten der Adligen am Hofe Ludwigs dem entsprachen. (→ Arbeitsblatt Nr. 25)*

Möglicherweise hatte der König noch andere Hintergedanken als nur die Erhöhung seines Glanzes und Ruhmes. Der Herzog von Saint-Simon zum Beispiel vertrat die Auffassung:

Alle Welt wurde allmählich dazu gebracht, in den Dienst des Königs zu treten und dadurch zur Vergrößerung des Hofes beizutragen. Dies war einer der Wege, den Adel um seine Bedeutung zu bringen und an die Gleichheit [mit anderen Untertanen] zu gewöhnen. Unter dem Vorwand, daß jeder Militärdienst ehrenvoll und es daher folgerichtig sei, daß man zuerst gehorchen lernen müsse, wenn man nachher zu befehlen habe, wurde alles einer gleichmäßigen dienstlichen Ausbildung unterworfen. So geriet langsam jede persönliche und auf Abstammung gegründete Unterscheidung in Vergessenheit.

(Hermann de Buhr (Hg.), Die Entstehung des modernen Staates im Absolutismus, Frankfurt 1975, S. 8 f.)

— *Welche Absichten unterstellte der Herzog dem Sonnenkönig?*

Der Mittelpunkt des Hofes

Die Vorwürfe des Herzogs von Saint-Simon gegen Ludwig XIV. sind schwerwiegend. Man muß sich einen Einblick in das *Hofleben* verschaffen, um beurteilen zu können, ob sie berechtigt sind.

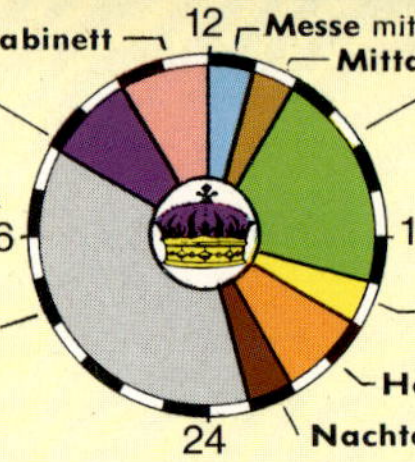

Die Einteilung des Tagesablaufs des Königs vermittelt einen ersten Eindruck.

Der Alltag von König und Hof

Der Schriftsteller La Bruyère, der als Sekretär des Herzogs Condé in Versailles weilte, schilderte die tägliche Messe des Königs:

Die Großen bilden einen weiten Kreis am Fuße dieses Altars und stehen aufrecht, mit dem Rücken zum Priester . . . gewandt. Die Gesichter haben sie zum König erhoben, den man auf einer Tribüne kniend sieht . . . Man kann nicht umhin, in dieser Sitte eine Art Stufenordnung zu sehen, denn dieses Volk scheint den Fürsten und der Fürst Gott anzubeten.

(G. Ziegler (Hg.), Der Hof Ludwigs XIV. in Augenzeugenberichten, Düsseldorf 1964, S. 148)

Das Mittagessen des Königs vor Höflingen, die bereits seit 6—7 Stunden auf den Beinen und daher müde und hungrig waren, beschrieb der Herzog von Saint-Simon:

Außer bei der Armee hat der König niemals mit jemand zusammen gespeist, wo immer dies auch gewesen sein möge . . . Das Diner fand meist bei sogenanntem kleinem Gedeck statt, das heißt für ihn allein in seinem Zimmer . . . Wenn der Tisch hereingebracht wurde, traten zuerst die vornehmsten Höflinge ein, danach alle, die irgendwie Namen hatten, und der erste Edelmann des königlichen Gemaches ging, um den König [zur Tafel zu bitten].

(G. Ziegler (Hg.), Der Hof Ludwigs XIV. in Augenzeugenberichten, S. 140)

a) *Was sagst du zum Leben am Hof, wenn du den Tagesablauf und die geschilderten Situationen in Betracht ziehst?*

b) *Das Verhalten des Königs erscheint uns heute seltsam. Wie hätte Ludwig XIV. es begründet?*

Der Hof des Sonnenkönigs wurde in ganz Europa berühmt. Seine Eleganz, seine Belustigungen und Feste übertrafen alles bisher Dagewesene. Anlässe für Bälle, Feuerwerke, Wasser- oder Landpartien, Theater- und Opernaufführungen, Jagden und Paraden fehlten nie: Geburtstage, Verlobungen, Hochzeiten, Siege, Besuche fremder Fürsten, der Aufbruch zu Feldzügen oder die Heimkehr und vieles andere mehr.

◁ **Hoffest** aus Anlaß der Rückkehr des Königs aus dem Krieg. (Stich aus einem Almanach von 1682)

a) *Wodurch ist das Königspaar im Bild vom Fest hervorgehoben? Beachte die unterschiedliche Haltung der übrigen Gesellschaft.*

b) *Welche Verhaltensweisen zeigt das Bild vom Spaziergang (S. 87)? — Welche sind heute noch üblich?*

Spaziergang der Höflinge in den Parks von Versailles. Detail aus einem Gemälde von J.-B. Martin, Museum Versailles ▷

Das Leben am Hofe übte auf die Höflinge auch einen starken Zwang aus. Wie man sich kleidete, bewegte, ausdrückte und überhaupt benahm, alles war durch Regeln, durch die *Etikette**, festgelegt. Besonders streng waren die Umgangsformen in Anwesenheit des Königs geregelt. Wer sie nicht kannte oder sie mißachtete, machte sich unmöglich, zumindest aber lächerlich: Für den Neuling am Hofe war daher selbst ein Spaziergang im Park von Versailles eine gefährliche Bewährungsprobe.

Ludwig XIV. legte großen Wert auf die Einhaltung der Etikette. Sie war eben nicht nur bloße „Spielregel", sondern sie hob den König von den übrigen Menschen ab und erhöhte sein Ansehen.

Das Hofleben ist gefährlich

Nicht wenige Adlige, die wohlhabend und angesehen nach Versailles gekommen waren, fanden sich dort nach Jahren ruiniert oder von Schulden beladen. Berichte über die Vergnügungen am Königshof geben eine Erklärung dafür.

Eine Dame am Hofe zu Versailles berichtete über das Glücksspiel:

Die Spieler sind wie die Wahnsinnigen, einer schreit, der andere schlägt so stark auf den Tisch, daß der ganze Saal erdröhnt, der dritte stößt haarsträubende Gotteslästerungen aus; alle sind außer Rand und Band.

(Brief Lieselottes von der Pfalz, in: G. Ziegler (Hg.), Der Hof Ludwigs XIV., S. 151)

Über ein Hoffest berichtete ein Teilnehmer:

Niemals gab es so schöne Wasserspiele und so schönes Feuerwerk. Es kostete dies den König mehr als 500000 Pfund . . . Die Damen und Herren von Stande haben von sich aus übermäßige Ausgaben gemacht . . . Für mich, meine Frau und meine Tochter hat es beinahe 4000 Pfund gekostet, und nach meiner Ansicht habe ich nie eine Ausgabe gemacht, die unangebrachter gewesen wäre; ich tröste mich, weil man mit den Narren närrisch sein muß.

(Bericht des Marquis de St. Maurice, in: G. Ziegler (Hg.), Der Hof Ludwigs XIV., S. 58 f.)

a) *Was sagst du zu den hier geschilderten Seiten des Hoflebens, besonders zum Glücksspiel? — Welche Gefahren barg dieser Zeitvertreib?*

b) *Stelle jeweils fest, welche Einstellung die Berichterstatter zu den geschilderten Vergnügungen hatten.*

Wie stand der König zu diesen Vorgängen um ihn herum? Der Herzog von Saint-Simon äußerte auch dazu ein besonderes Urteil:

In allem liebte er Glanz, Verschwendung, Fülle. Es war wohlberechnet, daß er die Sucht, ihm hierin nachzueifern, in jeder Weise begünstigte. Er impfte sie seinem ganzen Hofe ein. Wer alles draufgehen ließ für Küche, Kleidung, Wagen, Haushalt und Spiel, der gewann sein Wohlwollen . . . Indem er so den Luxus gewissermaßen zur *Ehrensache* und für manche zur Notwendigkeit machte, richtete er nacheinander alle zugrunde, bis sie schließlich einzig und allein von seiner Gnade abhingen . . . Man schätzt einen jeden, der eine gewisse Stellung einnimmt, nur noch nach seinem Aufwand in Küche und Haus ein.

(F. Dickmann (Hg.), Renaissance, Glaubenskämpfe, Absolutismus, S. 432)

— *Versuche jetzt eine Antwort auf die Frage zu geben, warum Ludwig XIV. die Adligen in Versailles versammelte.*

4. Frankreich, Frankreich über alles!

Die Staatsräson: Was ist das?

Der Kardinal Richelieu hat einmal die Aufgabe der Könige so beschrieben:

Die Interessen des Staates müssen das einzige Ziel derer sein, welche diese Staaten regieren.

(D. Albers (Hg.), Der europäische Absolutismus, Stuttgart 1967, S. 17)

König Ludwig XIV. folgte seinem Rat. Er betrachtete die Macht und den Glanz Frankreichs als das oberste Ziel seiner Regierung. Alles schien ihm erlaubt, wenn es nur Frankreich nützte und seinen Gegnern schadete. Diesen Grundsatz nannte man „*Staatsräson*"* (französisch: Nutzen, Interesse des Staates). Nachdem die Herrschaft des Königs im Innern gekräftigt war, ging Ludwig XIV. dazu über, diesen Grundsatz auch gegenüber den äußeren Nachbarn Frankreichs anzuwenden.

Das Mittel, das der Sonnenkönig gebrauchte, geht aus dem folgenden Schaubild hervor.

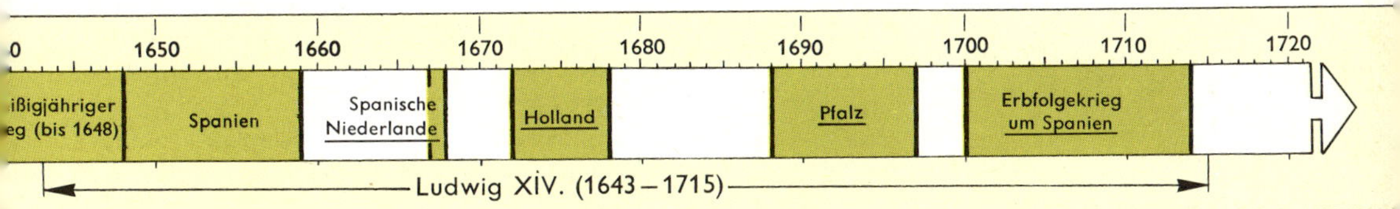

Regierungszeit und Kriegszeit unter Ludwig XIV. Im Schaubild sind die jeweiligen hauptsächlichen Kriegsgegner vermerkt; wo Ludwig eindeutig der Angreifer war, wurden sie unterstrichen.

— *Rechne aus, in welchem Verhältnis die Kriegs- zu den Friedensjahren standen.*

Die Kriege Ludwigs XIV. zogen weite Teile Mitteleuropas in Mitleidenschaft. Besonders die Niederlande und die anderen an Frankreich grenzenden Gebiete des Heiligen Römischen Reiches verspürten damals schmerzhaft, was es hieß, im „*Interesse*" Frankreichs in Kriege verwickelt zu werden.

Ein Bild zeigt, zu welchen Mitteln die damalige Kriegführung greifen konnte:

— *Was beabsichtigten die französischen Feldherrn mit dieser Art der Kriegführung? — Wen traf sie besonders schmerzlich?*

Rücksichtslose Kriegführung. Ein Heer Ludwigs XIV. zerstörte 1689 die Reichsstadt Worms.

— *Sprich über diese besondere Auswirkung der französischen „Staatsräson"* auf andere. Vergleiche sie mit der Eigenschaft, die wir „Egoismus" nennen.*

Warum so viele Kriege?

Der Sonnenkönig gefiel sich in der Rolle des erfolgreichen Feldherrn. In seinem Schloß zu Versailles hat er sich einmal in der Gestalt des Kriegsgottes Mars darstellen lassen. So machten schon die Zeitgenossen die Ruhmsucht des Königs für die vielen Kriege verantwortlich. Hinzu kommt, daß Frankreich damals die stärkste Militärmacht Europas und jedem anderen Staate weit überlegen war.

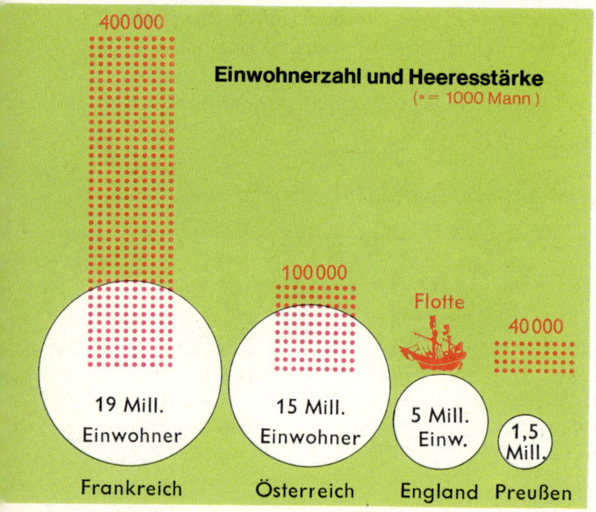

◁ **Bevölkerungszahl und Heeresstärke**

Frankreich gewann längst nicht alle Schlachten und Kriege. Es mußte nämlich stets gegen mehrere Staaten gleichzeitig kämpfen. Ob man die spanischen Niederlande angriff oder Holland oder die Pfalz: Früher oder später unterstützten andere europäische Staaten, darunter England, Spanien und das deutsche Reich die Angegriffenen.

Das wird verständlich, wenn wir weitere Gründe für Ludwigs Kriege ins Auge fassen:

In den „Erinnerungen" König Ludwigs heißt es:

Das Verhältnis der beiden Königreiche Frankreich und Spanien ist heute und seit langer Zeit ... so, daß man die eine [Macht] nicht erhöhen kann, ohne die andere zu erniedrigen. Das bewirkt eine Eifersucht zwischen ihnen ... und eine Art ständiger Feindschaft. Friedensverträge können diese Feindschaft zwar überdecken, aber niemals auslöschen, weil die tiefere Ursache bestehen bleibt ...

(F. Dickmann (Hg.), Renaissance, Glaubenskämpfe, Absolutismus, S. 507)

Der Finanzminister Colbert hat 1664 eine „Denkschrift" verfaßt. Darin sagte er über wichtige französische Gewerbe:

Die Fabriken, welche Tuche, Halbseide und andere Stoffe herstellen, die Papiermühlen, Metallwarenfabriken, Seiden- und Leinenwebereien, Seifensiedereien und überhaupt alle sonstigen Fabriken waren und sind fast völlig ruiniert. Die Holländer haben ihnen allen das Wasser abgegraben und führen dieselben Gewerbeerzeugnisse bei uns ein. Im Austausch dafür kaufen sie die für ihren Verbrauch und Handel nötigen Materialien. ... Was den Seehandel von Hafen zu Hafen oder mit dem Ausland betrifft, so steht fest, daß die Holländer allein schon für die ersteren ... jährlich 4 Millionen Pfund aus dem Königreich ziehen ...

(F. Dickmann (Hg.), Renaissance, Glaubenskämpfe, Absolutismus, S. 447, vereinfacht)

a) *Sammle und diskutiere die genannten Kriegsmotive Ludwigs XIV. Versuche, sie nach ihrer Bedeutung zu ordnen. Zeichne eine Skizze. (→ Arbeitsblatt Nr. 26)*

b) *Suche nach Begriffen, welche alle diese Motive zusammenfassen.*

Was erreichte der Sonnenkönig?

Es gelang König Ludwig XIV., die Grenzen seines Reiches zu erweitern. Die Karte S. 91 zeigt die Grenzveränderungen.

Wir können das Leid, das die Kriegsjahre für Sieger wie Besiegte brachte, nur erahnen: Tod oder Verstümmelung für die Soldaten, Mißhandlungen, Plünderungen und Angst für die Zivilbevölkerung, verbrannte Städte und Dörfer, Hunger und Armut. Um die hohen Kriegskosten aufzubringen, steigerte man die Steuern.

In einem anonymen Brief an den König vom Jahre 1712 heißt es:

Niemals hatte ein König auch nur ein Viertel Ihrer regelmäßigen Einkünfte ... Niemals nahm ein König soviel Schulden auf und gab seinen Gläubigern so geringe Sicherheiten. Niemals gab es treuere, gehorsamere und bis zum Stillschweigen in Worten und Gedanken selbst ergebenere Untertanen. Niemals war ein Reich auch nur annähernd so erschöpft wie Eure Majestät und Ihr Staat. Das ist die Frucht von siebzig Jahren Herrschaft!

(D. Albers, Der europäische Absolutismus, S. 32)

Die Bilanz für den Staat beim Tode Ludwigs im Jahre 1715:	
Schulden etwa	3 500 000 000 Pfund
Jährliche Einnahmen	69 000 000 Pfund
und Ausgaben	132 000 000 Pfund

a) *Welche Gebietserwerbungen gelangen Ludwig? Zu wessen Lasten gingen sie?*

b) *Wie bewertete der Briefschreiber die Regierungszeit Ludwigs XIV. in ihren Auswirkungen auf Frankreich?*

c) *Wir beurteilst du das Verhältnis der Einnahmen zu Ausgaben und Schulden? Wie groß war das Defizit, also der Fehlbetrag?*

d) *Nimm Stellung zur Frage: Hat sich der Aufstand gelohnt?*

Interessant ist auch, wie der Glanz des Sonnenkönigs von kritischen „Ausländern“ eingeschätzt wurde.

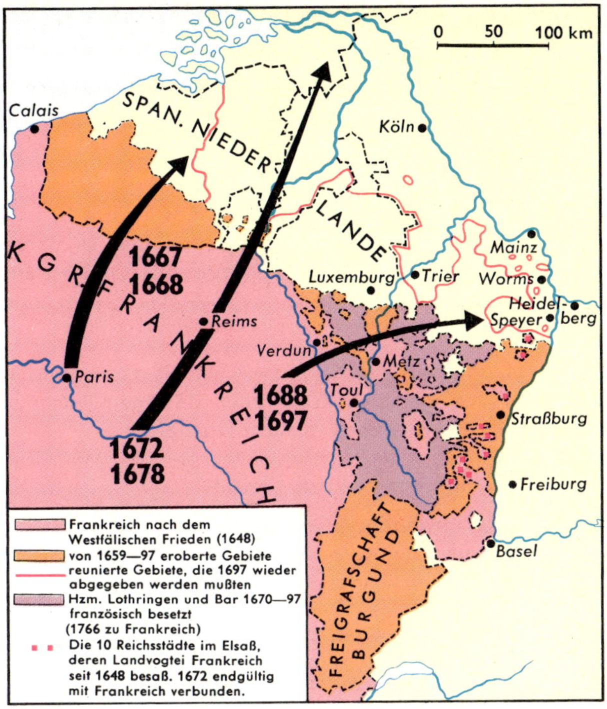

Die Kriege und die Eroberungen Ludwigs XIV. (1661 bis 1715)

Das gestohlene Kleid. Die holländische Karikatur zeigt Ludwig in einem Gewand aus Festungen und eroberten Städten. ▷

5. Der absolute Herrscher: Vater oder Stiefvater seines Volkes?

Ein absoluter König hat einmal das Verhältnis zu seinem Volk so beschrieben:

Der gute Fürst ist von derselben Gesinnung [wie ein Vater] seinen Untertanen gegenüber beseelt. Sache eines guten Vaters ist es, alles Schädliche vorherzusehen, das seinen Kindern zustoßen könnte, und es unter eigener Gefahr abzuwenden. So ist es auch Pflicht des Königs, für sein Volk zu sorgen.

(G. Möbus (Hg.), Die politischen Theorien im Zeitalter der absoluten Monarchie bis zur Französischen Revolution. Politische Theorien, Teil II = Die Wissenschaft von der Politik, Bd. 8, Köln-Opladen 1966, S. 218)

Ein solches Verhältnis zwischen Herrscher und Volk nennt man *patriarchalisch** (lateinisch: pater = Vater). Wir wollen an einem wichtigen Beispiel untersuchen, ob Ludwig XIV. diesem Anspruch gerecht wurde.

Woher kommt das Geld?

Die aufwendigen Schloßbauten, das verschwenderische Hofleben, der Kriegs- und Schlachtenruhm der absoluten Herrscher, all das bot nach außen für den Betrachter ein glänzendes und verlockendes Bild. Doch wovon wurden die *ungeheuren Ausgaben* bestritten?

Das Schaubild macht deutlich, aus welchen Einkünften *sich der Haushalt Frankreichs um 1700 prozentual zusammensetzte.*

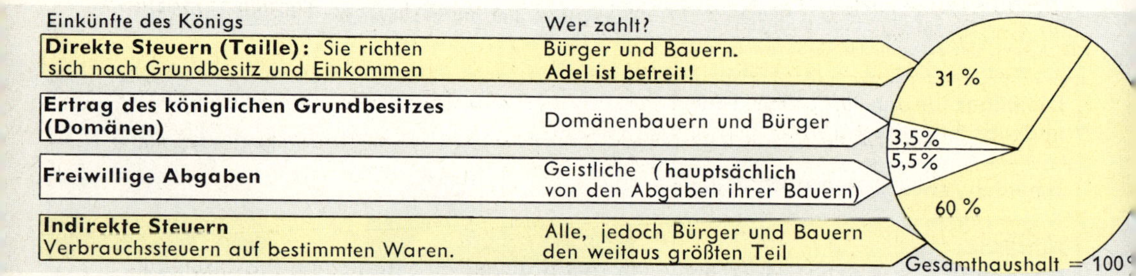

(Nach P. Gaxotte, Ludwig XIV., München 1951, S. 256)

a) *Welcher Stand zahlte die meisten Steuern? Berücksichtige, daß Adel und Geistliche etwa 4% der Bevölkerung darstellten. Wem gehörte das meiste Land?*
b) *Welche Regelungen findest du ungerecht? Begründe deine Meinung.*

Werden die Lasten gerecht verteilt?

Die Unterschiede in Vermögen und Einkommen waren im französischen Volk ungeheuer groß. Einer, der sich bereits damals darüber wunderte, schrieb:

Jener so frische, so blühende junge Mann von so strahlender Gesundheit ist Herr einer Abtei und hat noch 10 weitere Kirchenämter in seinem Besitz. Alle zusammen bringen ihm 120000 Pfund Einkünfte, die ihm nur in blanken Goldstücken gezahlt werden. Anderwärts gibt es 120 arme Familien, die sich während des Winters nicht wärmen können, keine Kleider haben, um ihre Blöße zu decken und oft des Bissens Brot ermangeln. Ihre Armut ist außerordentlich und entsetzlich. Welche Verteilung!

(La Bruyère, Les caractères, 1688, in: D. Albers, Der europäische Absolutismus, S. 26)

Um die Kluft ermessen zu können, die zwischen dem einfachen Volk und denen bestand, die zur Hofgesellschaft gehörten, muß man wissen, wie hoch damals Löhne waren, und welche Preise man für wichtige Güter zahlen mußte:

Löhne zur Zeit Ludwigs XIV. je Tag (Bei 10—14 Stunden Arbeit am Tag)	
Maurer	15—16 Sous (sprich: su)
Dachdecker	14 Sous
Zimmermann	14 Sous
Leinweber	12—15 Sous
Schlosser	30 Sous
Bergmann	15—16 Sous
Wagner	15—16 Sous

Erklärung:

1 Franken (Pfund) = 20 Sous

Preise	
Im Jahre 1665:	
1 Pfd. Reis	2 Sous
1 Pfund Butter	4 Sous
1 Pfd. Kalbfleisch	6 Sous
1 Paar Wollstrümpfe	60 Sous
1 Paar Handschuhe	12 Sous
1 Mantel	200 Sous
Im Jahre 1694:	
1 Pfund Ochsenfleisch	2—3 Sous
1 Pfd. Weißbrot	1—2 Sous
1 Pfd. Butter	5—8 Sous
1 Dutzend Holzschuhe	25 Sous
1 Paar Kinderschuhe	14 Sous
1 Paar Lederhandschuhe für Männer	60 Sous

a) *Rechne aus, was die Handwerker ungefähr im Jahr verdienen konnten, wenn sie an etwa 200 Tagen arbeiteten. (Der Rest waren Sonn- und kirchliche Feiertage). Vergleiche ihr Einkommen mit dem des Abtes.*

b) *Was sagst du zum Verhältnis von Löhnen und Preisen? Berücksichtige, daß vom Lohn auch noch andere wichtige Ausgaben wie Steuern, Miete u. a. bestritten werden mußten.*

c) *Orientiere dich am Schaubild S. 92. Welche Steuern zahlte der Abt und welche die Arbeiter und Bauern.*

Die Verteilung der direkten Steuern (Taille) geschah so:

Der Staat verlangte einfach eine bestimmte Summe. Diese wurde auf die Provinzen aufgeteilt; in den Provinzen wurde sie dann weiter auf die Städte und Landgemeinden umgelegt. Innerhalb der Gemeinden dann auf die einzelnen Bürger oder Bauern, denn der Adel und die Geistlichkeit zahlten für ihren Besitz und ihr Einkommen *keine* Steuern.

Wie man dabei verfuhr, schildert die Denkschrift eines königlichen Ministers vom Jahre 1698:

Die Steuern sind zur Willkür geworden, denn es besteht überhaupt kein Verhältnis mehr zwischen dem Einkommen . . . und der Steuer . . . Außerdem werden die Steuern mit der äußersten Härte eingetrieben und unter so hohen Kosten, daß mindestens ein Viertel des Steuerbetrags ganz sicher dafür aufgezehrt wird. Es ist gar nichts Ungewöhnliches, wenn man bei den Vollstreckungen so weit geht, nach Verkauf des Inventars der Häuser auch noch die Türen auszuhängen. Es ist sogar vorgekommen, daß man die Dachsparren und Dielen zerschlagen hat, um die Balken abzumontieren, die man dann zu einem Fünftel oder Sechstel ihres Wertes verkauft hat, um davon den Betrag der Taille abzuziehen . . .
Es kommt häufig vor, daß ein Gut, das einen Ertrag von 3000—4000 Pfund abwirft, nur mit 40 oder 50 Pfund zur Taille veranschlagt wird, während ein anderes mit einem Ertrag von 400 bis 500 Pfund statt dessen 100 oder mehr Pfund zahlen muß . . . Dasselbe Mißverhältnis besteht von Arbeiter zu Arbeiter, von Bauer zu Bauer: Immer unterdrückt der Stärkere den Schwächeren.

(F. Dickmann (Hg.), Renaissance, Glaubenskämpfe, Absolutismus, S. 462, vereinfacht)

Bauer und Grundherr. Satirischer Stich

Unter dem Adligen steht: „Der Adlige ist die Spinne, der Bauer die Fliege." Auf dem Sack: „Je mehr der Teufel hat, desto mehr will er."— Beim Bauern: „Jedem Herrn seine Ehre" und „Mager wie ein Windhund". — Darüber: „Je mehr man hat, desto mehr will man. Dieser arme Teufel bringt alles, Getreide, Frucht, Geld, Salat. Der dicke Herr sitzt da, bereit, alles anzunehmen. Er will ihn nicht einmal eines Blickes würdigen."

— *Welche Einstellung hat der Künstler zu Herren und Bauern?*

a) *Wie hat man die Steuerfreiheit der beiden obersten Stände wohl begründet?*

b) *Sprich darüber, wie unter Ludwig XIV. Steuern festgesetzt und eingetrieben wurden. Welche Einstellung hatte der Verfasser der Denkschrift zu den Verhältnissen, die er schilderte?*

In aussichtsloser Lage: Die Landbevölkerung

Die geringste Rücksicht nahm der absolute Staat auf die Landbevölkerung, insbesondere auf die Bauern. Sie hatten die Hauptlast der Steuern zu tragen. Doch damit nicht genug. Da war noch die Kirche, der sie den Zehnten schuldeten und da war der Grundherr, von dem sie das Land gepachtet hatten, der ebenfalls seine Abgaben forderte.
Alle wälzten ihre Lasten rücksichtslos nach unten ab.

Einige der Folgen deutet der Bericht eines Schweizer Reisenden aus dem Jahre 1740 an:

[Der Schweizer Philosoph Rousseau (sprich: russo) wanderte um 1740 durch Frankreich. Als er sich verirrte und auf einem Bauernhof um eine Mahlzeit bat, wurde er mißtrauisch empfangen. Erst als der Bauer sicher war, daß Rousseau kein verkappter Steueragent war, wurde er gastfreundlicher und öffnete eine versteckte Falltür.]
Einen Augenblick nachher kam er mit einem guten Weizenbrot, einem sehr appetitlichen Schinken und einer Flasche Wein herauf, deren Anblick mich mehr entzückte als alles übrige. Endlich sprach er mit Schauder die schrecklichen Worte „Steuerbeamte" und „Kellerratten" aus. Er gab mir zu verstehen, daß er den Wein wegen der Getränkesteuer, sein Brot wegen der *Akzise** verberge, und daß er ein verlorener Mann sei, wenn man auf den Gedanken komme, daß er nicht gerade vor Hunger sterbe. Alles, was er mir darüber sagte, wovon ich nicht die geringste Ahnung hatte, machte auf mich einen Eindruck, der nie verlöschen wird. Dies war der Keim jenes unauslöschlichen Hasses, der sich seitdem in meinem Herzen gegen die Bedrückung des unglücklichen Volkes und gegen seine Bedränger entwickelte. Jener Mann wagte . . . nicht, das Brot zu essen, daß er im Schweiß seines Angesichts erworben hatte. Ich verließ sein Haus ebenso empört wie gerührt.

(J. J. Rousseau, Bekenntnisse, in: Die Krisis der Kultur, Stuttgart 1956, S. 26)

6. Mehr Handel — mehr Geld für den Staat: Merkantilismus

Ein seltsames Gesetz?

Im Jahre 1731 wurde in Preußen, dessen König auch absolut regierte, ein Gesetz verkündet, das uns auf den ersten Blick in Erstaunen versetzt.

Das Bild unten zeigt uns das Titelblatt jenes „Edikts". Darin hieß es unter anderem:

Wir setzen fest, ordnen an und wollen demnach hiermit, daß nach Ablauf von sechs Monaten nach der Veröffentlichung dieses Gesetzes keine Dienstmägde und einfache Weibsleute, sie seien Christen oder Juden, künftig Leibchen, Röcke oder Lätze aus Seide tragen dürfen. Wenn nach Ablauf dieser Zeit dennoch welche damit angetroffen werden, dann soll ihnen diese seidene Kleidung auf der Straße öffentlich abgenommen werden.

(H. Ebeling / W. Birkenfeld, Reise in die Vergangenheit, 2, S. 163)

Dieses Gesetz stellte weder für Preußen noch ein anderes absolut regiertes Land einen Sonderfall dar. Es war damals durchaus alltäglich, daß sich der Staat in Bereiche einmischte, die uns heute als „privat" oder persönlich erscheinen.
Andere preußische Gesetze verboten das Tragen von Holzschuhen statt Lederschuhen, schränkten das Tragen von schwarzer Trauerkleidung ein und ordneten bunte Kleidung an, verpflichteten Juden, bei ihrer Hochzeit eine bestimmte Menge von Porzellangeschirr zu kaufen und anderes mehr.
Warum kümmerten sich die absoluten Herrscher um solche Kleinigkeiten? Wie konnten sie sich herausnehmen, den Untertanen in solchen Sachen Vorschriften zu machen? Solche und ähnliche Fragen mögen sich uns heute aufdrängen.
Dabei war es den Herrschern bei ihren Gesetzen durchaus ernst; das zeigen die drastischen Strafen, die auf Zuwiderhandlungen ausgesetzt waren.

Ein neues Wirtschaftsdenken kommt auf

Die absoluten Herrscher regelten das Leben ihrer Untertanen nicht bloß aus väterlicher Fürsorge bis in alle Einzelheiten. Dahinter standen noch andere, vorwiegend politische und wirtschaftliche Gründe.

Der Finanzminister Ludwigs XIV., Colbert (sprich: kolbär), hatte den Grundsatz aufgestellt:

[Es ist] einzig und allein der Reichtum an Geld, der die Unterschiede an Größe und Macht zwischen den Staaten begründet.

Ein Herrscher mußte also bestrebt sein, möglichst viel Geld in seinen Staat zu ziehen. Colbert beschrieb, wie man dieses Ziel in Frankreich erreichen wollte:

Jährlich gehen aus dem Königreich [Frankreich] einheimische Erzeugnisse (Wein, Branntwein, Essig, Eisen, Obst, Papier, Leinwand, Eisenwaren, Seide, Kurzwaren) im Wert von 12 bis 18 Millionen Pfund ins Ausland und werden dort verbraucht. Das sind die Goldminen unseres Königreiches ...

Ein absoluter König befiehlt. Edikt (Gesetzeserlaß) des Königs Friedrich Wilhelm I. von Preußen (6. 11. 1731). Zur Erklärung: „Gemeine Weibesleute" = alle nichtadligen Frauen, „Camisöler" = westenartige Unterjacken. ▷

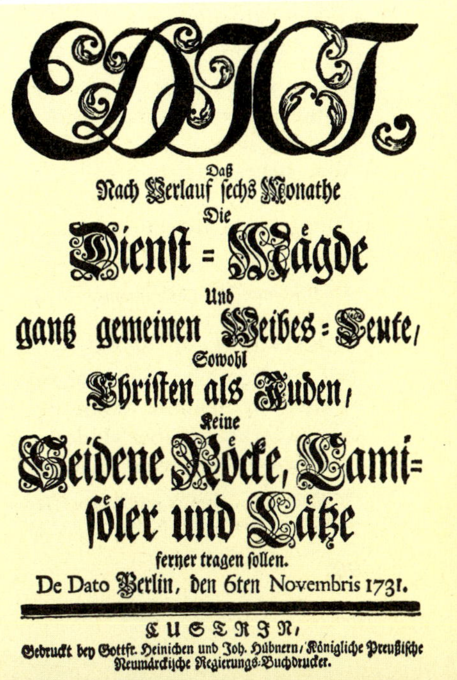

EDICT.
Daß
Nach Verlauf sechs Monathe
Die
Dienst-Mägde
Und
gantz gemeinen Weibes-Leute,
Sowohl
Christen als Juden,
Keine
Seidene Röcke, Cami-
söler und Lätze
ferner tragen sollen.
De Dato Berlin, den 6ten Novembris 1731.

CUSTRIN,
Gedruckt bey Gottfr. Heinichen und Joh. Hübnern, Königliche Preußische Neumärckische Regierungs-Buchdrucker.

Je mehr wir die Handelsgewinne der Holländer [die französische Waren mit ihren Schiffen ausführen] . . . und den Verbrauch der von ihnen [nach Frankreich] eingeführten Waren verringern können, desto mehr vergrößern wir die Menge des hereinströmenden Bargeldes und vermehren wir die Macht, Größe und Wohlhabenheit des Staates.

(F. Dickmann (Hg.), Renaissance, Glaubenskämpfe, Absolutismus, S. 448, vereinfacht)

a) *Welches Hauptziel strebte Colbert an?*

b) *Welche Wirtschaftsmaßnahmen schlug er vor, um das oberste Ziel zu erreichen? — Wer waren seine Konkurrenten?*

Das wirtschaftliche Denken, das damals aufkam, richtete sein Augenmerk vor allem auf den Handel; er schien das wichtigste Mittel zur Bereicherung der Staaten zu sein. Daher nennt man diese Wirtschaftspolitik auch „*Merkantilismus*"* (lateinisch: mercátor = Kaufmann, Händler).
Eine Reihe unterschiedlichster staatlicher Maßnahmen und Gesetze werden erst so verständlich.

Im Jahre 1665 erlaubte der französische König einem Holländer:

Wir gestatten und erlauben dem genannten Van Robais, sich in der Stadt Abbéville mit fünfzig holländischen Arbeitern niederzulassen und dort eine *Manufaktur* [Großwerkstatt] für feine Tuche einzurichten von der Art, wie man sie in Spanien und Holland herstellt, und zu diesem Zwecke dreißig Webstühle dorthin zu transportieren . . . Wir wollen daß er und seine bei der Manufaktur tätigen ausländischen Gesellschafter und Arbeiter als wahre ansässige . . . Franzosen eingestuft und angesehen werden . . .

(A. Moser, Das Werden einer neuen Zeit. Staat und Staatensystem im Zeitalter des Absolutismus, S. 51 f.)

Eine Reihe weiterer staatlicher Maßnahmen nennt eine Denkschrift Colberts an seinen König:

Zahlung von Gratifikationen an alle, die neue Schiffe kaufen oder bauen oder große Handelsreisen unternehmen. Die Landstraßen sollten ausgebessert, die Zollstationen an den Flüssen aufgehoben, die Schulden der Gemeinden weiterhin abgelöst werden. Man bemühe sich unablässig, die Flüsse im Innern des Königreiches schiffbar zu machen . . . man prüfe sorgfältig die Frage einer Verbindung der Meere [Atlantik und Mittelmeer] über Guyenne und Burgund, unterstütze tatkräftig die Gesellschaften, welche mit Ost- und Westindien Handel treiben, und ermuntere jedermann zum Eintritt.

(F. Dickmann (Hg.), Renaissance, Glaubenskämpfe, Absolutismus, S. 448, vereinfacht)

Im Jahre 1680 riet Colbert dem obersten Verwaltungsbeamten von Rouen:

Ich zweifle nicht, Sie werden bei den Klöstern wie bei den Armen auf Schwierigkeiten stoßen, wenn diese Wolle bekommen und verspinnen sollen. Aber man muß solche Schwierigkeiten überwinden; denn es gibt nichts Wichtigeres . . ., als den Müßiggang einzuschränken, wenn man ihn schon niemals beseitigen kann.

(W. Wulf (Hg.), Vom Westfälischen Frieden bis zum Wiener Kongreß = Geschichtliche Quellenhefte mit Überblick, H. 6/7, Frankfurt 1975, S. 48)

Staatliche Manufaktur für Rasiermesser. Sie war gegründet worden, um die englischen Stahlwaren aus Sheffield zu ersetzen. (Kupferstich, 18. Jahrhundert)

a) *Wessen Aufgabe waren bisher Handel und Handwerk? — Welche Schicht des Volkes wurde durch die staatlichen Maßnahmen gefördert, welche andere Schicht erhielt Konkurrenz?*

b) *Sammle die verschiedenen staatlichen Maßnahmen und versuche ihren jeweiligen Zweck zu bestimmen. (→ Arbeitsblatt Nr. 27)*

c) *Im Königreich Preußen war die Herstellung und Verarbeitung von Wolle ein sehr wichtiger Wirtschaftszweig. Was wollte der König also erreichen oder verhindern, wenn er den unteren Schichten das Tragen seidener Kleider verbot? — Lies nochmals S. 95.*

d) *Viele Staaten waren damals auch bestrebt, in Afrika, Asien und Amerika Handelsstützpunkte und Kolonien zu erwerben. Was erhofften sie sich davon? — Welche Ratschläge Colberts waren darauf gerichtet?*

Von der Werkstatt zur Manufaktur

Bis in diese Zeit wurden die Gegenstände des täglichen Gebrauchs fast ausschließlich von städtischen Handwerkern hergestellt. An der Fertigung eines Lederbeutels zum Beispiel waren mindestens zwei Handwerker beteiligt: Der Gerber bereitete das Leder und der Säckler stellte den Beutel her. Beide arbeiteten getrennt in ihren Werkstätten. Hier brachte die sogenannte *Manufaktur** einen Wandel, der aus Text und Bild deutlich wird.

Die Herstellung einer Kutsche in der Manufaktur verlief jetzt so:

Ein jeder Arbeiter hat sein eigenes, ihm angewiesenes Geschäft und das Werk geht von der einen Hand in die andere. Es sind in ihren Fächern ausgesuchte Leute . . ., 45 Schmiede und Schlosser, 14 Kastenschreiner, 12 Gestellmacher, 14 Lackierer und Anstreicher, 12 Sattler, 4 Riemer, 5 Gürtler und Plättierer, außerdem Spengler oder Leuchtenmacher, Posamentierer [stellten Borten, Fransen und Quasten her], Dreher usw.

(W. Sombart, Der moderne Kapitalismus, Bd. II, 2, München 1928, S. 784)

a) *Sammle die wesentlichen Unterschiede zwischen der alten und neuen Fertigung.*

b) *Wäge die Vor- und Nachteile der Manufaktur ab. Berücksichtige auch, wer jetzt die Rohstoffe einkaufte und die Fertigwaren verkaufte.*

Um die Preise der Manufakturwaren möglichst niedrig zu halten, wurden die Arbeiter gleichfalls niedrig bezahlt. Immerhin aber mußten die Löhne hoch genug sein, um den Arbeiter und seine Familie zu ernähren. Wie konnte man diese beiden Grundsätze miteinander vereinbaren?

Um 1707 erschien eine Schrift, in der Reformen gefordert wurden; darin hieß es:

Der andere Helfer zum Ruin Frankreichs ist . . . die bewußte Senkung der Getreidepreise, die man durch dauernde Anstrengungen einer Politik, die man für klug hielt, so lange fortsetzte, bis der Anbau für den Erzeuger ein Verlustgeschäft wurde und der Preis an vielen Orten die Kosten nicht mehr deckte, geschweige denn zur Bezahlung der Pacht und der Steuern ausreichte.

(Boisguillebert, Der wahre Zustand Frankreichs, 1707, in: H. Castritius / F. Lotter u. a. (Hg.), Herrschaft-Gesellschaft-Wirtschaft, II, Donauwörth 1973, S. 34)

a) *Welche Absichten steckten hinter den angeprangerten staatlichen Maßnahmen? — Wer war von ihnen betroffen?*

b) *Man hat einmal gesagt: Die Politik der absoluten Herrscher diente dem Staat, aber nicht in gleicher Weise dem Volk! Was meinte man damit?*

Hexenverbrennung vor zahlreichen Zuschauern. In manchen Gegenden fanden förmliche Hexenjagden statt und es wurden oft viele hundert Personen angeklagt und verurteilt. Radierung von Jan Luyken (Brünn, Moravká Galerie)

7. Die Welt soll „vernünftig“ werden: Das Zeitalter der Aufklärung

Alte Bräuche verschwinden: Zwei Beispiele

Seit Jahrhunderten glaubten viele Menschen an *Hexen**. Sie galten als Helfer und Verbündete des Teufels und damit als schlimmste Feinde der christlichen Welt. Durch Zauberei schädigten sie — wie man meinte — ihre Mitmenschen an Leib und Seele. Unglück, Krankheit und Tod führte man gern auf ihr Wirken zurück.
Seit etwa 1400 steigerte sich dieser Aberglaube immer wieder zu einer Art *Hexenwahn*. Zahllose Unschuldige wurden angeklagt und öffentlich verbrannt.

Das Bild S. 98 zeigt eine solche „Hinrichtung“:

Wenn die der Hexerei Angeklagten nicht gleich gestanden, dann wurden sie „peinlich“ befragt. Sie wurden dann so lange und so oft der *Folter** unterworfen, bis sie schließlich gestanden und weitere „Schuldige“ nannten. Daher weiteten sich die Hexenprozesse meist ungeheuer aus; niemand, ob Mann oder Frau, Kind oder Greis, hoch oder niedrig, blieb verschont.
Die Folter war seit dem Mittelalter ein völlig normales und *rechtmäßiges* Mittel, um Menschen zum Eingeständnis einer Tat zu bringen.

Das Bild unten zeigt einen Folterraum, wie er damals zu jedem Gerichtsgebäude gehörte.

Im Laufe des 18. Jahrhunderts wurden fast überall Hexenprozesse und Folter abgeschafft.

a) *Sprich über Hexenglauben und -verfolgung. Wie ist deine Meinung dazu?*
b) *Was hältst du von der damaligen Überzeugung, Menschen müßten unter Folterqualen die Wahrheit sagen? — Wie versucht man heute die Schuld eines Angeklagten zu beweisen?*

Der Einfluß von Kirche und Glaube wankt

Seit Jahrhunderten war das Leben der Menschen Europas durch Herkommen oder Tradition und den christlichen Glauben geregelt worden. Herrschaftsverhältnisse, Recht und Gesetz, Wirtschaft, die Ordnung der Gesellschaft und vieles mehr wurden als gottgewollt und selbstverständlich gelehrt und hingenommen. Besonderen Anteil an der Aufrechterhaltung dieses Zustandes hatte die katholische Kirche.

Vorbereitung einer Folterung. Im Vordergrund der Angeklagte, der „gestreckt“ werden soll. Rechts der Richter und zwei Gerichtsbeisitzer. Holzschnitt aus der Bambergischen Halsgerichtsordnung, 1508.

Dagegen kämpften ab etwa 1700 Menschen, die eine neue Denkweise vertraten. Sie bezweifelten viele Ansichten und Erklärungen, die bis dahin unbewiesen waren und einfach geglaubt wurden. (Ein Beispiel dafür findest du S. 21). Ihren Zweifel begründeten sie mit der Erfahrung oder der Vernunft oder dem gesunden Menschenverstand. Sie riefen dazu auf, alle Dinge und Zusammenhänge mit Hilfe der *Vernunft* neu zu überdenken und zu überprüfen. Die Vernunft sollte Licht in das Dunkel vieler unerklärlicher oder unerklärter Fragen bringen, sollte den Menschen über seine Irrtümer *aufklären* und sein Wissen erweitern helfen.
Man nennt diese Geistesbewegung und die Zeit, in der sie sich von England aus über Frankreich, Deutschland und ganz Europa ausbreitete, die *Aufklärung**. In vielen Schriften verbreiteten die Aufklärer ihre Ideen. Einem Werk kommt dabei eine ganz besonders große Bedeutung zu, der sogenannten „*Enzyklopädie*"* (deutsch: „Darstellung des gesamten Wissens"). Es stellte in vielen einzelnen Artikeln das neue, auf Vernunft und Erfahrung ruhende Wissen den veralteten Vorstellungen gegenüber.
Die Anhänger der alten Denkweise, insbesondere die Kirche, wollten ihren gewohnten Vorrang nicht aufgeben, es kam zu heftigen Auseinandersetzungen in Büchern und Gerichtssälen. Die neuen Gedanken bedrohten nicht nur die Stellung von Kirche und Religion, sondern auch die Herrschafts- und Gesellschaftsordnung der absoluten Staaten. Dazu einige Beispiele.

Herrscht der König im Auftrag Gottes oder des Volkes?

Die absoluten Herrscher nannten sich „*von Gottes Gnaden*". Sie wollten damit sagen, daß sie ihre Herrschaft von Gott hatten und nur ihm verantwortlich waren. Die Anhänger der Aufklärung kamen aber zu der Überzeugung, die Staaten seien aus einem freiwilligen Zusammenschluß der Menschen entstanden; folglich sahen sie auch die Stellung des Königs anders.

Der Engländer John Milton hatte schon im Jahre 1660 behauptet:

Da es auf diese Weise offenbar ist, daß die Macht der Könige und Obrigkeiten nichts anderes ist als nur eine abgeleitete, übertragene und zum gemeinsamen Besten aller ihnen im Vertrauen vom Volke übergebene, bei welchem die Macht dennoch wesentlich bleibt und von dem sie ohne eine Verletzung seines natürlichen Geburtsrechtes nicht hinweggenommen werden kann . . . so folgt daraus notwendigerweise, daß die Titel „souveräner Herr", „natürlicher Herr" und dergleichen entweder Anmaßungen oder Schmeicheleien sind . . .
Es folgt endlich, daß, da der König oder die Obrigkeit seine *Autorität vom Volke* hat . . ., das Volk ihn auch, sooft dasselbe es für das beste hält, wählen oder verwerfen, beibehalten oder absetzen kann . . .

(J. Milton, Der gerade und leichte Weg zur Herstellung einer freien Republik, 1650, in: G. Möbus (Hg.), Politische Theorien, Teil II, 1966, S. 343 ff.)

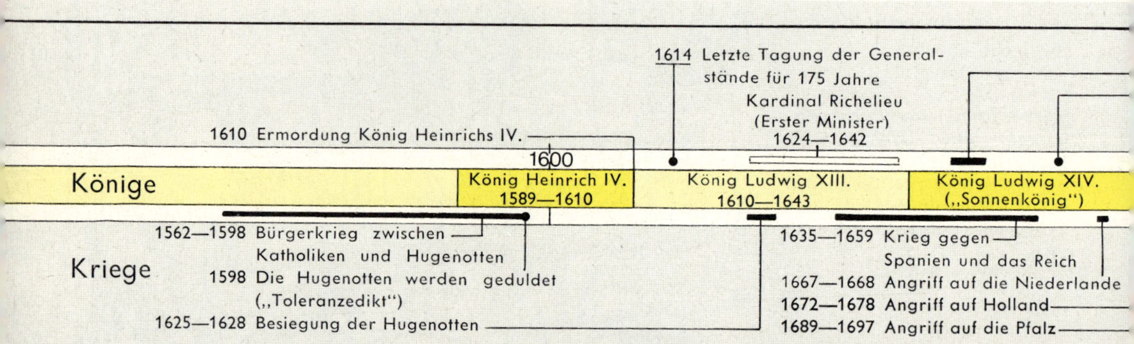

a) *Worauf gründete der absolute Herrscher seine Souveränität (lies eventuell nochmals S. 78 ff.)?*
b) *Wer war nach Milton der eigentliche Inhaber der Souveränität?*
c) *Welcher Gedanke gefährdete die Stellung des absoluten Königs besonders stark?*

Für alle Menschen sollen Menschenrechte gelten

Vielen Unzufriedenen galt damals England als das Paradies und leuchtende Vorbild. Dort war im Kampf gegen den absoluten König schließlich das Volk siegreich geblieben. Seine Vertretung, das *Parlament**, kontrollierte und begrenzte die Herrschaft des Königs.

Der französische Schriftsteller Voltaire (sprich: woltär) hielt im Jahre 1771 seinen Landsleuten die englischen Verhältnisse vor Augen:

Soweit ist die englische Gesetzgebung schließlich gelangt: jeden Menschen wieder in alle natürlichen Rechte einzusetzen, deren er fast in allen Monarchien beraubt ist . . . Das nennt man Vorrechte. Und es ist in der Tat ein sehr großes und sehr glückliches Vorrecht vor so vielen Völkern, daß ihr beim Einschlafen sicher seid, am nächsten Tag mit dem gleichen Vermögen aufzuwachen, wie ihr es am Vorabend hattet, daß ihr nicht mitten in der Nacht aus den Armen eurer Frau und eurer Kinder gerissen werdet, um in einen Gefängnisturm oder eine verlassene Gegend geführt zu werden, daß ihr nach dem Aufwachen das Recht habt, alles zu veröffentlichen, was ihr denkt, daß ihr, wenn ihr wegen schlechter Handlungen, Reden oder Schriften angeklagt seid, nur nach dem Gesetz gerichtet werdet . . . Warum folgt man diesen Gesetzen also nicht in anderen Ländern?

(Aus dem Artikel „Regierung" des „Philosophischen Wörterbuches" von 1771, in: A. Moser u. a. (Hg.), Das Werden einer neuen Zeit, S. 57 f.)

a) *Sammle die Rechte, welche in England gelten. Stelle ihnen gegenüber die jeweilige Situation im absoluten Staat. (→ Arbeitsblatt Nr. 28)*
b) *Versuche eine Antwort auf die Schlußfrage Voltaires zu geben.*

Sollten solche Rechte dauerhaft erhalten bleiben, mußte mit der Allmacht der absoluten Herrscher Schluß sein; es mußte eine Gewaltenteilung durchgeführt werden. Der französische Adlige Montesquieu (sprich: mongteskiö) forderte 1748 in einem vielgelesenen Buche:

In jedem Staate gibt es *drei Gewalten* . . . Alles wäre verloren, wenn ein und derselbe Mensch . . . diese drei Gewalten, Gesetze zu geben, die öffentlichen Beschlüsse zu vollziehen und Verbrechen oder Streitigkeiten der Privatleute zu richten, zugleich ausübte.

(Über den Geist der Gesetze, in: G. Möbus (Hg.), Politische Theorien, Teil II, S. 405)

a) *Wiederhole nochmals: Worauf stützte sich die Macht des absoluten Königs? (→ Arbeitsblatt Nr. 29)*
b) *Welche drei Gewalten unterschied Montesquieu? Beurteile die absolute Staatsordnung und unsere heutige danach!*
c) *Wie steht es in der Bundesrepublik um die Gewaltenteilung? — Wer erläßt Gesetze, führt sie aus und spricht Recht?*

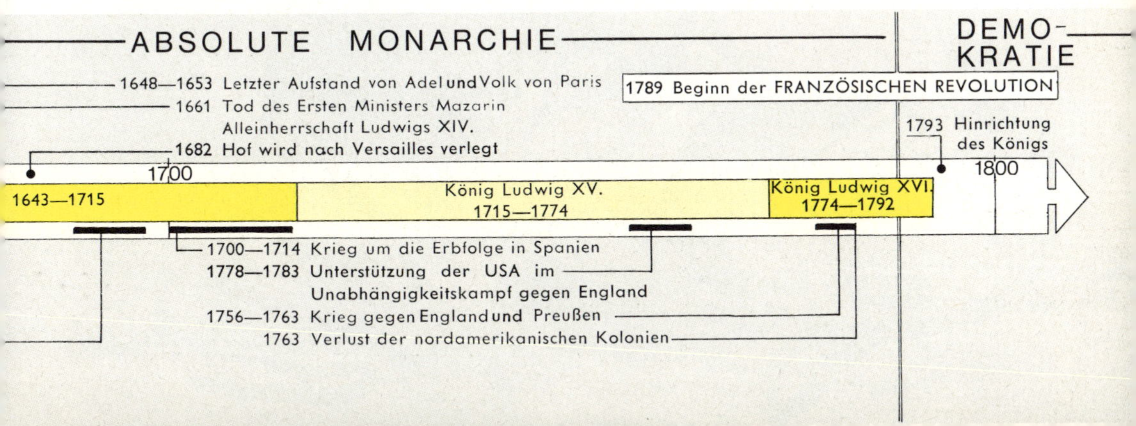

Das Volk wird unzufrieden

Das einfache Volk konnte die oft spitzfindigen Überlegungen und Forderungen der Aufklärer nur selten ganz verstehen. Um so mehr Anklang fanden *Flugblätter**, die mit einfachen Forderungen und Schlagwörtern wie *Freiheit, Volkssouveränität*, Enteignung der Kirche, Gleichberechtigung* reizten. Besonders wirksam waren Blätter, welche die Mühe, Not und ungerechte Behandlung des Volkes bildlich darstellten.

Die Abbildung zeigt ein Beispiel für diese publikumswirksame Form der Aufklärung.

a) *Versuche anhand der unterschiedlichen Bekleidung und Zeichen festzustellen, welchen Ständen die drei „Reiter" angehörten.*

b) *Der Zeichner versuchte mit unterschiedlichen bildlichen Mitteln die elende Lage des „Reittieres" auszudrücken. Betrachte daraufhin das Bild.*

c) *Welche Verhältnisse des absoluten Staates kritisierte das Bild?*

Das Volk als „Reittier". Flugblatt von 1789

Das Volk schafft eine neue Ordnung: Die Französische Revolution

Die absoluten Könige regierten allein. Obwohl sie für das Glück des Volkes sorgen sollten, hatte sich oft eine Herrschaft der Willkür breitgemacht. Immer entschiedener traten Menschen auf, die die bestehenden Zustände einer harten Kritik unterzogen.
Verlustreiche Kriege, hohe Schulden des Staates und ein schwacher König ließen in Frankreich das Bürgertum nach Mitbestimmung rufen. Nur zögernd wurde sie gewährt. Da forderten seine Führer die volle Verantwortung. Der französische König wurde abgesetzt, ja sogar hingerichtet und die *Republik** ausgerufen.
Ganz Europa beobachtete die Vorgänge gebannt und wandte sich entweder in Entsetzen ab oder stimmte begeistert zu. Vielen Zeitgenossen war deutlich, daß eine neue Zeit, vielleicht sogar ein neues Zeitalter, anbrach. Mit dem Jahr des Ausbruchs der Französischen Revolution 1789 beginnt daher die neueste Geschichte, die Geschichte unserer Zeit.
Von jetzt an hat das Volk ein Mitspracherecht, das es in der Regel durch seine gewählten Abgeordneten im *Parlament** wahrnimmt.

Wir fragen:
— welche Ursachen brachten diese Umwälzung hervor?
— welche Menschen wurden zu Trägern des Freiheitsgedankens?
— welchen Zielen folgten sie, und mit welchen Mitteln suchten sie sie zu erreichen?
— hatten die Revolutionäre Erfolg, und wußten sie ihn zu nutzen?

Wer sich noch ausführlicher mit dieser Zeit beschäftigen möchte, dem seien zwei Bücher empfohlen. Im ersten begrüßt ein Pariser Gassenjunge begeistert den Ausbruch der Revolution, während das zweite die erschütternden Erlebnisse eines Waisenmädchens in diesen Jahren beschreibt:
Cili Wethekam, Tignasse, dtv junior Nr. 7388
Cili Wethekam, Mamie, dtv junior Nr. 7409

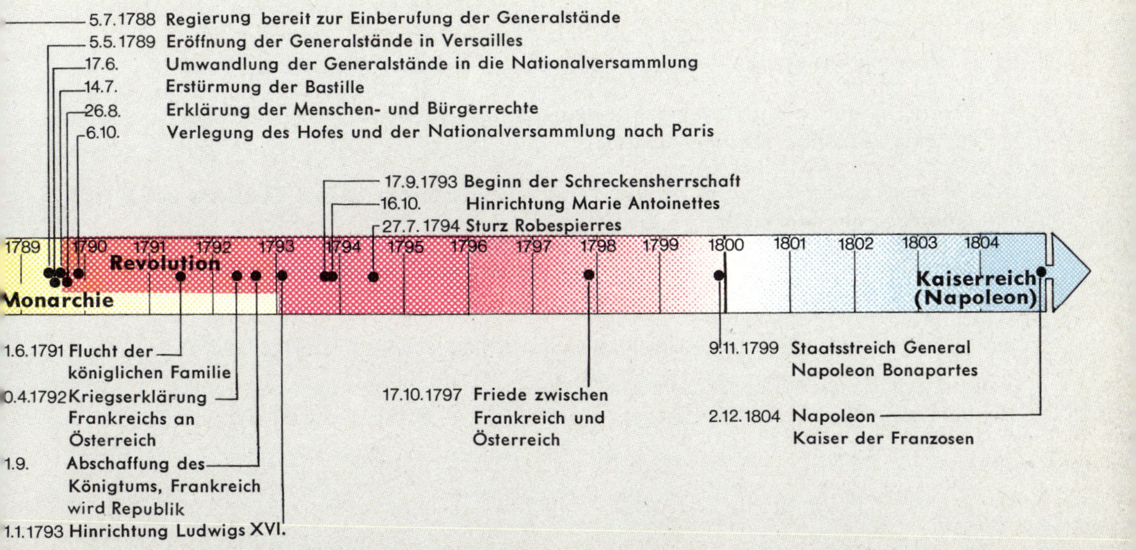

1. Frankreich wird unruhig

Für gewöhnlich zahlt das Volk

Die Gedanken der Aufklärer führten zu einer wachsenden Kritik an der französischen Staatsführung. Die Folgen von zwei sehr kostspieligen Kriegen gegen England verstärkten sie. Der Kampf um die Vorherrschaft in Nordamerika und Indien dauerte von 1756—1763. England blieb Sieger. Als sich von 1776—1783 die englischen Kolonien in Nordamerika selbständig machten, unterstützte Frankreich sie in dieser Auseinandersetzung durch Truppen und hohe Geldzuwendungen. Wegen dieser Kriege wuchsen und wuchsen die Staatsschulden.

Im Jahre 1788 sah der französische Staatshaushalt so aus:

Einnahmen	503 Millionen Franken	Defizit*
Ausgaben	629 Millionen Franken	126 Millionen Franken (= 20% der Ausgaben)

Die Ausgaben wurden so aufgeteilt:

Zivile Ausgaben	145 Millionen =	22%
Öffentliche Bildung und Fürsorge	12 Millionen =	knapp 2%
Hof und Zuwendungen an den Adel	36 Millionen =	5%
Militärausgaben	165 Millionen =	24%
Zinsen für die Staatsschulden	318 Millionen =	über 47%

Seit Jahrhunderten hatte es sich der französische Staat, wenn er Geld benötigte, recht einfach gemacht. Er hatte die Steuerlast dem Teil des französischen Volkes auferlegt, der am schwächsten schien und am ehesten zum Nachgeben gezwungen werden konnte, den Bauern. Wie es ihnen erging, haben wir bereits erfahren (siehe S. 94).

Sogar auf dem Allernotwendigsten, dem Salz, lag eine Steuer. Um sie einzusparen, hielten viele Eltern ihre Kinder zum Schmuggel an. Im Gerichtshof von Laval (Nordwestfrankreich) wurden allein 1773 über 12000 Kinder eingesperrt, die man beim Schmuggeln ertappt hatte.

Der acht Jahre alte Jean Gué aus Vitré erklärte, wie sein Vater, vom Fieber geplagt und unfähig, sein Brot zu verdienen, hilflos im Bett läge, während seine Mutter vor Kummer weine, weil sie ihr Baby nicht füttern könne. Deshalb habe er auf diese Weise zu helfen versucht. Hélène Miniac und ihre Schwestern im Alter von acht bis zwölf Jahren berichteten dem Richter in Laval, daß ihre Eltern sie verlassen hätten und sie sich allein durchs Leben schlagen müßten. Was sollten sie denn sonst tun?

(O. H. Hufton, The Poor of Eighteenth-Century France 1750—1789, Oxford 1974, S. 291, eig. Übers.)

— *Vergleiche diesen Bericht mit der Karikatur S. 102 und den Angaben Rousseaus auf S. 94. Stimmen sie in ihren Aussagen überein?*

Wie unterschiedlich Franzosen lebten, veranschaulichen die beiden Gemälde auf S. 105, die Franzosen bei der Mahlzeit zeigen.

— *Worin unterscheiden sich die beiden Mahlzeiten? Achte auf Räumlichkeiten, Speisen und Eßgewohnheiten.*

Im Dezember 1788 wurde ein „Katechismus des Dritten Standes" veröffentlicht. Dort hieß es:

Was ist ein Bauer? Ein Mensch, ein Bürger, ein Glied des Dritten Standes. — Was ist der Dritte Stand? Der Nährvater des Staates. — Bringen die beiden ersten Stände

Franzosen bei der Mahlzeit. „Das Austernfrühstück", Gemälde von J. F. de Troy, und unten „Französische Bauernmahlzeit", Gemälde von L. le Nain

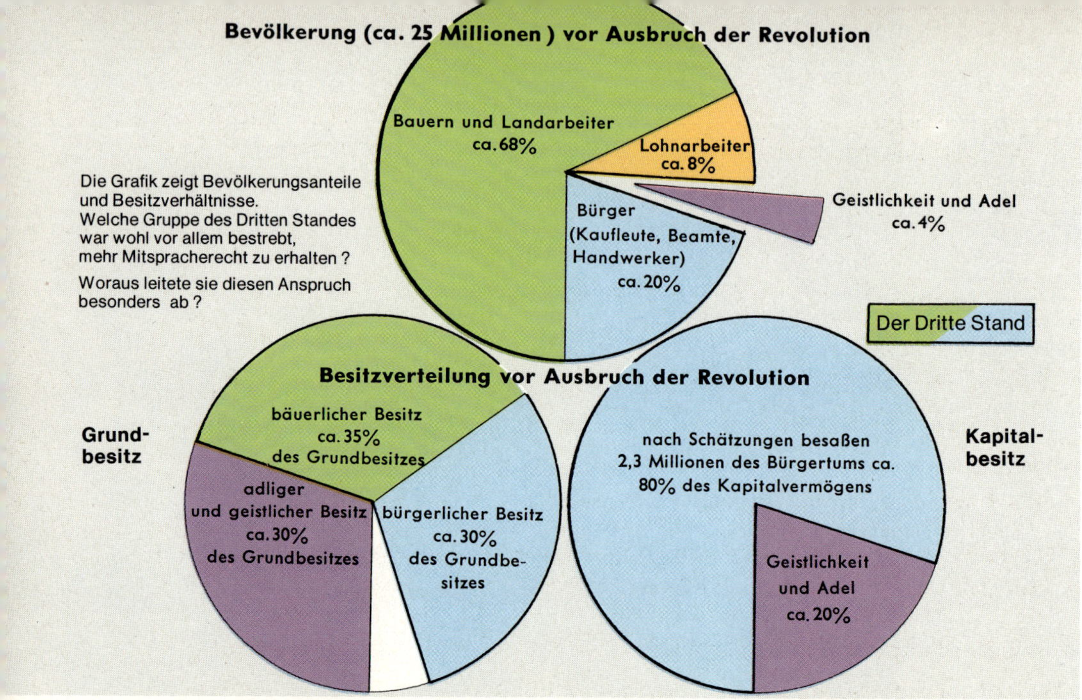

keine Opfer? Was zahlen sie denn? Ungefähr den zwanzigsten Teil ihrer Einkünfte, den sie leicht ihrem Überfluß entnehmen, während der Dritte Stand, überlastet, ausgemergelt, etwa den dritten Teil seines Einkommens zahlt und meist gezwungen ist, ihn seiner Lebensnotdurft zu entreißen.

(Katechismus des Dritten Standes zum Gebrauch für alle Provinzen Frankreichs, in: P. Hartig, Die Französische Revolution, Stuttgart 1979, S. 29)

Zum *Dritten Stande* gehörten alle, die nicht Geistliche oder Adlige waren. Ob reicher Kaufmann, Advokat oder Bauer, alle wünschten Reformen. Bei den großen Unterschieden im Einkommen waren die Forderungen natürlich nicht einheitlich. Der Landbevölkerung lag vor allem daran, von den vielen Abgaben befreit zu werden. Das war manchem Bürger nicht recht, weil auch er Anteil am Landbesitz hatte. Die Bürger wollten eine Verfassung, die ihnen ein Mitspracherecht und Zugang zu den bisher dem Adel vorbehaltenen Berufen in der Armee und in der Rechtsprechung gewährte. Der Staat sollte auch weniger in die Wirtschaft hineinreden.

Ein reiches Land und doch Staatsbankrott

Die wichtige *Steuerreform* kam trotz vieler guter Vorschläge der Finanzminister nicht zustande. Das Steuersystem war völlig ungerecht. Der landbesitzende Adel mußte nur geringe Abgaben leisten. Die Bischöfe und Klöster zahlten nur gelegentlich eine freiwillige Steuer. Die Hauptlast ruhte auf dem Dritten Stande.
Die Diskussion über mögliche Lösungen brachte große Unruhe in alle Bevölkerungsteile. Nicht nur die ärmeren Schichten fürchteten eine Erhöhung der schon drückenden Lasten. Sie litten zudem unter Mißernten in den Jahren 1787 und 1788. Die Menschen auf dem Lande wußten nicht, wie sie die Abgaben aufbringen, und die Menschen in der Stadt, wie sie die steigenden Lebensmittelpreise bezahlen sollten. Aber auch der Adel und die Geistlichkeit waren sehr beunruhigt.

Das verstehen wir, wenn wir erfahren, welche Vorschläge die Minister Ludwigs XVI. zur Behebung der Notlage machten. Minister Turgot schrieb:

Sie müssen beachten, Sire[1], woher Sie das Geld bekommen, das Sie an Ihre Höflinge verteilen. Sie müssen das Elend derer berücksichtigen, denen man dieses Geld entreißen muß.

(Schreiben Turgots, in: E. Weis, Propyläen Geschichte Europas, Band 4, S. 99)

Am 12. März 1787 sagte sein Nachfolger Calonne:

Zweifellos wird man mehr bezahlen; aber wer? Nur die, die bisher zu wenig bezahlten; sie werden bezahlen, was sie einem gerechten Verhältnis zufolge schuldig sind, und niemand wird überlastet werden. *Privilegien** werden geopfert werden, denn die Gerechtigkeit will es. Sollte man etwa lieber die Nichtprivilegierten, das Volk, in noch höherem Maße überlasten? Nur durch Reform der Mißbräuche vermehrt man die Einnahmen und erleichtert zugleich die Lasten des Volkes.

(M. Göhring, Die Geschichte der Großen Revolution, Bd. I, Tübingen 1950, S. 254)

a) *Welche Maßnahmen zur Behebung der Krise schlug der Minister vor?*

b) *Es gab Meinungsverschiedenheiten zwischen dem König, seinen Ministern, dem Adel und der Geistlichkeit. Angesehene Mitglieder des Dritten Standes wollten sich mit den bestehenden Mißbräuchen nicht mehr abfinden. Wie konnten sie die Lage für sich nutzen?*

Der Ruf nach den Generalständen

1789 forderte der König die Bevölkerung auf, Beschwerdebriefe zu verfassen, damit er die Sorgen der Bewohner kennen lernen könne. Aus allen Teilen des Landes gelangten daraufhin Tausende von Schreiben nach Versailles. Was erwarteten die Franzosen also vom König?

Das kostbarste Gut für uns als Franzosen besteht darin, daß wir in regelmäßigen Zeitabständen Generalstände haben. Das kostbarste aller Güter ist die persönliche Freiheit der Bürger; mit allem Nachdruck erheben wir Einspruch gegen die königlichen Verhaftungsbefehle und jegliche willkürliche Einsperrung. Es ist mehr als Zeit, daß der Bauer nicht mehr in der grausamen Lage bleibt, entweder sich ruinieren oder auswandern zu müssen. Außer den immer maßloseren Renten[2] ist der Bauer willkürlicher Fronarbeit unterworfen, die Menschlichkeit fordert, daß man ihm gestattet, sich von diesen durch eine Jahresgabe loszukaufen.

(P. Hartig, Die Französische Revolution, Stuttgart 1979, S. 14/15)

Am zahlreichsten und nachhaltigsten waren die Einwände von seiten des Bürgertums:

Das Mißverhältnis ist so, daß auf der einen Seite anstößige Reichtümer sich häufen, auf der anderen erschreckendes Elend herrscht; auf der einen Seite Ruhm und Ehren, auf der anderen Entbehrungen und Erniedrigungen, auf der einen Seite Willkürherrschaft, auf der anderen Knechtschaft, hier Rosen und Düfte, dort Dornen und häßlicher Gestank; hier Vergnügungen, Wollust und Ausschweifungen, dort Drangsal und schreckliche Notdurft. Das ist es, was empört; das gilt es zu reformieren . . .

. . . Der Dritte Stand* respektiert die Ränge, nimmt aber entschlossen Stellung gegen die Grundübel der Verfassung, gegen die ruinösen und demütigenden Privilegien. Wir lieben die von den früheren Politikern angestrebte und von den heutigen gerühmte Verfassung, wo durch das Zusammenwirken des Königs, der Großen und des Volkes ein Allgemeinwille entsteht, der alle in gleicher Weise verpflichtet.

(M. Göhring, Geschichte der Großen Revolution, Bd. I, S. 321 ff.)

a) *Welche Mißstände werden allein aus diesen Beschwerden, drei von vierzigtausend, deutlich? (→ Arbeitsblatt Nr. 30)*

b) *Das Wort „Allgemeinwille“ hat der Schweizer Philosoph Rousseau gebraucht. Was hat er damit ausdrücken wollen?*

---

[1] Anrede des französischen Königs

[2] Abgaben für Bodennutzung

2. Die Mehrheit des Volkes: Der Dritte Stand

Das Bürgertum wird selbstbewußt

Ungefähr 175 Jahre lang hatten die Untertanen keine Möglichkeit mehr gehabt, gegen den König aufzutreten. Die *Generalstände** waren nicht mehr zusammengekommen. Das änderte sich 1789. Die Finanznot des Staates erzwang ihre Einberufung. Alle Franzosen, die über 25 Jahre alt waren und Steuern zahlten, erhielten das Wahlrecht für den Dritten Stand.

Das erwachte Selbstbewußtsein dieses Standes spiegelte sich auch in einem Kampfruf, der im Januar 1789 von Paris aus ganz Frankreich erfaßte:

Was ist der Dritte Stand? Alles.
Was ist er bis jetzt in der staatlichen Ordnung gewesen? Nichts.
Was verlangt er? Etwas darin zu werden!

Der leitende Minister in diesem Jahr, Necker, der den Bankiers und reichen Kaufleuten nahestand, hatte durchgesetzt, daß der Dritte Stand ebensoviele Vertreter wie der Erste und Zweite zusammen haben sollte. Der König sah darin eine Gefahr und wollte darum die drei Stände getrennt beraten lassen. Auch die Abstimmungen sollten getrennt nach Ständen erfolgen. So meinte er, wären die Steuerbewilligungen leichter zu erreichen.

Dazu machten sich die Wähler des Dritten Standes in Dijon (sprich: dichong) die folgenden Gedanken:

Falls die Abgeordneten des Klerus und des Adels sich weigern sollten, gemeinsam zu beraten und nach Köpfen abzustimmen und getrennt bleiben oder sich zurückziehen wollten, so werden die Abgeordneten des Dritten Standes, da sie 24 Millionen Menschen vertreten und sich als Nationalversammlung ansehen können, trotz der Abspaltung der Repräsentanten [Vertreter] von 400000 bis 500000 Adligen und Geistlichen dem König zusammen mit denjenigen des Adels und der Geistlichkeit, die sich ihnen zugesellen, ihre Dienste anbieten, um den Bedürfnissen des Staates zu genügen.

(M. Göhring, Geschichte der Großen Revolution, Bd. I, S. 336/37)

— *Was meinten die Leute in Dijon, wenn sie nach Köpfen abstimmen wollten? Welchen Bedürfnissen des Staates wollte man genügen?*

Am Vorabend der Eröffnung der Generalstände hatte der König die Mitglieder des Dritten Standes sehr herablassend behandelt. Während Adel und Geistlichkeit mit allem Aufwand des königlichen Hofes zuvorkommend empfangen wurden, ließ der König die 600 Männer des Dritten Standes in aller Eile an sich vorbeiziehen, ohne ein Wort an sie zu richten.

Auch in der Kleiderordnung wurden die Unterschiede der Stände betont. Am 5. Mai 1789 fand die feierliche Eröffnungssitzung statt.

[Die Gewählten] gingen paarweise mit Kerzen in den Händen, der Dritte Stand in schwarzen Seidenmänteln und Batistkrawatten, der Adel trug schwarze Seidengewänder, dazu Wämser aus goldenem Tuch, Seidenmäntel mit goldenen Tuchaufschlägen und Federhüte, der Klerus Soutanen und Barette [Amtstracht der Geistlichen].

(Marquis de Ferrieres, in: K. H. Peter (Hg.), Briefe zur Weltgeschichte, dtv 202, S. 114)

Nicht mehr Stände, sondern Nationalversammlung

Waren anfangs die Vertreter des Dritten Standes enttäuscht von ihrer Aufnahme, so war es bald am König, unzufrieden zu sein. Die Verhandlungen entwickelten sich gar nicht nach seinem Willen. Die beiden Bilder auf der nächsten Seite zeigen, wie sich die Lage in Versailles wandelte.

Die Eröffnung der Ständeversammlung in Versailles, Gemälde von A. Couder
— *Wo sitzen der König und die drei Stände? Die Damen sind Zuschauer.*

Der Ballhausschwur, Gemälde von J. L. David. Am 17. Juni hatten die Vertreter des Dritten Standes erklärt, sie seien die Vertretung des Volkes (der „*Nation*") und hatten sich als *Nationalversammlung** bezeichnet. Am Morgen des 20. Juni hatte der König den eigentlichen Beratungsraum schließen und mit Soldaten umstellen lassen. So tagten die Vertreter des Dritten Standes im Ballhause* und legten dort einen Schwur ab. Am 22. Juni schlossen sich 144 Pfarrer der Nationalversammlung an. „Wir schwören, uns niemals von der Nationalversammlung zu trennen und uns überall zu versammeln, wo die Umstände es notwendig machen werden, solange bis die Verfassung des Königreiches geschaffen und auf feste Grundlagen gestellt ist." (W. Grab (Hg.), Die Französische Revolution, München 1973, S. 32)

Das Erwachen des Dritten Standes. Zeitgenössisches Flugblatt

a) *Was bedeutete der Schwur für den König und die beiden anderen Stände?*

b) *Was unterschied die Nationalversammlung von den Generalständen? Was war das Neue daran?*

c) *Worauf beriefen sich die Vertreter des Dritten Standes?*

d) *Welche Ereignisse und Stimmungen wollte die zeitgenössische Darstellung (S. 109) besonders hervorheben? Beschreibe einzelne Personen.*

Der König erkannte die Entwicklung nicht an. Er zog Truppen in Versailles zusammen. Als er am 23. Juni selbst bei den Abgeordneten erschien, herrschte tiefes Schweigen. Kein Jubel erklang wie am Eröffnungstage. Nachdem er den Saal verlassen hatte, wurde eine Rede verlesen, in der der König drohte, die Versammlung aufzulösen, wenn sie seinen Vorschlägen nicht zustimmte.

Dem Abgesandten des Königs entgegneten die Abgeordneten:

Sagen Sie denen, die Sie geschickt, daß wir hier sind durch den Willen der Nation und nur der Gewalt der Bajonette weichen werden . . . Wir haben geschworen, das französische Volk wieder in seine Rechte einzusetzen; wir sind heute, was wir gestern gewesen. Beraten wir weiter.

(M. Göhring, Geschichte der Großen Revolution, Bd. I, S. 359)

Die Nationalversammlung setzte sich durch. Wie war das möglich, obwohl der König mit Hilfe von Truppen den Saal räumen lassen wollte? Etwas Unerwartetes geschah nämlich. Mehrere Adlige traten zum Dritten Stand über. Der Präsident empfing sie mit den Worten:

Nun haben wir den Klerus, nun haben wir den Adel, nun ist die Familie vollkommen. Die Nationalversammlung kann nunmehr an der Wiedergeburt des Königreichs und dem öffentlichen Wohl arbeiten.

(M. Göhring, Geschichte der Großen Revolution, Bd. I, S. 362)

Die Volksmassen geraten in Bewegung

Während die Nationalversammlung tagte und beriet, nahm die Unruhe im Volk zu. Der Bericht eines amerikanischen Reisenden nennt einen der Gründe:

Es gibt gegenwärtig in der Stadt und ihrer Umgebung mehr als eine Million Menschen, die, um Brot zu bekommen, ausschließlich auf die Wachsamkeit und Fürsorge der Regierung angewiesen sind, deren größte Anstrengungen jedoch kaum imstande sein werden, die verschiedenen Bedürfnisse zu befriedigen.

(G. Pernoud / S. Flaissier (Hg.), Die Französische Revolution in Augenzeugenberichten, dtv 1190, S. 21)

Am 14. Juli ließ sich das Volk von Paris nicht mehr halten. Volksredner stachelten die Leidenschaften auf. Die Menge lief zu einem Waffenlager, das von Invaliden bewacht wurde und raubte 30000 Gewehre. Mit diesen zog man vor die Festung von Paris, in der früher die Staatsgefangenen bewacht wurden. Der Kommandant wagte keine Verteidigung und fürchtete den Bürgerkrieg. So fiel die „Bastille" (sprich: bastij); sieben Gefange ne wurden befreit, mehrere Bewacher totgeschlagen. Doch der König notierte in sein Tagebuch: „Juli 1789. 13. nichts. 14. nichts." In der Nacht berichtete man dem König, was sich zugetragen hatte. Er war erstaunt. „Das ist eine Revolte." „Nein, Sire, das ist eine Revolution", war die Antwort.

„*Revolution**" nennt man den gewaltsamen Umsturz der bestehenden Herrschaftsordnung. Mit ihr beginnt etwas Neues. Deshalb feiern die Franzosen bis heute den 14. Juli als ihren Nationalfeiertag, als Freudenfest, an dem auf den Straßen getanzt und gesungen wird.

a) *Was ist der Anlaß und was der eigentliche Grund des Feierns?*

b) *Was wollte die Abbildung auf dem zeitgenössischen Flugblatt S. 110 zum Ausdruck bringen?*

Frauen treiben die Revolution voran. Am 5. Oktober 1789 zogen Tausende hungriger Frauen aus Paris nach Versailles. Sie drangen ins Schloß ein und zwangen die königliche Familie zur Übersiedlung nach Paris. (Lies S. 116.)

3. Die ersten Früchte der Revolution

Das Volk von Paris gibt den Ton an

Am Ende des 18. Jahrhunderts war Paris nach London die zweitgrößte Stadt Europas. Von den 650000 Einwohnern gehörten etwa 50000 der Geistlichkeit, dem Adel und dem reichen Bürgertum an (Großkaufleute, Manufakturenbesitzer, Notare, Ärzte). Die anderen 600000 waren etwa zur Hälfte Kleinhandwerker und Lohnabhängige mit ihren Familien.

Im Sommer 1789 befand sich ein deutscher Reisender, Joachim Heinrich Campe, in Paris. In einem Brief schrieb er:

Auffallend und befremdend für den Ausländer ist hier der Anblick von Menschen aus der allerniedrigsten Volksklasse, zum Beispiel der Wasserträger, welche die Küchen aller Häuser der Stadt, wohin keine Wasserleitungen führen, mit dem unreinen Seinewasser versorgen — auffallend, sage ich, ist es zu sehen, welchen warmen Anteil sogar auch diese Leute, die größtenteils weder lesen noch schreiben können, jetzt an den öffentlichen Angelegenheiten nehmen, zu sehen, wie sie ihre Eimer wohl zwanzigmal in ein und derselben Straße niedersetzen, um erst zu hören, was der Zeitschriftenhändler ausruft oder was etwa einer von denen, welche vor den Bekanntmachungszetteln sich angehäuft haben, mit lauter Stimme abliest und was von anderen darüber geurteilt und vernünftelt wird, zu sehen — was ich mehrmals beobachtet habe —, wie vier, fünf oder sechs solcher armseliger Lastträger mit einem ihrer Kameraden, der den seltenen Vorzug besitzt, Gedrucktes lesen zu können, in Verbindung treten, ihre Pfennige zusammenlegen, sich dafür gemeinschaftlich eins der fliegenden Blätter oder der kleinen Broschüren des Tages kaufen und nun zwischen ihren Eimern oder sonstigen Lasten sich dicht zusammenstellen, um dem vorlesenden gelehrten Kameraden mit vorgehaltenen Ohren, starren Augen und offenem Munde zuzuhören . . .

Ein Hafen im Zentrum von Paris in der 2. Hälfte des 18. Jahrhunderts

a) *Woran kannst du erkennen, daß es sich auf der Abbildung um eine Großstadt handelt? Betrachte die Bauweise der Häuser.*

b) *Stelle fest, womit sich die Leute in der Stadt und auf der Seine beschäftigen? Kannst du Standesunterschiede belegen?*

c) *Versuche herauszufinden, wie viele Einwohner dein Heimatort zur selben Zeit hatte.*

Mit Erstaunen bemerkte ich vor einigen Tagen, daß die Broschüre, welche ein solcher Straßenklub von Wasserträgern ... und anderem Pariser Pöbel sich vorlesen ließ, einer von den Entwürfen der „Erklärung der Menschenrechte" war, welche einige Mitglieder der Nationalversammlung in Vorschlag gebracht hatten und drucken ließen, bevor die Versammlung darüber zu Rate gegangen war und entschieden hatte. Lastträger sich mit den Rechten der Menschheit unterhalten zu sehen; welch ein Schauspiel!

(F. Pietzcker, Revolutionen des Bürgertums, Frankfurt/M [2]1971, S. 42)

a) *Welche Erwartungen knüpften diese ganz einfachen Menschen an die Revolution und die Erklärung der Menschenrechte?*

b) *Beschreibe die Einstellung des Briefschreibers zu den Vorgängen in Paris.*

In Paris gaben jetzt nicht mehr die Oberschichten, sondern die einfachen Bürger den Ton an. Sie nannten sich „Sansculotten" (sprich: sangkülott). Der Text beschreibt, wie sie sich selbst sahen:

Er ist einer, der immer zu Fuß geht, keine Millionen besitzt, wie ihr sie alle haben möchtet, keine Schlösser, keine Lakaien [Bedienstete] zu seiner Bequemlichkeit; der mit seiner Frau und, wenn er welche hat, mit seinen Kindern ganz bescheiden im vierten oder fünften Stock wohnt. Er ist nützlich, weil er weiß, wie man einen Acker pflügt, wie man schmiedet, sägt, feilt, ein Dach deckt, Schuhe macht und wie man bis zum letzten Tropfen sein Blut für das Wohl der Revolution vergießt ... Er trägt weder goldfarbene Kniehosen noch Seidenstrümpfe, sondern eine lockere lange Hose ... Der Sansculotte sagt nicht mehr „mein Herr", sondern „Bürger".

(F. Furet / D. Richet, Die Französische Revolution, Frankfurt/M. 1968, S. 274/75)

Pariser Sansculotten in einer zeitgenössischen Darstellung. Siehe die Erklärung des Begriffs Sansculotte S. 113 unten. Diese einfachen Pariser bestimmten zunehmend den Verlauf der Ereignisse. Der Trommler rechts ist noch in der bisherigen Weise gekleidet mit der Culotte, während die anderen beiden Männer sie nicht mehr tragen. „Sans" heißt auf Französisch „ohne".

— Überlege, was es bedeutet, daß sich diese Mode bis heute gehalten hat.

Ein neues Recht soll gelten: Die Menschenrechte

Im August 1789 beendete die Nationalversammlung eine ihrer schwierigsten Arbeiten: Die Beratungen über die Rechte des französischen Volkes. Nicht nur in Frankreich, sondern auch in vielen Ländern Europas wurden diese „*Menschenrechte*"* begrüßt. Selbst die Sklaven auf Haiti nahmen sie zum Anlaß, um auf ihrer Insel einen (damals) freien Staat zu gründen.

Zu den wichtigsten Rechten, ohne die ein Mensch nicht leben sollte, zählte man folgende:

1. Die Menschen werden frei und gleich an Rechten geboren und bleiben es. Die gesellschaftlichen Unterschiede können nur auf den gemeinsamen Nutzen gegründet sein.
2. Ziel aller politischen Vereinigung ist die Erhaltung der natürlichen und unveräußerlichen Menschenrechte. Diese Rechte sind: Freiheit, Eigentum, Sicherheit und Widerstand gegen Unterdrückung.
4. Die Freiheit besteht darin, alles tun zu können, was anderen nicht schadet. Diese Grenzen können nur durch das Gesetz bestimmt werden.
10. Niemand soll wegen seiner Meinung, selbst religiöser Art, beunruhigt werden, solange sie nicht die durch das Gesetz festgelegte öffentliche Ordnung stört.
11. Der freie Austausch von Gedanken und Meinungen ist eins der kostbarsten Menschenrechte. Jeder Bürger kann also frei reden, schreiben, drucken, ausgenommen den Mißbrauch dieser Freiheit, den das Gesetz festlegt.
13. Zum Unterhalt der Streitmacht und für die Kosten der Verwaltung ist eine allgemeine Abgabe [Steuer] unerläßlich. Diese muß gleichmäßig, je nach dem Besitz, auf alle Bürger verteilt werden.

a) *Stelle diesen neuen Rechten die bisherigen Zustände Frankreichs gegenüber. (→ Arbeitsblatt Nr. 31)*

b) *Vergleiche die Artikel mit den Bestimmungen des Grundgesetzes. Für welche Menschen werden diese Rechte im Grundgesetz noch genauer festgelegt? (→ Arbeitsblatt Nr. 32)*

Das Ende der Privilegien

Die Nationalversammlung beschloß ebenfalls im August die Aufhebung aller Vorrechte (Privilegien) für Adlige und Geistliche und die allgemeine Steuergleichheit. Die Menschen sollten fortan „*gleich*" sein! Damit endete ein Zustand, der über tausend Jahre alt war. Die Revolution hatte ihr erstes Ziel erreicht. Vor allem die Bauern sollten mit diesen Maßnahmen beruhigt werden, denn in ihrer Ungeduld hatten sie im Juli 1789 schon eine Reihe von Gutshäusern geplündert und angezündet. Von jetzt an waren alle Bauern persönlich freie Menschen und brauchten keine Fronarbeit mehr zu leisten. Da sie ihr Land aber nicht entschädigungslos erhielten, kam es zu weiteren Bauernunruhen. Erst im Juli 1793 verzichtete man auf alle weiteren Zahlungen an die ehemaligen Grundherren.

Im November enteignete man dann alle Güter der Kirche, um sie anschließend zu verkaufen. Zum Teil trauten die Bauern der neuen Ordnung noch nicht oder wollten sich nicht gegen die Kirche stellen, zum Teil verfügten sie nicht über genügend Geldmittel. So fiel dieser Grund und Boden vor allem in die Hände reicher Spekulanten in den Städten. Mit dem Erlös konnten zunächst einmal die staatlichen Aufgaben finanziert werden.

In den Straßen von Paris und überall im Lande erklangen Spottverse.

Man muß die Großen kräftig stutzen,
Den Kleinen wird's zur Größe nutzen.
Sind alle Menschen gleich,
Herrscht eitel Glück im Reich.

Vom Gesetz hängt alles ab,
Mit Großen geht es jetzt bergab,
Mit Kleinen geht es steil hinauf,
Immer feste drauf, immer feste drauf!

(F. Furet / D. Richet, Die Französische Revolution, S. 274 und S. 146, eig. Übers.)

a) *Wie ist die allgemeine Begeisterung bei der Bevölkerung zu erklären?*

b) *Was hältst du von der Meinung dieses Adligen: „Man kann von den Grundherren nicht verlangen, daß sie schlankweg auf ihre Lebensrechte verzichten. Diese Rechte sind ihr Eigentum, und es wäre unbillig, die Aufgabe irgend eines Eigentums zu fordern, ohne dem Eigentümer eine gerechte Entschädigung zuzugestehen."*

c) *Ein Zeichner hat versucht, diese tiefgreifenden Vorgänge anschaulich zu machen (Abb. unten). Die Karikatur zeigt die ehemals Reichen. Wie steht es um die bisher Armen? Was hältst du von dieser Weise, Menschen „gleich" zu machen? Welche Einstellung hatte der Zeichner dazu?*

Alle Menschen sollen gleich sein. Zeitgenössische Karikatur. Links Adlige, rechts Geistliche. Der Nationalgardist (die Nationalgarde ist die Polizeitruppe der Revolutionäre) in der Mitte bringt alle auf gleiche Länge.

4. Die Revolutionäre werden radikaler

Der König muß nach Paris

In Paris wurden die Schlangen vor den Bäckerläden immer länger. Die Hauptstadt wurde nicht mehr ausreichend mit Vorräten versorgt. Als bekannt wurde, daß der König wieder Soldaten in Marsch setzte, steigerten sich Angst und Wut.
Hungrige Frauen zogen zu einer Demonstration nach Versailles. Tausende von ihnen stürmten dort die Nationalversammlung und drangen dann in das Schloß ein. Der König war gerade von der Jagd heimgekehrt und zeigte sich nichtsahnend, wie immer. Erst als sich das Königspaar bereit erklärte, Brot liefern zu lassen und von Paris aus zu regieren, beruhigte sich der Aufruhr. Die Menge geleitete das Herrscherpaar mit seinen beiden Kindern wie Gefangene auf dem zwanzig Kilometer langen Weg in die Hauptstadt. (Vgl. das Bild S. 111.)
Auch die Nationalversammlung tagte nun im Schloß von Paris. Hier geriet sie immer mehr unter den Einfluß des Volkes von Paris. 1790 wurden der Adel abgeschafft und dem König wichtige Rechte genommen. Im Juni 1791 versuchte die königliche Familie zum deutschen Kaiser, dem Bruder der Königin, zu fliehen. Auf einer Poststation nahe der Landesgrenze wurden sie erkannt, verhaftet und nach Paris zurückgebracht.

Die Franzosen schaffen eine neue Armee

Diese Ereignisse beunruhigten auch die Fürsten Europas. Sie stimmten darin überein, daß man der Revolution in Frankreich Einhalt gebieten müsse. Im Frühjahr 1792 war es soweit, daß Frankreich sich gegen die Gefahr von außen wehren mußte. Überall sammelten sich *Freiwillige*, um gegen die Eindringlinge zu kämpfen. Die meisten Bauern, die kleinen Handwerker und Lohnarbeiter wollten nicht, daß die alten Zustände wiederkehrten.
Den Soldaten fehlte es jedoch anfangs an allem. Es gab keine Uniformen und Stiefel. Auch fanden sich nur wenige ausgebildete Offiziere.

Die neugewählte Nationalversammlung, die sich jetzt Nationalkonvent nannte, erließ eine Verordnung, welche die Führung der Armee von Grund auf neu regelte.*

Die Offiziere und Unteroffiziere werden vom ganzen Bataillon gewählt, in persönlicher und geheimer Abstimmung und nach dem Verhältnis der Stimmenmehrheit. Sie werden auf ein Jahr gewählt. Ihre Amtszeit kann durch Wiederwahl verlängert werden.

(G. Pernoud / S. Flaissier (Hg.), Die Französische Revolution in Augenzeugenberichten, S. 328)

Kein Wunder, daß die deutschen Fürsten mit einem schnellen Sieg rechneten. Ihre Armeen hatten anfangs auch leichtes Spiel. Das Ende der Revolution schien nahe. Drei Wochen später aber schrieb der Kriegsbeobachter und berühmte deutsche Dichter, Johann Wolfgang von Goethe, in sein Tagebuch:

Die größte Bestürzung verbreitete sich über die Armee. Noch am Morgen hatte man nicht anders gedacht, als die sämtlichen Franzosen anzuspießen und aufzuspeisen, ja mich selbst hatte das unbedingte Vertrauen auf ein solches Heer zur Teilnahme an dieser gefährlichen Expedition gelockt; nun aber ging ein jeder vor sich hin, man sah sich nicht an, oder wenn es geschah, so war es, um zu fluchen oder zu verwünschen.

(Goethe, Kampagne in Frankreich)

— *Vergleiche das Bild S. 117 mit der Schilderung Goethes. Kannst du dir den Erfolg des französischen Revolutionsheeres erklären?*

Die Revolution greift über die Grenzen hinweg

Die neue französische Volksarmee hatte ihre Feuerprobe bestanden. Bald ging es nicht mehr um die Verteidigung Frankreichs allein. Der Kurfürst in Mainz mußte sich ergeben. Später wurden auch Belgien, Holland und Italien erobert.

Die Führer der Revolution erklärten:

Die heilige Epidemie der Freiheit greift allmählich überall um sich. Ebenso wie wir verpflichtet sind, den Nachbarvölkern die Freiheit zu schenken, haben wir auch das Recht, ihnen zu sagen: Ihr dürft keine Könige mehr haben, denn solange ihr von Tyrannen umgeben seid, kann ihr Bündnis eure Freiheit gefährden. Indem sie uns hierher [ins Ausland] entsandte, hat die französische Nation ein großes Komitee für den allgemeinen Aufstand der Völker gegen alle Könige der Welt geschaffen.

(K. Mielcke (Hg.), Urkunden und Berichte, Braunschweig 1949, S. 33/34)

Nicht überall sah man damals in den Franzosen die Feinde. Ein deutscher Dichter schrieb:

Für wen, du gutes deutsches Volk,
behängt man dich mit Waffen?
Für wen läßt du von Weib und Kind
und Herd hinweg dich raffen?
Für Fürsten- und für Adelsbrut
und fürs Geschmeiß der Pfaffen?

(Klassenbuch, Darmstadt 1972, S. 74)

a) *Welche Gedanken kommen in den verschiedenen Äußerungen zum Ausdruck? Welche Einstellung zum Königtum verkünden sie?*

b) *Beurteile die gesamteuropäische Bedeutung der Revolution.*

Revolutionssoldaten. Lithographie von D. Raffet

Das Königtum wird abgeschafft

Die Ereignisse blieben nicht ohne Auswirkung auf die Einstellung der Franzosen zu ihrem König.

Noch am 16. 7. 1790 schrieb ein Schweizer Reisender in einem Brief aus Paris:

Das gestrige Nationalfest ist auf dem Marsfelde [heute Platz vor dem Eiffelturm] mit 300000 Zuschauern ohne alle unglücklichen Vorfälle vorübergegangen. Es erfolgte ein Vivat für den König, welcher sozusagen in Tränen schwamm, und für die Königin, welche den Kronprinzen in die Höhe hielt und ihn dem Volke zeigte. Das Freudengeschrei ward nun allgemein.

(G. Guggenbühl, Quellen zur Geschichte der Neueren Zeit, Bd. 4, S. 20/21, gekürzt)

Am 21. 9. 1792 sagte einer der Führer der Revolution, Robespierre (sprich: robspiär), über König Ludwig XVI.:

Ludwig ist durch seine Verbrechen entthront. Er hat gegen die Republik konspiriert, er wird verurteilt, oder die Republik wird nicht freigesprochen. Ich persönlich verabscheue die Todesstrafe, ich hege gegen Ludwig weder Liebe noch Haß, ich hasse nur seine Vergehen. Ein König dessen Name allein schon der Nation den auswärtigen Krieg zuzieht! Weder Gefängnis noch Verbannung können seine Existenz unschuldig machen. Ich spreche mit Schmerz diese traurige Wahrheit aus: Lieber soll Ludwig sterben, weil das Vaterland leben muß!

(K. H. Peter (Hg.), Reden, die die Welt bewegten, Stuttgart 1959, S. 53 ff.)

a) *Vergleiche die beiden Aussagen über das Königtum.*
b) *Kannst du dir vorstellen, welcher Verbrechen man Ludwig XVI. beschuldigte? Was meinst du dazu?*

Im August 1792 wurde die königliche Familie gefangengesetzt. Nach einem öffentlichen Prozeß wurde der König schuldig gesprochen und mit 360 zu 361 Stimmen die unverzügliche Vollstreckung der Strafe angeordnet.
Das Bild zeigt, welche Strafe man Ludwig auferlegte, und wie sie vollzogen wurde.

Hinrichtung Ludwigs XVI. am 21. Januar 1793 vor 20000 Zuschauern auf der Guillotine (sprich: gijotin), zeitgenössischer Stich

5. Furcht und Schrecken regieren Frankreich

Die Revolutionäre kämpfen um ihr Überleben

Ein Pariser Bürger war anderthalb Jahre auf einer Geschäftsreise gewesen. Als er in seine Heimat zurückkehrte, bemerkte er erstaunt, daß vieles anders geworden war:

Welche Veränderung! Früher und selbst noch in der Zeit, als ich Paris verließ, war dies die Stunde, da die Stadt, vor allem in den belebten Vierteln, im Licht erstrahlte. Zu dem Schein unzähliger Laternen, die die Straßen beleuchteten, kamen die vielen Lampen in den Läden, in denen Luxus und Eleganz tausend Dinge aufhäuften; es war die Stunde, da die Cafes erleuchtet waren, da aus allen Stockwerken der Glanz der Kerzen schimmerte, da die prächtigsten Wagen sich eilig kreuzten, um zu den verschiedenen Theatern zu fahren, zu den Konzerten und Bällen in allen Vierteln der Stadt.

Und anstelle dieses bunten Treibens, dieser angeregten Menge, dieses imposanten Glanzes herrscht nun in allen Straßen von Paris Grabesschweigen; alle Läden sind geschlossen, jeder verbarrikadiert sich eiligst in seinem Hause, und man möchte meinen, ein Trauerflor sei über alles, was atmet, gebreitet.

(P. Pernoud / S. Flaissier (Hg.), Die Französische Revolution in Augenzeugenberichten, S. 282 f.)

Der Krieg und der Tod des Königs verschärften die Lage. So wollten in einigen Provinzen die Bauern unter der Führung von Priestern Ludwig XVI. rächen (s. Karte S. 121). Andere trennten sich von den Revolutionären, weil vom Konvent für landwirtschaftliche Erzeugnisse Höchstpreise festgesetzt, alle übrigen Waren aber immer teurer wurden.

Auch unter den Anführern der Revolution breitete sich gegenseitiges Mißtrauen aus. Ein besonderer *Gerichtshof* und ein *Sicherheits- und Wohlfahrtsausschuß** wurden jetzt gebildet. Sie hatten bald mehr Einfluß als der *Nationalkonvent**. An der Spitze des Wohlfahrtsausschusses standen seit 1793 Robespierre, der die Verurteilung des Königs bewirkt hatte, und sein junger Freund Saint Just. Die Ausschüsse erhielten das Recht, „*Verdächtige*" zu verhaften. Wenn Anklage erhoben wurde, waren die Verhandlungen geheim.

Wegen des andauernden Krieges wollten die Ausschüsse vor allem den Nachschub der Armee sichern. Als Folge davon wurden die Waren in den Geschäften knapp. Die Bevölkerung mußte wieder nach Lebensmitteln anstehen. So wurden z. B. auch Kerzen zur Mangelware. Die Menschen gingen also früh zu Bett. Jeder Fremde mußte sich jetzt bei der Polizei melden. Man wagte nicht, einen Gast mit nach Hause zu nehmen. Nach Einbruch der Dunkelheit durfte jeder verhaftet werden, der ein Paket bei sich trug. Überall spürte man Angst.

Immer wieder waren Verdächtige auf gut Glück verhaftet, aber meistens bald darauf freigelassen worden. Im Dezember 1793 jedoch beschloß der Konvent ein Gesetz, das die Schreckensherrschaft verankerte.*

Ein öffentlicher Feind ist und wird mit dem Tode bestraft, wer durch List oder Gewalt die öffentliche Freiheit gefährdet, wer für die Wiederherstellung des Königtums eintritt, wer die Volksvertretung beleidigt oder ihre Auflösung betreibt, wer in einer militärischen Funktion die Republik geschädigt hat, wer die Teuerung begünstigt und die Versorgung von Paris behindert, wer die Flucht eines Verschwörers unterstützt und ihm behilflich ist, sich der Strafe zu entziehen, wer das Volk oder seine Repräsentanten täuscht, wer falsche Nachrichten verbreitet, wer Patrioten [hier: Anhänger der Revolution] verleumdet, wer die öffentlichen Sitten verdirbt, wer die öffentliche Meinung verfälscht, wer die Kraft und Reinheit der revolutionären Prinzipien antastet . . .

(M. Göhring, Geschichte der Großen Revolution, Bd. II, Tübingen 1951, S. 380)

a) *Warum wurde dieses Gesetz wohl als besonders bedrohlich empfunden?*

b) *Der Gerichtshof verhandelte geheim. In der Konvention zum Schutz der Menschenrechte vom 4. 11. 1950 heißt es jedoch: „Art. 6. Jedermann hat Anspruch darauf, daß seine Sache in billiger Weise öffentlich und innerhalb einer angemessenen Frist gehört wird und zwar von einem unabhängigen und unparteiischen auf Gesetz beruhenden Gericht . . ." Und im Artikel 101 des Grundgesetzes steht: „Ausnahmegerichte sind unzulässig. Niemand darf seinem gesetzlichen Richter entzogen werden."*
Warum bedeutet die Garantie öffentlicher Gerichtsverhandlung und des gesetzlichen Richters einen Schutz des Bürgers?

c) *Im Artikel 5 des Gesetzes vom 17. 12. 1793 stand: „Als verdächtig gelten diejenigen einstigen Adligen, ihre Männer, Frauen, Väter, Mütter, Söhne oder Töchter, Brüder oder Schwestern, die nicht ständig ihre Anhänglichkeit an die Revolution bekundet haben."*
Überlege, was das bedeutete.

Wie kann Terror zum Gesetz werden?

Die Französische Revolution wollte ursprünglich die Menschen von der ungerechten Herrschaft des Absolutismus erlösen. Wie vertrug sich dieser Zustand der Angst mit dem von Freiheit, Gleichheit und Brüderlichkeit?
Die vielen Todesurteile riefen großes Entsetzen hervor. Die Ladenbesitzer in den Straßen, durch die die Karren mit den Verurteilten fuhren, murrten, weil ihre Kundschaft ausblieb. Die Guillotine (Fallbeil) wurde daher an einem anderen Ort aufgestellt.

Welche Gedanken damals aufkamen, zeigt die Aufzeichnung eines Polizeibeamten:

Ich muß Ihnen sagen, daß diese Hinrichtungen in politischer Hinsicht die größte Wirkung haben, doch am wichtigsten daran ist, daß das Rachebedürfnis des Volkes für die Übel, die es erleidet, befriedigt wird. Es übt hier Vergeltung. Die Frau, die ihren Mann, der Vater, der seinen Sohn verloren, der Kaufmann, der kein Geschäft mehr hat, der Arbeiter, der alles so teuer bezahlen muß, daß ihm von seinem Lohn nichts übrig bleibt, finden sich vielleicht mit ihren Übeln ab beim Anblick noch viel unglücklicherer Menschen als sie, in denen sie ihre Feinde sehen.

(A. Matthiez, Die Französische Revolution, Bd. II, Zürich 1940, S. 536)

Das Revolutionstribunal 1793/94. Nach einem Gemälde von Fragonard dem Jüngeren

Und Saint Just, der einflußreichste Politiker neben Robespierre, erklärte im Konvent am 10. 10. 1793:

Es gibt kein Glück zu hoffen, solange der letzte Feind der Freiheit atmet, man muß nicht nur die Verräter bestrafen, sondern auch die Gleichgültigen, jeden, der passiv ist und nichts für die Revolution tut. Wen man durch Gerechtigkeit nicht regieren kann, muß man durch das Schwert beherrschen.

(M. Göhring, Geschichte der Großen Revolution, Bd. II, S. 322)

a) *Vergleiche das Ziel der Terrorgesetze (S. 119) mit den Äußerungen von Saint Just und denen des Polizeibeamten.*

b) *Kannst du eine Verbindung zum Bericht des Reisenden (S. 119) herstellen?*

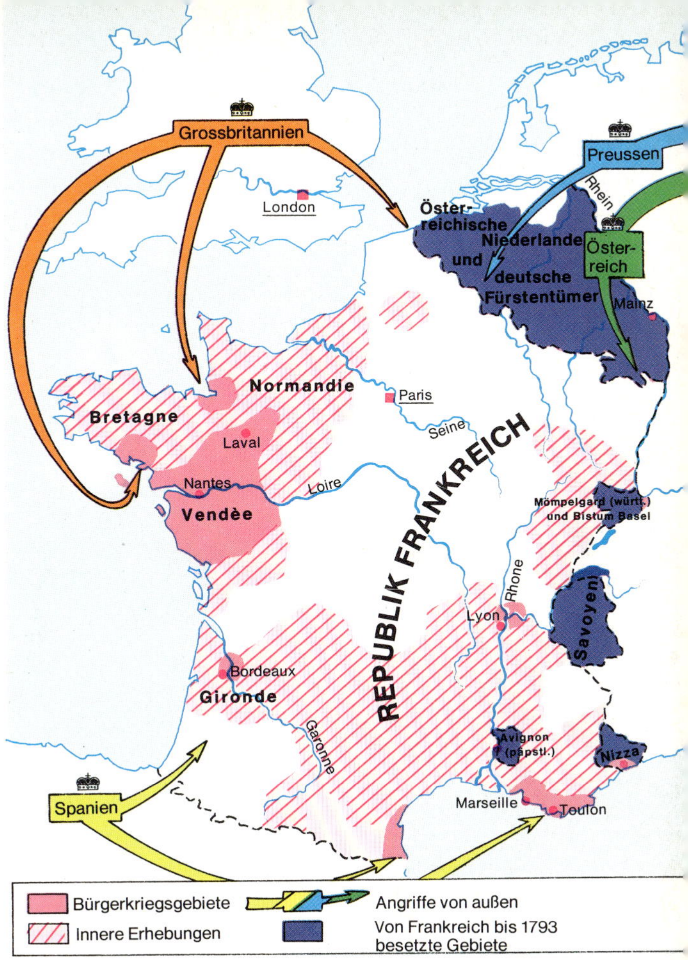

Frankreich im Sommer 1793. Man erkennt die Aufstandsgebiete und die Angriffspunkte der ausländischen Gegner der Revolution

Die Revolution frißt ihre Kinder

Seit dem Sommer 1793 gab es in vielen Teilen Frankreichs Unruhen. Um sich ihrer Feinde zu erwehren, griffen die Revolutionäre zu immer härteren Strafen. Die Henker in Paris, Lyon und Nantes mußten Gehilfen einstellen, um die Hinrichtungen zu bewältigen. 35000 bis 40000 starben unter dem Fallbeil. 16% der Todesurteile entfielen auf Paris, 71% auf die Bürgerkriegsgebiete im Süden und Westen Frankreichs. Diese Zeit im Sommer 1794 ist eng mit dem Namen Robespierre verbunden und erhielt den Namen „*Schreckensherrschaft*“ (Terror). Sie erregte bei arm und reich solchen Abscheu, daß alle aufatmeten, als der Terror am 27. Juli 1794 ein Ende fand. Robespierre und seine Anhänger wurden nämlich vom Konvent unter Anklage gestellt und am nächsten Tage ohne Verhandlung und ohne Urteil hingerichtet.

a) *Was meinte der Journalist, der 1793 schrieb: „Heute geschah ein Wunder in Paris: Ein Mann starb in seinem Bett“?*

b) *Unter den Opfern des Terrors fanden sich auch viele Angehörige des Dritten Standes. Wie ist das zu erklären?*

c) *Kennst du Beispiele, wo es auch in späterer Zeit zur Errichtung einer Schreckensherrschaft gekommen ist?*

Marie-Antoinette als Mittelpunkt des königlichen Hofes in Versailles (links) und beim Transport zum Schafott*

Marie Antoinette wurde 1755 als Tochter der Kaiserin Maria Theresia geboren und wuchs unbeschwert am Kaiserhof in Wien auf. Wie alle ihre Geschwister wurde sie (1770) nach politischen Gesichtspunkten verheiratet und nicht auf Grund ihrer Neigung. Ihr Mann, der französische Kronprinz und spätere Ludwig XVI., war ein schwerfälliger Mensch. Er behandelte sie zwar höflich, aber gemeinsame Interessen gab es kaum. Ludwig liebte seine Werkstatt und die Jagd, während Marie Antoinette Geselligkeit und Feste schätzte. Erst als Mutter von vier Kindern wurde aus der wohl leichtsinnigen jungen Königin eine Frau, die auch die ernsten und schweren Aufgaben ihres Amtes erfüllte.

6. Freiheit, Gleichheit, Brüderlichkeit — was blieb?

Das Schicksal einer Königin oder das Schicksal eines Menschen?

Es fällt uns heute sehr schwer, die gewaltsamen Vorgänge der Revolutionszeit zu bewerten. Wenn wir uns fragen, ob die vielen Todesurteile zu Recht oder zu Unrecht gefällt wurden, dann muß man wahrscheinlich die Antwort geben: Die Hinrichtung der Königin zum Beispiel war weniger eine Verurteilung ihrer persönlichen Schuld. In einem Land, in dem die Hälfte aller Einwohner zu wenig zum Leben und zu viel zum Sterben hatten, sollte mit ihrem Tod das Symbol der Verschwendungssucht am Hofe von Versailles und das Unvermögen politischer Führung getroffen werden.

a) *Woran lag es deiner Meinung nach, daß Marie Antoinette gerade damals den Aufgaben einer Königin nicht gewachsen war?*

b) *Hätte sie die Möglichkeit gehabt, als Königin die sozialen Verhältnisse zu ordnen?*

Warum ging die Revolution so gewalttätig vor?

Sinnbildliche Darstellung der Republik aus dem Jahre 1792. Auf den Bändern steht: „Freiheit — Gleichheit — Brüderlichkeit, Freiheit oder Tod". Der Text innen heißt: „Einheit und Unteilbarkeit der Republik".

Menschen in Bedrängnis sind mit den herrschenden Zuständen unzufrieden. Aber gerade diejenigen, denen es am schlechtesten geht, wissen sich oft nicht zu helfen. Sie können ihren Unmut äußern, es fehlen ihnen aber Kenntnisse zur Abhilfe und eine Organisation. Sie brauchen daher Leute, die den Willen der Volksmenge in Worte fassen und klar umrissene Ziele verfolgen. Wer sich zum Anführer erhebt, hat gewöhnlich einen Beruf ausgeübt, der ihm Einfluß verschafft. Es sind Journalisten und Schriftsteller, Rechtsanwälte, Wissenschaftler oder auch Pfarrer. Sie kämpfen nicht nur für die Unzufriedenen, sondern streben auch nach eigenem Einfluß. Sie wollen in der Politik mitbestimmen und ihre neuen Ideen verwirklichen. Einer von ihnen war Maximilien Robespierre. Nach einer bitteren Jugend hatte er sich zum Rechtsanwalt emporgearbeitet. Er war der führende Kopf der Jakobiner, der Gruppe, die vor allem die Interessen der kleinen Kaufleute und Handwerker wahrnahm. Er trat für ein Bündnis des Bürgertums mit dem einfachen Volk von Paris, den Sansculotten, ein. Wie viele andere war er jedoch den Anforderungen der Umwälzung nicht gewachsen. Eigentlich war er friedfertig, aber er geriet in eine Zwickmühle, wenn er auf der einen Seite die Ideale der Revolution retten wollte und auf der anderen die Wünsche des Volkes befriedigen sollte.

Fremde Mächte führten gegen Frankreich Krieg, Soldaten mußten an die Grenzen geschickt werden. Die Bauern wollten mehr Land und gutes Geld für ihre Ernteerträge, während die hungernden Städter vor allem billige Lebensmittel erwerben wollten.

Um gegen adlige Verschwörer und reiche Spekulanten vorzugehen, griffen Robespierre und seine Anhänger zum Terror. Die Gleichheit und Brüderlichkeit sollten mit Gewalt erzwungen werden.

Sehr deutlich spiegelt sich diese Entwicklung im Wandel der Sinnbilder wider.

— *Beschreibe welche Veränderungen der politischen Lage sich aus den Abbildungen ablesen lassen.*

Die Revolution vollzog sich in mehreren Abschnitten. Die reichen Bürger hatten zunächst Steuergerechtigkeit und wirtschaftliche Betätigungsfreiheit verlangt. Als sie diese Forderungen durchgesetzt hatten, wollten auch die Kleinbürger Verbesserungen ihrer Lage. François Babeuf, der sich besonders für die ärmsten Volksschichten einsetzte, hat dem sehr beredt Ausdruck verliehen:

Ich weiß, daß der Egoismus der Menschen in dem Moment sagt: halt, genug revolutioniert, wo die Revolution einen Punkt erreicht, an dem es ihm trefflich geht; an dem Punkt, wo der einzelne — für sich — nichts mehr zu wünschen hat. Sicher, es wurde Revolution gemacht, aber doch nur für bestimmte Leute . . . Für das Volk aber hat die Revolution doch überhaupt noch nicht begonnen.

(H. E. Bahr (Hg.), Weltfrieden und Revolution, Frankfurt/M., 1970, S. 83, zit. bei A. Kuhn, Die Französische Revolution, München 1977, S. 68)

Siegel des Wohlfahrtsausschusses 1793. Unter der Gestalt stehen die Worte: „Aktivität, Reinheit und Überwachung"

a) *Worauf führte Babeuf es zurück, daß die Revolution immer wieder zu einem Stillstand kommen wollte?*

b) *Was meinte er damit, daß die Revolution für das Volk nicht begonnen habe? Vergleiche auf dem Arbeitsblatt die Entwicklung der Preise und Löhne. (→ Arbeitsblatt Nr. 33)*

Schon sehr früh (1790) hatte ein Engländer sich kritisch zu den Vorgängen in Frankreich geäußert:

Die Fehler der französischen Versammlung werden alle mit dem allversöhnenden Namen der Freiheit zugedeckt. Was aber ist Freiheit ohne Weisheit und Tugend? Sie kann das größte Übel sein, und gerade die, die eine tugendhafte Freiheit kennen, werden unwillig, wenn sie sie von unfähigen Menschen mißbraucht sehen, die nur große Worte im Mund führen. Eine Regierung schaffen ist leicht. Bestimme den Sitz der Regierung, und lerne Gehorsam! Freiheit geben ist noch leichter, da braucht man gar nicht zu lenken, sondern nur den Zügel schießen zu lassen. Aber eine „freie Regierung" zu schaffen, das heißt die widerstrebenden Elemente von Freiheit und Zwang in einem organischen Ganzen zu vereinigen, das erfordert große Kunst.

(Edmund Burke, in: P. Hartig, Die Französische Revolution im Urteil der Zeitgenossen und der Nachwelt, Stuttgart 1979, S. 2)

a) *Worin lag für diesen Engländer die Kunst der Politik?*

b) *Die „Freiheit" wird ausdrücklich erwähnt. Lassen sich auch Aussagen über „Gleichheit" und „Brüderlichkeit" finden?*

Wem hat die Revolution genützt?

Ein halbes Jahr vor seiner Hinrichtung 1794 während der Schreckensherrschaft schrieb ein französischer Journalist:

Der Zustand der Dinge, wie er jetzt ist, ist unvergleichlich viel besser als vor vier Jahren, weil es eine Hoffnung gibt, ihn verbessern zu können, eine Hoffnung, die unter dem Despotismus [Gewaltherrschaft; gemeint ist hier die Herrschaft des absoluten Königs] nicht da ist . . . aber dafür ist soviel Blut vergossen worden, daß ich finde, ein so großes Opfer an Menschenleben hätte der Nation mehr Glück bringen müssen.

(C. Desmoulins, Brief vom 10. 8. 1793, in: G. Landauer (Hg.), Die Französische Revolution in Briefen, Bd. 1, Hamburg 1961, S. 183)

— *Worauf gründete der Journalist seine positive Einstellung zu der Zeit von 1789—1793? Erläutere deine Meinung. Finden sich auch pessimistische Aussagen?*

Die Ereignisse in Frankreich beschäftigten die Menschen auch in anderen Ländern Europas. Der deutsche politische Schriftsteller Ernst Moritz Arndt schrieb 1806:

Mir sind die ersten Jahre der Revolution frisch und lebendig, als wären sie heute. Der Geist der Gärung und Bewegung jener Zeit war unendlich und unendlich daher die Begeisterung und Teilnahme drinnen und draußen. Ich lasse es mir daher nicht nehmen, daß viele entschlossen waren und hofften, es werde und solle eine bessere und glücklichere Verfassung aus dem Chaos der Verwirrung und dem Kampfe so mancher Ideen hervorgehen.

(E. M. Arndt, in: P. Hartig, Die Französische Revolution im Urteil, S. 7/8, gekürzt)

— *Mit welcher Begründung wurde von Ernst Moritz Arndt die Entwicklung in Frankreich hoffnungsvoll gewertet?*

Bei aller unterschiedlichen Bewertung der Französischen Revolution besteht doch darüber Einmütigkeit, daß sie grundlegende Änderungen in Frankreich und Europa bewirkt hat.

Die Revolution nützte vor allem den Bürgern; sie besetzten fast alle öffentlichen Ämter, sie vermehrten ihren Reichtum durch den Aufkauf der der Geistlichkeit und den Adligen weggenommenen nationalen Güter oder auch durch ihre Gewinne bei der Belieferung der Armeen. — Die Revolution verbesserte auch die Lage der Bauern; sie wurden von dem Zehnten, den Lehnpflichten und sogar den ihren Herren zu leistenden Zahlungen befreit. — Die Handwerker, die von den gesetzlichen Regeln ihres Gewerbes befreit wurden, konnten jetzt ohne einschränkende Gesetze fabrizieren und nach Belieben verkaufen, und die Gesellen und Arbeiter der Hausindustrie konnten sich jetzt auf eigene Kosten selbständig machen, wenn sie dazu die Mittel hatten.
Aber die Lohnarbeiter gewannen durch diese Freiheit der Arbeit nichts, weil sie nur dem einzelnen zugestanden wurde. Ein Gesetz aus dem Jahre 1791 hatte es untersagt, sich zusammenzuschließen oder eine Gewerkschaft zu begründen oder zu streiken, da jeglicher Zusammenschluß unter den Arbeitern als eine Rückkehr zum Zunftwesen betrachtet wurde.

(Charles Seignobos, Umriß einer vergleichenden Geschichte der Völker Europas, 1938, S. 295, zit. in: P. Hartig, Die Französische Revolution im Urteil, S. 27)

a) *Wer hat nach diesem Text durch die Revolution Vorteile errungen? Waren es mehr wirtschaftliche oder eher politische Vorteile?*

b) *Weshalb wollte man die Gründung von Gewerkschaften nicht dulden? Was hätte es bedeutet, wenn man zum Zunftwesen zurückgekehrt wäre?*

Vom Beginn der Revolutionszeit stammen die beiden Karikaturen unten.

a) *Die beiden Zeichnungen zeigen unterschiedliche Situationen. Wie würdest du sie zeitlich einordnen?*

b) *Was wollten die Zeichner hervorheben?*

c) *Stimmte die Entwicklung mit den beiden Abbildungen überein? (→ Arbeitsblatt Nr. 34)*

Bauer, Adliger und Geistlicher. Zeitgenössische Darstellungen. Vor 1789 stand dem Bauern das Jagdrecht nicht zu. Schäden durch Wild mußte er hinnehmen.

Vom alten Kaiserreich zum neuen Nationalstaat

England und Frankreich waren bereits im 18. Jahrhundert starke, einheitlich regierte Staaten geworden. Das Heilige Römische Reich Deutscher Nation aber zerfiel in Hunderte von Territorien. Souveräne Fürsten regierten die Untertanen absolutistisch. Es gab noch ein „*Reich*“*, aber es fehlte eine wirksame Zentralgewalt. Mit der Wende vom 18. zum 19. Jahrhundert erstarkte auch in Deutschland der Wunsch, eine „*Nation*“* zu werden. Es entstand eine Nationalbewegung. Vor allem das Bürgertum strebte nach nationaler Einheit und politischer Freiheit und prägte so die Entwicklung zwischen 1800 und 1871 entscheidend.

Um diese Entwicklung besser verstehen zu können, wollen wir fragen:

— warum gerade zu der Zeit das Nationalbewußtsein erwachte
— welche Erwartungen und Wünsche die Vertreter der deutschen Nationalbewegung hatten
— wie sie versuchten, ihre Forderungen durchzusetzen
— welche Kräfte schließlich den deutschen Nationalstaat schufen.

 Der Freiheitsheld vom 18. und 19. März 1848 in Berlin

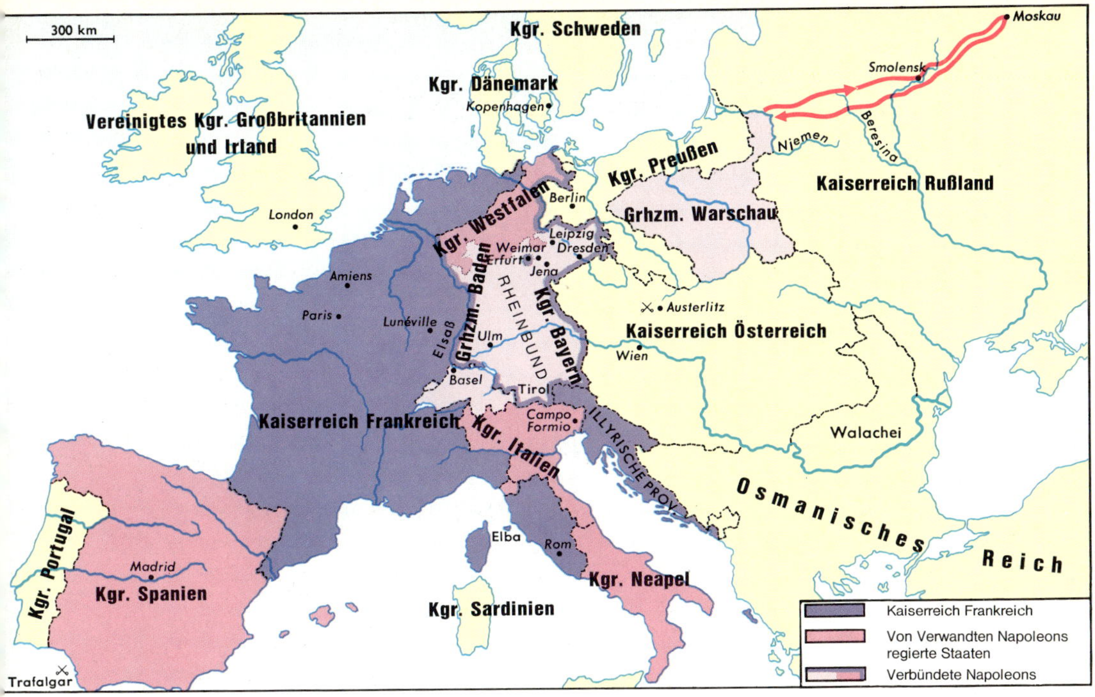

Europa 1812

1. Das Heilige Römische Reich Deutscher Nation wird aufgelöst

Die revolutionären Ereignisse in Frankreich blieben in Europa nicht ohne Wirkung. Seit dem Jahre 1792 führten die europäischen Mächte, besonders England, Rußland und Österreich, Krieg gegen Frankreich. Sie wollten verhindern, daß sich die französische Republik und die revolutionären Ideen in Europa weiter ausbreiteten.
Einem Offizier der französischen Armee, Napoleon Bonaparte, gelang es in diesen Kriegen, zum mächtigsten Feldherrn aufzusteigen.
Mit Hilfe der Armee stürzte er 1799 die französische Regierung und machte sich zum Alleinherrscher. Sein Ziel war, Frankreich zur führenden Macht in Europa zu machen.

Die Karte oben zeigt, zu welchen Veränderungen es dadurch kam.

a) *Welche Länder wurden von Frankreich beherrscht?*

b) *Napoleon ließ einen Teil der besetzten Länder durch Verwandte regieren. Was wollte er damit erreichen?*

Wie die Karte zeigt, hatte sich auch in Deutschland viel verändert. Das Heilige Römische Reich Deutscher Nation bestand nicht mehr. Wie war es Napoleon gelungen, die politische Ordnung in Deutschland zu zerstören, die fast tausend Jahre überdauert hatte?

Die Fürsten werden gestärkt — und der Kaiser?

Im Jahre 1801 mußte der deutsche Kaiser des Heiligen Römischen Reiches, Franz II. von Österreich, mit dem französischen Herrscher Napoleon Bonaparte einen folgenreichen Frieden schließen. Der Rhein wurde als neue Grenze zwischen Frankreich und Deutsch-

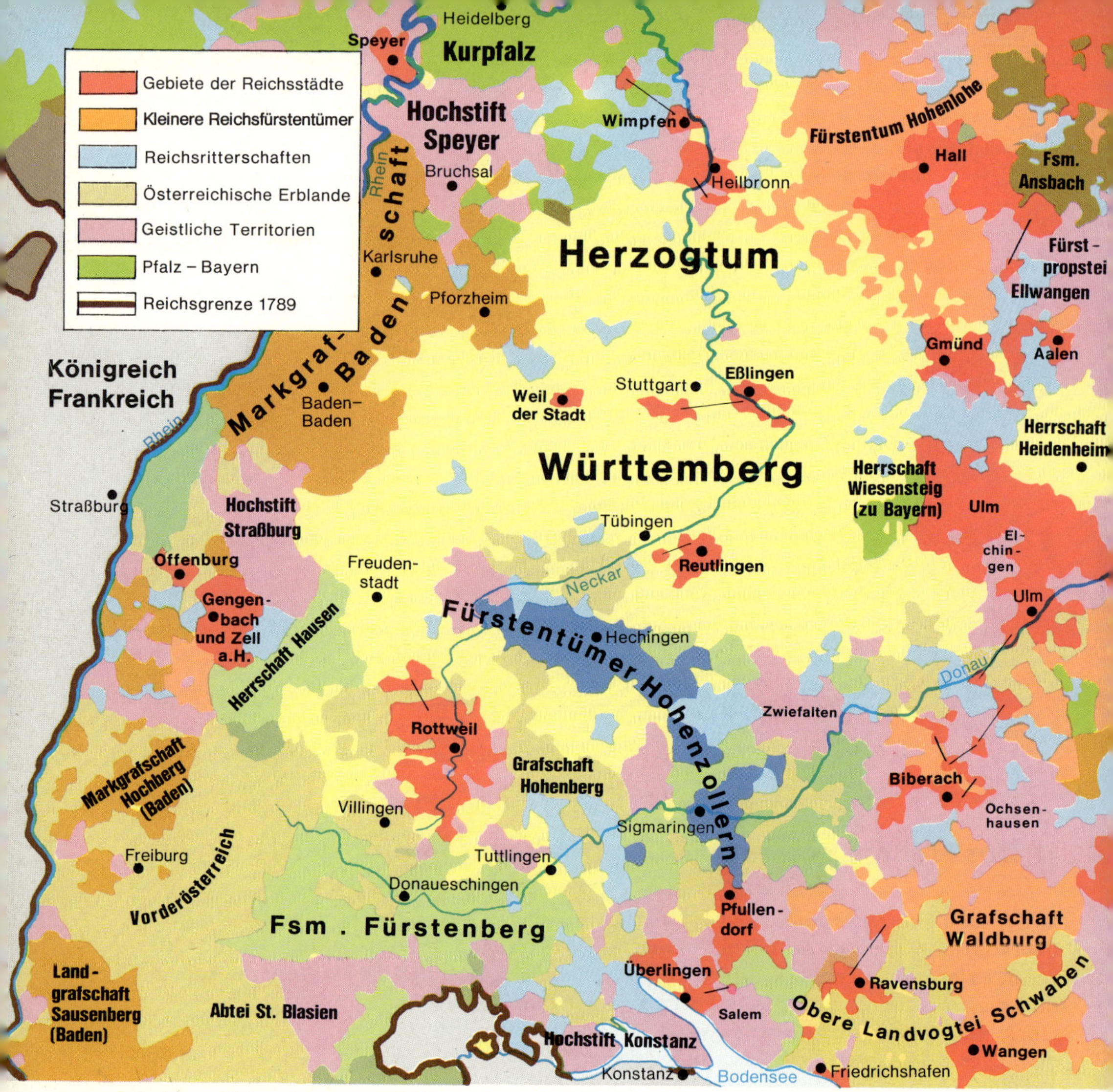

Baden und Württemberg um 1800

land festgelegt. Dadurch verloren deutsche Fürsten links des Rheins Gebiete und Privilegien. Napoleon bestimmte, daß diese Fürsten für ihre Verluste entschädigt werden sollten.

An zwei Beispielen wollen wir untersuchen, wie das geschah.

Der Fürst von Thurn und Taxis schrieb im Jahre 1802 an die Äbtissin von Buchau, die bisher als Fürstin gegolten hatte:

Aus der vorgelegten Entschädigungsakte werden Sie bereits ersehen haben, was mir und meinem fürstlichen Hause für Entschädigungen angewiesen worden sind; ... In dieser Hinsicht habe ich meinem geheimen Rat ... Auftrag und Vollmacht gegeben, die mir angewiesenen Entschädigungen in provisorischen Besitz zu nehmen und verspreche mir, daß Sie dieser Besitznehmung nicht das Mindeste in den Weg legen, sondern vielmehr bestrebt sind, überall gute Ordnung und Ruhe zu erhalten ... Was ich übrigens tun kann, um den Wohlstand der Untertanen zu erhalten, ihre wohlhergebrachten Rechte und Gewohnheiten zu schützen, und ... Ihnen dieses schwere Verhängnis minder drückend zu machen, soll gewiß nicht unterbleiben.

(J. Schöttle, Geschichte von Stadt und Stift Buchau, Waldsee 1884, S. 389 f., vereinfacht)

Baden und Württemberg um 1810

Ein bayerischer Regierungsrat teilte dem Stadtrat einer schwäbischen Reichsstadt im Jahre 1802 mit:

Seine kurfürstliche Durchlaucht von Pfalzbayern erhielten ... zur Entschädigung für ihre verlorenen Besitzungen unter andern schwäbischen Staaten auch hiesige Reichsstadt ...
Da ich nunmehr sämtliche Anwesende ihrer Pflichten gegen Kaiser und Reich ... entbunden erklären muß, so habe ich Ihnen auch zu bedeuten, daß ... alle Zeichen, Wappen und Anschriften, welche auf reichsstädtische Eigenschaft hinzielen, ... nach Möglichkeit gleich oder baldmöglichst ausgelöscht oder vertilgt werden [müssen], welches hiermit dem Stadtrat zur Besorgung übertragen wird.

(J. Eben, Versuch einer Geschichte der Stadt Ravensburg, Ravensburg 1834, S. 340 f., vereinfacht)

a) *Versuche aus den Quellen zu beschreiben, wie die Entschädigung durchgeführt wurde. Hatte Napoleon ein Recht dazu?*
b) *Welche Absicht verfolgte Napoleon mit der Entschädigung der Fürsten? Berücksichtige, daß gerade die Klöster und Städte stets treue Anhänger des Kaisers gewesen waren.*

c) *Wenn man kirchliche Güter und Rechte verstaatlicht, spricht man von Säkularisation (Verweltlichung); wenn man unabhängige Fürsten oder Städte einem anderen unterordnet, spricht man von Mediatisierung (Unterordnung). Wende beide Begriffe auf die Quellen an.*

Mediatisierung und Säkularisierung* hatten auf Baden und Württemberg große Auswirkungen. Das zeigen die beiden Karten S. 128 und 129.*

a) *Überlege, welche Folgen diese Maßnahmen hatten:*
   — für die Stellung der Reichsfürsten
   — für die Stellung des Kaisers
   — für die Stellung der Kirche.
   Unterscheide jeweils Vor- und Nachteile. (→ Arbeitsblatt Nr. 35)

b) *Vielleicht erfolgten damals auch in deinem Heimatort Veränderungen. Versuche dich darüber zu informieren.*

Die deutschen Fürsten zwischen zwei Kaisern

Nur fünfzehn Jahre nach der Revolution hatten sich die politischen Verhältnisse in Frankreich entscheidend verändert. Im Jahre 1804 krönte sich Napoleon selbst zum Kaiser und machte damit der ganzen Welt seine Macht und seinen Anspruch deutlich. Das Bild S. 131 zeigt eine Szene aus den Krönungsfeierlichkeiten.

— Erinnere dich, wer im Mittelalter für die Kaiserkrönung zuständig war. Was war bei der Kaiserkrönung Napoleons anders? Versuche das zu erklären.

Seit dem Mittelalter hatte es in Europa immer nur einen Kaiser gegeben, den des Heiligen Römischen Reiches. Ein Brief des Landgrafen von Hessen-Rothenburg an Napoleon verrät uns, wie viele deutsche Fürsten dem neuen Kaiser gegenübertraten:

Europa . . . wird Beifall spenden; und wenn ich mich mit meiner Stimme anschließe, so geschieht es, um Eurer kaiserlichen Majestät meine Huldigungen und Glückwünsche darzubringen . . . Ich bitte Sie, meine Wünsche gütigst aufzunehmen, die ich auch im Namen meines Hauses darbringe, das mit Achtung und Treue an Frankreich gekettet ist, von dem ihm in großmütiger Weise Schutz und Bürgschaft gewährt wird.

(E. Kleßmann (Hg.), Deutschland unter Napoleon in Augenzeugenberichten, dtv 1131, S. 31 f.)

Königsbäcker Napoleon. Englische Karikatur von J. Gillray, 1806. Die Figuren Bayern, Württemberg und Baden werden frischgebacken aus dem Ofen geholt. Die zerbrochenen Figuren Französische Republik, Spanien, Italien und Österreich sind mit dem „Korsischen Besen der Zerstörung" ins Aschenloch gekehrt worden. Rechts liegen für den nächsten Schub „kleine Teig-Vizekönige" bereit.

Ein neuer Kaiser. Kaiserkrönung in der Kathedrale Notre-Dame in Paris (2. 12. 1804). In der Mitte Napoleon, der sich eben selbst das Kaiserdiadem aufgesetzt hat. Vor ihm kniet seine Gemahlin. Rechts (sitzend) Papst Pius VII. Im Hintergrund links die Mutter des Kaisers. (Gemälde von J. L. David, Paris, Louvre)

Im Jahre 1805 kam es erneut zum Krieg zwischen Österreich und Frankreich. Jetzt mußten sich die deutschen Fürsten entscheiden. Der Kurfürst von Württemberg schrieb am 29. 8. 1805:

Ich muß Partei ergreifen entweder gegen Frankreich, das heißt mich von Truppen überschwemmt, feindlich behandelt sehen drei Tage nach dieser Erklärung, oder ich muß mich mit Frankreich verbünden gegen den Kaiser der Römer, das Reichsoberhaupt.

(E. Kleßmann (Hg.), Deutschland unter Napoleon, S. 37)

— *Erkläre und beurteile das Verhalten dieser deutschen Fürsten. Warum waren sie in diese Lage gekommen?*

Viele deutsche Fürsten, darunter auch der bayerische, der badische und der württembergische, entschieden sich erneut für Napoleon. Wieder wurden sie fürstlich entlohnt. Bayern und Württemberg wurden Königreiche und Baden Großherzogtum. Noch einmal konnten sie ihre Länder, dieses Mal auf Kosten Österreichs, vergrößern.
Napoleon wollte das alte deutsche Kaiserreich, das so oft ein gefährlicher Gegner Frankreichs gewesen war, zerstören. Dieses Ziel war im Jahre 1806 erreicht: Fast alle deutschen Fürsten traten aus dem Reichsverband aus und schlossen sich unter dem Schutz Napoleons zu einem „*Rheinbund*"* zusammen (siehe Karte S. 127).
Auf ein Ultimatum Napoleons hin legte der deutsche Kaiser Franz II. seine Krone nieder. Die tausendjährige Geschichte des „Heiligen Römischen Reiches Deutscher Nation"* war damit zu Ende gegangen. Nur wenige Menschen in Deutschland nahmen noch Notiz davon.

2. Deutsche kämpfen für ihr Vaterland

In Deutschland wächst der Widerstand

Viele Menschen in Deutschland hatten Napoleon zunächst mit Sympathie empfangen. Sie hatten gehofft, er würde ihnen Errungenschaften der Französischen Revolution* wie Freiheit und Gleichheit bringen. Aber sie wurden in ihren Erwartungen enttäuscht.

Im Jahre 1806 erschien in Süddeutschland die Schmähschrift „Deutschland in seiner tiefen Erniedrigung". Aus dieser Schrift, die insgeheim von Hand zu Hand gereicht wurde, lassen sich Gründe für diese Enttäuschung ablesen:

Ungeheure Lieferungen aller Art waren das erste Wort, womit das französische Heer bei seinem Eintritt Städten und Dörfern in Bayern das Kompliment machte. Nach diesem traurigen Willkomm eilte der Soldat wie ein ausgehungerter Wolf auf sein angewiesenes Quartier zu. Sonsten pflegte der Hunger keine Speise zu verachten, hier forderte er Leckerbissen zu seiner Befriedigung. Kaum war der Franzose aus seinem Nest, als er sich schon nach Kaffee, Wein, Likör, Braten und Eingemachtem umsah. Noch dampfte der Fraß aus seinem gespannten Wanste, da er sich zum Mittagessen niedersetzte und, wenn nicht köstliche Zubereitung der Speisen aufs neue seinen Appetit reizte, Wirt und Wirtin auf das infamste mißhandelte.

(E. Kleßmann (Hg.), Deutschland unter Napoleon, S. 82)

a) *An wen richtete sich die Schrift? Was wollte ihr Verfasser erreichen?*
b) *Der Verleger dieser Schmähschrift wurde von einem französischen Kriegsgericht zum Tode verurteilt und erschossen. Was sollte dieses harte Urteil bewirken?*

Nicht nur in Worten sondern auch in offenen Revolten zeigten die Menschen damals ihre Unzufriedenheit mit Napoleon und der Besatzung. Wie Napoleon selbst allerdings die Lage in Deutschland beurteilte, zeigt sein Brief vom 2. Dezember 1811 an seinen Marschall Davout (sprich: Dawú) in Hamburg:

Urteilen Sie doch selbst, was zu befürchten ist von einem so braven, so vernünftigen, so kalten, so geduldigen Volke, das von jeder Ausschreitung so weit entfernt ist, daß kein einziger Mann während des Krieges in Deutschland ermordet wurde.

(E. Kleßmann (Hg.), Die Befreiungskriege in Augenzeugenberichten, dtv 912, S. 9)

— *Worauf gründete Napoleon sein Urteil über das deutsche Volk?*

Napoleon hatte die Lage falsch beurteilt. Bereits zwei Jahre später, im Jahre 1813, kämpften die Deutschen mit ihren Fürsten gegen die Herrschaft Napoleons. Aus der Unzufriedenheit war ein Aufstand geworden. Verschiedene Gründe erklären diese Entwicklung.

Napoleon ist verwundbar

Im Jahre 1812 hatte Napoleon einen Krieg gegen Rußland begonnen. An der Spitze der „Großen Armee", der größten der Geschichte bis dahin überhaupt, überschritt er ohne Kriegserklärung den Grenzfluß Njemen. Von den 600000 Soldaten kamen ungefähr 200000 aus den deutschen Fürstenstaaten, die mit Napoleon verbündet waren; Badener Bayern und Württemberger waren darunter. Als die Armee siegreich in Moskau eingezogen war, steckten die Russen die Stadt in Brand. So fielen Unterkünfte und Vorräte der Großen Armee in Schutt und Asche. Der Feldzug wurde zur Katastrophe.

Überlebende der napoleonischen Armee kehrten zu Beginn des Jahres 1813 in ihre Heimat Deutschland zurück. Ein Augenzeuge berichtete darüber:

Rückzug Napoleons über den Fluß Beresina, November 1812. Während die Soldaten den Fluß zu überqueren versuchten, griffen russische Truppen an.

Täglich erneuern sich die Unglücksszenen vor unseren Augen und zerreißen die Herzen der Mitfühlenden. Krüppel ohne Arme und Beine, Kranke, die sterbend vom Wagen getragen werden . . . Wir sind nicht allein Augenzeugen dieser Jammergestalten, die feindliche Kugeln und der Frost verkrüppelt, sondern hören noch die schauderhaftesten Erzählungen von der gräßlichen Zerrüttung, die unter dem Heer herrschte. Um ein Stück verrecktes Pferdefleisch haben sich oft sechs Menschen totgeschlagen, und der Sieger, zu kraftlos, das Erbeutete zu zermalmen, ist dann selbst ein Raub des Hungers geworden.

(Brief der Philippine v. Griesheim an eine Freundin, 2. Januar 1813, in: E. Kleßmann (Hg.), Die Befreiungskriege, S. 18 f.)

— *Beschreibe anhand von Bild und Brief den Rückzug der Armee.*

Das deutsche Nationalbewußtsein erwacht

Die Nachricht vom Untergang der napoleonischen Armee verbreitete sich rasch in Europa. Die Wirkung war unterschiedlich; viele freuten sich, andere trauerten. Der preußische General Blücher schrieb damals:

Mich juckt's in alle Finger, den Säbel zu ergreifen. Wenn es jetzt nicht Seiner Majestät, unseres Königs, und aller übrigen deutschen Fürsten und der ganzen Nation Fürnehmen ist, alles Schelmfranzosenzeug mitsamt dem Bonaparte und all seinem ganzen Anhang vom deutschen Boden weg zu vertilgen: so scheint mir, daß kein deutscher Mann mehr des deutschen Namens wert sei. Jetzo ist es wiederum die Zeit, zu tun, was ich schon Anno Neun angeraten, nämlich die ganze Nation zu den Waffen anzurufen, und wann die Fürsten nicht wollen und sich dem entgegensetzen, sie samt dem Bonaparte wegzujagen. Denn nicht nur Preußen allein, sondern das ganze deutsche Vaterland muß wiederum heraufgebracht und die Nation hergestellt werden.

(Brief des Generals Blücher vom 5. Januar 1813, in: E. Kleßmann (Hg.), Die Befreiungskriege, S. 19)

a) *Blücher sah in der Niederlage Napoleons eine große Chance. Erläutere das.*
b) *Wie kann man den Haß Blüchers auf die Franzosen erklären?*

Viele Männer in Deutschland wollten jetzt Soldat werden, aber nicht für Napoleon. In einem Brief an seinen Vater vom 10. März 1813 begründete der Dichter Theodor Körner seine Entscheidung:

Deutschland steht auf, der preußische Adler erweckt in allen treuen Herzen durch seine kühnen Flügelschläge die große Hoffnung einer deutschen, wenigstens norddeutschen Freiheit . . . Ja, liebster Vater, ich will Soldat werden, will das hier gewonnene glückliche und sorgenfreie Leben mit Freuden hinwerfen, um, sei's auch mit meinem Blute, mir mein Vaterland zu erkämpfen.
Nenn's nicht Übermut, Leichtsinn, Wildheit! Vor zwei Jahren hätte ich es so nennen lassen; . . . jetzt ist es die mächtige Überzeugung, daß kein Opfer zu groß sei für das höchste menschliche Gut, für seines Volkes Freiheit.

(H. Krieger (Hg.), Die Neuzeit, Handbuch des Geschichtsunterrichts, Bd. 4, Frankfurt [2]1963, S. 255)

a) *Neben die Befreiung von der Fremdherrschaft trat für Theodor Körner und andere damals ein neues Ziel! Welches?*
b) *Um 1813 erwachte in vielen Deutschen das Bewußtsein der Zusammengehörigkeit oder, wie man auch sagt: das Nationalbewußtsein. Findest du Gründe dafür?*

So wie Theodor Körner meldeten sich viele aus ganz Deutschland zu den freiwilligen Verbänden, den *Freikorps*, die neu aufgestellt worden waren. Andere opferten ihre letzten Ersparnisse und Wertsachen an die Regierungen, damit Waffen und Ausrüstung für die Soldaten gekauft werden konnten.
So waren die Deutschen 1813 bereit, für ihre Freiheit zu kämpfen, und auch den Fürsten war es nicht länger möglich, sich dem Verlangen der Untertanen zu entziehen.
Am 16. Oktober begann bei Leipzig die Entscheidungsschlacht. Bereits zwei Tage vorher hatten die Bayern, die alten Verbündeten Napoleons, an Frankreich den Krieg erklärt. Während der Schlacht gingen auch die sächsischen und württembergischen Verbündeten auf die Gegenseite über. Napoleon konnte mit seiner neu aufgestellten Armee der Front dieser Gegner nicht standhalten. Zum ersten Mal seit langem erlitt er eine schwere Niederlage in offener Feldschlacht.
Aber den Glauben an sein Kriegsglück hatte er noch nicht verloren. Deshalb lehnte er den angebotenen Frieden, der Frankreich auf seine alten Grenzen beschränkt hätte, ab. So ging der Koalitionskrieg weiter. Die Verbündeten marschierten in Frankreich ein und eroberten Paris. Napoleon wurde zur Abdankung gezwungen und mußte sich auf die Insel Elba zurückziehen.

a) *Die Entscheidungsschlacht bei Leipzig wird auch* „Völkerschlacht" *genannt. Begründe dies.*
b) *Die europäischen Fürsten setzten in Frankreich das alte Herrscherhaus der Bourbonen wieder ein. Was bezweckten sie damit?*

Nach der Befreiung sprach Goethe mit dem Historiker Luden am 13. Dezember 1813 über die Zukunft Deutschlands:

Und was soll nun werden? Sie sprechen von dem Erwachen, von der Erhebung des deutschen Volkes und meinen, dieses Volk werde sich nicht wieder entreißen lassen, was es errungen und mit Gut und Blut teuer erkauft hat, nämlich die Freiheit. Ist denn wirklich das Volk erwacht? Weiß es, was es will und was es vermag? . . . Der Schlaf ist zu tief gewesen, als daß auch die stärkste Rüttelung so schnell zur Besinnung zurückzuführen vermöchte. Und ist denn jede Bewegung eine Erhebung? Erhebt sich, wer gewaltsam aufgestöbert wird? Wir sprechen nicht von den Tausenden gebildeter Jünglinge und Männer, wir sprechen von der Menge, von den Millionen. Und was ist denn errungen oder gewonnen worden? Sie sagen, die Freiheit; vielleicht aber würden wir es richtiger Befreiung nennen.

(E. Kleßmann (Hg.), Die Befreiungskriege, S. 218)

— *Warum war Goethe nach der Befreiung nicht so begeistert wie viele andere Deutsche damals? Worin sah er die Gefahren und die Schwächen der Volkserhebung von 1813?*

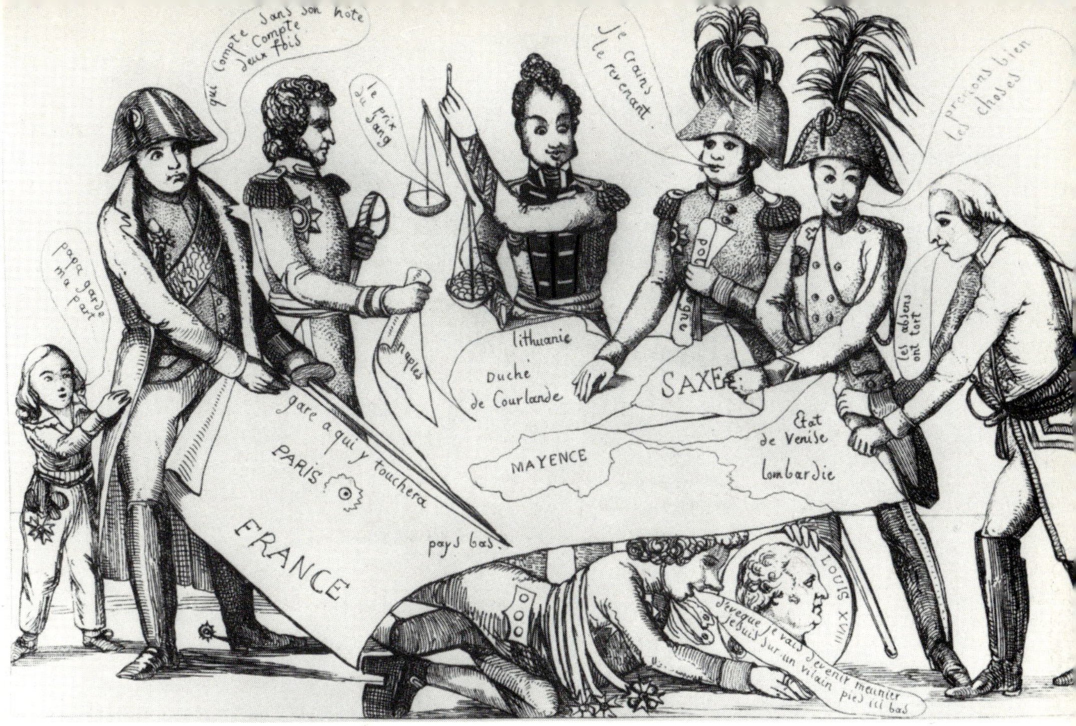

„Der Kuchen der Könige, zu Wien 1815 gebacken". Zeitgenössische Karikatur. Die Personen verkörpern (von links nach rechts): *Frankreich* (durch die Gestalt Napoleons dargestellt: „Wer die Rechnung ohne den Wirt macht, zahlt doppelt". Links davon steht Napoleons Sohn: „Papa, paß auf mein Stück auf!"), *Neapel*, *Fürst Metternich* (auf der Waage: „Der Preis des Blutes"), *Rußland* („Ich fürchte das Gespenst", gemeint ist Napoleon), *Sachsen* („Nehmen wir, was wir kriegen.") und *Österreich* („Abwesende haben immer unrecht"). Zuunterst lauert Talleyrand, der schlaue Gesandte Frankreichs; er spielt bereits mit der Münze des Bourbonen Ludwigs XVIII., den er auf den Thron Frankreichs zurückführt.

3. Der Wiener Kongreß: Eine Neuordnung Europas?

Viele Probleme sind zu lösen

Napoleon hatte jahrelang weite Teile Europas besetzt gehalten. Mit seiner Niederlage brach auch das napoleonische Herrschaftssystem (siehe Karte S. 127) zusammen. Jetzt tauchten viele Fragen auf: Wer sollte in den ehemals besetzten Ländern nun regieren? Was sollte aus Deutschland werden, das durch den Untergang des Reiches ohne Zusammenhalt war? Was sollte mit den vielen säkularisierten und mediatisierten Fürsten geschehen, die erbittert die Wiederherstellung des alten Zustandes forderten? Wie sollten revolutionäre Ideen und Bewegungen in der Zukunft überwunden werden?
Um all diese Fragen zu lösen, wurde im September 1814 ein Kongreß nach Wien einberufen.

Ein Zeichner stellte damals in überspitzter Form das Fürstentreffen dar (Abb. oben).

a) *Welche wichtigen Staaten sind auf der Zeichnung nicht vertreten? — Was wollte der Zeichner damit ausdrücken?*
b) *Wie sah der Zeichner das Vorgehen der Fürsten bei der „Neuordnung"?*

Schon bald nach Beginn der Verhandlungen zeigten sich die ersten großen Schwierigkeiten. Zwei zeitgenössische Berichte geben Auskunft darüber.

Der bayerische Gesandte schrieb im Oktober 1814:

In unserer Konferenz rückt es gar nicht voran. Es wird gar nichts entschieden; über nichts kann man sich einverstehen. Wer wird auch im eigenen Land sich etwas vor-

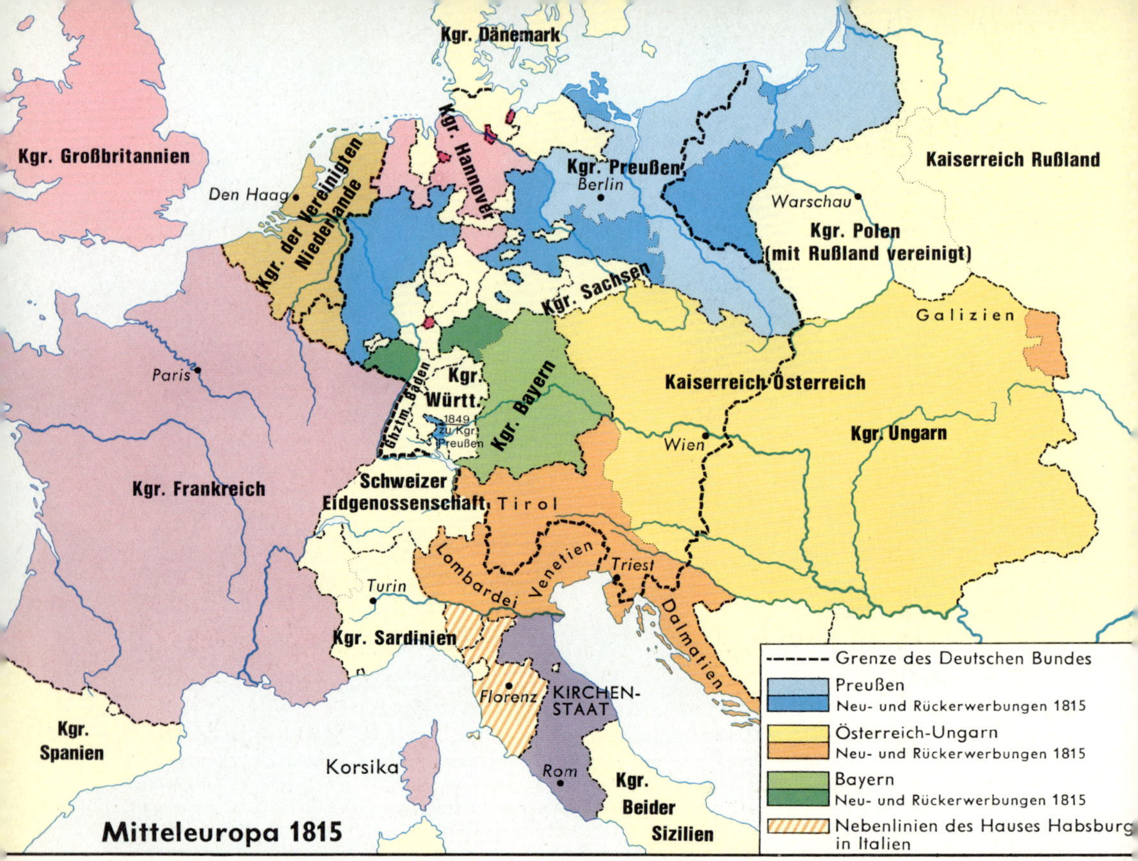

Mitteleuropa im Jahre 1815

schreiben lassen? Die Sitzungen werden auch viel zu selten. Die ewigen Feste, die wir alle zum Ekel haben, absorbieren alle Zeit.

(H. Spiel (Hg.), Der Wiener Kongreß in Augenzeugenberichten, dtv 1326, S. 37)

Ein Gesandter aus Genf berichtete:

Der Erzherzog [von Österreich] seufzte darüber, daß nichts zustande kommt. Er entwarf ein ganz der Wahrheit entsprechendes, aber sehr düsteres Bild von allen den gekrönten Häuptern und ihren Ministern, die auf dem Kongreß aufgetaucht sind. Er . . . findet, daß sie alle nur an ihre persönlichen Vorteile denken. „Sie haben alle den Drang nach Eroberung“, fügte er hinzu, „und diese Männer, die sich gegen den Ehrgeiz Napoleons zusammentaten, haben seine Grundsätze angenommen. Niemand denkt daran, die Völker glücklich zu machen.“

(W. Wulf (Hg.), Vom Westfälischen Frieden bis zum Wiener Kongreß 1648—1815, Geschichtliche Quellenhefte, H. 6/7, Frankfurt [5]1975, S. 120)

— *Was verwundert dich an dem Verhalten der Fürsten in Wien? Versuche es zu erklären!*

Die Beute wird verteilt

Die Fürsten waren weitgehend einig, daß möglichst alles wieder so werden sollte wie vor der Herrschaft Napoleons. Jeder versuchte aber für sein Land so viel wie möglich dazuzugewinnen. Zu welchen Veränderungen es deshalb kam, zeigt ein Blick auf die Karte oben.

a) *Vergleiche diese Karte mit der Karte S. 127. Achte dabei besonders auf die Grenzen Frankreichs. (→ Arbeitsblatt Nr. 36)*

b) *Österreich gewann nichtdeutsche Gebiete hinzu. Finde sie auf der Karte. Welche Probleme ergaben sich dadurch für Österreich?*

c) *Man sagte damals auch, daß Preußen die „Wacht am Rhein" übernahm. Was wollte man damit ausdrücken?*

Über die Gebietsveränderungen urteilte ein Diplomat aus Hannover:

Wenn man nach den Teilungen urteilen darf, welche von den Fürsten gebilligt wurden, ohne Rücksicht auf die geographische Lage der Länder, auf die Sitten und Gebräuche der Nationen, auf die unabdingbaren Rechte der Völker, sieht es so aus, als ob die Souveräne* Handel getrieben hätten, indem sie ihren Reichen nach ihrem eigenen Geschmack Landstriche willkürlich einverleibt haben.

(H. Spiel (Hg.), Der Wiener Kongreß, S. 40, vereinfacht)

a) *Prüfe die Kritik des Diplomaten anhand der Karte.*

b) *Kann zu Recht von einem „Friedenskongreß" gesprochen werden?*

Was wird aus Deutschland?

Große Hoffnungen und Erwartungen knüpften vor allem die Untertanen der deutschen Fürsten an den Kongreß. Sie hatten ja maßgeblichen Anteil an der Befreiung Europas gehabt. In der Zeit der Unterdrückung war das Gefühl der Zusammengehörigkeit aller Deutschen gestärkt worden. Doch das Reich, das sie einst einte, bestand nicht mehr.

Es gab viele Vorstellungen darüber, was mit Deutschland werden sollte. Über die Wünsche der deutschen Untertanen schrieb der französische Gesandte im Oktober 1814 an seinen König Ludwig XVIII.:

Die Deutschfanatiker [übersteigerte Deutschtümler] — deutsche Einheit, das ist ihr Schrei, ihre Lehre, ihre Religion, die sie mit wahrem Fanatismus bekennen. Wer kann die Folgen berechnen, wenn eine Masse wie die deutsche, zu einem einzigen Ganzen gemischt, aggressiv würde? Wer kann sagen, wo eine solche Bewegung haltmachen würde?

(H. Spiel (Hg.), Der Wiener Kongreß, S. 66, vereinfacht)

— *Wie beurteilte der französische Gesandte das Streben der Deutschen nach Einheit?*

Die Entscheidung über die Zukunft Deutschlands fällten die Fürsten. Die Vorschläge bei den Beratungen lauteten: ein straffer deutscher Einheitsstaat oder ein loser Staatenbund. Da die Fürsten nicht bereit waren, auf ihre so mühsam erworbene Souveränität* zu verzichten, beschlossen sie, sich zu einem losen Staatenbund zu vereinigen. Dieser wurde der „*Deutsche Bund*"* genannt. Über gemeinsame Fragen entschied ein „Bundestag" in Frankfurt. Jedes Mitglied war dort mit einer bestimmten Zahl von Stimmen vertreten.

Die nachfolgenden Texte zeigen, in welcher Weise die Beschlüsse des Wiener Kongresses von vielen Deutschen aufgenommen wurden.*

Der badische Professor Karl von Rotteck berichtete:

Sofort nach dem Eintreten der auf dem Wiener Kongreß beschlossenen neuen Ordnung verbreitete sich weithin in Deutschland der Geist der Unzufriedenheit und der Gärung. Der Grund davon lag in dem allgemeinen Gefühl des Unbehagens, in dem Bewußtsein, daß man als Staatsbürger keine Rolle spielte, in der Tatsache, daß der alte Zustand weiter andauerte und die verheißenen Wohltaten ausblieben. Man betrauerte die vagen, fast nichtssagenden Verheißungsformeln der dem Volk zu gewährenden Rechte . . . und noch mehr fast die sich zeigenden Verzögerungen, Schwierigkeiten und Hindernisse bei der Erfüllung.

(H. v. Rotteck (Hg.), Geschichte der neuesten Zeit, 1. Teil, Pforzheim 1841, S. 397 ff., vereinfacht)

Der preußische Politiker Freiherr vom Stein urteilte über den Deutschen Bund:

Unsere neueren Gesetzgeber haben an die Stelle des alten Deutschen Reiches . . . einen Deutschen Bund gesetzt ohne Haupt, ohne Gerichtshöfe, schwach verbunden für die gemeine Verteidigung. Die Rechte des einzelnen sind durch nichts gesichert als die unbestimmte Erklärung, „daß es Landstände geben solle“, ohne daß etwas über deren Befugnisse festgestellt ist [Artikel 13]; . . . Von einer so fehlerhaften Verfassung läßt sich nur ein sehr schwacher Einfluß auf das öffentliche Glück Deutschlands erwarten, und man muß hoffen, daß die politischen Grundsätze, von denen mehrere Kabinette sich noch nicht losmachen können, nach und nach durch die öffentliche Meinung, die Freiheit der Presse und das Beispiel zerstört werden, welches mehrere Fürsten geben zu wollen scheinen, indem sie ihren Untertanen eine weise und wohltätige Verfassung erteilen.

(W. Wulf (Hg.), Restauration und Liberalismus, 1815—1849, Geschichtliche Quellenhefte, Heft 8, Frankfurt [7]1974, S. 16 f.)

a) *Charakterisiere die Stimmung in Deutschland nach 1815.*

b) *Es wurden aber auch nach 1815 positive Veränderungen erwartet. Worauf stützte sich diese Hoffnung?*

Sitzung des Deutschen Bundestages in Frankfurt am Main, 1817. Das Bild macht deutlich, wer auf dem Bundestag den Ton angab.

Bittschrift zur Einberufung der Landstände.

Der Kasseler Bürgermeister Carl Schomburg führt eine Abordnung, die Kurfürst Wilhelm II. von Hessen um Einberufung der Landstände und Ausarbeitung einer Verfassung bittet.

4. Wer sind die Unzufriedenen und was wollen sie erreichen?

Die Hoffnungen der Deutschen auf Einheit wurden nicht erfüllt. Seit der Aufklärung und der Französischen Revolution dachten viele Deutsche aber auch an größere politische Freiheiten. Sie wollten die absolute Fürstenherrschaft nicht länger ertragen. Auf dem Wiener Kongreß hatte man in diesen Fragen keine Übereinstimmung erzielen können. So hatte man sich darauf beschränkt, für die einzelnen Bundesländer eine Verfassung in Aussicht zu stellen. Nach 1815 pochte vor allem das wohlhabende Bürgertum auf die Erfüllung der Versprechen und forderte eine freiheitliche oder — wie sie sagten — *liberale** (freie) Verfassung. Die Gesandten der Fürsten im Frankfurter Bundestag waren jedoch nicht bereit, sich dafür einzusetzen.

Eine Ausnahme war der Freiherr von Gagern aus Hessen, der schon bald nach der Eröffnung des Bundestages an den österreichischen Staatskanzler Metternich schrieb:

Um den Geist der Unzufriedenheit in Deutschland nicht fürchten zu müssen, darf man ihn nicht nähren. Vor allen Dingen muß man Treu und Glauben bewahren. Ich bin der Meinung, daß der Zweck und das Interesse des deutschen Bundes immer vernichtet sein wird, wenn wir uns gleich anfangs mit . . . Dingen [beschäftigen], welche der größte Teil des deutschen Volkes mit Kälte und mit Gleichgültigkeit betrachtet. Ich bin nicht blind gegen die Mängel und Gefahren [der] Verfassungen; aber wir entgehen ihnen nicht; sie sind versprochen, sie werden ängstlich erwartet, und eine Täuschung des Volkes in dieser Hinsicht kann nur Folgen haben, die man einst bedauern wird.

(H. v. Rotteck (Hg.), Geschichte der neuesten Zeit, S. 401, vereinfacht)

a) *Die Liberalen wollten durch eine Verfassung das Volk an der Macht beteiligen. Setzte sich von Gagern aus den gleichen Gründen für die Verfassung ein?*
b) *Falls die Verfassung nicht zustande kam, rechnete von Gagern mit Folgen. Was konnte er damit meinen?*

Eine freiheitliche Verfassung: Das Beispiel Baden

Viele liberale Bürger setzten ihre Hoffnungen auf die Fürsten in den einzelnen Ländern. Die Abbildung oben zeigt eine Abordnung von Bürgern, die den Kurfürsten von Hessen um eine Verfassung bittet.

Zu den deutschen Fürsten, die ihren Ländern schon früh Verfassungen gewährten, gehörte auch der Großherzog von Baden. Im Jahre 1818 wurde die Verfassung verkündet. Wie sahen die Rechte und Freiheiten aus, die sie den Bürgern einräumte?

Die wichtigsten Bestimmungen lauteten:

Pflichten und Rechte	1. Die staatsbürgerlichen Rechte der Badener sind gleich in jeder Hinsicht, wo die Verfassung nicht namentlich und ausdrücklich eine Ausnahme begründet. [§ 7]
	2. Alle Badener tragen ohne Unterschied zu allen öffentlichen Lasten bei. [§ 8]
	3. Eigentum und persönliche Freiheit der Badener stehen für alle auf gleiche Weise unter dem Schutze der Verfassung. [§ 13]
	4. Die Gerichte sind unabhängig innerhalb der Grenzen ihrer Kompetenz. [§ 14]
	5. Die Preßfreiheit wird nach den künftigen Bestimmungen der Bundesversammlungen gehandhabt werden. [§ 17]
Rechte der Volksvertretung	6. Der Großherzog ruft die Volksvertretung zusammen, vertagt sie und kann sie auflösen. [§ 42]
	7. Ohne Zustimmung der Volksvertretung kann kein Anlehen gültig gemacht werden. [§ 57]

(Regierungsblatt des Großherzogtums Baden, Nr. 17 vom 18. Aug. 1818, S. 1425 ff.)

a) *Die badische Verfassung enthielt auch Ideen der französischen Revolution. Sie galt als die modernste und fortschrittlichste ihrer Zeit. Welche Rechte und Freiheiten der Untertanen waren tatsächlich neu?*

b) *Wo zeigte sich die Überlegenheit des Großherzogs gegenüber der Volksvertretung?*

Warum erhielt gerade Baden so früh eine Verfassung? Der liberale badische Politiker Karl von Rotteck schrieb:

Der ehrwürdige Karl Friedrich . . ., 1806 zum Großherzog erhoben, sah in einem Jahrzehnt seinen Staat durch eine Menge vormaliger geistlicher Besitzungen, freier Reichsstädte, reichsunmittelbarer Fürsten, Grafen und Ritter vergrößert, und die Zahl seiner Staatsbürger von 300000 bis über eine Million vermehrt. Um in den aus so verschiedenartigen Bestandteilen zusammengesetzten Staat Einheit zu bringen . . . versprach [er] . . . eine neue zeitgemäße Verfassung, . . . [Es war ihm ratsam erschienen, das] . . . Volk durch ein neues festes Band an das Regentenhaus zu knüpfen, und mit Begeisterung für dessen etwa nötige Verteidigung zu erfüllen mittels der lebendigen Idee eines gemeinsamen Vaterlandes.

(H. v. Rotteck (Hg.), Geschichte der neuesten Zeit, S. 426 f.)

— *Aus welchen Überlegungen heraus gewährte der badische Großherzog eine Verfassung? Deckten sich seine Interessen mit denen der Liberalen?*

Was hat sich durch die Verfassung verändert?

In Baden begannen im Jahre 1819 die Abgeordneten im Landtag mit ihrer Arbeit. Wie das Volk diese neue Einrichtung aufnahm, schilderte ein liberaler Politiker:

Als die Landtage im Königreich Bayern, dann im Großherzogtum Baden, wirklich eröffnet wurden, bewies die unglaubliche Teilnahme des ganzen Volkes beider Staaten (ja man darf sagen beinahe aller Deutschen), wie tief der Wert solcher Erscheinungen auf deutschem Boden empfunden wird . . . Es entfalteten sich die ersten Blüten einer

Der König von Preußen und die liberalen Forderungen. Zeitgenössische Karikatur. Der König sagt: „Zwischen mir und mein Volk soll sich kein Blatt Papier drängen."

in Deutschland bisher ungekannten öffentlichen, bürgerlichen Beredsamkeit. In Städten und Dörfern wurden geschehene Vorträge mit Begier gelesen und beurteilt. Die Interessen des Volkes und Thrones schmolzen zusammen in jeder Brust. Die Vaterlandssache war nicht mehr Kabinettsgeheimnis, sondern teure Angelegenheit aller Herzen.

(H. v. Rotteck (Hg.), Geschichte der neuesten Zeit, S. 431)

a) *Gingen die Erwartungen des Großherzogs, die er an die Verfassung knüpfte, in Erfüllung?*

b) *Es wird von dem großen Interesse des Volkes an der Arbeit des Landtages berichtet. Ist das heute auch so? Versuche deine Antwort zu begründen. Vergleiche auch die Vorgänge während der französischen Revolution (S. 112 ff.).*

Süddeutschland, allen voran Baden, war nach 1818 ein Sammelpunkt und Mittelpunkt der liberalen Bewegung. Das läßt sich nur verstehen, wenn man auch die Entwicklung damals in Preußen beachtet. Eine Karikatur informiert dich darüber. (Abb. oben)

— *Wie beantwortete der preußische König nach Aussage der Karikatur den Wunsch seines Volkes nach einer Verfassung? Wer unterstützte seine Haltung? Sieh dir auch das folgende Gedicht von Heinrich Heine an.*

Vertrauet eurem Magistrat,
Der fromm und liebend schützt den Staat
Durch huldreich hochwohlweises Walten;
Euch ziemt es, stets das Maul zu halten.

Wo ihrer drei beisammen stehn,
Da soll man auseinander gehn.
Des Nachts soll niemand auf den Gassen
Sich ohne Leuchte sehen lassen.

Es liefere seine Waffen aus
Ein jeder in dem Gildenhaus;
Auch Munition von jeder Sorte
Wird deponiert am selben Orte.

Wer auf der Straße räsoniert,[1]
Wird unverzüglich füsiliert;[2]
Das Räsonieren durch Gebärden
Soll gleichfalls hart bestrafet werden.

[1] sich kritisch äußert
[2] erschossen

5. Die Fürsten unterdrücken die liberale Bewegung

Ein politischer Mord: Wem diente er?

Im Frühjahr 1819 erregte ein Ereignis großes Aufsehen. Ein Student hatte den Gesandten und Dichter August von Kotzebue ermordet. Es war ein Mord aus politischen Motiven, denn Kotzebue galt als russischer Spion und Anhänger der Fürsten.
Der deutsche Bundestag beschloß daraufhin einstimmig, Maßnahmen gegen die — wie die Fürsten sagten — „revolutionären Umtriebe" zu ergreifen.

Die wichtigsten Bestimmungen dieser sogenannten „Karlsbader Beschlüsse" lauteten:

Maßregeln gegen die Universitäten	An jeder Universität soll ein Bevollmächtigter der Regierung angestellt werden. Seine Aufgabe besteht darin, darüber zu wachen, daß die Gesetze und Vorschriften der Fürsten eingehalten werden. Sollte ein Lehrer gegen die öffentliche Ruhe und Ordnung verstoßen, so wird er entlassen und darf nicht mehr angestellt werden.
Maßregeln gegen die Presse	Alle politischen Schriften, Flugblätter und Zeitungen dürfen erst dann gedruckt werden, wenn sie vorher von den Regierungen genehmigt worden sind.
Zur Aufdeckung von Umtrieben	In Mainz wird eine zentrale Untersuchungskommission gebildet. Sie soll die revolutionären Umtriebe aufdecken und die Ursachen erforschen.

a) *Wo lagen nach Meinung des Bundestages die Hauptursachen für die „revolutionären Umtriebe"?*
b) *Welche Personen und Einrichtungen waren durch diese Beschlüsse vor allem betroffen?*
c) *Unterscheide zwischen Ursache und Anlaß der Karlsbader Beschlüsse.*

Über die Durchführung dieser Maßnahmen berichtete der Schriftsteller Josef Görres:

Nun begann ein Lärm erbrochener Kisten und Kasten, ein Gehen und Kommen der Gendarmen und Polizeihäscher, ein hastiges Überrennen aller rechtlichen Normen, eine Beunruhigung ruhiger Männer, die der gewöhnliche Lebenstakt schon im voraus freisprechen mußte, ein Verhören und Versiegeln, Verhaften und aus der Haft „Entlassen".

(Zeiten und Menschen C 3, Paderborn 1970, S. 129)

Der Dichter unserer Nationalhymne, August Hoffmann von Fallersleben, malte in einem Spottgedicht aus, wie sich die Einhaltung der Pressezensur auf den Inhalt der Zeitungen auswirkte:

Wie ist doch die Zeitung interessant
Für unser liebes Vaterland!
Was haben wir heute nicht alles vernommen!
Die Fürstin ist gestern niedergekommen,
Und morgen wird der Herzog kommen,
Hier ist der König heimgekommen,
Dort ist der Kaiser durchgekommen —
Bald werden sie alle zusammenkommen —
Wie interessant! wie interessant!
Gott segne das liebe Vaterland!

Wie ist doch die Zeitung interessant
Für unser liebes Vaterland!
Was ist uns nicht alles berichtet worden!
Ein Portepeefähnrich ist Leutnant geworden,
Ein Oberhofprediger erhielt einen Orden,
Die Lakaien erhielten silberne Borden,
Die höchsten Herrschaften gehen nach Norden,
Und zeitig ist es Frühling geworden —
Wie interessant! wie interessant!
Gott segne das liebe Vaterland!

(J. Hermand (Hg.), Der deutsche Vormärz, Stuttgart 1974, S. 88)

a) *Beschreibe die verschiedenen Auswirkungen der Karlsbader Beschlüsse auf das Leben in Deutschland.*

b) *Wie standen Görres und von Fallersleben zu den Geschehnissen?*

Viele Menschen in Deutschland verurteilten damals die willkürlichen Maßnahmen der Fürsten. Aber nicht alle dachten so. Die Bürger von Säckingen schrieben 1824 an den Großherzog von Baden:

Als getreuen Untertanen geziemt es uns, die Befehle Euerer Königlichen Hoheit in Untertänigkeit zu vollziehen und dem höchsten Willen unseres durchlauchtigsten Fürsten und Herrn mit Ergebung entgegenzukommen, was die treu gehorsamst Unterzeichneten um so mehr zu tun sich verpflichtet halten, als sie innigst überzeugt sind, daß Euere Königliche Hoheit nur der getreuen Untertanen Wohl beabsichtigen ... So gehorsam und ergeben ... die treu gehorsamst Unterzeichneten auch sind, so durchdrungen sind sie von der väterlichen Milde und der landesfürstlichen Vorsorge Euerer Königlichen Hoheit, als daß sie nicht den Wunsch hegen sollten, es möchte diese milde und väterliche Vorsorge den getreuen Untertanen ohne Dazwischenkunft eines Instituts [gemeint ist der Landtag] zuteil werden, ... das ... weder die Erwartungen unseres durchlauchtigsten Fürsten und Herrn, noch jene der getreuen Untertanen bis jetzt erfüllt hat.

(F. X. Vollmer (Hg.), Vormärz und Revolution 1848/49 in Baden, Frankfurt 1979, S. 39 f.)

a) *Charakterisiere und beurteile das Verhalten der Bürger von Säckingen. Wie läßt es sich erklären?*

b) *Weshalb war eine solche Adresse eine große Enttäuschung für die liberalen Abgeordneten im Badener Landtag?*

Volksvertreter oder Volksverführer?

In ganz Deutschland wurden nach 1819 die Vertreter der Opposition verfolgt. Man nannte die Wortführer der liberalen Bewegung mit einem Fremdwort „*Demagogen*"* (Volksverführer).

An zwei Fällen erfahren wir, wie es denen erging, die ihre Auffassungen öffentlich und hartnäckig zu vertreten wagten.

Friedrich List (1789—1846)

Fall 1: Friedrich List

Er wurde im Jahre 1789 in der Reichsstadt Reutlingen als Sohn eines Gerbermeisters geboren. Schon früh setzte er sich begeistert für die liberalen Ideen ein. Daher ernannte ihn der reformfreudige württembergische Minister von Wangenheim im Jahre 1817 trotz fehlender Ausbildung zum Professor der Staatswirtschaft an der Universität Tübingen. List setzte sich besonders für die Reform von Verfassung und Verwaltung ein. Das aber paßte der württembergischen Regierung nicht. List sah sich schließlich 1819 gezwungen, seine Professur aufzugeben. Ende des Jahres 1820 wurde List in die Abgeordnetenkammer des württembergischen Landtages gewählt. Er setzte sich auch dort für jene ein, die mit der Staatsverwaltung nicht zufrieden waren. So vertrat er auch eine Bittschrift seiner Reutlinger Wähler, die Klagen und Beschwerden über die all-

mächtigen und oft unmenschlich handelnden Beamten enthielt. Wie reagierte die Regierung darauf? Der Abgeordnete List wurde wegen „Aufreizung gegen Staatseinrichtungen" angeklagt und vom König aus der Kammer ausgeschlossen. Es durfte nämlich kein Abgeordneter in Kriminaluntersuchungen verwickelt sein. Das Gericht verurteilte ihn zu zehn Monaten Festungshaft. Auf der Festung Hohenasperg wurde der Häftling mit zweckloser und stumpfsinniger Arbeit gequält. Nach fünf Monaten Haft erließ man ihm den Rest der Strafe unter der Bedingung, daß er auswandere.
Man wollte ihn los sein. Im Jahre 1825 ging List dann nach Amerika.

Fall 2: Pfarrer Friedrich Ludwig Weidig

Der Pfarrer und Rektor einer Lateinschule in Butzbach (Hessen) war liberal eingestellt und hatte Flugschriften mitverfaßt, welche die Verhältnisse in Deutschland anprangerten.
Aus diesem Grund wurde er 1834 verhaftet, wegen Hochverrat angeklagt und in Darmstadt ins Gefängnis gesteckt.
Im Jahre 1837 wurde bekannt, daß Friedrich Weidig sich im Untersuchungsgefängnis umgebracht habe. Die Untersuchung ergab zweifelsfrei, daß Weidig zwei Jahre lang von dem Untersuchungsrichter und dem Gefängniswärter unmenschlich gepeinigt, körperlich mißhandelt und schließlich ermordet worden war.
Die Briefe, die der kranke und verzweifelte Mann aus dem Gefängnis an seine Frau geschrieben hatte, wurden noch viele Jahre nach seinem Tod „aus staatspolizeilichen Gründen" zurückgehalten.
Der Grabstein, auf dem seine Freunde vermerkt hatten, daß er ein Kämpfer für die Freiheit gewesen sei, wurde auf Befehl der Regierung vermauert.

a) *Wie denkst du über das Verhältnis von Vergehen und Bestrafung?*

b) *Wie beurteilst du die Wirkung der Strafen von List, Weidig und anderen auf die Öffentlichkeit? Lies noch einmal das Gedicht S. 142.*

Ein Zeichner hat damals das Klima des Mißtrauens, der Kontrolle und der Bespitzelung in einer Karikatur ausgedrückt.

„Der Denkerclub". Karikatur auf die Unterdrückung der Meinungsfreiheit

6. Die deutsche Zollvereinigung — ein Schritt zur nationalen Einheit?

Deutschland zerfiel in jener Zeit nicht nur in viele Staaten, sondern auch in zahlreiche wirtschaftliche Räume. Der Deutsche Bund befaßte sich nicht mit wirtschaftlichen Fragen, sondern überließ ihre Regelung den Einzelstaaten. Daher begann an jeder Staatsgrenze auch ein neues Wirtschaftsgebiet mit eigenen Gesetzen. Insbesondere die Zollschranken und -bestimmungen belasteten damals den Handel.

Die Karikatur versuchte, die Mißstände in witziger Form zu zeigen:

Grenzverlegenheit. „Sie sehen, Herr Grenzwächter, daß ich nix zu verzolle hab', denn was hinte auf'm Wagen ist, hat die Lippische Grenz' noch nit überschritten, in der Mitt' ist nix, und was vorn drauf ist, ist schon wieder über die Lippische Grenze drüben." Aus den „Fliegenden Blättern" von 1848

— *Welche Zustände nahm diese Karikatur aufs Korn?*

Weg mit den Zollschranken!

Die wirtschaftliche Zersplitterung hemmte in Deutschland jeden Fortschritt. Dies spürte besonders das aufstrebende, wirtschaftlich erstarkte Bürgertum. Der im Jahre 1819 gegründete „Allgemeine Deutsche Handels- und Gewerbeverein" schrieb in einer Eingabe an den Deutschen Bundestag:

Achtunddreißig Zoll- und Mautlinien [Maut = Gebühr für Brücken- und Straßenbenutzung] in Deutschland lähmen den Verkehr im Innern . . . Um von Hamburg nach Österreich, von Berlin in die Schweiz zu handeln, hat man zehn Staaten zu durchschneiden, zehn Zoll- und Mautverordnungen zu studieren, zehnmal Durchgangszoll zu bezahlen. Wer aber das Unglück hat, auf einer Grenze zu wohnen, wo drei oder vier Staaten zusammenstoßen, der verlebt sein ganzes Leben mitten unter feindlich gesinnten Zöllnern und Mautnern, der hat kein Vaterland. Trostlos ist der Zustand für Männer, welche wirken und handeln möchten. Mit neidischen Blicken sehen sie hinüber über den Rhein, wo ein großes Volk vom Kanal bis an das Mittelländische Meer, vom Rhein bis an die Pyrenäen, von der Grenze Hollands bis Italien auf freien Flüssen und offenen Landstraßen Handel treibt, ohne einem Mautner zu begegnen.

(H.-J. Schoeps, Preußen, Berlin [8]1968, S. 353)

Viele fanden sich mit dieser Situation nicht ab, sondern suchten nach Auswegen. Der Volkswirt Friedrich List zum Beispiel schrieb aus Amerika:

Darin werden alle denkenden Männer aller Parteien und Stellungen übereinstimmen, daß die künftige Sicherheit und Macht Deutschlands hauptsächlich auf den materiellen Kräften und dem Zusammengehörigkeitsgefühl der Deutschen beruhe, und daß beide großenteils bedingt seien durch die Handelseinheit und eine gemeinsame Handelspolitik in Deutschland . . .

Der Zollverein soll die Deutschen wirtschaftlich und materiell zu einer Nation verbinden; er soll in dieser Beziehung nach außen die ganze Nation kräftig vertreten . . . und die materielle Kraft der Nation stärken; er soll durch die Verschmelzung der einzelnen Interessen der deutschen Länder zu einem gemeinsamen Interesse das Nationalgefühl wecken und heben.

(H. Pönicke (Hg.), Die wirtschaftliche und soziale Entwicklung Europas im 19. Jahrhundert, Paderborn [4]1974, S. 44 f., vereinfacht)

a) *Begründe die wirtschaftlichen Interessen der Bürger an der Aufhebung der Zollgrenzen.*
b) *Der Bundestag lehnte 1819 die Bittschrift ab. Was drückte diese Entscheidung aus?*
c) *Welches waren die Kerngedanken des Vorschlages von Friedrich List?*
d) *Die deutschen Fürsten lehnten die Pläne Lists ab. Was befürchteten sie?*

Warum will Preußen die Zollvereinigung?

In ihren eigenen Staaten hatten die meisten Fürsten aber das Problem der Zölle erkannt. Preußen hob bereits im Jahre 1818 alle Binnenzölle auf und schloß seine Länder zu einem einheitlichen Wirtschaftsgebiet zusammen.

Das Beispiel machte Schule, wie die Karte unten zeigt.

a) *Warum hob gerade Preußen in seinem Gebiet die Binnenzölle auf?*
b) *Wie läßt sich erklären, daß weitere Zollvereinigungen nach dem preußischen Vorbild entstanden?*

Preußen verfolgte mit der Zollvereinigung nicht nur wirtschaftliche Ziele. Die tieferen Interessen erläuterte der preußische Finanzminister Friedrich von Motz seinem König im Jahre 1829:

Wenn es wahr ist, daß Zölle nur die Folge politischer Trennung verschiedener Staaten sind, so muß es auch wahr sein, daß Einigung dieser Staaten zu einem Zoll- und Handelsverbande zugleich auch Einigung zu einem und demselben politischen System mit sich führt. — Preußen muß heute wünschen, mit allen den Staaten, die nur von wahrhaft deutschem Interesse geleitet und Preußen mit offenem Vertrauen ergeben sind . . .

Die wirtschaftliche Einigung Deutschlands

[sich] in jeder Beziehung, politisch und wirtschaftlich, recht innig und recht eng zu verbinden. —
In dieser . . . Verbindung wird erst wieder ein in Wahrheit verbündetes, von innen und von außen festes und freies Deutschland unter dem Schutz und Schirm von Preußen bestehen.

(H.-J. Schoeps, Preußen, S. 354)

a) *Was erhoffte Preußen von einer Zollvereinigung aller deutscher Staaten?*

b) *Friedrich List urteilte über die Zollvereinigung: „Der Zollverein hat die Deutschen die Notwendigkeit und Nützlichkeit der politischen Einigung gelehrt." Erkläre dies.*

Preußens Bemühungen hatten schließlich Erfolg. Am 1. Januar 1834 trat der Deutsche Zollverein in Kraft. Die wichtigsten Artikel aus dem Gründungsvertrag lauteten:

1. In dem Gebiet der betreffenden Staaten sollen übereinstimmende Gesetze über Eingangs-, Ausgangs- und Durchgangsabgaben [Zölle] bestehen. [Artikel 4]
2. Mit der Ausführung des gegenwärtigen Vertrages tritt zwischen den genannten Staaten Freiheit des Handels und Verkehrs und zugleich Gemeinschaft der Einnahmen der Zölle ein. [Artikel 6]
3. Die genannten Regierungen wollen dahin wirken, daß in ihren Landen ein gleiches Münz-, Maß- und Gewichtssystem in Anwendung komme. [Artikel 14]
4. Die genannten Staaten wollen auch fernerhin gemeinschaftlich dahin wirken, daß . . . der Befugnis der Untertanen des einen Staates, in dem anderen Arbeit und Erwerb zu suchen, möglichst freier Spielraum gegeben werde. [Artikel 18]

(Gesetzessammlung für die Preußischen Staaten, 1833, S. 210 ff., zit. nach: H.-J. Schoeps, Preußen, S. 355)

a) *Welche Überlegungen führten zum Deutschen Zollverein? Sammle die Vorteile, die er brachte. (→ Arbeitsblatt Nr. 37)*

b) *Österreich blieb der Zollvereinigung fern. Welche Gründe siehst du? Welche möglichen Konflikte zeichneten sich daraus für die Zukunft ab?*

Ein zeitgenössischer Bericht und ein Gedicht schildern Auswirkungen des Zollvertrages:

Als die Mitternachtsstunde schlug, öffneten sich die Schlagbäume und unter lautem Jubel eilten die Wagenzüge über die Grenze. Alle waren von dem Gefühl durchdrungen, daß Großes errungen sei.

(L. Gall (Hg.), 1871 — Fragen an die Deutsche Geschichte, Katalog zur Historischen Ausstellung in Berlin, Berlin 1971, S. 82)

Ein Dichter schrieb:

Schwefelhölzer, Fenchel, Bricken[1],
Kühe, Käse, Krapp[2], Papier,
Schinken, Scheren, Stiefel, Wicken,
Wolle, Seife, Garn und Bier;
Pfefferkuchen, Lumpen, Trichter,
Nüsse, Tabak, Gläser, Flachs,
Leder, Salz, Schmalz, Puppen, Lichter,
Rettich, Rips[3], Raps[4], Schnaps, Lachs, Wachs!

Und ihr andern deutschen Sachen,
tausend Dank sei euch gebracht!
Was kein Geist je konnte machen,
ei, das habet ihr gemacht:
Denn ihr habt ein Band gewunden
um das deutsche Vaterland,
und die Herzen hat verbunden,
mehr als unser Bund, dies Band.

(Hoffmann v. Fallersleben, Unpolitische Lieder)

---

[1] Holzteller [2] Färbstoff [3] Stoffart [4] Ölpflanze

7. Das Volk kämpft gegen die Fürsten

Die Bürger formulieren ihre Forderungen

Noch im Jahre 1847 konnte man die Situation in Deutschland so darstellen:

◁ **„Bßßt!“** Karikatur aus den „Fliegenden Blättern“, 1847

Nur wenige Monate später sah es in vielen Teilen Deutschlands anders aus:

Barrikadenkämpfe in Berlin im März 1848. Zeitgenössische Darstellung

▽

— *Vergleiche beide Bilder miteinander. Was veränderte sich?*

In den letzten Februartagen des Jahres 1848 bot sich in fast allen Städten und Gemeinden das gleiche Bild. Menschen versammelten sich, um sich gegen die Fürsten und deren Regierungen zu empören.

In einer Volksversammlung von Mannheim wurde am 27. Februar 1848 gefordert:

Das französische Volk hat Ludwig Philipp [den König] abgesetzt, hat das Joch der Tyrannei gebrochen . . . Die Italiener haben freie Verfassungen kräftig sich errungen. Sollen wir Deutschen allein unter dem Joche der Knechtschaft verbleiben?
Der entscheidende Augenblick ist gekommen. Der Tag der Freiheit ist angebrochen. Vorwärts! ist der Ruf der Zeit. Die Not des Volkes muß ein Ende nehmen . . . Zweiunddreißig Jahre lang haben wir fruchtlos gehofft. Jetzt gilt es zu fordern und unsern Forderungen Nachdruck zu geben.

(F. X. Vollmer (Hg.), Vormärz und Revolution 1848/49, S. 66)

— *Charakterisiere das Verhalten der Bürger in Mannheim. Wie begründeten sie ihre Forderungen?*

Die Bürger und Einwohner in den Städten und auf dem Land brachten ihre Forderungen in Flugblättern und Bittschriften zu Papier und sandten sie an die Landtage. Was wollten sie erreichen?
Rechts ist ein solches Flugblatt als Beispiel abgebildet.

a) *Ordne die Forderungen in soziale und politische. (→ Arbeitsblatt Nr. 38)*
b) *Welche der Forderungen sind dir schon bekannt? Woher? Welche waren wirklich neu?*
c) *Die Forderungen lassen Rückschlüsse auf die politischen und sozialen Mißstände vor dem März 1848 zu. (Siehe auch die Karikatur S. 144.)*
d) *Sind bestimmte Forderungen auch heute noch aktuell?*

Mannheimer Flugblatt aus dem Jahre 1848 ▷

Forderungen

des deutschen Volkes.

Allgemeine Volksbewaffnung mit freier Wahl der Offiziere.

Ein deutsches Parlament, frei gewählt durch das Volk. Jeder deutsche Mann, sobald er das 21ste Jahr erreicht hat, ist wahlfähig als Urwähler und wählbar zum Wahlmann. Auf je 1000 Seelen wird ein Wahlmann ernannt, auf je 100,000 Seelen ein Abgeordneter zum Parlament. Jeder Deutsche, ohne Rücksicht auf Rang, Stand, Vermögen und Religion kann Mitglied dieses Parlaments werden, sobald er das 25ste Lebensjahr zurückgelegt hat. Das Parlament wird seinen Sitz in Frankfurt haben und seine Geschäfts-Ordnung selbst entwerfen.

Unbedingte Preßfreiheit.

Vollständige Religions-, Gewissens- und Lehrfreiheit.

Volksthümliche Rechtspflege mit Schwurgerichten.

Allgemeines deutsches Staatsbürger-Recht.

Gerechte Besteuerung nach dem Einkommen.

Wohlstand, Bildung und Unterricht für Alle.

Schutz und Gewährleistung der Arbeit.

Ausgleichung des Mißverhältnisses von Kapital und Arbeit.

Volksthümliche und billige Staats-Verwaltung.

Verantwortlichkeit aller Minister und Staatsbeamten.

Abschaffung aller Vorrechte.

Was tun die Fürsten?

Die Fürsten in Süddeutschland wurden von den Ereignissen völlig überrascht und gaben den Wünschen des Volkes schnell nach. Bereits am 2. März gewährte der badische Großherzog die wichtigsten Forderungen, wie Volksbewaffnung, Schwurgerichte und Pressefreiheit.

Über die Motive seines Handelns berichtete der Großherzog an den König von Preußen:

Die Ereignisse gingen und gehen noch mit so reißender Schnelle, daß man von Stunde zu Stunde ohne gegenseitiges Benehmen mit anderen handeln mußte. Das Unvermeidliche mit Gewalt zurückzudrängen, hätte nur die Kraft der überallher brausenden Wogen vergrößert . . . Meine nachträglichen Zugeständnisse (Schwurgerichte, Preßfreiheit usw.) sind teils von zweckmäßiger Art, teils von untergeordneter, teils von keiner nachträglichen Bedeutung. Die erste Aufgabe war, das Land zu beruhigen und zusammenzuhalten.

(H. Jessen (Hg.), Die Deutsche Revolution 1848/49 in Augenzeugenberichten, Düsseldorf [2]1968, S. 40)

— *War der Großherzog von der gerechten Sache des Volkes überzeugt? Welche Absichten deutete er an?*

Überall in Süddeutschland hatten die Forderungen gleich oder ähnlich gelautet und mit ihrer Erfüllung waren fast alle zunächst zufrieden.
Eine Gruppe von Aufständischen, die von dem Rechtsanwalt Hecker aus Mannheim und dem Schriftsteller von Struwe angeführt wurde, wollte mehr erreichen als die Liberalen. Auf einer Volksversammlung in Freiburg am 26. März 1848 nannten sie ihre Ziele:*

Das deutsche Volk verlangt daher vor allen Dingen, daß das deutsche Parlament die von demselben zu entwerfende neue Verfassung Deutschlands auf den Grundlagen der föderativen Republik [des republikanischen Bundesstaats] feststelle . . . [Es verlangt ferner] die Verschmelzung der Bürgerwehr und des stehenden Heeres zum Behufe der Bildung einer wahren, alle waffenfähigen Männer umfassenden Volkswehr; . . . . . . gleiche Berechtigung aller Bürger ohne Unterschied des Glaubens . . . vollständige Trennung der Kirche vom Staate und insbesondere Übertragung und Führung der bürgerlichen Standesbücher an die weltlichen Behörden; Freigebung der Wahl der Geistlichen und der Bürgermeister; . . . sofortige Erleichterung des Notstandes der arbeitenden Klassen und des Mittelstandes.

(F. X. Vollmer (Hg.), Vormärz und Revolution 1848/49, S. 87)

a) *Vergleiche diese Forderungen mit denen auf dem Flugblatt S. 149.*

b) *Die Gruppe der Aufständischen um Hecker hat man als „radikal" bezeichnet. Kannst du das begründen?*

Eine Revolution ohne Gewalt?

Der Aufstand hatte sich von Baden aus rasch über ganz Deutschland verbreitet. In Berlin brach die Revolution ein paar Tage später aus als in Süddeutschland. Nicht nur die Liberalen stellten dort Forderungen an den König, sondern auch die Arbeiter. Am 15. März verfaßten sie eine Bittschrift. Die wichtigsten Anliegen waren:

Diese Bitte ist um schleunige Abhilfe der jetzigen großen Not und Arbeitslosigkeit aller Arbeiter und Sicherstellung ihrer Zukunft . . . Wir werden nämlich von Kapitalisten und Wucherern unterdrückt; die jetzigen bestehenden Gesetze sind nicht imstande, uns vor ihnen zu schützen. Wir wagen daher Eurer Majestät untertänigst vorzustellen, ein Ministerium bestellen zu wollen, ein Ministerium für Arbeiter, das aber nur von Arbeitgebenden und Arbeitern zusammengesetzt werden darf und dessen Mitglieder nur aus beider Mitte selbst gewählt werden dürfen. Ein solches Ministerium ist nur imstande, . . . das Los der Arbeiter zu verbessern.

(U. Schulz (Hg.), Die Deutsche Arbeiterbewegung 1848—1919 in Augenzeugenberichten, dtv 1219, S. 57)

— *Die Arbeiter in Berlin haben die Bittschrift der Liberalen nicht unterzeichnet, sondern eine eigene verfaßt. Was kann man daraus schließen?*

Wie das Bild S. 148 zeigt, kam es in Berlin zu blutigen Kämpfen zwischen den Truppen des Königs und den Aufständischen. Am 18. März erklärte schließlich der König, daß die Forderungen bewilligt seien.

Zwei Augenzeugen berichten, warum es trotzdem noch zu schweren Kämpfen kam.

Es wird ¾ auf 3 Uhr. Da tönt wüstes Geschrei von der Kurfürstenbrücke herab. Haufen flüchten durch die Königstraße; Bürger kommen, aufgeregt bis zur rasenden Wut, knirschend, bleich, atemlos. Sie rufen: man hat auf dem Schloßplatz soeben auf uns geschossen . . . das Straßenpflaster wird aufgerissen, die Waffenläden werden geplündert, die Häuser sind erstürmt, Beile, Äxte werden herbeigeholt. 12 Barrikaden erheben sich im Nu in der Königstraße.

(T. Klein (Hg.), 1848 — Der Vorkampf deutscher Einheit und Freiheit, München und Leipzig 1914, S. 161)

Das Volk wurde immer ungestümer, offenbar in böswilliger Absicht . . . Alle Ermahnungen blieben fruchtlos. Endlich mußte Kavallerie und Infanterie vorrükken, um den Schloßplatz frei zu machen. Die Kavallerie hatte dabei das Gewehr nicht aufgenommen. Leider aber gingen durch Zufall und Mißverständnis drei Gewehre los, jedoch ohne Schaden zu tun. Dies ward ausgebeutet.

(H. Jessen (Hg.), Die Deutsche Revolution 1848/49, S. 76)

— *Vergleiche die beiden Darstellungen. Wie erklärst du die Unterschiede? Kannst du aus den Texten herausfinden, wer jeweils berichtet?*

Am 19. März hatten auch in Berlin die Aufständischen gesiegt. Überall wehte jetzt in Deutschland die *schwarz-rot-goldene Fahne*, die seither ein Symbol für Einheit und Demokratie ist.

Das Palais des Prinzen Wilhelm von Preußen wird zum Nationaleigentum erklärt. (Zeichnung aus dem Jahre 1848)

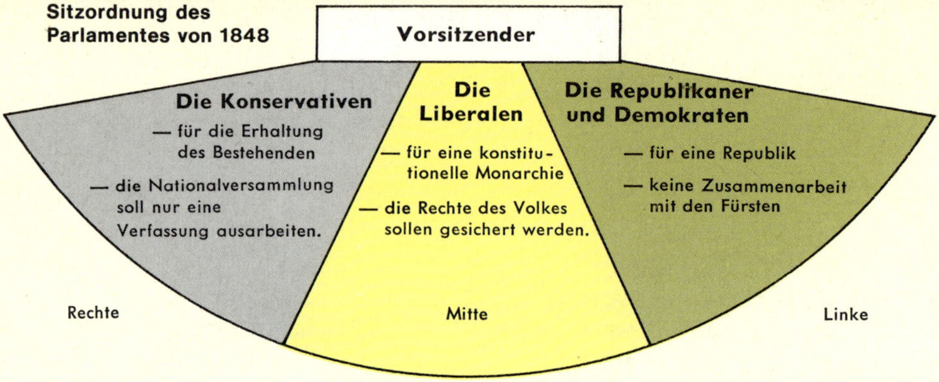

8. Einigkeit und Recht und Freiheit für das deutsche Vaterland

Das erste deutsche Parlament wird eröffnet

„Einigkeit und Recht und Freiheit für das deutsche Vaterland". So beginnt unsere Nationalhymne. Der politisch verfolgte Dichter Hoffmann von Fallersleben drückte mit dieser dritten Strophe seines Deutschlandliedes aus dem Jahre 1841 aus, was viele damals erhofften. Nach dem Sieg der Aufständischen über die Fürsten im Jahre 1848 konnte aus der Hoffnung Wirklichkeit werden.
Am 18. Mai 1848 eröffneten die 569 Abgeordneten, die nach dem allgemeinen und gleichen Wahlrecht gewählt worden waren, *das erste deutsche Parlament** in Frankfurt in der *Paulskirche*.

a) *Erkläre den Begriff Nationalversammlung.*
b) *Vergleiche das Bild der Frankfurter Nationalversammlung mit dem Bild S. 138.*
c) *Welchen Berufsgruppen gehörten die gewählten Abgeordneten an?*

d) *Wie konnte es zu diesem Ergebnis trotz des allgemeinen und gleichen Wahlrechts kommen?*
e) *Welchen Berufsgruppen gehören heute die Abgeordneten des Landtages in Baden-Württemberg an? Versuche dich darüber zu informieren.*

Die Abgeordneten formieren sich

Die Abgeordneten in Frankfurt hatten verschiedene Vorstellungen darüber, wie Deutschland geeint werden sollte. Allmählich stellten sich verschiedene politische Gruppierungen heraus. Die Grafik zeigt die Sitzordnung der Abgeordneten im Parlament.

Der Abgeordnete Wilhelm Wichmann erklärte:

Als die Linke sich zuerst unter Blums Führung im „Deutschen Hof" konstituierte, zählte sie 104 Mitglieder. Ihr Gegenpol, die äußerste Rechte, welche sich nach den Lokalen ihrer Zusammenkunft anfänglich die Partei „Zum Steinernen Haus", später „Cafe Milani" nannte, brachte es nur auf 40 . . . Zwischen diesen beiden Polen lagen nun die Zentren, das rechte, die „Casino"-Partei mit anfänglich 166 Mitgliedern, und das linke, der „Württemberger Hof" mit 47 Mitgliedern.

(H. Jessen (Hg.), Die Deutsche Revolution 1848/49, S. 139)

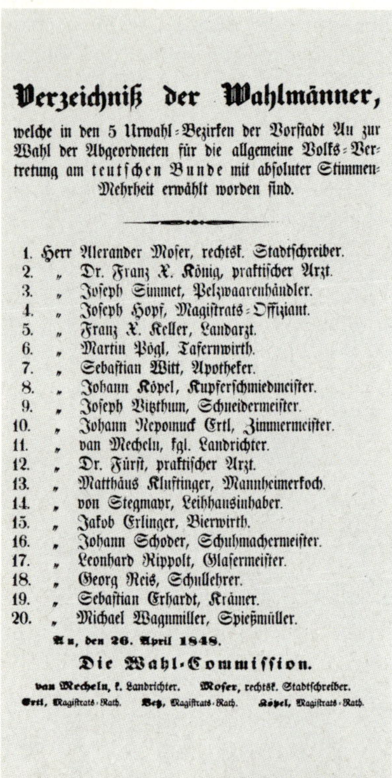

Verzeichniß der Wahlmänner,

welche in den 5 Urwahl-Bezirken der Vorstadt Au zur Wahl der Abgeordneten für die allgemeine Volks-Vertretung am teutschen Bunde mit absoluter Stimmen-Mehrheit erwählt worden sind.

1. Herr Alexander Moser, rechtsk. Stadtschreiber.
2. " Dr. Franz X. König, praktischer Arzt.
3. " Joseph Simmet, Pelzwaarenhändler.
4. " Joseph Hopf, Magistrats-Offiziant.
5. " Franz X. Keller, Landarzt.
6. " Martin Pögl, Tafernwirth.
7. " Sebastian Witt, Apotheker.
8. " Johann Köpel, Kupferschmiedmeister.
9. " Joseph Vitzthum, Schneidermeister.
10. " Johann Nepomuck Ertl, Zimmermeister.
11. " van Mechelu, kgl. Landrichter.
12. " Dr. Fürst, praktischer Arzt.
13. " Matthäus Kluftinger, Mannheimerkoch.
14. " von Stegmayr, Leihhausinhaber.
15. " Jakob Erlinger, Bierwirth.
16. " Johann Schoder, Schuhmachermeister.
17. " Leonhard Rippolt, Glasermeister.
18. " Georg Reis, Schullehrer.
19. " Sebastian Erhardt, Krämer.
20. " Michael Wagnmiller, Spießmüller.

Au, den 26. April 1848.

Die Wahl-Commission.

van Mecheln, k. Landrichter. **Moser**, rechtsk. Stadtschreiber.
Ertl, Magistrats-Rath. **Bez**, Magistrats-Rath. **Köpel**, Magistrats-Rath.

Bayerische Wahlmännerliste aus dem Jahre 1848

Die Frankfurter Nationalversammlung. Das Bild zeigt eine stürmische Debatte am 5. Sept. 1848.

a) *Erkläre anhand der Grafik S. 152, wie es zur Unterscheidung in „Rechte", „Mitte" und „Linke" kam.*

b) *Am zweiten Sitzungstag wurde der Liberale Heinrich von Gagern zum Präsidenten der Nationalversammlung gewählt. Überlege, welche Parteigruppe die größte Chance hatte, ihre politischen Vorstellungen zu verwirklichen.*

Grundrechte sollen den einzelnen schützen

Die Liberalen hatten immer wieder gefordert, daß Freiheit und Gleichheit der Menschen vor dem Gesetz und dem Staat geschützt werden müßten. Im Dezember des Jahres 1848 verkündeten deshalb die Abgeordneten nach langen Beratungen die *Grundrechte*. Sie sollten ein Teil der neuen Verfassung werden.

Die wichtigsten Grundrechte lauteten:

1. Jeder Deutsche hat das Recht, an jedem Orte des Reichsgebietes seinen Aufenthalt und Wohnsitz zu nehmen. [§ 133]
2. Vor dem Gesetze gilt kein Unterschied der Stände . . . Alle Deutschen sind vor dem Gesetz gleich. [§ 137]
3. Die Freiheit der Person ist unverletzlich. [§ 138]
4. Die Wohnung ist unverletzlich. [§ 140]
5. Das Briefgeheimnis ist gewährleistet. [§ 142]

6. Jeder Deutsche hat das Recht, durch Wort, Schrift, Druck und bildliche Darstellung seine Meinung frei zu äußern. [§ 143]
7. Jeder Deutsche hat volle Glaubens- und Gewissensfreiheit. [§144]
8. Die Deutschen haben das Recht, sich friedlich und ohne Waffen zu versammeln; einer besonderen Erlaubnis dazu bedarf es nicht. [§161]
9. Das Eigentum ist unverletzlich. [§ 164]

a) *Zu wessen Gunsten wurden die Grundrechte formuliert?*

b) *Auf welche Grundrechte legten die Bürger damals besonderen Wert und warum?*

c) *Die Abgeordneten haben als erstes die Grundrechte formuliert und dann erst mit der Arbeit an der Verfassung begonnen. Überlege, warum!*

Ein deutscher Nationalstaat ohne Österreich?

Wie sollten die Grenzen des deutschen Nationalstaats verlaufen? Welche Länder sollten zu Deutschland gehören und welche nicht mehr? Diese Fragen zeigen ein Hauptproblem bei den Beratungen über die Verfassung. Österreich wollte mit seinem gesamten Reichsgebiet zum neuen Deutschen Reich gehören. (Siehe Karte S. 136.)

Im Artikel 2 des Entwurfes der Reichsverfassung hieß es aber:

Kein Teil des Deutschen Reiches darf mit nichtdeutschen Ländern zu einem Staat vereinigt sein (§ 2).

— *Erörtere die Folgen dieser Bestimmung für Österreich.*

Konnte es überhaupt die Einheit Deutschlands ohne Österreich geben? Die Abgeordneten waren verschiedener Meinung.

Der preußische Abgeordnete Dahlmann sprach für die „Kleindeutschen", die das Reich ohne Österreich gründen wollten:

Uns tut ein Herrscherhaus not, welches sich gänzlich unserm Deutschland widmet, gänzlich in Deutschland lebt und in nichts anderem. Ein solches Herrscherhaus kann Österreich uns nicht sein . . ., denn es hangen diesem Österreich . . . zu viel außerdeutsche Sorgen an. Österreich krankt an seiner Stärke ebensosehr wie andere Staaten an ihrer Schwäche . . . Es ist gar keine Zukunft für Deutschland möglich ohne Preußen . . . Deutschland muß . . . endlich in die Reihe der politischen Großmächte des Weltteils eintreten. Das kann nur durch Preußen geschehen.

(W. Wulf (Hg.), Geschichtliche Quellenhefte, Heft 8, S. 46 f.)

Der württembergische Abgeordnete Ludwig Uhland setzte sich für die „Großdeutschen" ein, die den deutschen Teil Österreichs mit in das Reich aufnehmen wollten:

Wir sind hierhergesandt, die deutsche Einheit zu gründen, wir sind nicht gesandt, um große Gebiete und zahlreiche Bevölkerungen von Deutschland abzulösen, Gebiete, welche durch Jahrhunderte deutsches Reichsland waren . . . Österreich hat seine Vertreter gewählt zum Werke der Einigung, und in diesem Geiste haben auch die österreichischen Abgeordneten seit fünf Monaten mit uns getagt . . . Mag immerhin Österreich den Beruf haben, eine Laterne für den Osten zu sein, es hat einen näheren, höheren Beruf: eine Pulsader zu sein im Herzen Deutschlands.

(W. Schlegel, Von der Amerikanischen und Französischen Revolution bis zur Entlassung Bismarcks, Handbuch für den Geschichtsunterricht, Bd. 2, Weinheim ^{2}1966, S. 151)

— *Mit welchen Argumenten verteidigten Dahlmann und Uhland die jeweilige Haltung? Unterscheide Vor- und Nachteile der beiden Lösungen. (→ Arbeitsblatt Nr. 39)*

9. Die deutsche Volksvertretung und die Fürsten: Wer bleibt Sieger?

Am 27. März 1849 nahmen die Abgeordneten in der Paulskirche die Verfassung an und wählten den preußischen König Friedrich Wilhelm IV. zum Kaiser der Deutschen. Eine Abordnung reiste nach Berlin und bot dem König die Krone an. Aber dieser lehnte ab.

In einem Brief an seinen Botschafter in London erläuterte er seine Beweggründe:

Die Krone, die die Ottonen, die Hohenstaufen, die Habsburger getragen, kann natürlich ein Hohenzollern tragen, sie ehrt ihn überschwenglich mit tausendjährigem Glanze. *Die* aber, die Sie — leider meinen, verunehrt überschwenglich mit ihrem Ludergeruch der Revolution von 1848, der albernsten, dümmsten, schlechtesten —, wenn auch, Gottlob, nicht bösesten dieses Jahrhunderts. Einen solchen imaginären Reif, aus Dreck und Letten [Lehm] gebacken, soll ein rechtmäßiger König von Gottes Gnaden und nun gar der König von Preußen sich geben lassen?

(H. Krieger (Hg.), Die Neuzeit, S. 274 f.)

a) *Was meinte der König mit „Ludergeruch der Revolution" und „dem Reif aus Dreck und Letten gebacken"? Wie stand er zu den Ereignissen von 1848 und zu den Beratungen in der Paulskirche?*

b) *Von wem glaubte der König, seine Herrschaft zu haben?*

Warum scheiterte die Nationalversammlung?

Im März 1848 hatte das Volk rasch den Sieg über die Fürsten errungen und glaubte sich im Besitz der ganzen Macht. Doch die Fürsten bereiteten schon bald, unterstützt von Militär und Adel, in ihren Ländern den Gegenschlag vor.

Eine Zusammenstellung zeigt dir, wie sich die Situation in Deutschland zwischen März 1848 und November 1848 veränderte:

Juli 1848	Preußen und Österreich weigern sich, ihre Truppen dem Kommando der Frankfurter Nationalversammlung zu unterstellen.
Sept. 1848	Radikale Demokraten und Republikaner kämpfen in Frankfurt gegen die Nationalversammlung, die österreichische und preußische Truppen zum Schutz anfordern muß. Der Aufstand wird niedergeschlagen.
Okt. 1848	Die Truppen des Kaisers werfen in Wien einen Aufstand von Arbeitern, Bürgerwehr und Studenten nieder. Bilanz: Mehrere tausend Tote. Die Frankfurter Nationalversammlung protestiert matt.
Nov. 1848	Die preußische Nationalversammlung in Berlin wird gewaltsam aufgelöst. Preußische Truppen kämpfen gegen demokratische Gruppen in Berlin. Die Macht des Königs wird durch die Armee überall wiederhergestellt. Die Nationalversammlung in Frankfurt unternimmt nichts.

a) *Überlege, welche Folgen diese Maßnahmen für die Arbeit der Nationalversammlung hatten.*

b) *Überrascht dich die Absage des preußischen Königs an die Nationalversammlung?*

Der demokratische Abgeordnete Robert Blum kämpfte im Oktober 1848 mit den Aufständischen gegen die Truppen des Kaisers in Wien. Obwohl er als Abgeordneter im Schutz der Immunität stand, wurde er verhaftet. Das Bild S. 156 unten zeigt sein Schicksal.*

— *Inwiefern ist das Schicksal Blums bezeichnend für die Situation der Nationalversammlung im Spätherbst 1848?*

Der badische Revolutionär Hecker gab, wie viele andere, die Revolution schon im Herbst 1848 für verloren. In seinem „Abschiedsgruß“ an das deutsche Volk begründete er seine Meinung:

Jede Revolution, welche vom Gebiet der Tat hinübergleitet auf den Boden der Diskussion, zehrt sich auf und wird vor derjenigen Macht, welche durch die Revolution gestürzt werden sollte, . . . zu Grunde gerichtet. . . .
Ewig wahr ziehen diese Sätze durch die Geschichte aller Revolutionen, und alle Revolutionen gegen die menschenentwürdigende Herrschaft eines einzelnen, gegen die Monarchie gingen unter, wenn das Volk, statt Revolution . . . sich auf das Verhandeln und Unterhandeln, auf lange Reden und bodenlose Schwätzerei einließ. Mit der Monarchie ist kein Vertrag möglich. Gegen fürstliche Tyrannei gibt es nur das einzige Mittel, völlige Vernichtung der Monarchie.

(K. Edschmid (Hg.), 150 Jahre Deutsche Freiheitsrufe, Frankfurt und Berlin 1965, S. 68 f.)

a) *Warum scheiterte nach Meinung Heckers die Revolution?*

b) *Hecker zeigte einen anderen Weg der Revolution. Wäre er möglich gewesen?*

c) *Stelle noch einmal die verschiedenen Ursachen der Revolution zusammen. (→ Arbeitsblatt Nr. 40)*

Das Ende eines Revolutionärs. Das Bild zeigt die Erschießung Robert Blums bei Wien am 9. November 1848. Zeitgenössische Darstellung

Preußische Kavallerie und Aufständische in Baden. Lithographie (GLA Karlsruhe), um 1850.

Ein letzter Versuch

Es gab auch im Frühjahr 1849 noch viele, die glaubten, daß die Verfassung doch noch zu retten sei. Die Bürgerwehr aus Heidelberg erklärte am 8. Mai 1849:

Wir, die hier versammelten sämtlichen Bürgerwehrmänner der Stadt Heidelberg, erklären aus eigenem Antrieb und freiem Willen, öffentlich und feierlich ernst, daß wir die von der deutschen verfassungsgebenden National-Versammlung in Frankfurt a. M. geschaffene und bekanntgemachte Reichsverfassung samt den Grundrechten und dem Wahlgesetz nicht nur für ganz Deutschland verbindlich anerkennen, sondern . . . jeder Zeit bereit sind, . . . sie . . . mit Leib und Leben, Gut und Blut zu schützen und zu verteidigen . . . Treue diesem unserem deutschen Vaterland! Mut und Waffe gegen seine Feinde!

(F. X. Vollmer (Hg.), Vormärz und Revolution 1848/49 in Baden, S. 142)

— *Welche Einstellung hatten die Bürger von Heidelberg zur Reichsverfassung?*

Im Mai 1849 erhob sich das Volk in Baden und anderen deutschen Ländern zum zweiten Mal gegen die Fürsten. Der badische Großherzog ließ nun preußische Truppen ins Land kommen. So mußten die Aufständischen, trotz anfänglicher Erfolge, bald aufgeben. Im Juli 1849 war alles zu Ende.

Ein badisches „Wiegenlied“ beschreibt die Stimmung nach der Revolution:

Schlaf, mein Kind, schlaf leis!
Dort draußen geht der Preuß.
Deinen Vater hat er umgebracht,
Deine Mutter hat er arm gemacht,
Und wer nicht schläft in stiller Ruh,
Dem drückt der Preuß die Augen zu.
Schlaf, mein Kind, schlaf leis!

Schlaf, mein Kind, schlaf leis,
Dort draußen geht der Preuß!
Zu Rastatt auf der Schanz,
Da spielt er auf zum Tanz,
Da spielt er auf mit Pulver und Blei,
So macht er alle Badener frei.
Schlaf, mein Kind, schlaf leis,
Dort draußen geht der Preuß!

(J. Schütz (Hg.), Nun, Brüder, stehet wie ein Mann, Modantal-Neunkirchen 1979, S. 274)

Nur der Tod als Sieger?

— *Haben sich die Opfer gelohnt? Welche Antwort scheint der Künstler Alfred Rethel (Abb. unten) zu geben?*

Viele dachten damals, es sei alles umsonst gewesen. Doch manches hat sich bis heute aus der Zeit der Revolution erhalten. Denken wir an die *Grundrechte*, mit denen das Grundgesetz der Bundesrepublik Deutschland beginnt, oder die politischen *Parteien**, die im ersten deutschen Parlament entstanden sind. Auch die *Farben* der Flagge der Bundesrepublik und unsere *Nationalhymne** erinnern an den Versuch von 1848, die nationale Einheit und die demokratische Freiheit zu erlangen.

Das Ende der Revolution. Aus der Holzschnittfolge „Totentanz 1848“ von A. Rethel

Die Fürsten behaupten sich. Lithographie aus dem Jahre 1849

10. Die Liberalen hoffen auf Preußen

Die Folgen der gescheiterten Revolution

Was in Europa nach der gescheiterten Revolution geschah, zeigt die Karikatur oben.

— Mit welchen Mitteln werden Ruhe und Ordnung in Europa wiederhergestellt?

Auch in Deutschland bauten viele Fürsten die erkämpften Freiheiten wieder ab. In manchen deutschen Ländern bestanden zwar nach 1849 Verfassungen, aber sie waren ohne die Mitwirkung des Volkes zustande gekommen und erlaubten den Fürsten, erneut ohne wirkliche Kontrolle zu regieren.

Die Liberalen geben nicht auf

Unter den veränderten Verhältnissen in Deutschland litten besonders die liberalen Bürger. Der Schriftsteller Gustav Freytag berichtet:

Unterdessen waren über das politische Deutschland trübe Jahre hingegangen. In den Regierungen des hergestellten Bundes innere Unsicherheit und Mißtrauen gegeneinander, in der Bevölkerung Abspannung und Mangel an Wärme . . . In dieser Zeit blieb dem unabhängigen Mann, der sich nicht ganz auf die Familie und seine Privatarbeit zurückziehen wollte, wenig anderes übrig, als gegen gute Bekannte mündlich und in Briefen seinen Kummer auszusprechen, vielleicht in vorsichtigen Artikeln die ungenügende Gegenwart zu beurteilen. Dies geschah reichlich. Der Briefwechsel mit politischen Freunden, das Debattieren über die Zeitlage in Zusammenkünften der Gesinnungsgenossen ist bezeichnend für jene Zeit. Wurde auch nicht viel dadurch erreicht, so wurde doch ein Zusammenhang der Gleichgesinnten gefestigt.

(R. Ruland (Hg.), Nationen im Aufbruch, Lesewerk zur Geschichte 7, München o.J., S. 132 f.)

— *Charakterisiere das Verhalten vieler Liberaler nach 1849. Suche nach Gründen dafür.*

Neue Hoffnung schöpften die Liberalen, als im Jahre 1861 in Preußen die „Deutsche Fortschrittspartei" gegründet wurde. Im Gründungsprogramm wurden die Ziele dieser Partei der Liberalen genannt. Die wichtigsten lauteten:*

[Wir haben die klare Einsicht gewonnen], daß die Existenz und die Größe Preußens abhängt von einer festen Einigung Deutschlands, die ohne eine starke Zentralgewalt in den Händen Preußens und ohne gemeinsame deutsche Volksvertretung nicht gedacht werden kann. Für unsere inneren Einrichtungen verlangen wir eine feste liberale Regierung, welche ihre Stärke in der Achtung der verfassungsmäßigen Rechte der Bürger sieht ... In der Gesetzgebung scheint uns die strenge und konsequente Verwirklichung des verfassungsmäßigen Rechtsstaates eine erste und unbedingte Notwendigkeit.
Wir verlangen daher insbesondere Schutz des Rechtes durch wirklich unabhängige Richter.
Wir verlangen dann weiter endlich Erlaß des in Artikel 61 der Verfassung in Aussicht gestellten Gesetzes über die Verantwortlichkeit der Minister.

(H. Fenske (Hg.), Der Weg zur Reichsgründung, Darmstadt 1977, S. 212 f.)

— *Diskutiere die genannten Ziele der Deutschen Fortschrittspartei. Zog sie in ihren Forderungen Lehren aus den bitteren Erfahrungen von 1848 und 1849?*

Der große Gegenspieler der Liberalen: Otto von Bismarck

Im September des Jahres 1862 berief der preußische König Wilhelm I. (1861—1888) einen neuen Ministerpräsidenten: Otto von Bismarck.

Otto von Bismarck

1815 wurde er als Sohn eines Rittmeisters a.D. und Gutsbesitzers in Schönhausen an der Elbe geboren.
1847 begann er seine politische Tätigkeit als Abgeordneter im Preußischen Landtag*.
1851 wurde er preußischer Gesandter im Bundestag in Frankfurt.
1859 ging er als Gesandter nach Petersburg (Hauptstadt Rußlands, heute Leningrad), dann nach Paris.
1862 berief der König ihn zum preußischen Ministerpräsidenten.

Otto von Bismarck. Fotografie aus dem Jahre 1859

Die Gründe für seine Berufung hat Bismarck später in seinen „Gedanken und Erinnerungen" erläutert:

Der König sagte: „Ich will nicht regieren wenn ich es nicht so vermag, wie ich es vor Gott, meinem Gewissen und meinen Untertanen verantworten kann. Das kann ich aber nicht, wenn ich nach dem Willen der heutigen Mehrheit des Landtags regieren soll, und ich finde keine Minister mehr, die bereit wären, meine Regierung zu führen, ohne sich und mich der parlamentarischen Mehrheit zu unterwerfen. Ich habe mich deshalb entschlossen die Regierung niederzulegen ..."
Bismarck: Es gelang mir ihn zu überzeugen, daß es sich für ihn nicht um konservativ* oder liberal in dieser oder jener Schattierung, sondern um Königliches Regiment oder Parlamentsherrschaft handle, und daß die letztre unbedingt und auch durch eine Periode der Diktatur* abzuwenden sei. Ich sagte: „In dieser Lage werde ich, selbst wenn Eure Majestät mir Dinge befehlen sollten, die ich nicht für richtig hielte, Ihnen zwar diese meine Meinung offen entwickeln, aber wenn Sie auf der Ihrigen schließlich beharren, lieber mit dem König untergehn, als Eure Majestät im Kampfe mit der Parlamentsherrschaft im Stiche lassen".

(O. v. Bismarck, Gedanken und Erinnerungen, Bd. 1, Stuttgart/Berlin 1921, S. 294 f.)

Bismarck als **„Konfliktminister"**. „Und den politischen Eiertanz hält Bismarck sehr vonnöten, er glaubt, sie blieben alle ganz und keines ging zertreten. Zertreten, nein! wie Ihr ja seht, dieweil er jedes — Recht umgeht."

Bismarck und seine politischen Handlungen wurden damals sehr unterschiedlich beurteilt; die einen begrüßten seine Entscheidungen, andere schmähten sie. Die beiden Karikaturen auf dieser Seite geben dafür ein Beispiel.

a) *In welcher Situation wurde Bismarck berufen?*
b) *Welche Konsequenzen hatte nach Aussage der Karikaturen die Berufung Bismarcks für den preußischen Landtag und besonders für die Liberalen? Was wollten die Karikaturen beim Betrachter erreichen?*

Bismarck vor dem Norddeutschen Reichstag. Karikatur aus dem Wiener „Figaro"

11. Die deutsche Einheit wird gemacht

Die politischen Ziele Bismarcks

Einige der wichtigsten Ziele, die Bismarck erreichen wollte, gehen aus den nachfolgenden Texten hervor.

In einer Rede vor dem Abgeordnetenhaus erklärte er am 27. Januar 1863:

Das preußische Königtum hat seine Mission noch nicht erfüllt, es ist noch nicht reif dazu, einen rein ornamentalen Schmuck Ihres Verfassungsgebäudes zu bilden, noch nicht reif, als ein toter Maschinenteil dem Mechanismus des parlamentarischen Regiments eingefügt zu werden.

(O. v. Bismarck, Gesammelte Werke, Bd. 10, S. 157, zit. bei: H. Rothfels (Hg.), Bismarck und der Staat, Darmstadt [5]1969, S. 41)

Ein Hauptziel Bismarcks war die Größe und Macht des preußischen Staates. Größe und Macht bedeutete damals aber vorwiegend: Umfang des Staatsgebietes. Vor einer Kommission äußerte Bismarck am 30. September 1862:

Wir haben zu heißes Blut, wir haben die Vorliebe, eine zu große Rüstung für unsern schmalen Leib zu tragen; nur sollten wir sie auch utilisieren [benützen]. Nicht auf Preußens Liberalismus sieht Deutschland, sondern auf seine Macht; . . . Preußen muß seine Kraft zusammenfassen und zusammenhalten auf den günstigen Augenblick, der schon einige Male verpaßt ist; Preußens Grenzen nach den Wiener Verträgen sind zu einem gesunden Staatsleben nicht günstig; nicht durch Reden und Majoritätsbeschlüsse werden die großen Fragen der Zeit entschieden — das ist der große Fehler von 1848 und 1849 gewesen —, sondern durch Eisen und Blut.

O. v. Bismarck, Gesammelte Werke, Bd. 10, S. 139 f., zit. bei: W. Kampmann (Hg.), Bismarck, Paderborn 1967)

Wo die territorialen Interessen Preußens zu allererst lagen, sah Bismarck so:

Alles das . . . konnte mich nicht abhalten, mich mit Leib und Seele der Idee zu widmen: Norddeutschland in seiner vernunftgemäßen und natürlichen Gestalt unter der Aegide [Schutz] Preußens herzustellen. Um dieses Ziel zu erreichen, würde ich allem trotzen, dem Exil und selbst dem Schafott*; und ich habe dem Kronprinzen, der durch Erziehung und Tendenzen mehr der Mann der parlamentarischen Regierung ist, einmal gesagt: „Was liegt daran, wenn man mich aufhängt, wenn nur mein Strick Ihren Thron fest an das neue Deutschland bindet."

(Interview eines französischen Journalisten mit Bismarck am 10. Juni 1866, in: R. Ruland (Hg.), Nationen im Aufbruch, S. 147)

Einem Aufstieg Preußens stand insbesondere Österreich im Wege, das die führende Macht im Deutschen Bund war. Schon im Jahre 1853 hatte Bismarck dies klar erkannt:

Österreich bedarf . . . der Belebung seiner Beziehungen zu Deutschland, d. h. auf Wienerisch: einer straffen Hegemonie über den Bund; dabei sind wir ihm im Wege, wir mögen uns an die Wand drücken, wie wir wollen, ein deutsches Preußen von 17 Millionen bleibt immer zu dick, um Österreich soviel Spielraum zu lassen, als es erstrebt.

Unsere Politik hat keinen andern Exerzierplatz als Deutschland, schon unserer geographischen Verwachsenheit wegen, und gerade diesen glaubt Österreich dringend auch für sich zu gebrauchen; für beide ist kein Platz nach den Ansprüchen, die Österreich macht, also können wir uns auf die Dauer nicht vertragen. Wir atmen einer dem andern die Luft vor dem Munde fort, einer muß weichen oder vom andern „gewichen werden", bis dahin müssen wir Gegner sein.

(O. v. Bismarck, Gesammelte Werke, Bd. 14/I, S. 334, zit. bei: H. Rothfels (Hg.), Bismarck und der Staat, S. 170)

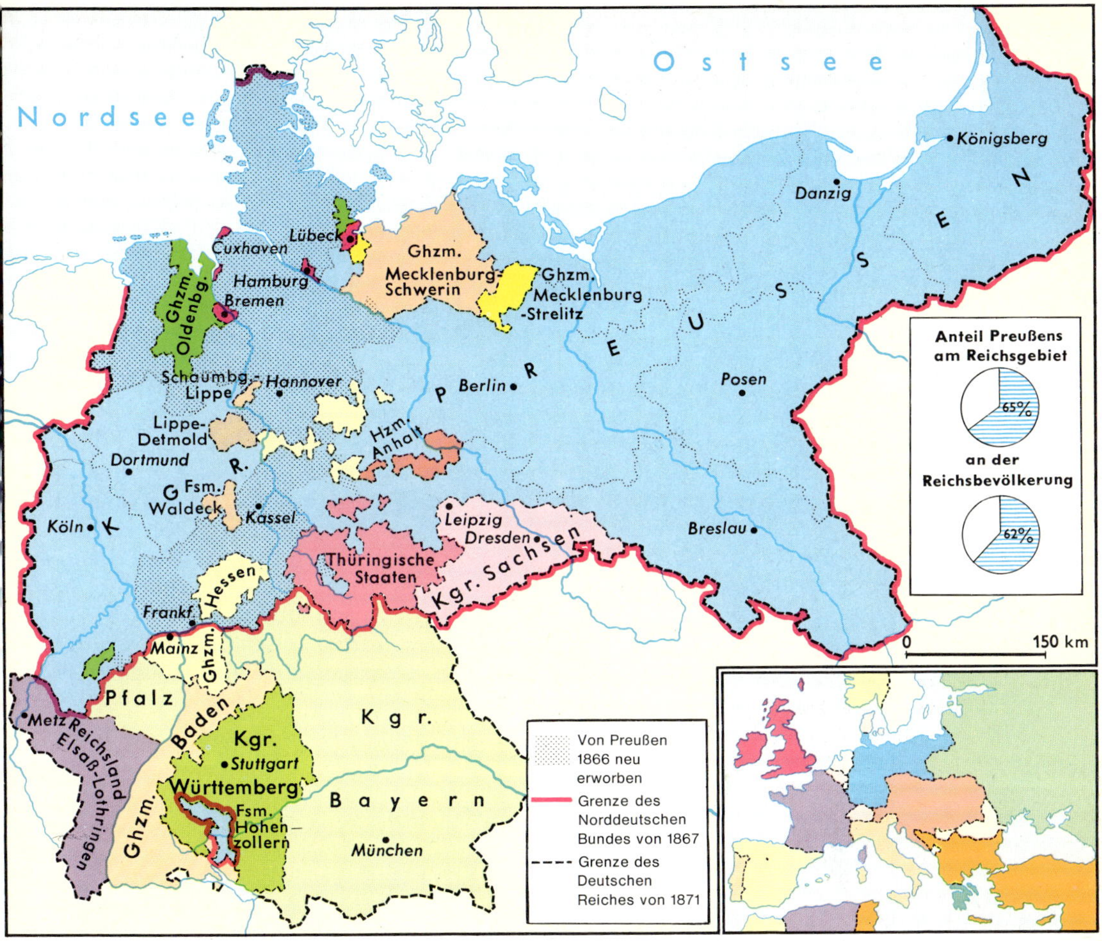

Deutschland nach 1866

a) *Arbeite aus den Texten einige Grundsätze der Politik Bismarcks heraus (→ Arbeitsblatt Nr. 41). Welches Gesamtziel wollte er erreichen?*

b) *Warum konnten die Liberalen seine Politik nicht unterstützen?*

Die Liberalen in der Krise

Im Juni 1866 trat Preußen aus dem Deutschen Bund aus. Daraufhin kam es zum Krieg zwischen Preußen und Österreich, auf dessen Seite die süddeutschen Bundesstaaten kämpften. Bei Königgrätz mußte sich Österreich am 3. Juli geschlagen geben.

Wie sich der Sieg Preußens auf Deutschland auswirkte, zeigt die Karte.

a) *Stelle fest, wie sich die Grenzen Preußens veränderten.*

b) *Vergleiche den Ausgang des Krieges von 1866 mit Bismarcks Hauptzielen. Was war erreicht?*

Vielen Menschen, vor allem den liberal eingestellten, waren die Ziele Bismarcks und sein Vorgehen verabscheuenswert. Der Erfolg von 1866 bewirkte, daß viele Deutsche ihre Einschätzung Bismarcks veränderten. Zwei Briefe des liberalen Professors Rudolf von Ihering geben ein Beispiel dafür:

Gießen, 1. Mai 1866

Mit einer solchen Schamlosigkeit, einer solchen grauenhaften Frivolität [Leichtfertigkeit] ist vielleicht nie ein Krieg angezettelt worden wie der, den Bismarck gegenwärtig gegen Österreich zu erheben sucht. Das innerste Gefühl empört sich über einen solchen Frevel an allen Grundsätzen des Rechts und der Moral ... Man fragt sich staunend: ist es denn wahr, daß Lügen, welche die ganze Welt als solche erkennt, von oben herab als Tatsache verkündet werden können? Österreich soll gegen Preußen rüsten! Jedes Kind weiß hier das Gegenteil ... Ach! was müssen wir erleben, welche grauenhafte Zukunft steht uns bevor ... Deutsche gegen Deutsche bewaffnet, ein Bürgerkrieg, ein Komplott ... ohne allen Schein des Rechts, ohne Anteil des Volkes, rein von einigen Diplomaten ins Leben gerufen.

(R. v. Ihering an den Österreicher J.Glaser, in: R. v. Ihering in Briefen an seine Freunde, Leipzig 1913, S. 19 f.)

Gießen, 19. August 1866

Welches Stück Geschichte liegt zwischen meinem letzten Briefe und dem gegenwärtigen ...
Soll man nicht glauben zu träumen, wenn das Unmögliche möglich wird? ... Ich beuge mich vor dem Genie eines Bismarck ... Wie wunderbar hat der Mann alle Fäden des großartigen Gewebes gesponnen, wie fest und sicher, daß keiner derselben riß, wie genau hat er alle Mittel und Hebel gekannt und benutzt — seinen König, Napoleon, sein Heer, die Verwaltung, Österreich und seine Kräfte — kurz, ein Meisterstück der Berechnung! ... was uns Uneingeweihten als freventlicher Übermut erschien, es hat sich hinterher herausgestellt als unerläßliches Mittel zum Ziel ... ich gebe für einen solchen Mann der Tat ... hundert Männer der liberalen Gesinnung, der machtlosen Ehrlichkeit!

(R. v. Ihering an B. Windscheid, in: R. v. Ihering in Briefen an seine Freunde, S. 206 f.)

a) *Vergleiche in beiden Briefen die Einstellung des Schreibers zu Bismarck. Wie erklärst du den Wandel?*

b) *Die Beurteilung einer politischen Persönlichkeit hängt offensichtlich auch sehr von ihrem Erfolg ab. Was meinst du dazu?*

Bismarcks Erfolge stürzten seine langjährigen Gegner, die liberalen Abgeordneten in Preußen, in eine schwere Krise. Vielen von ihnen war die Einheit Deutschlands wichtiger als die Sicherung der Grundrechte. Die Mehrheit folgte nun Bismarck, und so spaltete sich die liberale Partei.

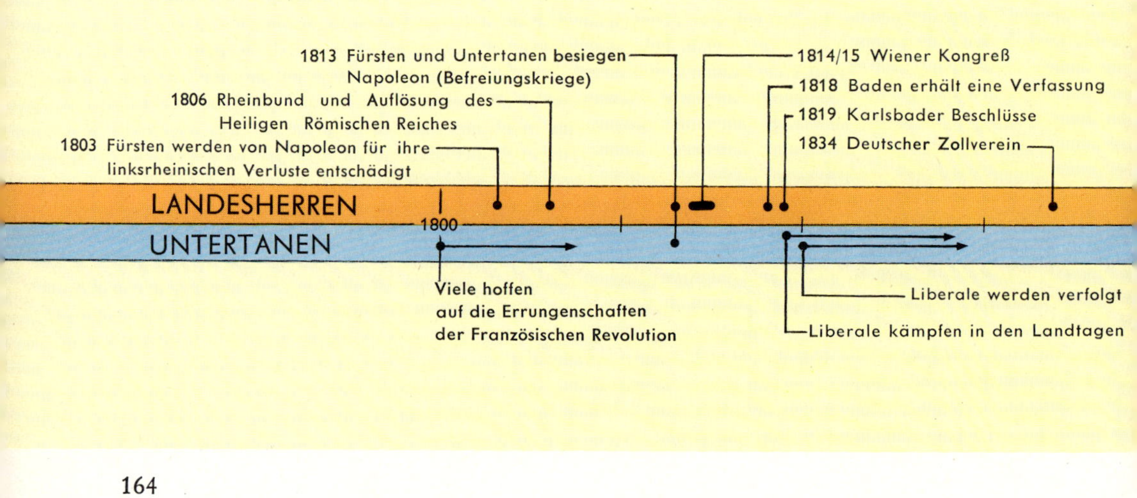

In Versailles wird der Kaiser ausgerufen. Der Großherzog von Baden bringt vor einer Abordnung der siegreichen Truppen das erste Hoch auf den neuen Kaiser Wilhelm I. aus. Im Vordergrund steht Bismarck in weißer Uniform. (Gemälde von A. v. Werner)

Die Reichsgründung „von oben"

Frankreich fühlte sich zunehmend von Preußen bedroht. Im Juli 1870 kam es zum Krieg zwischen beiden Staaten. Wider Erwarten stellten sich die süddeutschen Staaten auf die Seite Preußens. Die militärischen Erfolge der verbündeten Heere führten dazu, daß die Frage *der deutschen Einheit* wieder heftig diskutiert wurde. Auch Bismarck sah jetzt die Chance, die süddeutschen Fürsten für einen Beitritt zum Norddeutschen Bund* zu gewinnen. Die Bemühungen und Verhandlungen waren erfolgreich. Am 18. Januar 1871 wurde in Versailles das *Deutsche Kaiserreich* gegründet.

a) *Wer wurde auf diesem Bild als „Hauptfigur" dargestellt? Warum?*
b) *Kann man sagen, daß der Versuch, die deutsche Einheit 1848 zu schaffen, im Jahre 1871 vollendet wurde?*
c) *Warum spricht man auch von einer Reichsgründung „von oben"?*

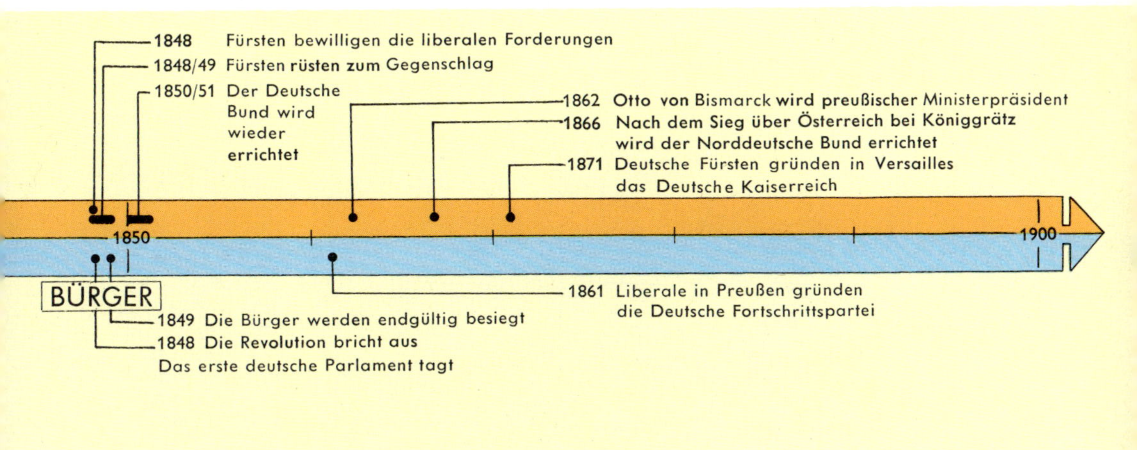

Die Industrialisierung in Deutschland

Seit Jahrtausenden bewirtschafteten die Bauern mit ihren Zugtieren, aber auch mit eigener Kraft ihre Felder und versorgten sich und ihre Mitmenschen mit den notwendigen Nahrungsmitteln. An der Wende vom 18. zum 19. Jahrhundert begann sich das Leben der Landleute zu ändern. Die Abhängigkeit der Bauern von ihren Herren wurde aufgehoben. Die Dreifelderwirtschaft wurde durch eine neue Anbaumethode ersetzt. Dadurch konnten die Felderträge beträchtlich gesteigert werden.

Links: **Handwerker in seiner Werkstatt.** („Der Sensenschmied“, Gemälde von Hugo Charlemont, 1885)

Rechts: **Fabrikbetrieb.** Zahlreiche Männer arbeiten gemeinsam in einer Werkhalle; es herrscht Arbeitsteilung. („Das Eisenwalzwerk“. Gemälde von Adolf v. Menzel, 1875)

Ähnlich große Veränderungen erlebten die Handwerker. Zu jener Zeit entstanden die ersten Fabriken, in denen mit Maschinen schneller und deswegen auch mehr und billiger produziert werden konnte als in den Werkstätten der Handwerker.
Bald darauf durchzogen Eisenbahnwege das Land. Auf ihnen transportierte man die Rohstoffe und die Fertigprodukte der Fabriken in großen Mengen und in kurzer Zeit über weite Strecken.
Diese neuartige Massenproduktion mit ihrer typischen Arbeitsteilung verwandelte das Alltagsleben der Menschen von Grund auf. Neben vielen Erleichterungen und Verbesserungen traten auch schwere Belastungen ein, sogar großes soziales Elend machte sich breit.
Inzwischen haben viele andere Länder auf allen Kontinenten den Prozeß der Industrialisierung eingeleitet. Forscher und Techniker machen immer wieder neue Entdeckungen und Erfindungen. Es ist nicht abzusehen, wie weit die Menschheit auf diesem Wege noch voranschreiten kann.

Wir untersuchen diesen geschichtlichen Vorgang unter folgenden Fragestellungen:

— Durch welche Kräfte und Faktoren ist die Industrialisierung* überhaupt in Gang gekommen?
— Wie hat sich dabei die Arbeitswelt verändert?
— Welche gesellschaftlichen Veränderungen sind in dieser Zeit eingetreten?
— In welcher Lage befindet sich der neue Arbeiterstand?

Dabei wollen wir auch herausfinden, wie weit unser eigener Heimatraum von diesen Entwicklungen betroffen war.

1. Die Bevölkerung wächst rasch

Im Jahre 1816 war in Deutschland eine schlimme Mißernte zu beklagen. Schon ab Dezember wurden die Lebensmittel knapp und teuer. So erreichte in Reutlingen z. B. im Mai 1817 das Brotgetreide den zehnmal höheren Preis als ein Jahr zuvor. In dieser Lage wartete jeder auf die neue Ernte.

Die Abbildung unten zeigt, wie damals in Überlingen die ersten Erntewagen in die Stadt geleitet wurden.

— *Was könnte den Künstler veranlaßt haben, dieses Bild zu malen, und was will er zum Ausdruck bringen?*

Obwohl in späteren Zeiten immer wieder größere Mißernten eintraten, kam es nie mehr zu einer so schweren Hungersnot, abgesehen von Kriegs- und Nachkriegsjahren. Seit jener Zeit nämlich nahm die deutsche Landwirtschaft einen starken Aufschwung. Das hatte mehrere Gründe.

Verbesserungen in der Landwirtschaft

Schon vor der Französischen Revolution wurden in Preußen, Österreich und in Baden die ersten Gesetze erlassen, um die Bauern aus der jahrhundertealten Untertänigkeit zu entlassen. Die Leibeigenschaft, der Zwang zu Frondiensten und die zahlreichen Abgaben wurden Zug um Zug abgeschafft. Nach der Übereignung von Grund und Boden an die Bauern bewirtschafteten diese ihre Höfe selbständig. In Preußen war diese *Bauernbefreiung** im Jahre 1807 abgeschlossen, in manchen süddeutschen Ländern erst um 1848/49.

Die Bauernbefreiung war aber kein Geschenk. Die Bauern mußten sich durch hohe Ablösungszahlungen von den bisherigen Verpflichtungen gegenüber ihren Herren freikaufen. In Österreich z. B. geschah dies durch die einmalige Zahlung der zwanzigfachen bisherigen Jahresleistung. In anderen Ländern gab es ähnliche Regelungen. Viele Bauern mußten Kredite aufnehmen und verschuldeten sich deswegen stark.

— *Stelle die Vor- und die Nachteile der Bauernbefreiung aus der Sicht der Bauern einander gegenüber. (→ Arbeitsblatt Nr. 42)*

Eine Hungersnot geht zu Ende. Der originale Bildtitel lautet: „So dankten nach einer schrecklichen Teuerung die Einwohner Überlingens voll Freude dem Allgütigen für die Erstlinge seines Vatersegens d. 4. August 1817." (Gemälde im Stadtmuseum von Überlingen)

Bis etwa 1800 war die *Dreifelderwirtschaft** in Deutschland noch weit verbreitet. Ihre Nachteile waren, daß ein Drittel der Ackerfläche als Brache ungenutzt blieb und der Boden durch einseitigen Anbau „ermüdete". Die neue *Fruchtwechselwirtschaft** bedeutete eine wesentliche Verbesserung im Anbau. Der regelmäßige Wechsel von Halm- und Blattfrüchten beanspruchte den Ackerboden weniger; die Brache konnte abgeschafft werden. Bald lernten die Landwirte auch die Vorteile des natürlichen und des künstlichen Düngers kennen. Mit technisch verbesserten Pflügen konnten sie die Ackererde noch tiefer wenden als früher. Diese planmäßige Bodenverbesserung führte zu stetig steigenden Ernteerträgen. Erst diese neuen Methoden ermöglichten eigentlich einen intensiveren Anbau von Hackfrüchten, vor allem der Kartoffel. Dasselbe galt für einige Futterpflanzen (Klee). So konnte auch der Viehbestand beträchtlich vergrößert werden.

vor / nach der Einführung der Fruchtwechselwirtschaft

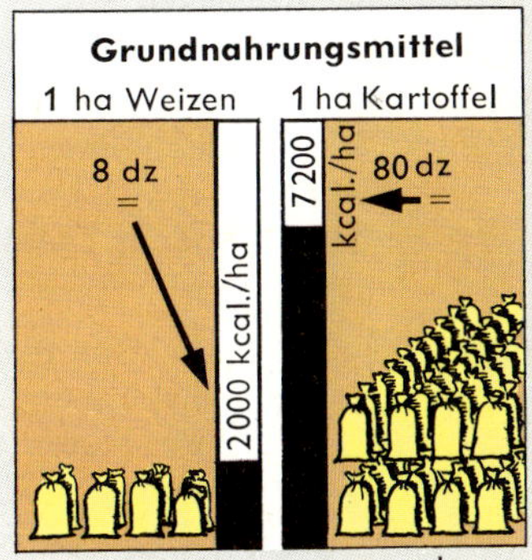

vor / nach der Einführung der Fruchtwechselwirtschaft

Das Schaubild rechts und die folgende Tabelle lassen die Fortschritte erkennen, die in der Landwirtschaft erzielt wurden.

Rinderbestand im:	um 1820	1861
Großherzogtum Baden	408 587	621 496
Königreich Württemberg	584 893	957 172

a) *Die Fruchtwechselwirtschaft weist gegenüber der Dreifelderwirtschaft wesentliche Vorteile auf. Nenne diese.*

b) *Was bedeutete der verstärkte Kartoffelanbau für die Ernährung der Bevölkerung?*

c) *Warum konnte der Viehbestand vergrößert werden? Wie wirkte sich das für die Bevölkerung aus?*

Seuchen und hohe Kindersterblichkeit

Aus Berichten früherer Jahrhunderte wissen wir, daß verheerende Seuchen immer wieder zu großen Massensterben führten. Die Menschen wußten sich kaum dagegen zu wehren. Die meisten Krankheitserreger waren noch unbekannt, und es gab noch viel zu wenige Ärzte. Die Bevölkerung wuchs nur sehr langsam an. Daran war auch die hohe Kindersterblichkeit schuld. Noch in den 30er Jahren des 19. Jahrhunderts starben im damaligen Württemberg 401 von 1000 Neugeborenen, und nach Vollendung des 7. Lebensjahres lebten nur noch 44 v. H. eines Geburtsjahrganges.

Einige der Ursachen für diese niedrige Lebenserwartung erfahren wir aus den beiden nachfolgenden Berichten:

Besonders günstig lagen die Bedingungen für die Ausbreitung der Schwindsucht*. Schon die Kinder im Säuglingsalter waren gefährdet. Sie lagen fest eingewickelt in der alten Erbwiege, an die frische Luft kamen sie selten. Sie wurden von Geschwistern und alten Leuten betreut, oft aber auch von schwindsüchtigen Familienmitgliedern, die sonst zu keinem anderen Dienste mehr taugten.

(G. A. Ritter / J. Kocka (Hg.), Deutsche Sozialgeschichte, Bd. 2, München 1974)

Auf der Schwäbischen Alb und in den Landesteilen, welche nördlich und nordwestlich von diesem Gebirgszuge liegen, ist die natürliche Ernährung durch Mutter- oder Ammenmilch weit verbreitet; die künstliche Ernährung kommt neben ihr vorzüglich nur in den höheren Ständen vor. Aber südlich von der Alb und besonders südlich von der Donau ist es beim Landvolk allgemeine Sitte, die Kinder nicht an der Brust, sondern auf künstliche Weise aufzuziehen. An die Stelle der Muttermilch tritt hier die unpassendste Nahrung, nämlich ein Mehlbrei von möglichster Dicke, der dem Kinde in großer Masse und oft auch in schlechter, saurer Qualität beigebracht wird.

(Das Königreich Württemberg, Stuttgart 1863, S. 365)

— *Nach dem heutigen Wissensstand verstieß man damals erheblich gegen die wichtigsten Regeln der Gesundheitspflege und der Kinderernährung. Nenne diese Verstöße.*

Bessere Ernährung und medizinischer Fortschritt führen zu höherer Lebenserwartung

Die durchschnittliche Lebenserwartung in Deutschland lag 1853 bei 35 Jahren, bis 1970 war sie auf 71,5 Jahre angestiegen. In diesem Zeitraum hat die medizinische Forschung hervorragende Ergebnisse erzielt.

1847	In Wien entdeckt der Arzt Ignaz Semmelweis die Ursachen des Wochenbettfiebers und die Methode seiner Verhütung. Er erhielt den Ehrentitel „Retter der Mütter".
1882	Robert Koch entdeckt den Erreger der Tuberkulose, ein Jahr später den Choleraerreger.
1888	Der Franzose Louis Pasteur entdeckt bestimmte Keime als Fäulniserreger und entwickelt die Methode zu deren Bekämpfung (erhitzen = pasteurisieren). Er gründet in Paris ein Institut zur Erforschung der ansteckenden Krankheiten. Er entwickelt die Schutzimpfung gegen die Tollwut und andere Krankheiten.
1895	In Würzburg entdeckt Wilhelm Röntgen die nach ihm benannten Röntgen-Strahlen, mit denen man den menschlichen Körper durchleuchten kann (Knochenbrüche, innere Krankheiten).
1928	Der Engländer Alexander Fleming entdeckt das Penicillin, einen Schimmelpilz, der viele Krankheitserreger vernichtet.

Aus welchen dieser medizinischen Entdeckungen hast du persönlich schon Nutzen gezogen?

Hunger, Seuchen und andere Entbehrungen wurden mehr und mehr überwunden. Seit der Bauernbefreiung konnten auch mehr junge Männer und Frauen heiraten. Sie konnten ihre Kinder besser ernähren und versorgen als früher.

Wie sich das auf die Bevölkerungszahlen auswirkte, zeigt die nachfolgende Tabelle.

Bevölkerung (in 1000)					
	1816	1846	1858	1880	1910
Deutsches Reich	24831	34735	36963	45236	64926
Baden	1006	1367	1336	1570	2143
Württemberg	1395	1727	1691	1971	2437

— *Vergleiche die Bevölkerungsentwicklung der beiden süddeutschen Länder mit der im gesamten Deutschen Reich. Inwieweit stimmte sie überein, wo gab es Abweichungen? (→ Arbeitsblatt Nr. 42)*

2. Das Handwerk erhält Konkurrenz

Das alte Handwerk

Im Jahre 1831 zählte das Oberamt Ulm rund 31 000 Einwohner. Unter ihnen lebten 3295 gewerbetreibende Meister mit 1 181 Gehilfen, welche die Bewohner der Stadt und der umliegenden Dörfer mit allen Gütern des täglichen Bedarfs versorgten.

Die folgende Liste enthält die vorhandenen Gewerbe und die jeweilige Zahl der Beschäftigten (M = Meister; G = Gehilfen).

a) *Einige der Berufsnamen sind euch unbekannt. Wie ist das zu erklären?*

b) *Nenne einige Berufe des produzierenden bzw. des Dienstleistungsgewerbes. Welcher der beiden Bereiche überwog? (→ Arbeitsblatt Nr. 43)*

	M.	G.
Apotheker	6	13
Aschensammler	2	—
Bäcker	157	76
Barbierer	33	14
Ballenbinder	6	—
Beinringler	2	1
Bierbrauer	86	—
Blättersetzer	5	—
Blechner	6	9
Bleicher	2	22
Bortenwirker	7	1
Buchbinder	11	11
Buchdrucker	6	10
Buch- u. Kunsthändler	4	7
Büchsenmacher	2	—
Bürstenbinder	7	1
Commissionäre	3	—
Conditoren	15	8
Drahtzieher	2	—
Dreher, Bein- und Holzdreher	29	9
Färber	14	11
Feilenhauer	2	1
Feldmesser	2	—
Fischer	2	—
Frachtfuhrleute	34	6
Garnsieder	6	6
Geiselsteckenmacher	2	—
Gerber, Rothgerber	19	27
Weißgerber	6	3
Glaser	22	7
Glockengießer	2	6
Goldarbeiter	2	—
Gürtler	3	—
Hafner	21	20
Hauderer	25	5
Holzmesser	10	—
Hutmacher	6	1
Instrumentenmacher	2	1
Kaminfeger	7	5
Kammacher	6	7
Karrenfuhrleute	10	—
Kartenmacher	3	—
Kaufleute u. Krämer	231	93
Kärcher	9	—
Kirschner	4	3
Kleemeister	3	2
Knopfmacher	3	3
Korbmacher	10	—
Kornmesser	14	—
Kräutersammler	1	—
Kübler	4	2
Küfer	74	46
Kupferschmiede	8	5
Kupferstecher	1	—
Lakirer	2	4
Leimsieder	1	1
Lithographen	6	4
Lumpensammler	8	—
Maler	2	—
Manger	2	2
Marner	14	5
Maurer	102	95
Mechaniker	1	4
Mehlhändler	3	—
Messerschmiede	2	4
Metzger	132	36
Musiker	27	—
Müller, Mahl-	34	—
Säge-	4	—
Schleif-	1	—
Loh-	1	—
Oel u. Gips-	10	—
Walk-	1	—
Mühlärzte	1	—
Nadler	3	—
Nagelschmiede	16	21
Optiker	2	2
Orgelmacher	1	—
Peruquiers	5	4
Pfeifenmacher	16	16
Pflästerer	9	4
Putzmacherinnen	8	—
Rechenmacher	11	—
Säckler	13	8
Seifensieder	13	8
Seiler	16	7
Sattler	36	18
Schäfer	23	—
Scheerenschleifer	2	—
Schiffer	62	—
Schindelmacher	2	—
Schirmmacher	3	1
Schlosser	30	52
Schmiede, Grobschmied	1	1
Hammerschm.	1	2
Hufschmiede	66	59
Waffenschm.	1	—
Schneider	193	71
Schreiner	97	51
Schuhflicker	16	—
Schuhmacher	242	89
Siebmacher	6	2
Siegellackfabrikant	1	—
Silberarbeiter	6	2
Spindelmacher	2	—
Sporer	1	1
Steinhauer	1	7
Strohdecker	13	—
Strohhutmacher	1	—
Strumpfweber	3	4
Tapezier	1	—
Tuchmacher	3	3
Tuchscheerer	3	2
Tünchner	5	3
Uhrgehäusmacher	1	—
Uhrmacher, Groß-	1	4
Klein-	10	4
Vergolder	1	—
Vorkäufler	63	—
Wachholdergesälzsieder	3	—
Wagenspanner	3	—
Wagner	77	36
Wascher u. Wascherin	12	—
Weber, Leineweber	475	171
Windenmacher	2	1
Wirthe	265	119
Zeugmacher	2	—
Ziegler	8	22
Zimmerleute	104	96
Zinngießer	5	3
Zirkelschmiede	2	2
Zundermacher	11	8
Zusammen	3293 M.	1481 G.

Alte Uhrmacherwerkstatt im Schwarzwald um 1830

In der Liste fällt auf, daß in der Umgebung von Ulm die Leinenweberei stark vertreten war. In anderen Bezirken unseres Landes nahmen andere Gewerbe die führende Stellung ein. Im mittleren Schwarzwald um Furtwangen, Triberg, Schramberg und Schwenningen war dies die *Uhrenmacherei*, die dort eine lange Tradition hatte. Zeugnisse dieser hervorragenden Handwerkskunst sind heute noch im Uhrenmuseum von Furtwangen zu bewundern.

a) *Beschreibe die Einrichtung und die Geräte in der oben abgebildeten Werkstatt und die Tätigkeiten der einzelnen Personen, soweit dies möglich ist.*
b) *Kann man etwas über die dargestellte Fertigungstechnik aussagen?*

Am Beispiel der Gemeinde Schwenningen kann die besondere Lage des Handwerks zu jener Zeit gezeigt werden. Das damalige Dorf zählte im Jahre 1820 insgesamt 2768 Einwohner. Von den 590 Bürgern (Haushaltungsvorständen) besaßen 450 eigenes Ackerland. Aber nur 19 Familien konnten ausschließlich von der Landwirtschaft leben.

Die wirtschaftliche Lage der Ortsbewohner wird so beschrieben:

Weit vorherrschend war die Landwirtschaft; darum waren auch bei der großen und sich stark vermehrenden Einwohnerzahl die Grundstückspreise höher als in der weiteren Umgebung. Es gab nur wenige Uhrmacher und andere Handwerker, die auch im Sommer ununterbrochen im Handwerk tätig waren. Alles ohne Ausnahme betrieb Landwirtschaft. Die Handwerksgesellen und die Lehrlinge mußten darin immer mitarbeiten, in Stall und Feld. Die Lehrlinge kamen fast den ganzen Sommer hindurch nicht an die berufsmäßige Arbeit.

(Diese und alle weiteren Angaben zur Entwicklung in Schwenningen stammen aus: A. Conradt-Mach, Die Industrialisierung in Schwenningen a. N., Unterrichtsmodell Maschinenschrift 1979)

a) *Beschreibe die wirtschaftliche Bedeutung der Uhrmacherei für die Bewohner von Schwenningen.*

Uhrenhändler in Triberger Tracht (um 1830)

b) *Daß die Uhrmacher nur während des Winters ihr Handwerk betrieben, hatte für sie einige nachteilige Folgen. Welche?*

Konkurrenz aus dem Ausland

In den Jahren nach 1840 geriet das Uhrmacherhandwerk ganz plötzlich in eine sehr schwierige Lage. Die Ursachen dieser Krise und wie sie sich im einzelnen auswirkte, erfahren wir aus dem folgenden Bericht.

Der durch ganze Menschenalter stabil gebliebenen Schwarzwälder Uhrenfabrikation erwuchs gegen Mitte des gegenwärtigen Jahrhunderts eine ebenso mächtige als unerwartete Konkurrenz aus Nordamerika durch ausgedehnte Fabriken, welche mit raffinierter Arbeitsteilung und Maschineneinrichtung enorme Mengen von Wand- und Schiffsuhren aus gewalztem und gestanztem Messingblech herstellten.

Michael Voßeler, der anfänglich für seine allerdings in langer Handarbeit bis ins kleinste feinst ausgearbeiteten, hübsch ausgestatteten „Jockele-Ührchen" annähernd 20 Mark erhielt, längere Zeit noch Mk. 12 bis Mk. 14 löste, mußte sich später mit Mk. 5 und noch weniger begnügen. Ähnlich sanken in den 40er Jahren die Preise der gewöhnlichen Schwarzwaldührchen . . . Die wöchentliche Leistung einer aus Meister, Geselle und Lehrling bestehenden Werkstätte war ungefähr folgende: Jockele- oder Voßeler-Ührchen: 6—8 Stück.

a) *Wie unterschied sich die handwerkliche Uhrenherstellung von der fabrikmäßigen? Vergleiche die Abbildung mit dem Bericht aus Amerika. (→ Arbeitsblatt Nr. 43)*

b) *Warum waren die amerikanischen Uhrenhersteller überlegen, und wie wirkte sich dies aus?*

c) *Kennst du ähnliche wirtschaftliche Konkurrenzkämpfe aus der Geschichte oder aus der Gegenwart deines Heimatraumes?*

3./4. Fabriken verdrängen das Handwerk

Auf der Suche nach neuen Wegen

Die Schwarzwälder Uhrmacher gerieten durch die Konkurrenz der ausländischen Industrie in große wirtschaftliche Bedrängnis. In ihren Reihen breitete sich Hoffnungslosigkeit aus. Viele verließen ihre angestammte Heimat und wanderten aus. In dieser scheinbar aussichtslosen Lage verloren glücklicherweise nicht alle ihren Mut. Einzelne dieser Uhrmacher fühlten sich durch die widrigen Umstände herausgefordert und suchten für sich und ihre Kollegen nach neuen Wegen, die aus der wirtschaftlichen Katastrophe herausführten.

Das Beispiel des Johannes Bürk

Einer von ihnen war der Schwenninger Johannes Bürk (geb. 1819). Er erkannte klar, warum das heimische Uhrmacherhandwerk so schlagartig in Absatzschwierigkeiten geraten war. Deswegen hielt er sich nicht lange mit dem Klagen über die Konkurrenz auf, sondern war bestrebt, die Uhrmacher von den Vorteilen der modernen Produktionsweise zu überzeugen.

Die folgenden Ausführungen enthalten den Kern seiner Überlegungen:

Solange, wie jetzt jeder Uhrmacher ganze Uhren aus ihren Rohstoffen macht, brauchen die 57 selbständigen Uhrmacher in Schwenningen ungefähr 100 Drehbänke zu je 44 Gulden, 57 Zahnmaschinen zu 60 Gulden, 57 Triebbohrer zu 25 Gulden, weil jeder Uhrmacher alle Arbeiten besorgt, also auch die Werkzeuge dazu haben muß. Die Anschaffungskosten dieser Werkzeuge betragen 9245 Gulden. Es würden aber für diese sämtlichen Uhrmacher selbst bei stärkerem Betriebe drei Zahnmaschinen zu 150 Gulden, 25 Drehbänke zu 44 Gulden, drei Triebbohrer zu 25 Gulden von tauglicher Konstruktion genügen, da bei gehörig durchgeführter Arbeitsteilung nicht jeder Uhrmacher zahnen, drehen, triebmachen müßte: macht Anschaffungskosten 1625 Gulden.

Seit 1873 gilt im ganzen Deutschen Reich: 1 Mark = 100 Pfennig.
Die alten Währungen wurden folgendermaßen umgerechnet:
1 Gulden (fl.) = 60 Kreuzer (kr.) = 1,72 Mark; 1 kr. = 3 Pfennig;
1 Taler (Tlr.) = 30 Silbergroschen (Sgr.); 1 Sgr. = 9 Pfennig.

1849 gründete Bürk einen Uhren-Gewerbeverein, in dem sich selbständige Uhrmacher zusammenschlossen. Zweck dieser Vereinigung war es, moderne Maschinen zur Fertigung von Einzelteilen gemeinsam anzuschaffen, den Einkauf der Rohmaterialien und den Verkauf der fertigen Uhren ebenfalls gemeinsam vorzunehmen. Der beim Finanzministerium in Stuttgart beantragte Zuschuß wurde nicht gewährt. Deswegen löste sich der Verein wieder auf.
Bürk ließ sich jedoch nicht beirren und gründete 1854 die erste Uhrenfabrik in Schwenningen. Im Jahre 1900 zählte der Betrieb 230 Mitarbeiter.

Friedrich Mauthe — ein weiterer Wegbereiter

Er wurde 1822 als Sohn eines Bauern und Gastwirtes in Schwenningen geboren, erlernte im nahen Rottweil den Buchhandel und kehrte nach einigen Wanderjahren in die Heimat zurück. Nach der Heirat betrieb er zusammen mit seiner Frau einen Laden, in dem er neben Lebensmitteln auch Uhrenbestandteile verkaufte. Die Uhrmacher des Ortes holten bei ihm diese Einzelteile, bauten sie zusammen und übertrugen ihm den Verkauf der fertigen Uhren. 1860 begann er mit einigen Angestellten im eigenen Haus eine Uhrenfabrikation.

Stammhaus der Mauthe Uhrenfabrik (bis 1898)

Die beiden Söhne führten diesen Betrieb weiter. Sie gründeten später die erste Schwenninger Uhrenfabrik mit Dampfkraft-Antrieb. Im Jahre 1900 zählt das Unternehmen etwa 1 000 Mitarbeiter.

Die beiden Abbildungen zeigen die Ausweitung vom handwerklichen Kleinbetrieb zur Fabrik.

a) *Stelle die Kerngedanken der Vorschläge Bürks heraus.*

b) *Durch welche besonderen Eigenschaften zeichneten sich die hier vorgestellten Persönlichkeiten aus?*

Die Arbeitswelt verändert sich

In der Zeit von 1850 bis 1900 erlebten die Uhrmacherei und auch andere Gewerbe in Schwennigen eine vollständige Umstellung. Die nachfolgenden Tabellen verdeutlichen diesen Vorgang. Aus ihnen ist abzulesen, in welchem Umfang und wie rasch die Industrie in Schwenningen sich durchsetzte:

Beschäftigte:	1765	1835	1857	1875	1907
Uhren-Handwerk	2	65	269	200	100
Uhren-Industrie	—	—	7	300	3000

Mauthe-Uhrenfabrik (um 1904)

Beschäftigte in einigen Schwenninger Gewerbezweigen			
	1820 (2768 Einw.)		1900 (10106 Einw.)
	Meister	Gehilfen	
Bäcker	10	—	20 mit Gehilfen
Bierbrauer	3	—	2 mit 30 Gehilfen
Metzger	5	—	9 mit Gehilfen
Kauf- und Handelsgeschäfte	7	—	118 mit Gehilfen
Weber	29	7	—
Schreiner	3	1	19 mit Gehilfen
Möbelfabrik	—	—	1 mit 100 Arbeitern
Schuhmacher	50	29	37 mit Gehilfen
Schuhfabrik	—	—	5 mit 250 Arbeitern
Uhrenmacher	7	6	2
Uhrenfabriken	—	—	6 mit 3000 Arbeitern
Gast- und Schankwirte	6	—	35
Speiselokale (Kostgebereien)	—	—	12

a) *Die Entwicklung der Uhrenfabrikation kann in drei Phasen eingeteilt werden: Rein handwerkliche Produktion — Übergangsphase — Industrieproduktion. Aufgrund der Lebensbeschreibung des J. Bürk und anhand der Tabellen können diese Phasen zeitlich gegeneinander abgegrenzt werden. (→ Arbeitsblatt Nr. 44)*

b) *Beurteile die Entwicklung aus der besonderen Sicht der Uhrmacher, welche die Hauptbetroffenen waren.*

c) *Die verschiedenen Gewerbe in Schwenningen waren durch die Entwicklung ungleich betroffen. Welche Gewerbe erhielten Auftrieb, welche nahmen ab? Findest du Gründe dafür?*

Nicht nur in der Schwarzwälder Uhrenindustrie kam es damals zu diesen tiefgreifenden Veränderungen. Sie sind überall in Deutschland eingetreten, und zwar in einem beträchtlichen Umfang, wie die Grafik unten zeigt.

a) *Beschreibe die Verschiebungen zwischen den drei Wirtschaftssektoren. Nenne die jeweiligen Ursachen. (→ Arbeitsblatt Nr. 44)*

b) *Die Entwicklung in Baden-Württemberg zeigt gewisse Eigenheiten. Stelle sie heraus.*

Großbetriebe brauchen viel Kapital

Viele große Industriebetriebe in unserem Lande gehen auf handwerkliche Anfänge zurück. Es gibt aber auch Produktionszweige, die erst im Industriezeitalter neu entstanden sind. Als Beispiel einer solchen Betriebsgründung kann die Maschinenfabrik Esslingen gelten. Den entscheidenden Anstoß dazu gab Emil Keßler (geb. 1813) aus Karlsruhe. Nach einer naturwissenschaftlich-technischen Ausbildung machte er Studienreisen durch England und
 Frankreich, die führenden Industrieländer jener Zeit. Im Jahre 1836 gründete er in Karls-

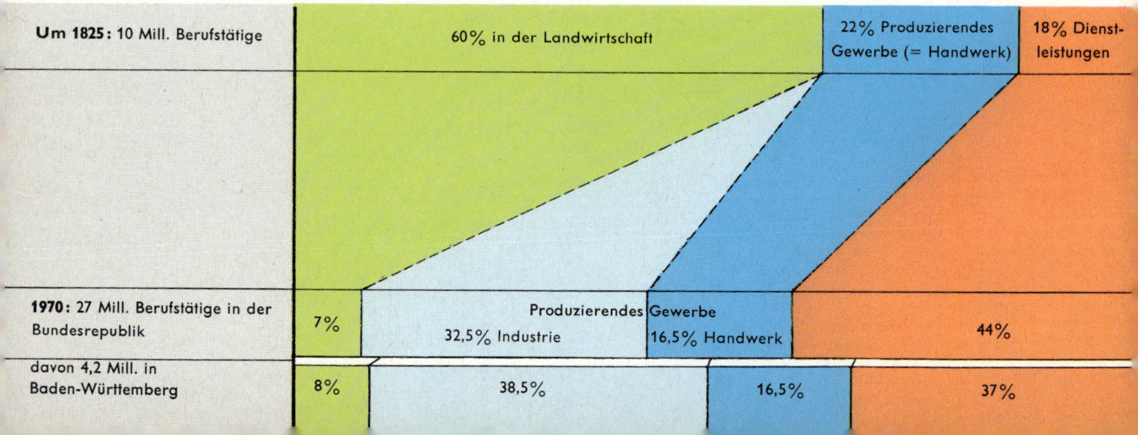

ruhe eine Maschinenfabrik. In ihr wurde 1841 die erste Lokomotive in Deutschland gebaut. Nach Antrag bei der württembergischen Regierung ließ er fünf Jahre später in Esslingen eine Fabrik zum Bau von Lokomotiven und Eisenbahnwagen errichten.

Dazu brauchte man große Maschinen und entsprechend weiträumige Werkhallen. Diese Pläne waren nur zu verwirklichen, wenn ein entsprechend großes Kapital* zur Verfügung stand. Um dies zu erhalten, ließ der Firmengründer 30 Aktien zu je 10000 Gulden verkaufen. Diese Aktien wurden von vermögenden Personen des Bürgertums und des Adels erworben, zu einem geringeren Teil auch von Stuttgarter Banken.

Keßler trieb die Planung und den Bau dieses Großbetriebes zügig voran. Die Produktion in den neuen Fabrikhallen begann 1847 mit 500 Arbeitern. Die Maschinenfabrik Esslingen galt als eine der modernsten und leistungsfähigsten in Deutschland.

In den Anfangsjahren lief der Betrieb nicht so gut, wie man sich das erhofft hatte. Erst mit dem raschen Ausbau der Eisenbahnnetze in Deutschland (S. 178) und in anderen europäischen Ländern gingen zahlreiche Aufträge ein. Zehn Jahre nach der Betriebseröffnung waren dort 1076 Arbeiter beschäftigt. Bis zum Jahre 1860 hatte man 500 Lokomotiven hergestellt.

Der Aufschwung eines solchen Großbetriebes hing zunächst von der weitsichtigen *Planung* der Direktion ab. Daneben gab es noch zwei andere entscheidende Faktoren: *Arbeitskraft* und Geschicklichkeit der Beschäftigten einerseits, Einsatz von *Kapital* andrerseits.

Die Arbeitskraft wurde damals nicht sehr hoch bewertet. Es gab ja genügend Arbeiter! So verdiente in der Maschinenfabrik Esslingen ein Arbeiter 1863 durchschnittlich 733 Gulden im Jahr. Wer dagegen damals Geld (Kapital) besaß und eine Aktie zu 10000 Gulden erworben hatte, bekam dafür als Gewinnanteil im selben Jahr 3300 Gulden. Diese Rendite von 33% muß als sehr hoch bezeichnet werden, wenn man bedenkt, daß heute bei Kapitalanlagen 10—15% Rendite als hoch gelten und sehr selten sind.

a) *Am Beispiel der Maschinenfabrik Esslingen wird deutlich, daß Industrialisierung ohne Kapital nicht möglich ist. Erläutere dies!*

b) *Zu Beginn der Industrialisierung waren die Faktoren „Kapital" und „Arbeit" nicht gleichrangig. Nenne Gründe hierfür! (→ Arbeitsblatt Nr. 45)*

Deutschland im internationalen Vergleich

Auf den vorigen Seiten wurde an einigen Beispielen die Industrialisierung in unserem Lande beschrieben. In Großbritannien, dem Ursprungsland der modernen Industrie, hatte dieser Prozeß schon einige Jahrzehnte früher begonnen. Es konnte seinen Vorsprung gegenüber Deutschland auch mehr als ein Jahrhundert lang behaupten. Auch die Vereinigten Staaten und Frankreich lagen lange Zeit vor Deutschland. Diese vier Staaten führten eine Art wirtschaftlichen Konkurrenzkampf.

Der industrielle Wettlauf läßt sich heute noch nachverfolgen. Den besten Hinweis auf die jeweiligen Kräfteverhältnisse gibt der Stahlverbrauch je Einwohner (pro Kopf). Er gibt Aufschluß über den allgemeinen Entwicklungsstand der einzelnen Industriezweige innerhalb eines Landes, denn von Eisen und Stahl hängt zum Beispiel der Maschinenbau ab. Für die modernen Verkehrsträger gilt dasselbe.

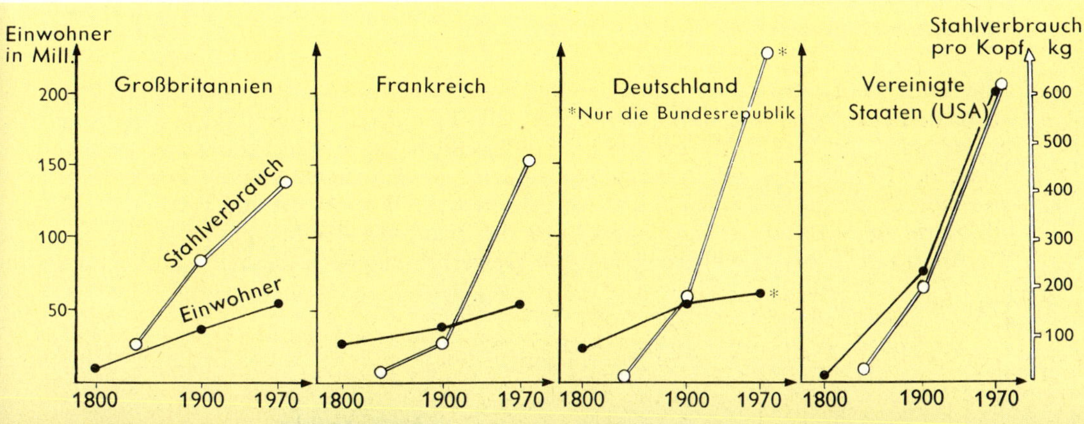

Eröffnung der Eisenbahnlinie München-Augsburg, 1839

5. Eisenbahnen werden gebaut

Die ersten Eisenbahnen

Im September 1825 rollte die erste Lokomotive mit 37 Wagen auf einem „Eisenweg" von Stockton im nördlichen England nach dem 38 km entfernten Darlington. George Stephenson, der Erfinder dieser fahrbaren Dampfzugmaschine, übernahm an diesem Tage selbst die Rolle des Lokomotivführers. Die erste deutsche Eisenbahnlinie wurde 10 Jahre später zwischen Nürnberg und Fürth eröffnet.
Überall, wo neue Eisenbahnlinien geplant und gebaut wurden, diskutierte man in der Öffentlichkeit darüber. Neben überzeugten Befürwortern gab es nicht wenige ablehnende Stimmen.

Die folgenden Texte enthalten wesentliche Argumente der beiden Seiten.

Von den Herren, in deren Gesellschaft ich mich zuweilen befand, waren mehrere der Ansicht, daß die Eisenbahnen eine alberne Erfindung, gefährlich, gesundheitsschädlich, viel zu kostspielig seien und nicht lange bestehen würden. Insbesondere war der Postmeister ihr eifriger Gegner. Er behauptete, daß es auf die Schnelligkeit gar nicht ankomme, sondern auf Billigkeit und Sicherheit. Und als mein Vater auf die Dampfschiffe, die seit mehr als zehn Jahren auf der Elbe fuhren, verwies, entgegnete der Postmeister, es sei noch gar nicht ausgemacht, daß die nicht wieder aus der Mode kämen.

(W. Pöls, Deutsche Sozialgeschichte, Bd. 1, München 1973, S. 384)

Alle Arten von Lebensmitteln nebst den Brennmaterialien sind hier [in Leipzig] teuerer als in den Seestädten und dabei bedeutend schlechter. Holz kostet 100 Prozent mehr in der Stadt, als 4 bis 5 Meilen von hier. Während bei so hohen Preisen der großen Masse der Bevölkerung das Brennmaterial äußerst spärlich zugemessen ist, liegen 8 km von hier alle Berge voll Steinkohlen. An Fabriken, die Wasserkraft und Brennmaterial erfordern, ist nicht zu denken. Überall gewahrt man, wie der Mangel an wohlfeilen Transportmitteln die Bevölkerung und die Gewerbeindustrie niederhält . . . Nehmen

wir übrigens nur den Verbrauch, wie er ist, so ergeben sich für ungefähr 60000 Klafter[1] Holz Transportkosten von 150000 Talern.
Eisenbahnen würden Holz, Torf und Steinkohle um mehr als die Hälfte billiger herbeischaffen ... Das innere Bayern, wo Mehl, Fleisch und andere Lebensmittel um 50 bis 100 Prozent niedriger stehen als in Leipzig, würde seinen Überfluß in die Gegenden des Erzgebirges und bis an die Elbe und nach den Hansestädten führen.

(W. Pöls, Deutsche Sozialgeschichte, Bd. 1, S. 365 f.)

Folgende Angaben ermöglichen einen Vergleich der Transportleistungen um 1850:

	Nutzlast:	Geschwindigkeit:	Begleitpersonen:
Pferdefuhrwerk	1,5 t	5 km/Stunde	1
Güterzug	22 Wagen, je 2 t	30 km/Stunde	2 auf der Lok. 5 Bremser

a) *Nenne die wesentlichen Argumente der beiden Seiten. Nimm Stellung dazu. (→ Arbeitsblatt Nr. 46)*

b) *Welche Schlußfolgerungen konnten aus den Angaben über die tatsächlichen Transportleistungen gezogen werden? (→ Arbeitsblatt Nr. 46)*

Das Eisenbahnnetz weitet sich aus

Die Vorschläge Friedrich Lists, die deutschen Länder durch Eisenbahnlinien miteinander zu verbinden, stießen zunächst auf Widerstand. Sehr bald jedoch stellten sich die großen Vorzüge der Eisenbahn für den Personen- und den Güterverkehr heraus. Deswegen trieb man den Ausbau des Schienennetzes mit großer Energie voran.

Die Übersicht auf S. 180 zeigt, in welchem Tempo diese Entwicklung (im Vergleich zu England) voranschritt.

[1] 1 Klafter: In Bayern und Württemberg ca. 3 m³, in Baden = 4 m³.

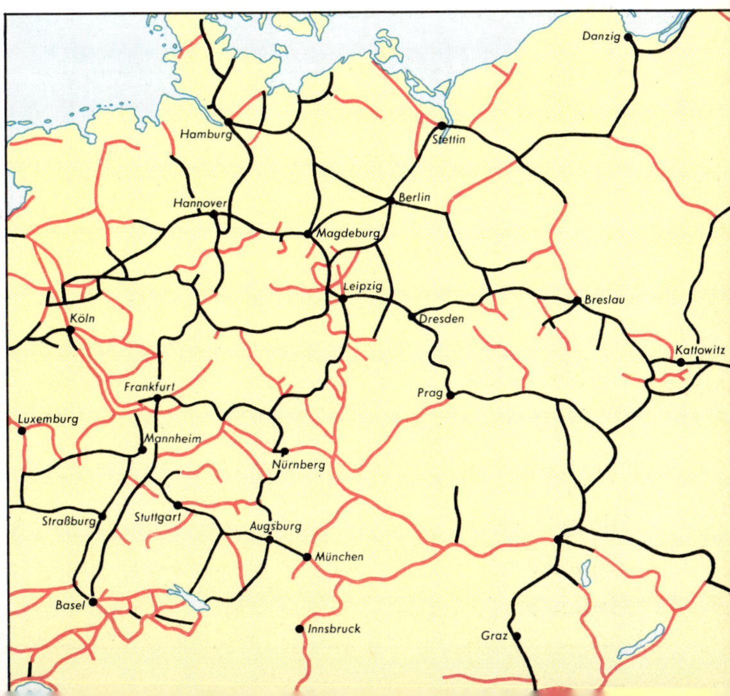

Entwicklung des Eisenbahnnetzes in Deutschland

Der Ausbau des Eisenbahnnetzes				
	1840	1860	1870	1900
Deutschland	549 km	11 653 km	19 575 km	51 391 km
England	1 348 km	16 787 km	24 999 km	35 186 km

a) *In der ersten Ausbaustufe legten die einzelnen Länder wenig Wert auf grenzüberschreitenden Verkehr. Weise das an der Karte S. 179 nach.*
b) *Was könnten die Gründe für dieses Planen gewesen sein?*
c) *Wie weit war dein Heimatraum um 1860 durch die Eisenbahn erschlossen? In welchem Jahr erhielt dein Heimatort Bahnanschluß?*

Mit dem Ausbau eines dichten Eisenbahnnetzes in Deutschland erzielte man noch zwei weitere große Vorteile:

— Arbeiter im Umland von Industriestädten konnten ihre angestammten Wohnsitze beibehalten. Morgens fuhren sie mit dem Zug zum Arbeitsplatz und abends kehrten sie nach Hause zurück (= Pendler). Viele von ihnen bewirtschafteten nach Feierabend sogar noch etwas Ackerland und entlasteten dadurch den Familienetat.

— Durch den Eisenbahnbau wurden zahlreiche zusätzliche Arbeitsplätze geschaffen. Allein in dem Jahrzehnt von 1871 bis 1880, als wegen einer Wirtschaftskrise eine große Arbeitslosigkeit ausbrach, konnten 570 000 Männer dort einen der begehrten Arbeitsplätze finden.

Wer vor hundert Jahren und mehr einmal mit der Postkutsche, ein andermal mit dem Zug durch Deutschland reiste, empfand die Eisenbahnfahrt als unvergleichlich angenehmer.

Reisezeiten zwischen Friedrichshafen und Ulm (ca. 120 km):	
Postkutsche um 1830:	15,0 Std.
Eisenbahn um 1860:	3,5 Std.
Eisenbahn um 1980:	1,5 Std.

KÖNIGLICH WÜRTTEMBERGISCHE STAATS-EISENBAHN.

Fahrtenplan vom 25. October 1860 ab bis auf Weiteres.

I. Hauptbahn.
Friedrichshafen—Bruchsal.

Entfernung	Stationen	II. Pers.-Zug 3 Classen.	VI. Pers.-Zug 3 Classen.	X. Pers.-Zug 3 Classen.	XII. Pers.-Zug 3 Classen.	XVI. Pers.-Zug 3 Classen.	XVIII Beschl. Zug I. u. II. Classe.	XX. Pers.-Zug 3 Classen.
Meilen		U. M.	U. M.	U. M.	U. M.	U. M.	U. M.	U. M.
—	Friedrichshafen	—	—	5. 35	—	10. 12	2. 8	7. —
5,6	Aulendorf	—	—	7. 6 Schnellzug I. u. II. Cl.	—	11. 42	3. 22 Pers.-Zug 3 Classen.	8. 30
14,0	Ulm	—	6. —	9. 25	9. 45	2. 10	5. 20	10. 34 Ankunft
19,83	Süssen	—	7. 44	10. 32	11. 40	3. 50	6. 57	—
23,48	Plochingen	—	8. 48	11. 11	12. 45	4. 52	8. —	—
24,72	Esslingen	5. 55	9. 9	11. 23	1. 5	5. 13	8. 21	—
26,6	Stuttgart	6. 44	10. — Güterz. m. Pers.-Bef. in III. Cl.	11. 52	2. —	6. —	9. 15	—
29,78	Bietigheim	7. 49	11. 15	12. 30	3. 8	7. 6	10. 10 Ankunft	—
34,85	Mühlacker	8. 35	12. 12 Ankunft	1. 1	3. 56	7. 52	—	—
37,1	Bruchsal	9. 31	—	1. 40	4. 52	8. 48	—	—
		Vormitt.	Nachm.	Nachm.	Abends	Nachts	Nachts	Nachts

— *Mit der Eisenbahn erzielte man einige wesentliche Fortschritte. Nenne sie. (→ Arbeitsblatt Nr. 46)*

6. Die Dörfer sind übervölkert

Viele wandern aus

Von den vielen Bauernsöhnen und -töchtern, welche nicht in ihren Dörfern bleiben konnten, hatten allerdings längst nicht alle das Glück, in den Städten einen geeigneten Arbeitsplatz zu finden. Ein junger Mann aus Hauenstein (Hochrhein), von diesem Schicksal selbst betroffen, schrieb im Jahre 1832:

Es sind halt zu viele Menschen bei uns . . . Es ist unmöglich, daß es besser werden kann. Lug nur, wie rundum in den Dörfern und Städten alles voll hockt, und wieviel Leute dort leben, die keine Schaufel voll Land besitzen. Wieviel Herren gibt's nicht, vom Großherzog bis zum Schreiber. Und alle müssen vom Bauersmann leben. Und lug, wie alle Berufe übersetzt sind. Keiner verdient genug, einer ist dem anderen im Wege. Nimm mal den Haufen Leut, die nichts zu schaffen haben, und ist noch irgendwo ein Stück Erdreich, das man nicht nutzt? — Es ist aus, es ist aus, es gibt zu viel Volk und zu wenig Boden.

(F. X. Vollmer, Vormärz und Revolution 1848/49 in Baden, München 1979, S. 19)

— *Welche Schwierigkeiten sah dieser junge Mann vor sich? Wo lagen ihre Ursachen?*

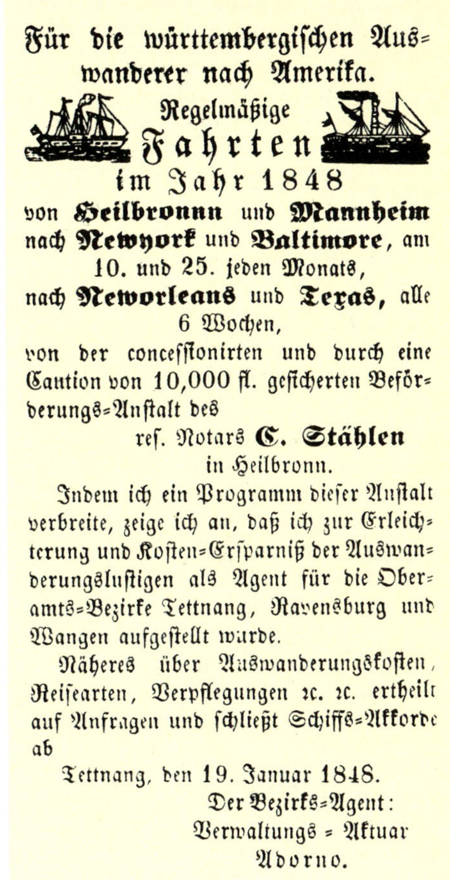

Einige Jahre später verschärfte sich die angespannte Lage auf den Dörfern noch weiter. Eine unbekannte Kartoffelkrankheit hatte die Äcker befallen.
Mehrere Ernten hintereinander fielen sehr schlecht aus, der Hunger kehrte in den Bauernhöfen ein. Die meisten Hofbesitzer konnten nicht mehr ihren Ablösungsverpflichtungen (s. S. 168) nachkommen, weil sie nichts mehr zu verkaufen und also auch keine Einkünfte mehr hatten. Die Zwangsversteigerungen häuften sich. Im Odenwalddorf Einbach z. B. haben in jenen Jahren von 13 Hofstellen 12 den Besitzer gewechselt. Die vielen Kleinhandwerker auf den Dörfern verloren nun ebenfalls ihre Existenzgrundlage, weil sie von den Bauern keine Aufträge mehr erhielten. Viele, die nicht von den kommunalen Hilfskassen abhängen wollten, entschlossen sich zur Auswanderung.
Die Zeitungsanzeige oben läßt gewisse Schlüsse auf den Umfang der damaligen Auswanderungsbewegung zu. Eine amtliche Auswanderungserlaubnis erhielt nur, wer zuvor alle seine Schulden bezahlt hatte. Die Heilbronner Beförderungsanstalt verlangte für die Überfahrt nach Amerika (ab Mannheim) ca. 90 Gulden. Manche Länder ermunterten sogar zur Auswanderung und gaben Zuschüsse zu den Reisekosten.

a) *Wie beurteilst du die Maßnahmen der amtlichen Stellen?*
b) *Wodurch wollte die Beförderungs-Anstalt das Vertrauen von Auswanderungswilligen gewinnen?*

Gingen die Hoffnungen und Erwartungen im fernen Amerika in Erfüllung? — Eine gewisse Antwort erhalten wir aus einem Brief einer jungen Frau, die aus Balingen stammte. Darin berichtete sie:

Philadelphia, den 10. Februar 1848

Ich muß dir mitteilen, daß ich seit dem 3. Dezember 1846 verheiratet bin. Mein lieber Mann hat nun ein Geschäft für sich. Er hat seinem Meister, welcher ein Schmied ist, die Werkstätte um 110 Dollar abgekauft. Da wir, wie Du weißt, nur eine unbedeutende Summe Geldes hierher gebracht haben, so mußte er natürlich mit Schulden anfangen. Allein, wenn hier ein Mann arbeiten will, so kann er sich recht bald etwas ersparen. Wie ist der arme Mann in Deutschland so übel dran, wenn er für 20 Gulden nicht 3—4fache Versicherung gibt. Da hilft ihm kein Mensch. Ja, ich kann mit aufrichtigem Herzen sagen, wir beide fühlen uns glücklich, hier zu sein, und würden nicht um ein 3faches Deutschland tauschen.

Freilich, im Anfang geht es bei allem schwer, bis man ein wenig bekannt ist, besonders auch mit der englischen Sprache.

Nun komme ich, lieber Bruder, an Dein Geschäft, worüber Du Auskunft wünschest. Du brauchst keinen Menschen zu fragen, wenn Du mitten in der Stadt einen Laden mietest. Da kannst Du darin verkaufen, was Du willst. Es kann und darf Dir kein Mensch etwas in den Weg legen. Es kommt auch kein Polizeidiener und ruft vor Deinem Haus: „Steuern aufs Rathaus bringen“ oder: „Morgen Nachmittag Frondienst um 2 Uhr.“ Von dem ist man hier los. Alles was man hier verdient, darf man behalten. Das ist ein Verdienst, wenn man 20—25 Gulden in einer Woche verdient. Nie kann dies ein Mann in Balingen in einem Vierteljahr.

Oh, erst dann, wenn man hier ist, sieht man es ein, wie der Bürger unter dem Joch der Herrschaft steht in Deutschland. Hier ist der Tagelöhner so viel als der Gouverneur. Es braucht keiner dem anderen aus dem Wege zu gehen.

Ich rate Dir zwar, lieber Bruder, zu kommen. Wenn Du aber nur auf mein Schreiben hingehst, so ist die Sache wieder nichts. Folge meinem Schreiben nicht, wenn Du nicht eigenen Antrieb hast. Ist dies aber der Fall, so setze es durch. Ich denke, daß Du bessere alte Tage zu erwarten hast als in Europa.

(Württembergisches Seeblatt, 12. Dez. 1848)

— *Konnte dieser Brief dazu ermuntern, die Heimat zu verlassen und nach Amerika auszuwandern? Was mußte der Briefempfänger alles bedenken?*

Von den 5.1 Millionen Auswanderern dieses Zeitraumes stammten allein rund 700 000 aus Baden und Württemberg. Gemessen an den Einwohnerzahlen war dies ein überdurchschnittlich großer Verlust an Menschen. Vor allem viele junge Männer verließen zu jener Zeit ihre Heimat.

Der Auswanderungswelle um die Jahrhundertmitte folgt ab 1880 eine weitere. In einer zweiten schweren Wirtschaftskrise hatten viele Industriearbeiter ihre Arbeitsplätze verloren. In der Maschinenfabrik Esslingen z. B. sank um die Mitte der siebziger Jahre die Zahl der Beschäftigten von 1 450 auf 400 ab. Aus vielen anderen Betrieben ist ähnliches bekannt.

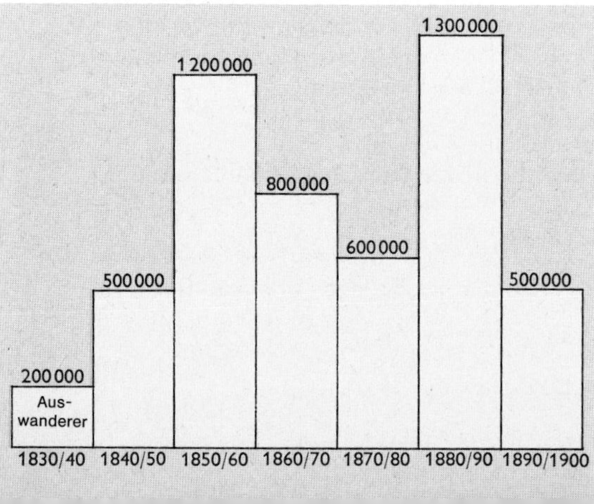

a) *Nenne die wesentlichen Ursachen der umfangreichen Auswanderungen im 19. Jahrhundert.*

b) *War es richtig, so viele Menschen auswandern zu lassen? Hätte man das vermeiden können?*

c) *Zwischen der Bevölkerungsentwicklung in Baden und Württemberg (s. Tabelle S. 170) und den Auswanderungen bestanden Zusammenhänge. Stelle sie heraus.*

Auswandererstrom aus Deutschland zwischen 1830 und 1900 (dargestellt in 10-Jahres-Abschnitten)

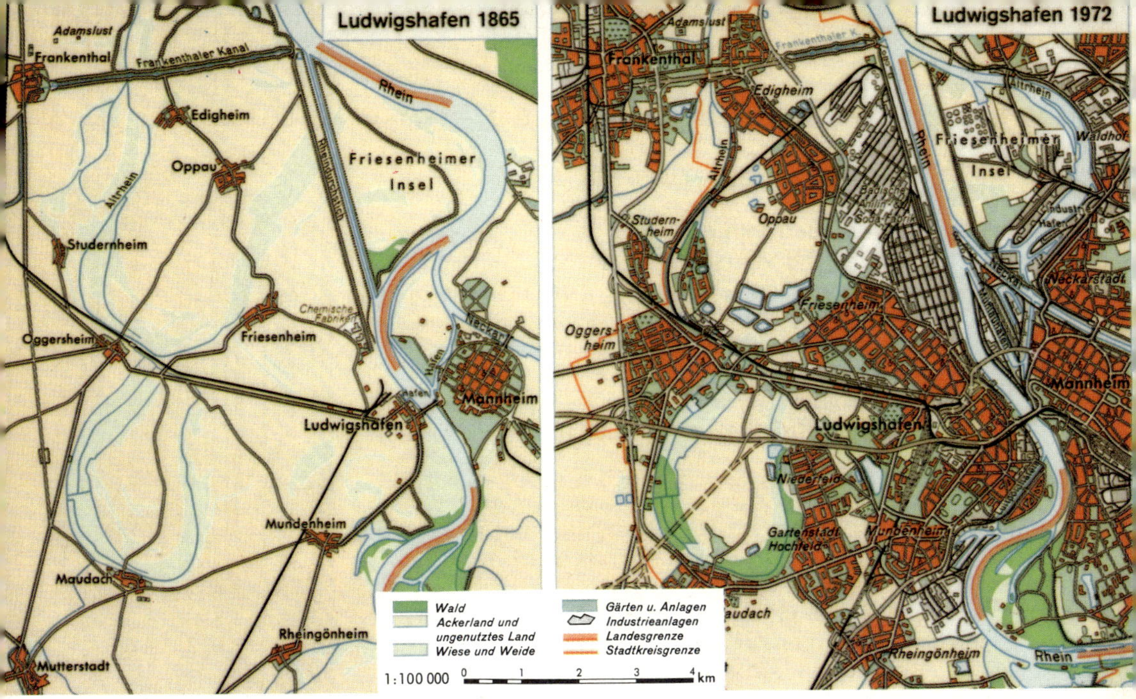

Der Wandel des Siedlungsbildes im Raum Ludwigshafen/Mannheim

Die Städte wachsen

Viele, die weder auf dem Land bleiben noch auswandern wollten, suchten damals Arbeitsplätze in den Städten, in der Industrie. Die beiden Karten des Raumes Ludwigshafen/Mannheim zeigen beispielhaft die Veränderungen des Siedlungsgebietes unter dem Einfluß der Industrie.

> Der städtische Bevölkerungsanteil wuchs:
> — weil Menschen aus entfernteren Dörfern zuzogen
> — weil sich ehemalige Dörfer selbst zu Städten entwickelten (Beispiel Schwenningen)
> — weil wachsende Städte benachbarte Dörfer einbezogen und diese dabei immer mehr verstädterten.

a) *Beschreibe anhand der Kartenausschnitte die Entwicklung der Industrie und ihre Anbindung an den Verkehr.*
b) *Welche Arten von Wachstum lassen sich aus der Karte ablesen?*
c) *Wie ist in deiner Heimatgemeinde die Entwicklung verlaufen? (→ Arbeitsblatt Nr. 47)*

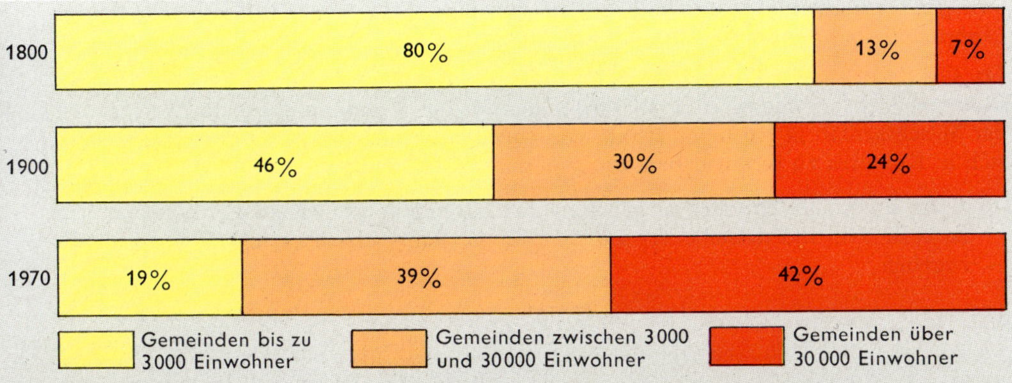

7./8. Die Industrie — eine neue Arbeitswelt

Mühselige Fabrikarbeit

Mit Beginn der Industrialisierung hat sich das Alltagsleben überall grundlegend verändert. Am meisten spürten es die ehemaligen Bauern und Handwerker, die in ihrer angestammten Umgebung kein Auskommen mehr fanden und nun in den modernen Fabriken ihren Lohn verdienen mußten.

In den folgenden Abbildungen und Texten sind Eindrücke und Erfahrungen aus dieser frühen industriellen Arbeitswelt festgehalten.

In den Wollspinnereien war die Staubentwicklung noch die geringste, weil das Material geölt wurde. Am größten und gefürchtetsten war sie in den Baumwollspinnereien. Man bedenke nur, daß die damaligen Wölfe, in welchen die Baumwolle durch rasche Umdrehung zerfasert und gereinigt wird, ohne Umhüllung und Abzugsventilation waren. Der ganze Raum war erfüllt von umherfliegenden Baumwollteilchen, und eine schwere Wolke von feinstem und ganz grobem Staub schwebte über den Arbeitern und drang in ihre Atmungsorgane ein; der Lärm war so entsetzlich, daß kein Wort vernommen wurde.

Aus dem Bericht eines wandernden Handwerksgesellen, der seine ersten Erfahrungen mit der Fabrikarbeit machte:

Ist überhaupt in einer Fabrik anders als in einem Meisterbetrieb und kein Zusammenhalt nit unter den Gesellen. Läuft jeder seinen Weg und dreht sich nit viel nach dem anderen. Zudem gefällt mir das Arbeiten nit, dieweil jeder den langen Tag die gleiche Arbeit verrichten muß und dabei das Ganze aus dem Auge verliert.

(W. Kleinknecht / H. Krieger (Hg.), Handbuch des Geschichtsunterrichts, Bd. 5, Frankfurt 1965, S. 111 u. S. 226 f.)

a) *Wie wurde in diesen Berichten die Fabrikarbeit jeweils dargestellt?*

b) *Gibt es Übereinstimmungen zwischen diesen Zeitdokumenten?*

Viele der Fabrikherren und -direktoren glaubten ihre Betriebe nach strenger Anleitung führen zu müssen. Für sie waren die Arbeiter die Befehlsempfänger, welche ihren täglichen Dienst nach genau vorgeschriebenen Regeln zu erledigen hatten. Das zeigen auch die Auszüge aus der „Fabrikordnung der Maschinenfabrik Esslingen":

Da Gehorsam, Ordnung und Regelmäßigkeit für das Gedeihen einer jeden Fabrik unumgänglich notwendig sind, so wird gegenwärtige Verordnung für die Werkstätten der Maschinenfabrik Esslingen erteilt, von welcher sämtliche Arbeiter und Angestellten sich in Kenntnis zu setzen haben, um sich danach zu richten:

— Jeder angestellte Arbeiter ist gehalten sich mit einem polizeilichen Arbeitsbüchlein zu versehen, und dasselbe bei seinem Eintritt dem Aufseher seiner Werkstätte abzugeben.

Maschinensaal der Maschinenfabrik Hartmann in Chemnitz

— Die Arbeitszeit ist für das ganze Jahr die folgende: von 6 Uhr morgens bis 12 Uhr mittags, von 1 Uhr mittags bis 7 Uhr abends, mit Ausnahme des Montags nach einem Zahltage.
— Während der Arbeitsstunden darf kein Arbeiter ohne Erlaubniskarte die Fabrik verlassen. Diese Erlaubniskarten sowohl zum Eintritt als Austritt sind unter Angabe des Grundes vom Aufseher der Werkstätten zu verlangen.
— Fünf Minuten vor 7 Uhr abends werden die Arbeiter durch einige Glockenzüge erinnert, daß sie ihre Werkzeuge und in Arbeit befindlichen Gegenstände zu ordnen und ihre Werkbänke und Arbeitsplätze zu reinigen und in Ordnung zu bringen haben. Der Zuwiderhandelnde unterliegt einem Abzuge von 15 Kreuzern.
— Jeder Arbeiter, welcher auf einem anderen Weg als durch das Tor bei dem Portier geht, unterliegt einem Abzuge von 1 Gulden 30 Kreuzer.

— Eine sofortige Entlassung kann stattfinden:

a) von seiten der Fabrik, wenn der Arbeiter sich folgendes zu Schulden kommen läßt: Faulheit, Ungehorsam, schlechte Arbeit trotz mehrfältiger Ermahnung, Schlägerei, vorsätzliche Versäumnis der Arbeitszeit, Diebstahl, wiederholte Trunkenheit.

b) von seiten der Arbeiter, wenn dieselben durch gültige Schriften nachweisen können, daß sie durch Angelegenheiten abgerufen werden, deren Erledigung sich nicht länger verschieben läßt. Bleibt dem ungeachtet ein Arbeiter weg, ohne seine Entlassung erhalten zu haben, so hat er keinen Anspruch mehr auf den ihm etwa zukommenden Lohn.

Esslingen, den 1. August 1846

(H. Schomerus, Die Arbeiter der Maschinenfabrik Esslingen, Stuttgart 1977)

Die Dauer der wöchentlichen Arbeitszeit lag lange Zeit sehr hoch, wie die folgende Zusammenstellung zeigt:

Jahr	1864	1874	1892	1900	1910	1913	1980
Wochenstunden	69	69	61,4	59,4	58,8	57,8	40

a) *Absicht solcher Fabrikordnungen war es, einen geregelten Betriebsablauf im Sinne der Arbeitgeber zu garantieren. Wo kommt das besonders zum Ausdruck?*

b) *An einigen Stellen wird sogar finanzielle Bestrafung angedroht. Mußten die Arbeiter sich das gefallen lassen?*

Sogar Kinder müssen arbeiten

Es gibt heute zahlreiche Gesetze und Bestimmungen zum Schutze der Arbeitnehmer vor Überforderung und vor gesundheitlicher Schädigung. Ausdrücklich verboten ist die Arbeit schulpflichtiger Kinder.

Das war Mitte des 19. Jahrhunderts nicht so. Damals war Kinderarbeit fast alltäglich, wie die folgenden Quellen zeigen. Über die Arbeit von Kindern in einem englischen Bergwerk wird berichtet:*

In den Kohlen- und Eisenbergwerken arbeiten Kinder von vier, fünf, sieben Jahren; die meisten indes sind über acht Jahre alt. Sie werden gebraucht, um das losgebrochene Material von der Bruchstelle nach dem Pferdeweg oder dem Hauptschacht zu transportieren und um die Zugtüren, welche die verschiedenen Abteilungen des Bergwerkes trennen, bei der Passage von Arbeitern und Material zu öffnen und wieder zu schließen. Zur Beaufsichtigung dieser Türen werden meist die kleinsten Kinder gebraucht, die auf diese Weise zwölf Stunden täglich im Dunkeln einsam in einem engen, meist feuchten Gang sitzen müssen ... Der Transport der Kohlen und des Eisensteins ist eine sehr harte Arbeit. Zu dieser anstrengenden Arbeit werden ältere Kinder und heranwachsende Mädchen genommen ... Es kommt vor, daß die Kinder, so wie sie nach Hause kommen, sich auf den steinernen Fußboden vor dem Herde werfen und sogleich einschlafen, daß sie keinen Bissen Nahrung mehr zu sich nehmen können und im Schlaf von den Eltern gewaschen und zu Bette gebracht werden müssen.

(F. Engels, Die Lage der arbeitenden Klasse in England, in: Handbuch des Geschichtsunterrichts, Bd. 5, Frankfurt 1965, S. 11)

Nicht nur in England, auch in Deutschland war die Kinderarbeit ein weitverbreitetes Übel. Der Leiter eines Lehrerseminars in Mörs am Niederrhein, F. A. W. Diesterweg, berichtete 1827 über seine Beobachtungen:

Kinderarbeit in walisischen Bergwerken (1. Hälfte des 19. Jahrhunderts)

Im Sommer um 5 oder 6 Uhr, im Winter um 6 oder 7 Uhr oder sobald es Tag ist, ruft die Glocke das Kind in die Fabrik. An den meisten Fabrikaten kann das Kind vom 8. oder 9. Jahre an gebraucht werden. Sobald es in dem Fabrikhause angekommen ist, geht es an die Maschine und verrichtet sein Geschäft. Meist ist seine Arbeit einfach und leicht, immer eine und dieselbe, vom Morgen bis zum Mittage. Wo noch eine kleine Abwechselung stattfindet, da ist sie doch so unbedeutend, daß sie nach wenigen Tagen zum einförmigen Mechanismus wird. Nur am Anfang bedarf es zur genügenden Verrichtung seiner Geschäfte der Aufmerksamkeit; nach kurzer Zeit spinnt und spult, klopft und hämmert es maschinenmäßig fort, von Minute zu Minute, von Stunde zu Stunde, bis die Mittagglocke die Arbeiter eine Stunde entläßt. Das Kind eilt nach Hause, verzehrt sein mageres Mittagbrot, wandert um 1 Uhr wieder seinem Kerker zu, beginnt da und damit, wo es eine Stunde vorher aufhörte, und setzt seine Tätigkeit von Minute zu Minute und von Stunde zu Stunde bis 7 oder 8 Uhr am Abend fort. Die meisten Arbeiten fordern entweder ein beständiges Sitzen oder ein beständiges Stehen; zuweilen, im besseren Falle, wechselt Sitzen mit Stehen ab.

Das ist der Beruf der Kinder am Montag, Dienstag, Mittwoch, Donnerstag, Freitag und Samstag, täglich ungefähr nicht weniger als 12 bis 14 Stunden, also den ganzen Tag, die ganze Woche, das ganze Jahr hindurch, mit der kurzen Unterbrechung einer Stunde des Tages und eines Tages in der Woche.

Nachdem das Fabrikkind den ganzen bösen langen Tag den Faden gezogen hat, schleppt es die müden Glieder und den noch erschlaffteren Geist heim in die Hütte, sich sehnend nach Ruhe.

In der Hast wird der Hunger mit Brot und Kartoffeln gestillt, Gesicht und Hände gewaschen, und nun geht es, wie wenn es von einem bösen Geist gejagt würde, nach der fern liegenden Abendschule, wo eine neue Qual der Kinder wartet.

(Diese und alle weiteren Quellen zur Kinderarbeit aus: S. Quandt, Kinderarbeit und Kinderschutz, Paderborn 1978)

Ein Erwachsener berichtete im Rückblick auf seine Kindheit über eine andere Art von Kinderarbeit. Familienväter, die in der Fabrik keine Arbeit fanden oder zu wenig verdienten, waren auf den zusätzlichen Verdienst der Heimarbeit angewiesen. Dabei wurden die Kinder in der Familie streng zur Mithilfe herangezogen:

Vater und Mutter . . . hatten schwer zu kämpfen, um sich und ihre drei Kleinen durchzubringen . . . Mein Vater war „Hausarbeiter“, d. h. er holte sich von einem Fabrikanten den Rohtabak und machte daraus zu Hause Zigarren. Da er selbst infolge seiner Lähmung sehr langsam war, brachte er täglich nur wenige Zigarren fertig. Er nahm

daher mehrere Gehilfen an, die ihm die Zigarren machten, während er sich darauf beschränkte, das Rohmaterial zuzurichten. Das brachte allerdings etwas mehr, aber immer noch so wenig, daß meine Mutter gezwungen war, ebenfalls auf Erwerb auszugehen. Sie wusch und plättete für die Bekannten und Kollegen meines Vaters und stand, wenn ihre Arbeitskraft nicht vom Hausstand und der Pflege ihrer drei Kinder in Anspruch genommen war, vom ersten bis zum letzten Tag der Woche, von früh bis spät am Waschfaß oder am Bügelbrett. Trotzdem gelang es nur schwer, das zum Leben Notwendigste zu erringen, und oft mußten wir Kinder trockenes Brot essen, wenn es nicht möglich geworden war, noch ein paar Pfennige für Schweineschmalz oder Syrup aufzuwenden.
Manche Leute schwärmen gar beim Anblick einer Familie, die, alt und jung in einem engen Stübchen „traulich" vereint, fleißig bei der Arbeit ist und die Früchte vereinter Anstrengung in Gestalt hübscher Waren werden und wachsen sieht. Es sieht freilich anders aus, wenn man in diesem reizenden Familienbilde selbst eine Rolle mitspielt. Das habe ich gar bitter erfahren. Ich war noch nicht fünf Jahre alt, da mußte ich schon in der Arbeitsstube meines Vaters fleißig mit zugreifen. Tag für Tag mußte ich Tabak zurichten, d. h. mit den kleinen Fingern die feuchten zusammengefalteten Tabakblätter auseinanderbreiten, die dickeren Stengel entfernen und Blatt auf Blatt legen. Und das mußte bald rasch gehen, denn die Zigarrenmacher warteten auf den so hergerichteten Tabak und spornten mich durch Zurufe, oft auch durch Scheltworte zu größerer Eile an . . .

Viele Zeitgenossen betrachteten die Kinderarbeit als eine verwerfliche und abzulehnende Begleiterscheinung der Industrialisierung. Es kam deswegen immer wieder zu öffentlich geführten Auseinandersetzungen. Die Befürworter der Kinderarbeit hielten dabei mit ihren Argumenten nicht zurück.

So heißt es in dem Jahresbericht der Handelskammer Altena (gesetzliche Einrichtung zur Vertretung der Interessen von Handel und Industrie) von 1856/57:

Vater und Mutter sind durch ihre Arbeit abgehalten, den größeren Kindern eine genügende Überwachung zu widmen: die 10- und 12jährigen Knaben und Mädchen schlafen höchstens 9 Stunden, die Schulzeit dauert 5 Stunden und, wenn man für die Ausarbeitung der Schularbeiten, Essen, Trinken und Spielen noch 4 Stunden rechnet, so bleiben 6 Stunden übrig, die das Kind des Arbeiters unmöglich besser benutzen kann, als sich für seinen Lebensberuf durch recht frühzeitige Gewöhnung an Fleiß, Ordnung, Geschicklichkeit und regelmäßig geordnete Tätigkeit zu einem tüchtigen Arbeiter heranzubilden.
Soll die Familie nicht aber immer in dem trostlosen Proletariat ohne Hoffnung verharren, so kann und darf sie die Erwerbshilfe der Kinder nicht verschmähen . . .
Mancher brave Arbeiter, der sich jetzt des so unendlich ersehnten Glückes eines Eigentums und einer gewissen Wohlhabenheit erfreut, verdankt dies einzig und allein den Industriefortschritten, welche ihm Gelegenheit boten, seine Kinder mit dem zehnten Jahre vom Müßiggang und träger Schlenderei zu befreien und den Arbeitslohn zum Familienbesten wohl anzuwenden.

In einer Denkschrift badischer Fabrikanten von 1870 wurde zu diesem Problem ausgeführt:

In erster Linie ermöglicht die Benützung der billigeren Arbeitskräfte der Jugend eine wohlfeilere Herstellung der Fabrikerzeugnisse, was eine Grundbedingung der Konkurrenzfähigkeit mit jenen Ländern ist, in denen die Kinderarbeit noch bis auf niederere Altersjahre herab gestattet ist. Der Lohnbetrag, welcher in manchen Spinnereien an Kinder ausbezahlt wird, beträgt etwa 10 Prozent des überhaupt zu zahlenden Arbeits-

Strohhutfabrikation im Schwarzwald

lohnes, und müßten anstatt der Kinder Erwachsene eingestellt werden, so würde in Folge der Mehrzahlung an diese Arbeiter reiferen Alters die Konkurrenzfähigkeit sich um 6 bis 8 Prozent vermindern, d. h. die Erstellungskosten der Gespinste um soviel höher zu stehen kommen.

a) *Stimmen Berichte und Bilder über die Kinderarbeit überein?*

b) *Wie konnte es überhaupt dazu kommen, daß Kinder zur Fabrikarbeit herangezogen wurden?*

c) *Setze dich mit den Argumenten der Befürworter auseinander.*

Nach einer amtlichen Erhebung waren 1898 in Deutschland mindestens 550000 Kinder zwischen 12 und 14 Jahren als Heimarbeiter tätig, etwa 10000 arbeiteten in Fabriken. In den Jahrzehnten zuvor standen wahrscheinlich noch mehr Kinder in Lohnarbeit. Um die schlimmsten Entartungen der Kinderarbeit zu beseitigen, wurden immer wieder Gesetze und Verordnungen erlassen.

Im Jahre 1872 trat die Reichsgewerbe-Ordnung mit folgenden Bestimmungen in Kraft:

— Kinder unter zwölf Jahren dürfen in Fabriken zu einer regelmäßigen Arbeit nicht angenommen werden.
— Vor vollendetem 14. Lebensjahr dürfen Kinder in Fabriken nur dann beschäftigt werden, wenn sie täglich einen dreistündigen Unterricht in einer genehmigten Schule erhalten.
— Die Beschäftigung darf 6 Stunden täglich nicht übersteigen.
— Die Arbeitsstunden dürfen nicht vor 5 Uhr 30 morgens beginnen und nicht über 20 Uhr 30 abends dauern.

a) *In welchen Punkten verbesserte diese Gewerbeordnung die Lage der arbeitenden Kinder gegenüber der Schilderung von Diesterweg (s. S. 187)? (→ Arbeitsblatt Nr. 48)*

b) *Brachte sie für die Kinder ausreichenden Schutz? (→ Arbeitsblatt Nr. 48)*

c) *Wie ist die Mitarbeit von Kindern im elterlichen Haushalt oder Betrieb heute geregelt? Erkundige dich!*

9. Vom Lebensstandard der Arbeiter

Löhne und Preise

Ein Blick auf Preistabellen früherer Zeiten und ein Vergleich mit heutigen Preisen könnten leicht zu der Annahme führen, ehedem sei das Leben doch leichter zu meistern gewesen als heutzutage. Wie billig waren doch das Brot, die Milch und die Miete. Ein Haus um 1 000 Gulden — für uns heute unvorstellbar!
Wird von den Lebenshaltungskosten oder auch vom Lebensstandard* gesprochen, so müssen neben den üblichen Preisen auch die Löhne genannt werden. Eigentlich wären in den Vergleich noch aufzunehmen die Qualität der Waren und die Arbeitsbedingungen, unter denen die Leute ihr Geld verdienen mußten. Will man die reale Kaufkraft* für einen bestimmten Zeitpunkt ermitteln, so sind möglichst viele Löhne und Preise in die Berechnung einzubeziehen.

Der nachfolgende Vergleich nennt die Löhne einiger Berufsgruppen sowie die Preise für einige Grundnahrungsmittel und wichtige Güter des täglichen Bedarfs im Zeitraum zwischen 1855 und 1860:

Tagesverdienst bei 12 Arbeitsstunden	
Schwarzwälder Uhrmacher (Heimarbeit)	35 kr.
Schwarzwälder Strohflechterin (Heimarbeit)	15 kr.
Bergwerk Wiesloch	38 kr.
Tabakfabrik Lahr	1 fl. 20 kr.
Spinnerei Ettlingen	42 kr.
Schmuckindustrie Pforzheim, Männer	1 fl. 25 kr.
Frauen	35 kr.
Maurergeselle in Mannheim	1 fl.
Tagelöhner (Eisenbahnbau)	48 kr.
Kanzleibeamter-Jahresgehalt	1200 fl.

Preisliste			
2 kg Schwarzbrot	19 kr.	1 Tuchhose	12 fl.
1 kg Ochsenfleisch	16 kr.	1 Paar Männerstiefel	8—14 fl.
1 kg Butter	32 kr.	Monatsmiete für 2-Zimmer-Wohnung (Stadt)	6 fl.
1 Liter Bier	9 kr.		

(Lohn- und Preisangaben: F. Kistler, Die wirtschaftlichen und sozialen Verhältnisse in Baden 1849—70, Freiburg 1954, S. 202)

a) *Die Unterschiede der Löhne waren, verglichen mit heute, auffallend groß. Könntest du Gründe hierfür nennen?*

b) *Berechne den Aufwand an Arbeitszeit (früher und heute) zur Beschaffung einiger lebensnotwendiger Güter. (→ Arbeitsblatt Nr. 48)*

Je kürzer die Arbeitszeit, die notwendig ist, eine bestimmte Sache zu erwerben, desto größer ist die reale Kaufkraft. Die Löhne sind damals ständig angestiegen, aber die Preise stiegen oft schneller. Vor allem gegen Ende des Jahrhunderts begannen die Preise davonzulaufen. Die Kaufkraft ließ nach, der Lebensstandard der Lohnempfänger sank wieder ab.

Wie Arbeiter wohnten

Berlin ist die deutsche Industriestadt, welche im 19. Jahrhundert am schnellsten wuchs:

Jahr	Einwohner
1800	172000
1850	419000
1880	1122000
1910	3730000

Bevölkerungsentwicklung Berlins 1800—1910

Wohnungselend am Rande Berlins

In den 30 Jahren von 1850 bis 1880 zogen mehr Menschen zu als Stuttgart heute insgesamt Einwohner zählt. In den nächsten 30 Jahren wanderten wiederum mehr Menschen zu, als ganz Württemberg damals Bewohner zählte. Sie kamen aus allen Gegenden Deutschlands und hofften, in den dortigen Fabriken Arbeitsplätze zu finden. Der Wohnungsbau konnte mit diesem rapiden Wachstum nicht Schritt halten, die Mieten stiegen kräftig an. Zuwanderer mit geringem oder gar keinem Verdienst bauten auf den Wiesen am Stadtrand kümmerliche Bretterbuden, in denen sie mit ihren Familien hausten.
Diese Lage der im Elend lebenden Menschen nutzten kapitalkräftige Zeitgenossen aus. Sie erwarben Grund und Boden und ließen darauf mehrstöckige Wohnhäuser bauen, möglichst eng hintereinandergereiht. Um die Jahrhundertwende existierten in Berlin lange Straßenzüge solcher „Mietskasernen", übervölkert mit Arbeiterfamilien.

In anderen Industriestädten Deutschlands folgte man diesem schlechten Beispiel, wie der folgende Bericht aus der Stadt Aachen zeigt:

Die Arche Noah, ein Zellenhaus in der Form eines weit in den Hinterhof sich erstreckenden Rechtecks mit zwei quadratischen Höfen von je vier Schritt, während zu allen Seiten die in der Straße üblichen vier Stockwerke emporstarren, verziert durch die zum Trocknen herausgehängten zerlumpten Hemden, Hosen und andren nicht verpfändbaren Kleidungsstücke ...
Im Innern des Hauses bildet jede Zelle eine Arbeiterwohnung; sobald die Familie etwas zahlreich ist, erscheint die Stube überfüllt ... Ja, vielfach wurden in einem Zimmer zwei Familien angetroffen, welche ihren Anteil an der Stube durch Kreidestriche abgetrennt haben. In solchen Räumen wohnen, kochen und schlafen die Armen ... Die Übervölkerung in den Arbeiterstraßen mit ihren schmalen, nicht sehr großen Häusern ist eine ganz außerordentliche und sticht grell ab von den Straßen der fashionablen

[vornehmen] Welt. Je ärmer die Armen sind, desto tiefer in die Hintergebäude oder höher in die Dachkammern ziehen sie. Hier sucht sie niemand anders auf als der Kaplan, der Arzt, der Armenpfleger, der Steuerbote, der Exekutor [Gerichtsvollzieher] und der Schutzmann.

(Brennpunkte der Kirchengeschichte, Paderborn 1976, S. 197)

Wenn eine mehrköpfige Familie auf so engem Raume zusammenleben mußte, konnte von einem behaglichen Wohnen nicht die Rede sein. Die Wohnung war nur mit dem Allernotwendigsten ausgestattet. Anhand eines Nachlaß-Verzeichnisses eines Reutlinger Fabrikarbeiters aus dem Jahre 1881 können wir uns eine gewisse Vorstellung von einem solchen Haushalt machen:

Es ist vorhanden [Wertangaben in Mark]:

Bargeld, Gold und Silber	0	2 Betten	35.—
1 Bibel	2.—	Schreinerwerk:	
Kleider vom Mann:		1 Kommode	3.—
1 schwarzer Rock	4.—	1 Kasten	8.—
1 schwarzer Anzug	15.—	1 Tisch	3.—
4 Hemden je —.50	2.—	2 Bettladen je 3 M	6.—
Frauenkleider:		2 Stühle	4.—
1 braunes Kleid	2.—	1 Tischle	1.—
1 weißer Rock	1.—	1 Stuhl	0.30
1 wollenes Halstuch	1.50	1 Schemele	0.50
		Küchengeschirr	1.—
		Allerlei Hausrat (1 Spiegel, 1 Wanduhr, 1 Lampe, 1 Spiegele)	6.—
		Summe	95.—

(Arbeiter (Ausstellungsbegleitheft), Tübingen 1976, S. 56)

— *Industrialisierung*, Verstädterung und Wohnungselend waren Erscheinungen, die zusammenhingen. Stelle dies am Beispiel der Stadt Berlin heraus. (→ Arbeitsblatt Nr. 49)*

Mietskasernen in Berlin

Die industrielle Gesellschaft vor Problemen: Die soziale Frage

Das Industriezeitalter ist gekennzeichnet durch große technische und wirtschaftliche Fortschritte. Doch stellten sich für weite Bevölkerungskreise auch große Belastungen ein. Vor allem auf dem Lande, wo im 19. Jahrhundert noch die meisten Menschen lebten, erschwerte das rasche Bevölkerungswachstum dem einzelnen sein Auskommen.

Soweit sie nicht auswanderten, drängten die jungen Menschen in die rasch wachsenden Industriestädte. Weil es zu viele Arbeitsuchende gab, konnten sie ausgenutzt werden. Niedrige Löhne, lange Arbeitszeit, Hunger und Not waren das Schicksal des neuen Arbeiterstandes. Für den Arbeiter gab es keinerlei Hilfe, wenn er wegen Krankheit, bei Arbeitsunfall oder im Alter arbeitsunfähig wurde.

In dieser trostlosen Lage setzten sich zunächst nur einige wenige für die Arbeiterinteressen ein. Der Kampf um den sozialen Aufstieg und die politische Gleichberechtigung der Lohnarbeiter begann. Nach und nach erkannten die Arbeiter, daß sie die Arbeitgeber nur durch Einigkeit dazu zwingen konnten, die Arbeitsbedingungen erträglicher und menschenwürdiger zu gestalten.

Daraufhin konnte sich die damalige Reichsregierung diesen Problemen nicht auf die Dauer verschließen. Sie mußte auf die Forderungen der Arbeitervertreter eingehen.

Sehr viele Handwerker und Bauern waren ebenfalls in Schwierigkeiten geraten. Auch sie suchten nach Wegen aus ihrer Notlage.

In diesem Kapitel wird beschrieben, wie seit der Mitte des 19. Jahrhunderts dieses Ringen um den sozialen Ausgleich verlief.

Wir fragen:

— Wer wollte und wer konnte für Abhilfe sorgen?
— Welche Vorstellungen wurden dabei entwickelt?
— Welche neuen politischen Gruppen bildeten sich?
— Wie reagierte der Staat darauf?
— In welchem Maße konnten die Arbeiter der Regierung trauen?
— Welche Wege beschritten der Bauern- und Handwerkerstand?

Wer über diese Zeit noch mehr erfahren möchte, vor allem wie es Kindern ging, der sollte zu folgendem Buch greifen:

Friedrich G. Kürbisch (Hg.), Wir lebten nie wie Kinder. Ein Lesebuch. Dietz Verlag, Berlin/Bonn 1979

1. Arbeiter können ihre Interessen nicht durchsetzen

Die unerträgliche Lage der Arbeiter

In der ersten Hälfte des 19. Jahrhunderts entstand eine neue gesellschaftliche *Klasse**, die *Arbeiterschaft*. Sie war noch kaum organisiert und sich ihrer Kraft nicht bewußt. Die materielle Not überdeckte vorerst alle anderen Fragen.

Eine der ersten Äußerungen zu dieser Tatsache aus politischer Sicht verdanken wir einem Abgeordneten in der badischen Ständeversammlung aus dem Jahre 1837:*

Von allen Seiten zurückgedrängt, genießt der Fabrikarbeiter nicht einmal eine rechtliche und politische Sicherstellung. Das Fabrikwesen erzeugt eine Hörigkeit neuer Art. Der Fabrikarbeiter ist der Leibeigne eines Brotherrn, der ihn als nutzbringendes Werkzeug verbraucht und abgenutzt wegwirft . . . Auch die politische Stellung des Fabrikarbeiters ist trostlos. Wegen seiner Abhängigkeit kann er politische Rechte nicht genießen, und würden sie ihm auch gewährt, so würde er, als Werkzeug seines Brotherrn, sie nach dessen Laune ausüben müssen.

(Rede des Abgeordneten Buß, in: U. Schulz (Hg.), Die Deutsche Arbeiterbewegung in Augenzeugenberichten, Düsseldorf 1968, S. 23)

a) *Mit welchen Worten kennzeichnete der Abgeordnete die Stellung der Menschen in den Fabriken?*

b) *Beschreibe, was du auf dem Gemälde von Menzel (S. 166) siehst. Wodurch unterscheidet sich eine Fabrikhalle heute von der dargestellten?*

Die Bevölkerung wuchs. Wegen der neuen arbeitsparenden Maschinen konnten viele Menschen keine Beschäftigung mehr finden. Das schuf große Probleme. Ein aufsehenerregendes Ereignis, das auch heute noch nicht vergessen ist, war ein Aufstand von Heimarbeitern in Schlesien. Bei jeder Ablieferung erhielten die Weber von den Großhändlern weniger Lohn, so daß sie ihre Familien kaum noch ernähren konnten. Viele von ihnen starben an Tuberkulose*. Dieser Vorgang lebt in unsrer Erinnerung besonders deshalb fort, weil der Dichter Gerhart Hauptmann darüber ein Drama „Die Weber“ schrieb.

In einem Zeitungsbericht aus dem Jahre 1844 heißt es:

In Schlesien, in Peterswaldau, in Langenbielau, im Waldenburgschen haben die Weber, diese gutmütigen, in der Regel sogar furchtsamen und kränklichen Menschen, zu den Waffen gegriffen. Zur Unterdrückung des Aufstandes ist eine bedeutende Anzahl Militärs erforderlich gewesen . . . An der baldigen Unterdrückung des Aufstandes ist wohl nicht zu zweifeln. Aber möge man sich hüten, zu glauben, mit der Bestrafung einiger Unglücklicher sei die Sache erledigt. Der tiefere Grund des Aufstandes ist die furchtbar klaffende Wunde der heutigen Gesellschaft, die schreiende Ungleichmäßigkeit der Lebensgüter, die materielle Not der Arbeiter . . . Mit Almosen, mit Wohltätigkeitsvereinen kann der Notstand nicht geheilt werden, man muß auf Radikalmittel denken, und dieses wird nur in der Assoziation [Vereinigung], in der Organisation der Arbeit[er] zu finden sein.

(U. Schulz (Hg.), Die Deutsche Arbeiterbewegung, dtv 1219, S. 31)

a) *Welcher Vorschlag zur Behebung des Notstandes wurde von der Zeitung unterbreitet?*

b) *Was hältst du von der „offiziellen Abhülfe“ (s. Abb. S. 195)?*

Viele der in Not Geratenen fanden bei einer der neuen Einrichtungen des technischen Zeitalters Arbeit: der Eisenbahn. Aber auch dort war kein Honigschlecken.

Am 28. November 1849 richteten Arbeiter an das preußische Ministerium eine Bittschrift:

Hohes Ministerium! Wenn unterzeichnete Arbeiter der Ostbahn in schwerer Bedrängnis es wagen, ein Gesuch vorzulegen, so ist es die traurige Lage, in welche wir seit der Bekanntmachung der Lohnherabsetzung versetzt sind.
Bei der teuren Lebensart und der herben Witterung kommt es sehr häufig vor, daß es dem Arbeiter unmöglich wird zu arbeiten; er verliert also noch wieder für einen oder zwei Tage an seinem Lohn, welcher nur täglich acht Silbergroschen beträgt, ist also dem Hunger noch mehr ausgesetzt, und der verheiratete Mann kann an seine Familie gar nicht denken und muß dieselbe dem Hunger und der Not anheimgestellt sein lassen.
Unterzeichnete wagen es daher, so ehrerbietigst als dringend zu bitten, die Lohnerhöhung baldigst gnädigst wieder bewirken zu wollen. Wenn uns das hohe Glück zuteil würde, einer baldigen Resolution [Entscheidung] entgegenzusehen, würden wir bemüht sein, alles, was in unseren Kräften steht, zu tun, um uns eines hohen Ministeriums Gunst würdig zu zeigen.

(U. Schulz (Hg.), Die Deutsche Arbeiterbewegung, dtv 1219, S. 90)

Das Elend der schlesischen Weber. Zeichnung aus den „Fliegenden Blättern", 1847

a) *Was ist vorgefallen? Beschreibe den Anlaß und die Forderungen.*

b) *Weshalb würde man eine Forderung heute nicht in solch einer Sprache abfassen?*

Rücksichtslose Fabrikherren

Nicht nur geringer Lohn, sondern auch die Arbeitsbedingungen machten den Arbeitern schwer zu schaffen. Wilhelm Liebknecht war der erste deutsche Volksvertreter, den die Arbeiterschaft in den Reichstag entsandte. Er schrieb 1872:

Gehen Sie in die erste beste Industriestadt, und Sie werden, was man sonst nur nach Kriegen zu beobachten pflegt, ehe Sie weit gegangen sind, Männern begegnen, denen ein Bein, ein Arm, eine Hand fehlt, Unglückliche, denen beide Beine fehlen, verstümmelte Frauen und Kinder. *Frauen und Kinder!* Denn dadurch unterscheidet sich der Kapitalismus* vom Krieg: Er ist nicht so wählerisch; er beschränkt sich nicht nur auf das Fleisch erwachsener Männer in der Blüte der Jahre — ihm ist alles recht, das schwache, zarte Weib, das hilflose Kind, er hat kein Erbarmen, er packt alles, was die Hand heben, eine Maschine bedienen, eine Kurbel umdrehen kann, und verschlingt es.
Die Verstümmelten, die Ihnen in der Industriestadt begegnen, nun sie haben ein „Unglück" gehabt, einen „unglücklichen Zufall", und zwar meist „durch eigene Schuld" — sie sind einem Maschinenrad zu nahe gekommen, von einem Zahn, von einem Riemen erfaßt worden und — das sind die *Überlebenden.*

(Wilhelm Liebknecht: Auf den Schlachtfeldern der Industrie, Klassenbuch 2, Sammlung Luchterhand 80, Darmstadt 1972, S. 59 f.)

Der Fall des Arbeiters Grumd zeigt, weshalb sich ein solcher „Unfall“ ereignen konnte. Im sächsischen Bergbau trug sich dieses Ereignis, das nur eines unter sehr vielen andern ist, im Jahre 1851 zu. Wir erfahren davon durch eine Bittschrift der Arbeiter an das Ministerium in Dresden im Jahre 1866.

Als die Häuer eines Bergwerkes eines Tages feststellten, daß sich im Stollen Gase angesammelt hatten, die zu einer Explosion führen konnten (Stickwetter), verließen sie in wilder Hast ihren Arbeitsplatz. In ihrer Panik hatten sie das Handwerkszeug liegengelassen, welches dem Werk gehörte. Als der Bergverwalter den Verlust bemerkte, drohte er den Arbeitern an, vom nächsten Lohn für das verlorengegangene Handwerkszeug 12 Reichstaler abzuziehen.
Der Hauer Grumd und seine Kameraden waren entsetzt, denn das bedeutete, daß sie viele Tage umsonst gearbeitet hätten. Grumd entschloß sich, auf eigene Gefahr den Stollen noch einmal zu besteigen. Aber Grumd kam nicht mehr lebendig hinaus. Er erstickte und konnte nur noch tot geborgen werden.
Als seine Kameraden ihn später ans Tageslicht schafften, trat ihnen der Bergwerksdirektor mit den Worten entgegen: „Da bringen sie den Ochsen, warum ist er hinaufgekrochen?“

a) *Liebknecht nannte seinen Aufsatz „Auf den Schlachtfeldern der Industrie“. War diese Bezeichnung berechtigt? Begründe!*

b) *Am Ende des Aufsatzes von Liebknecht (S. 195) finden sich eine Reihe von Worten in Anführungszeichen. Wende sie auf den Bericht über den Arbeiter Grumd an.*

c) *Zu welchem Zweck reichten die Arbeiter wohl die Bittschrift im Jahre 1866 ein?*

Arbeitsunfall in einer Maschinenfabrik

2. Arbeiter organisieren sich

Revolution machen oder Wahlen gewinnen?

Benachteiligung, Elend und die Gefahren am Arbeitsplatz waren offenkundig. Einzelne Arbeiter und Schriftsteller, die von der Not besonders beeindruckt waren, machten sich Gedanken über eine mögliche Abhilfe. Im Revolutionsjahr 1848 bemühten sie sich um politische Rechte auch für die Arbeiterschaft.

Die „Leipziger Arbeiter-Zeitung" veröffentlichte 1848 den folgenden Aufruf:

Arbeiter und Brüder! Vereinigen wir uns, die wir bisher in der Vereinzelung und Zersplitterung schwach und unberücksichtigt waren. Wir zählen Millionen und bilden die große Mehrheit der Nation. Nur vereinigt in gleichem Streben werden wir stark sein und zu derjenigen Macht gelangen, die uns, als den Hervorbringern allen Reichtums, gebührt. Unsere Stimme ist eine schwere, und versäumen wir nicht, sie in die Waagschale der sozialen Demokratie zu legen.

(U. Schulz (Hg.), Die Deutsche Arbeiterbewegung, dtv 1219, S. 71)

Im selben Jahr 1848 veröffentlichte Karl Marx in London das Buch „Manifest (Programm) der Kommunistischen Partei". Diese später weltberühmt gewordene politische Kampfschrift schloß mit dem Aufruf:*

Die Kommunisten verschmähen es, ihre Ansichten und Absichten zu verheimlichen. Sie erklären es offen, daß ihre Zwecke nur erreicht werden können durch den gewaltsamen Umsturz aller bisherigen Gesellschaftsordnung. Mögen die herrschenden Klassen* vor einer kommunistischen Revolution zittern. Die Proletarier [Besitzlosen] haben nichts in ihr zu verlieren als ihre Ketten. Sie haben eine Welt zu gewinnen. Proletarier aller Länder vereinigt Euch!

a) *Lassen sich Unterschiede zwischen den Absichten der Leipziger Arbeiter-Zeitung und dem „Kommunistischen Manifest"* feststellen?*

b) *Was heißt das: „Proletarier haben nichts zu verlieren als ihre Ketten. Sie haben eine Welt zu gewinnen."?*

Eine Partei der Arbeiter wird gegründet

Sehr wenige Arbeiterkinder konnten um die Mitte des vorigen Jahrhunderts eine Schule besuchen. Um bessere berufliche Stellungen zu bekommen, um Informationen zu sammeln und miteinander in Verbindung treten zu können, mußten die Handwerksburschen und Arbeiter zunächst einmal lesen und schreiben lernen. Überall in Deutschland entstanden deshalb Arbeiterbildungsvereine. Das waren Abendschulen, in denen die Arbeiter nach gewöhnlich zwölfstündigem Arbeitstag sich das allernotwendigste Wissen aneigneten.
Erst als die Arbeiterschaft über eigene Zeitungen verfügte, die auch von ihren Anhängern gelesen werden konnten, verbreitete sich der Gedanke des Zusammenschlusses. Am 23. Mai 1863 wurde in Leipzig der *Allgemeine Deutsche Arbeiterverein* gegründet. Mit ihm beginnt die Organisation der Arbeiterschaft als politische Kraft in Deutschland.

Im Bundeslied dieses Vereins findet sich die Strophe:

Mann der Arbeit aufgewacht!
Und erkenne deine Macht!
Alle Räder stehen still,
Wenn dein starker Arm es will.

Statut

des

Allgemeinen Deutschen Arbeitervereins.

§. 1.

Unter dem Namen

„Allgemeiner Deutscher Arbeiterverein"

begründen die Unterzeichneten für die Deutschen Bundesstaaten einen Verein, welcher, von der Ueberzeugung ausgehend, daß nur durch das allgemeine gleiche und direkte Wahlrecht eine genügende Vertretung der sozialen Interessen des Deutschen Arbeiterstandes und eine wahrhafte Beseitigung der Klassengegensätze in der Gesellschaft herbeigeführt werden kann, den Zweck verfolgt,

auf friedlichem und legalem Wege, insbesondere durch das Gewinnen der öffentlichen Ueberzeugung, für die Herstellung des allgemeinen gleichen und direkten Wahlrechts zu wirken.

— Wodurch unterschieden sich die Ziele des Arbeitervereins von denen des „Kommunistischen Manifestes"? Lies § 1 der Satzung.

◁ **Ziele des Allgemeinen Deutschen Arbeitervereins.** Satzung von 1863

Zwischen den Anhängern des Arbeitervereins und denen der kommunistischen Auffassung war es zu Auseinandersetzungen über die richtige politische Taktik gekommen. Alle aber spürten, daß sie zusammenhalten mußten, wenn sie Erfolg haben wollten. Daher trafen sich die Vertreter der beiden Richtungen aus allen Teilen Deutschlands 1875 in Gotha in Thüringen, um eine einheitliche Partei zu gründen. Sie sollte die Interessen der Arbeiter in den Parlamenten bei der Gesetzgebung und in der Öffentlichkeit vertreten. Seit 1890 heißt sie *Sozialdemokratische Partei Deutschlands.*

Das Programm der neuen Partei verlangte:

— Allgemeines, gleiches, direktes Wahl- und Stimmrecht, mit geheimer und verpflichtender Stimmabgabe aller Staatsangehörigen vom 20. Lebensjahre an für alle Wahlen. Der Wahltag muß ein Feiertag sein.
— Direkte Gesetzgebung durch das Volk. Entscheidung über Krieg und Frieden durch das Volk.
— Allgemeine und gleiche Volkserziehung durch den Staat. Allgemeine Schulpflicht. Unentgeltlicher Unterricht in allen Bildungsanstalten. Erklärung der Religion zur Privatsache.
— Eine [von der Höhe des Einkommens abhängige] Steuer für Staat und Gemeinde.
— Unbeschränktes Koalitionsrecht [Zusammenschluß zur Durchsetzung von Interessen].
— Einen den Gesellschaftsbedürfnissen entsprechenden Normalarbeitstag. Verbot der Sonntagsarbeit.
— Verbot der Kinderarbeit* und aller die Gesundheit und Sittlichkeit schädigenden Frauenarbeit.
— Schutzgesetze für Leben und Gesundheit der Arbeiter. Sanitäre Kontrolle der Arbeiterwohnungen. Überwachung der Bergwerke, der Fabrik-, Werkstatt- und Hausindustrie durch von den Arbeitern gewählte Beamte. Ein wirksames Haftpflichtgesetz.

(U. Schulz (Hg.), Die Deutsche Arbeiterbewegung, dtv 1219, S. 201)

— Von den Forderungen kann man auf die Mißstände schließen. (→ Arbeitsblatt Nr. 50)

Zur Durchsetzung von Interessen: Gewerkschaften

In der Revolution 1848 waren die Arbeiter für das Recht eingetreten, Vereinigungen zu gründen. Diese sollten ihre Stellung gegenüber den Arbeitgebern stärken und der gegenseitigen Unterstützung dienen. Doch erst im *Norddeutschen Bund** und dann im *Deutschen Reich* seit 1872 war ein solcher Zusammenschluß straffrei möglich. Aber viele Arbeiter trauten sich nicht, einer Gewerkschaft* beizutreten, weil ihnen dann Entlassung drohte.

Einer der führenden Männer der deutschen Arbeiterbewegung, August Bebel, sprach und schrieb 1900:

Der einzelne Arbeiter ist dem Unternehmer gegenüber machtlos. Jeder Versuch, auf eigene Faust seine Lage zu verbessern, endet in der Regel mit einer Niederlage, wenn er es nicht vorzieht, sich zu fügen. Die einzige Möglichkeit, seine Arbeits- und damit seine Lebensbedingungen auf einige Dauer zu verbessern, ist die Vereinigung mit seinesgleichen. *Deshalb ist der Beitritt zu einer Gewerkschaft eine Lebensnotwendigkeit für jeden Arbeiter.* Die Gewerkschaft erstrebt: Erhöhung des Lohnes nach Maßgabe der Verhältnisse des Arbeitsmarktes, Verkürzung der Arbeitszeit, Herbeiführung menschenwürdiger Zustände im Betrieb, Rechtsschutz, Arbeitslosenunterstützung; sie kämpft ferner gegen die Herabsetzung der Löhne und die Verlängerung der Arbeitszeit, mit einem Worte gegen Verschlechterung der Arbeitsbedingungen. Ferner stärkt sie das Solidaritätsgefühl, ohne das kein großes Ziel erreicht werden kann; sie veranstaltet die Sammlung der nötigen Rücklagen für Kampf- und Unterstützungszwecke; sie veranlaßt Arbeitseinstellungen, wenn ihr kein anderes Mittel zur Erreichung ihres Zweckes verbleibt. Die Aufgaben und Zwecke der Gewerkschaft werden um so gründlicher erreicht, je stärker dieselbe ist, das heißt je mehr Arbeitsgenossen aus dem gleichen Arbeitszweig ihr angehören, je geschickter ihre Leitung ist, je gefüllter ihre Kassen sind. Alsdann ist auch ihre moralische Macht so stark, daß viele Zumutungen gegen die Arbeiter unterbleiben, die andernfalls gestellt würden. Die bloße Existenz der Gewerkschaft ist eine Mahnung an den Unternehmer, die Saiten nicht zu straff zu spannen.

(August Bebel, Gewerkschaftsbewegung, 1900, in: H. Hirsch (Hg.), August Bebel, Köln 1968, S. 352)

Wie belastend die Arbeitszeit war, kommt in einer Untersuchung über die Lage der Arbeiter zum Ausdruck:

In den vierziger Jahren (des 19. Jahrhunderts) hatte die Länge des Arbeitstages vielfach ihre Grenze verloren; er dauerte und dauerte schier endlos bis zu 15 und 16 und 17 und noch mehr Stunden. Die sechziger Jahre brachten dann eine radikale Wandlung. Die Zahl der gearbeiteten Stunden pro Tag ging ziemlich allgemein und merklich zurück. Die Periode von 1870 bis 1890 begann mit einer allgemeinen Entwicklung zum 12-Stunden-Tag, wobei einige Industrien und Berufe bereits um 1870 dieses Ziel erreicht hatten oder gar kürzer arbeiteten. Um 1900 war der 11-Stunden-Tag ziemlich allgemein verbreitet. Ja, in einzelnen Industrien, wie dem Druckereigewerbe, und in der Holzverarbeitung und in wenigen durchorganisierten Berufen begann der 9-Stunden-Tag die allgemeine Regel zu werden.

(J. Kuczynski, Die Geschichte der Lage der Arbeiter in Deutschland von 1800 bis in die Gegenwart, Bd. I, Berlin 1947, S. 61)

a) *Zähle die Gründe auf, die für einen Gewerkschaftsbeitritt sprachen. (→ Arbeitsblatt Nr. 51)*

b) *Was sollte und konnte mit einem Streik erreicht werden? Wie beurteilte der Maler des Bildes auf S. 200 oben dessen Aussichten?*

Streikende Arbeiter

 Arbeiterinnen im Siemensbetrieb Nürnberg, um 1900.

3. Ein Mann des Volkes: August Bebel

August Bebel

1840 wurde er in Köln geboren.
In der Zeit von 1858 bis 1860 lagen seine Wanderjahre als Drechslergeselle.
1861 trat er in Leipzig in den Arbeiterbildungsverein ein.
1862 wurde er Abgeordneter im Norddeutschen Reichstag.
1875 war er Mitbegründer der Sozialistischen Arbeiterpartei Deutschlands.
1876 machte er sich selbständig durch Gründung einer kleinen Bronzegußfabrik.
Seit 1890 lebte er in Berlin und brachte es durch seine schriftstellerische Arbeit zu einigem Wohlstand.
1913 starb er in der Schweiz.

August Bebel

Kindheit und Jugend

Der Vater von August Bebel war ein preußischer Unteroffizier. Er starb früh. Die Mutter zog darauf mit ihren beiden Buben in das heimatliche Wetzlar in Hessen. Um sie durchzubringen, arbeitete sie über ihre Kräfte. Sie erkrankte an Schwindsucht* und brauchte selbst Hilfe. Die Jungen mußten jetzt im Gasthaus Kegel aufrichten oder bei der Kartoffelernte Geld verdienen. Nie endete ihr Arbeitstag vor 10 Uhr nachts. Den Vormittag verbrachten sie in der Schule, was damals noch keineswegs selbstverständlich war.
Mit 14 Jahren kam August zu einem Drechslermeister in die Lehre. Die Arbeitszeit dauerte von 5 Uhr morgens bis um 7 Uhr am Abend. Pausen gab es nur für die Mahlzeiten. Nach dem Aufstehen mußte er der Meisterin viermal vom fünf Minuten entfernten Brunnen zwei Eimer Wasser bringen. Das Taschengeld war sehr kümmerlich. Lohn gab es während der Lehrzeit nicht.
Als Geselle begab sich Bebel, wie es damals noch Brauch war, auf Wanderschaft. Längere Zeit hielt er sich in Freiburg und Salzburg auf. In Leipzig ließ er sich nieder und wurde hier bald in den Vorstand des Arbeiterbildungsvereins gewählt. Hier setzte er sich vor allem für die Weiterbildung der Arbeiter ein.

Der junge Abgeordnete

Bei den ersten Wahlen zum Norddeutschen Reichstag* wurde Bebel in Leipzig als Kandidat aufgestellt. Er hatte sich in dieser Stadt so viel Vertrauen erworben, daß man ihn wählte, obwohl er noch keine 27 Jahre alt war. Damit war Bebel der jüngste Abgeordnete und Vertreter einer kaum bekannten Partei, die nur zwei Abgeordnete stellte.

Wie es ihm erging, erzählte er selbst:

In den Augen unserer bürgerlichen Gegner sind die sozialdemokratischen Agitatoren* Leute, die sich von den Arbeitergroschen mästen. Hatte eine solche Anschuldigung nie Berechtigung, so am wenigsten in jener Zeit, von der ich eben spreche. Es gehörte ein großes Maß von Begeisterung, Ausdauer und Opfermut für die Sache dazu, um die Agitationsarbeit zu übernehmen. Der Agitator mußte froh sein, wenn er seine baren Auslagen ersetzt erhielt, und um diese möglichst herabzudrücken, betrachtete man es als selbstverständlich, daß er jede Einladung, bei einem Parteigenossen zu wohnen, annahm. Hier erlebte man aber manchmal merkwürdige Dinge. Mehr als einmal geschah es, daß ich mit den Eheleuten in demselben Raume schlafen mußte; ein andermal passierte es, daß unter dem Sofa, auf dem ich meine Nachtruhe hielt, die Hauskatze ihre Jungen zur Welt brachte, was nicht ohne Geräusch und Miauen abging. . . .

Ich möchte hier die Bemerkung einschalten, daß die Teilnahme an den Reichstagsverhandlungen für Liebknecht und mich ein großes Opfer war. Zwar taten unsere Wahlkreise, und namentlich der meine, was sie konnten, um uns finanziell zu unterstützen. Es war aber doch ein peinliches Gefühl für uns beide, von einer Wählerschaft finanziell Hilfe annehmen zu sollen, die mit zur ärmsten Deutschlands gehörte. Eine Parteiunterstützung gab es damals noch nicht, für Diäten* war kein Geld vorhanden. Die Diätenzahlung durch die Partei trat erst vom Jahre 1874 ab ein, die mager genug ausfiel. Auch mußten wir diese Reisen nach und von Berlin aus eigener Tasche bezahlen. So fehlten wir häufig in den Sitzungen, manchmal sogar, wenn unser Parteiinteresse gebot, anwesend zu sein. Doch waren wir bei weitem nicht die einzigen, die schwänzten. Die große Mehrzahl der Gesetze wurde von beschlußunfähigen Häusern angenommen. So blieb es bekanntlich bis zur Einführung der Diäten im Frühjahr 1906.

(U. Schulz (Hg.), Die Deutsche Arbeiterbewegung, dtv 1219, S. 146 und 166)

— *Kannst du aus dem Bericht von Bebel entnehmen, welche Bedeutung die Diäten (Tagegelder) für die Abgeordneten haben? Hätte er sie zu Recht erhalten?*

Ein Anwalt der Frauen

August Bebel und die sozialdemokratische Partei setzten sich vor allem für die sozialen Belange der arbeitenden Menschen ein. Die Sicherheit am Arbeitsplatz vor Unfällen durch ungesicherte Maschinen oder Übermüdung und ein Verbot der Sonntagsarbeit lagen ihm besonders am Herzen. So schrieb er 1888:

Wir verlangen, daß die Sonntagsarbeit prinzipiell verboten werde, daß aber da, wo dies aus zwingenden Gründen unmöglich ist, sie auf das möglichst geringste Maß durch das Gesetz beschränkt werde.

(August Bebel, Die Sonntagsarbeit, 1888, in: H. Hirsch (Hg.), August Bebel, Köln 1968, S. 32)

Im Laufe des 19. Jahrhunderts erhielten in vielen Staaten der Welt die Männer das Wahlrecht. An Frauen dachte in diesem Zusammenhang kaum jemand. Es gab wohl einige Frauen, die sich für die Rechte der Frauen einsetzten, aber politische Durchschlagskraft erhielt diese Bewegung erst, als Bebel für sie eintrat. Noch 1875 in Gotha hatte er sich nicht durchsetzen können.

Ein Jahr später berichtete er selbst:

Obgleich wir den größten Saal Leipzigs zur Verfügung hatten, faßte er nicht die Masse der herbeiströmenden Zuhörer. Die Frauen waren sehr zahlreich vertreten. Ich setzte ihnen auseinander, welch lebhaftes Interesse auch sie an den bevorstehenden Reichstagswahlen nehmen müßten; da sie aber vorläufig kein Wahlrecht besäßen, sei es ihre Aufgabe, agitatorisch in den Wahlkampf einzugreifen und ihre Männer und wahlberechtigten männlichen Verwandten für die Beteiligung an der Wahl anzutreiben, und zwar zugunsten der Sozialdemokratie, die für ihre volle politische und soziale Gleichberechtigung eintrete.

(U. Schulz (Hg.), Die Deutsche Arbeiterbewegung, dtv 1219, S. 205 f.)

Mehrere Jahre später, im März 1900, führte er im Reichstag aus (nachdem er schon 1895 die Einführung des Frauenwahlrechts gefordert hatte):

Nun sagt der Herr Abgeordnete Freiherr von Hertling, auch ich hätte ja zugegeben, daß man die Frauen nur in einer ihrer körperlichen und geistigen Fähigkeiten entsprechenden Weise beschäftigen dürfe. Ja, verehrter Herr Kollege, dasselbe meine ich allerdings auch von den Männern. Hier will ich die vollständige Gleichstellung der Geschlechter in bezug auf diesen Grundsatz ausgesprochen wissen. Wenn Sie aber diesen Grundsatz billigen, dann können Sie doch nicht verhindern, daß eine besonders intelligente, energische, geistreiche und gesunde Frau auch fähig ist, Staatsrat oder selbst Minister zu werden. Dieses wollen Sie aber nicht. Das wollen aber wir; wir wollen den Frauen die Möglichkeit dazu nicht verschließen und keine Schranke für sie ziehen. Ja, ich bin sogar der Meinung, es würde für unsere Gesetzgebung sehr wohltätig wirken, wenn wir, seien es auch nur drei oder vier, Frauen einmal als Kolleginnen hätten. Dann wären manche Gesetze, denen Sie ihre Zustimmung gegeben haben, nicht möglich. Ich hoffe auch, trotz meines vorgerückten Alters den Tag noch zu erleben, wo wir auch Frauen im Reichstag als Kollegen sitzen haben.

(H. Hirsch (Hg.), August Bebel, S. 140)

In seinem Buch „Die Frau" schrieb er:

Ob verheiratet oder unverheiratet, die Frau hat mehr als in jeder früheren Periode an dem bestehenden sozialen und politischen Zustande ein Interesse. Es kann ihr nicht gleichgültig sein, ob der Staat jährlich Hunderttausende von kräftigen, gesunden Männern in der stehenden Armee festhält oder nicht, ob eine Politik besteht, die Kriege begünstigt oder nicht, welche Steuerlasten zu tragen sind und wie dieselben erhoben werden. Ob die notwendigsten Lebensbedürfnisse durch indirekte Steuern verteuert werden, welche die Verfälschung der Lebensmittel begünstigen, die Familie um so härter treffen, je zahlreicher dieselbe ist, in einer Zeit, wo die Mittel zum Leben an und für sich schon äußerst knapp sind. Bei dem Erziehungssystem ist sie im höchsten Grade interessiert, da es für sie nicht gleichgültig sein kann, wie ihr Geschlecht in Zukunft erzogen wird; als Mutter hat sie doppeltes Interesse.

(H. Hirsch (Hg.), August Bebel, S. 295)

a) *Mit welcher Begründung wird der politische Einsatz der Frau gefordert und gefördert?*

b) *Sind die Forderungen von Bebel heute im Grundgesetz, in der Politik, am Arbeitsplatz eingelöst worden?*

c) *Weshalb war es damals nötig, gegen die Sonntagsarbeit Stellung zu nehmen?*

Der verfolgte Arbeiterführer

Wegen seiner politischen Überzeugungen und weil er sie im Reichstage, in der Presse und auf vielen Versammlungen beredt vertrat, war Bebel vielen Anfeindungen ausgesetzt. In der Zeit von 1868 bis 1886 mußte er fast fünf Jahre in Festungshaft verbringen. Besonders hatte er gegen den deutsch-französischen Krieg 1870/71 Stellung genommen und sich gegen die Eingliederung von Elsaß-Lothringen in das Deutsche Reich gewandt. Er fürchtete nämlich, daß daraus ein neuer Krieg entstehen könnte.

Von seiner Haftzeit berichtete er:

Da wir das Recht hatten, bis 10 Uhr abends Licht brennen zu dürfen, waren diese Stunden meine Hauptarbeitszeit. Nach einigen Monaten erlangte ich, daß Liebknecht den Vormittag von 8 bis 10 Uhr in meine Zelle mit eingeschlossen wurde, um mir englischen und französischen Unterricht zu geben. Bei dieser Gelegenheit wurden dann auch die inneren Angelegenheiten der Partei und die politischen Vorgänge erörtert. Die Korrespondenz für mein Geschäft erledigte ich auf Grund der Unterlagen, die mir täglich meine Frau sandte.
Nachdem unabänderlich feststand, daß ich für 31 Monate meine Freiheit eingebüßt hatte, entschloß ich mich, diese Zeit mit aller Kraft zu verwenden, um die Lücken meines Wissens einigermaßen auszufüllen. Sobald ich also wieder arbeitsfähig war, stürzte ich mich mit aller Energie in die Arbeit, das beste Mittel, über unangenehme Situationen hinwegzukommen. Ich studierte hauptsächlich Volkswirtschaft* und Geschichte.

(H. Hirsch (Hg.), August Bebel, S. 252 f.)

— *Was meinte Bebel, wenn er selbst von „Hafthochschule" sprach?*

4. Der Kampf gegen die Sozialdemokratie: Das Sozialistengesetz

Die Furcht der Besitzenden

Die Erfolge der Arbeiterpartei bei Wahlen und der zunehmende Zusammenschluß von Arbeitern in Gewerkschaften machten die Regierung stutzig. Noch 1872 hatte Bismarck an den Kaiser geschrieben:*

Diese Krankheit [der Sozialismus] hat ihre Ursache darin, daß die besitzlosen Klassen in dem Maße, als ihr Selbstgefühl und ihre Ansprüche am Lebensgenuß allmählich steigen, sich auf Kosten der besitzenden Klasse die Mittel zur Befriedigung dieser Ansprüche zu verschaffen streben ... Mit bloß polizeilichen Mitteln ist diese Aufgabe nach meiner Überzeugung nicht zu lösen.

(Bismarck, Werke in Auswahl, Bd. 5, 1973, S. 180)

Als 1878 jedoch ein Attentat auf den Kaiser unternommen wurde, nahm der Reichskanzler das zum Anlaß, ein Ausnahmegesetz zu fordern. Die liberale Mehrheit des Reichstages wollte dem nicht zustimmen. Im Reichstag erklärte der sozialdemokratische Abgeordnete Liebknecht:

Der Versuch, die Tat eines Wahnwitzigen, noch ehe die gerichtliche Untersuchung geschlossen ist, zur Ausführung eines lange vorbereiteten Reaktionsstreiches zu benutzen und die moralische Urheberschaft eines noch unerwiesenen Mordattentats auf den Deutschen Kaiser einer Partei zuwälzen zu wollen, welche den Mord in jeder Form verurteilt, richtet sich selbst ... vollständig in den Augen jedes vorurteilslosen Menschen. Falle die Entscheidung des Reichstags aus, wie sie wolle; die deutsche Sozialdemokratie, an Kampf und Verfolgung gewöhnt, blickt weiteren Kämpfen und Verfolgungen mit jener zuversichtlichen Ruhe entgegen, die das Bewußtsein einer guten und unbesiegbaren Sache verleiht.

(U. Schulz (Hg.), Die Deutsche Arbeiterbewegung, dtv 1219, S. 216)

Das war im Mai. Am 2. Juni wurde ein zweiter, weit schwererer Anschlag auf den Kaiser unternommen. Bismarck löste den Reichstag auf. Nach Neuwahlen stimmte dieser dem Ausnahmegesetz zu.

„Gesetz gegen die gemeingefährlichen Bestrebungen der Sozialdemokratie"

Das Gesetz verbot alle sozialdemokratischen Vereine und ähnlichen Verbindungen. Druckschriften und deren Verbreitung wurden untersagt. Wer dennoch Propaganda betrieb, mußte mit Freiheitsstrafen oder Ausweisung rechnen. In bestimmten Bezirken oder Ortschaften konnte der Aufenthalt untersagt werden.
Die Arbeiterbewegung hatte immer an Menschen in allen Ländern gedacht, weshalb ihr Zusammenschluß auch *Die Internationale** hieß. Gerade diese Zusammenarbeit über die Grenzen störte Bismarck. In ihr erblickte er eine Gefahr für das neu entstandene Deutsche Reich.

Wie unterschiedlich das Gesetz in der Öffentlichkeit beurteilt wurde, zeigen zwei Stellungnahmen.

Ein sehr bekannter Geschichtsprofessor an der Berliner Universität schrieb:

Die Sozialdemokratie bildet einen Staat im Staate. Es wird höchste Zeit, daß der Staat für längere Zeit die Vereine der Sozialdemokratie schließt, ihre Zeitungen verbietet, ihre Agenten aus den großen Mittelpunkten der Arbeiterbevölkerung ausweist. Diese Menschen trotzen auf die Gewalt der Fäuste, und sie verstehen nur die Sprache der Gewalt.

(U. Schulz (Hg.), Die Deutsche Arbeiterbewegung, S. 219)

Theodor Fontane, einer der großen deutschen Romanschriftsteller, meinte dagegen in einem Brief an seine Frau:

Millionen von Arbeitern sind gerade so gescheit, so gebildet, so ehrenhaft wie Adel und Bürgerstand; vielfach sind sie ihnen überlegen. Sie vertreten nicht bloß Unordnung und Aufstand, sie vertreten auch *Ideen*, die zum Teil ihre Berechtigung haben und die man nicht totschlagen oder durch Einkerkerung aus der Welt schaffen kann.

(U. Schulz (Hg.), Die Deutsche Arbeiterbewegung, S. 219)

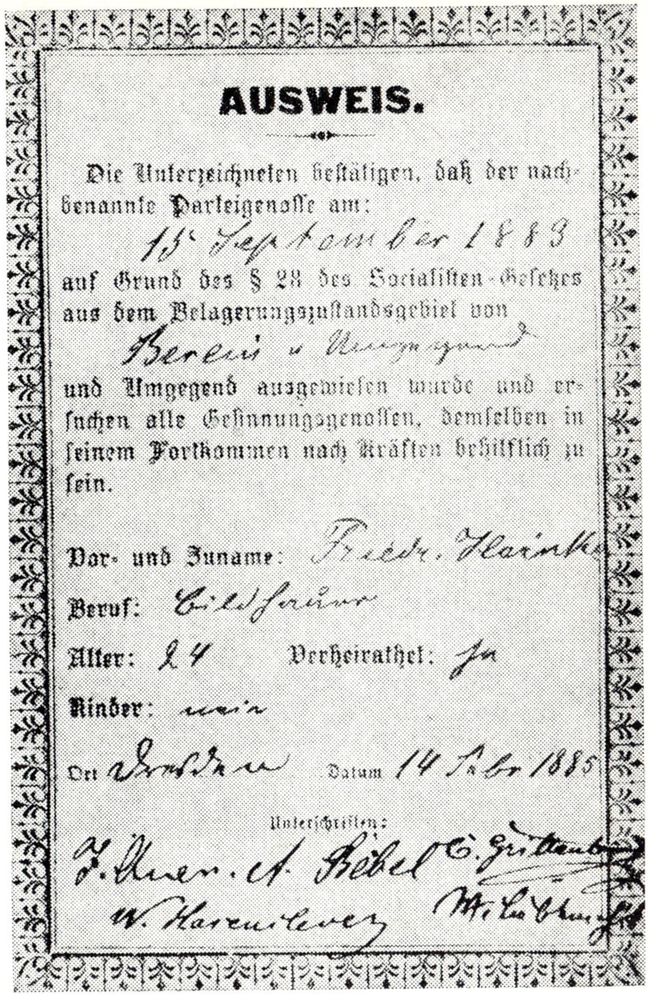

AUSWEIS.

Die Unterzeichneten bestätigen, daß der nachbenannte Parteigenosse am: 15. September 1883 auf Grund des § 28 des Socialisten-Gesetzes aus dem Belagerungszustandsgebiet von Berlin u. Umgegend und Umgegend ausgewiesen wurde und ersuchen alle Gesinnungsgenossen, demselben in seinem Fortkommen nach Kräften behilflich zu sein.

Vor- und Zuname: Friedr. Hainke

Beruf: Bildhauer

Alter: 24 Verheirathet: Ja

Kinder: nein

Ort Dresden Datum 14 Febr 1885

Unterschriften:

I. Auer. A. Bebel C. Grillenberger

W. Hasenclever W. Liebknecht

Ein Ersuchen um Hilfe

a) *Wie beurteilten Bismarck, Liebknecht, der Geschichtsprofessor und Theodor Fontane die Sozialdemokraten?*

b) *Welche Bestimmungen wirkten sich für die Betroffenen wohl am schlimmsten aus?*

In der Zeit von 1878 bis 1890 konnten die Sozialdemokraten nur im Reichstag frei reden, denn die Abgeordneten aller Parteien bestanden auf diesem Recht. Was hier gesprochen wurde, durfte auch in der Presse veröffentlicht werden. Auch die Zensur durfte das nicht verbieten. Alle sonstigen sozialdemokratischen Schriften mußten aber aus dem Ausland, vor allem aus der Schweiz, eingeschmuggelt werden.

Bebel berichtete in dem Buch „Aus meinem Leben“:

Wir hatten im Lauf von wenigen Monaten für Hunderte von Existenzen und deren Familien zu sorgen. Die Unterbringung der Ausgewiesenen in eine Arbeitsstelle wurde uns sehr schwer gemacht . . . War es einem Ausgewiesenen geglückt, eine Stelle zu erhalten, flugs erschien die Polizei und denunzierte den armen Teufel seinem Arbeitgeber, der den eben erst angenommenen Arbeiter entließ. Der mußte jetzt aufs neue zum Wanderstab greifen.

Bebel reiste in Privatgeschäften wie als Reichstagsabgeordneter und Parteiführer viel umher und wurde stets von Polizeibeamten beschattet.
Eines Abends sprach Bebel in Esslingen (in Württemberg waren Versammlungen nicht anmeldepflichtig).

Da unterbrach mich eine Stimme von der Tür her. Ich verstand den Sprecher nicht und fragte, was er wolle; darauf bekam ich die Antwort: „Im Namen des Gesetzes, die Versammlung ist aufgelöst!" Die Stimme gehörte einem Polizisten, der als Zuhörer gekommen war. Damit war aber auch der Erfolg der Versammlung gesichert, denn die meisten Anwesenden ärgerte es, daß sie in solcher Weise nach Hause geschickt wurden. Überhaupt war in jenen Jahren unter der Herrschaft des Sozialistengesetzes keiner von uns betrübt, wenn plötzlich mitten in der Rede der überwachende Polizeibeamte die Versammlung für aufgelöst erklärte. Das löste stets demonstrativen Beifall für den Redner aus, und der Erfolg war der beste; obendrein schonte der Redner seine Lunge.

(H. Hirsch (Hg.), August Bebel, S. 334 und 339)

a) *Beurteile, ob das Sozialistengesetz die Erwartungen der Regierung erfüllte. Sieh dir besonders die Tabelle unten an.*

b) *Vergleiche die Entwicklung in Baden und Württemberg mit der im Reich. Verwende dazu das Arbeitsblatt Nr. 52.*

Für die Gleichberechtigung der Frauen

Frauen durften nach den Vereinsgesetzen sich nicht mit Politik beschäftigen. Doch sowohl unter dem Sozialistengesetz wie auch nach dessen Aufhebung beteiligten sie sich an der Aufklärungsarbeit. Immer wieder wurden Versammlungen aufgelöst, nur weil Frauen daran teilnahmen. Erst 1908 fiel diese Bestimmung durch ein Reichsgesetz.
Frauenarbeit ist heute eine Selbstverständlichkeit. Ohne sie wäre unsere Arbeitswelt nicht mehr vorstellbar. Besonders geschützt wird die junge Mutter. Vor und nach der Geburt von Kindern wird sie von der Arbeit freigestellt. Während dieser Zeit darf sie auch nicht entlassen werden. Leicht vergessen wir heute, daß dies Errungenschaften sind, die hart erkämpft werden mußten.

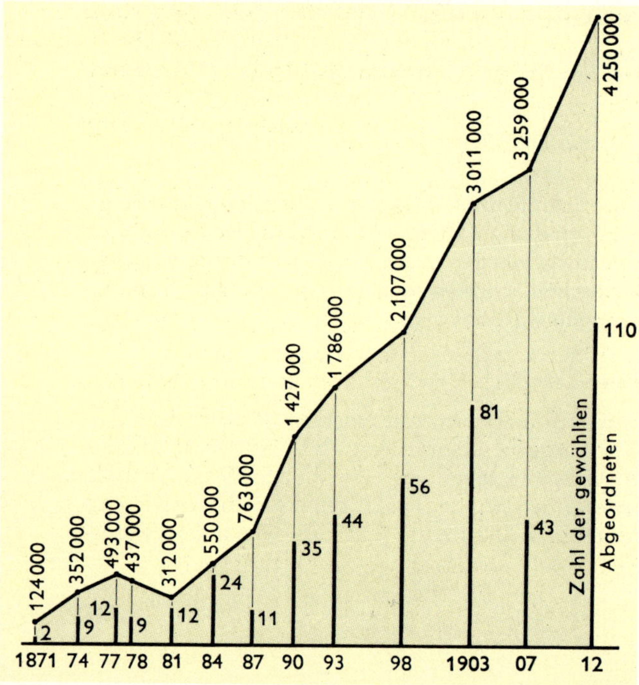

Stimmenzuwachs der SPD 1871—1912

Die Wahl erfolgte nach absolutem Mehrheitswahlrecht: Erreichte ein Kandidat im ersten Wahlgang nicht die absolute Mehrheit, so fand zwischen den beiden Kandidaten mit den meisten Stimmen eine Stichwahl statt. Infolge dieses Wahlsystems entsprach die Zahl der Stimmen, die eine Partei erhielt, nicht der Zahl ihrer Abgeordneten. Das zeigt z. B. das Ergebnis der Reichstagswahl von 1898: Bei einer Bevölkerung von 52,2 Mill. gab es 11,4 Mill. Wahlberechtigte (Männer über 25 Jahren), von denen sich 7,7 Mill. an der Wahl beteiligten. Die drei stärksten Parteien waren:

Sozialdemokraten:	
2,107 Mill. Stimmen	56 Abgeordnete
Zentrum:	
1,455 Mill. Stimmen	102 Abgeordnete
Deutsch-Konservative:	
0,859 Mill. Stimmen	56 Abgeordnete

Mit der Verbreitung der Maschinenfertigung wurden Frauen auch Fabrikarbeiterinnen. Da sie weniger Lohn als Männer erhielten, wurden sie von Arbeitgebern in manchen Betriebszweigen lieber eingestellt.
Deshalb veröffentlichte ein unbekannter Arbeiter 1870 folgenden Artikel:

Und woraus entsteht diese Konkurrenz?
Daraus, daß die Frau billiger arbeitet.
Nicht etwa, weil dieselbe billiger arbeiten kann, denn sie hat dieselben leiblichen und geistigen Bedürfnisse, so wie sie eben auch dieselben Fähigkeiten besitzt, als der Mann. Wir müssen dahin zu wirken und aufzuklären bemüht sein, daß die Frau, welche dieselbe Arbeit verrichtet, als der Mann, auch denselben Lohn erhalte. Die Frau wird dann nicht mehr als Hemmschuh den Bestrebungen ihres Mannes, welcher für seine sozialen und politischen Rechte kämpft, entgegentreten, sondern, weil gleichberechtigt, mitkämpfen.

(Klassenbuch, Darmstadt 1972, S. 313 f.)

Und August Bebel schrieb 1879 in seinem Buch über die Frau:

Die immer mehr zunehmende Beschäftigung auch der verheirateten Frauen ist namentlich bei Schwangerschaften und Geburten, und während der ersten Lebenszeit der Kinder, während welcher diese auf die mütterliche Nahrung angewiesen sind, von den verhängnisvollsten Folgen. Ist das Kind zur Welt, so ist die Mutter gezwungen, so rasch als möglich wieder zur Fabrik zurückzukehren, damit nicht ihr Platz von einer Konkurrentin besetzt wird.

(Klassenbuch, Darmstadt 1972, S. 315)

a) *Lies noch einmal nach S. 169/170 und S. 191/192, wie es um die Ernährung der Kleinkinder und die Wohnverhältnisse bestellt war. Wie beurteilst du dann die Forderungen des unbekannten Arbeiters?*
b) *Vergleiche die Bedingungen, unter denen junge Mütter damals und heute arbeiten mußten. (→ Arbeitsblatt Nr. 53)*

Ottilie Baader, eine der Vorkämpferinnen der Frauenbewegung, berichtete von einem Streik 1902. Es ging um die Einführung des Zehnstundentags:*

Der Streik brachte vielen zum erstenmal in ihrem Leben eine Art Ferien. Mütter konnten mit ihren Kindern einige Stunden frische Luft schöpfen. Die Bänke im Bismarckhain waren mit den typischen Webergestalten, hüstelnden, abgezehrten Frauen und Mädchen, mit Häkel- und Strickzeug in der Hand, besetzt. 3126 Männer und 3434 Frauen waren ausgesperrt. Der Zehnstundentag bedeutete nicht nur für die Textilarbeiter in C. ein Stück Lebensmöglichkeit, Gesundheit, Familienleben, Bildungsmöglichkeit. Er war für die gesamte Arbeiterschaft von ungeheurer Bedeutung.
Die Behörden standen natürlich auf seiten der Fabrikanten. Männer und Frauen wurden als Streikposten verhaftet und empfindlich bestraft. 30 Mann Polizei waren in C. eingerückt und sorgten mit übergehängtem Gewehr für verstärkten Schutz der Ordnung. Im Januar 1904 kam dann aus dem Streikgebiet die erschütternde Nachricht, daß die Streikleitung zur Verhütung schwerer wirtschaftlicher Schäden, die doch letzten Endes die Arbeiter am empfindlichsten treffen würden, die Ausgesperrten zum Abbrechen des Streiks und zur bedingungslosen Aufnahme der Arbeit auffordern würden.
In einem Falle verlangte eine Anzahl Arbeiterinnen die Wiedereinstellung eines Spinners, dem man die Arbeit verweigert hatte. Als man auch ihre Forderung nicht gleich erfüllte, erklärten sie: „Dann bleiben wir auch draußen!" Der Fabrikant, der diese hochwertigen Arbeiterinnen nicht entbehren wollte, rief: „Verfluchtes Weiberpack, holt Euren Spinner, damit endlich Ruhe wird!"

(O. Baader, Ein steiniger Weg, Berlin-Bonn 1979, S. 93 f.)

— *Welche positiven und negativen Erfahrungen machten die streikenden Frauen?*

5./6. Wer löst die soziale Frage?

Einzelne Unternehmer machen einen Anfang

Gegen Ende des 19. Jahrhunderts hatten sich die Auseinandersetzungen der Sozialdemokraten mit dem damaligen Staate zugespitzt. Der Kampf der Arbeiterpartei galt der sozialen Sicherung und der politischen Gleichberechtigung der Arbeiterschaft in Deutschland.
Sicherlich wären diese Konflikte weniger heftig ausgetragen worden, wenn die maßgebenden politischen Kräfte rechtzeitig die positiven Anregungen verantwortungsbewußter Zeitgenossen aufgegriffen hätten. Unter ihnen befanden sich nicht wenige Arbeitgeber, die praktische Hilfe leisten wollten. So hatte der 24jährige Alfred Krupp schon im Jahre 1836 für die 80 Arbeiter seiner Gußstahlfabrik in Essen eine *Betriebskrankenkasse* gegründet. Der Unternehmer verpflichtete sich, jährlich 250 Mark in die Kasse einzuzahlen. Für die Arbeiter war der Beitritt zunächst freiwillig. Der wöchentliche Beitrag betrug für alle unterschiedslos 5 Pfennige. Wer krank war, erhielt ein tägliches Krankengeld von 25 Pfennigen. Ab 1855 (zu diesem Zeitpunkt waren von 700 Arbeitern nur 200 versichert) bestand für alle Betriebsangehörigen ein Beitrittszwang. Von da an übernahm der Betrieb 50% der Mitgliedsbeiträge.

Ähnlich wie bei Krupp entstanden auch in vielen anderen Betrieben solche Hilfskassen. Aus Baden wird z. B. berichtet:

Der Krankenverein der Aktiengesellschaft für Uhrenfabrikation in Lenzkirch [gegr. 1858] verpflegte seine Mitglieder im Krankheitsfalle 42 Tage lang; ferner war in dieser Fabrik von den Aktionären ein Fonds gegründet worden, dessen Zinsen dazu dienten, ältere, arbeitsunfähig gewordene Arbeiter zu unterstützen.
In der Nähmaschinenfabrik Bassermann und Mondt in Mannheim bezahlten die Arbeiter alle 14 Tage 6 kr. für den Krankenunterstützungsverein. Dazuhin waren alle höheren Angestellten zu einer jährlichen Spende von 2 fl. verpflichtet, ohne selbst Nutzen von dem Verein zu haben. Die Fabrikherren steuerten jährlich 25 fl. bei und verzinsten das Kapital der Krankenkasse mit 5%.

(Kommissionsbericht der badischen Landesregierung aus dem Jahre 1868, nach F. Kistler, Die wirtschaftlichen und sozialen Verhältnisse in Baden (1849—1870), Freiburg 1954, S. 216 f.)

Trotz solcher Leistungen einzelner Unternehmer konnte von einer ausreichenden sozialen Sicherung der Arbeiterschaft insgesamt nicht die Rede sein, denn die meisten Betriebe, vor allem die kleineren, richteten solche Betriebskassen nicht ein. Wechselte jemand den Arbeitsplatz, so ging ein bestehender Versicherungsschutz verloren. Das geschah auch dann, wenn ein Betrieb aufgelöst wurde.

— *Bei allen Unterschieden wiesen diese Betriebskassen einige wesentliche Gemeinsamkeiten auf. Stelle sie heraus.*

Erste Schritte staatlicher Sozialpolitik

In Deutschland reagierten die maßgebenden politischen Kräfte lange Zeit nicht auf die Probleme, die im Zuge der großen sozialen Umwälzungen neu entstanden waren. Alles, was mit Wirtschaft und Arbeit zu tun hatte, betrachtete man als Angelegenheit, die zwischen Arbeitgebern und -nehmern zu regeln sei. Abgesehen von den Gesetzen, die (seit 1840) die Kinderarbeit regelten, unternahm der Staat in dieser Hinsicht nichts. Nach der Reichsgründung konnte er die soziale Notlage allerdings nicht mehr länger übergehen. Reichskanzler Bismarck war immer mehr von der Notwendigkeit überzeugt, daß gerade der Staat einen wesentlichen Beitrag zur Lösung der *sozialen Frage** zu leisten hat.

Aus seinen folgenden Äußerungen, die aus einem längeren Zeitraum stammen, kann die Gestaltung dieser Sozialpolitik in den wesentlichen Zügen nachvollzogen werden. In einem Schreiben an den preußischen Handelsminister umriß Bismarck, warum er Sozialpolitik betreiben wollte.

Es wird beim rechten Eingreifen des Staates zur Zeit auch noch gelingen, die Mehrzahl der Arbeiter mit der bestehenden Staatsordnung auszusöhnen und die Interessen von Arbeitern und Arbeitgebern wiederum in Harmonie zu bringen. Im übrigen sind aber die sozialistischen Theorien und Forderungen bereits so tief und breit in die Massen eingedrungen, daß es als ein vergebliches Bemühen erscheint, dieselben übersehen oder die Gefahren totschweigen zu wollen. Im Gegenteil scheint es mir als dringend geboten, dieselben so laut und so öffentlich als möglich zu erörtern, damit die irregeleiteten Massen aus dem Für und Wider lernen, was an ihren Forderungen berechtigt und unberechtigt, möglich und unmöglich ist. Daß hierbei die brennendsten Fragen von Arbeitszeit und Arbeitslohn, Wohnungsnot und dergleichen nicht ausgeschlossen werden dürfen, betrachte ich als selbstverständlich.

(Bismarck, Werke in Auswahl, Bd. 5, Darmstadt 1973, S. 123 f.)

Im Juni 1881 äußerte er in einem Gespräch:

Der, welcher am leichtesten Geld aufbringen kann, der Staat muß die Sache in die Hand nehmen. Nicht als Almosen, sondern als Recht auf Versorgung, wo der gute Wille zur Arbeit nicht mehr kann. Wozu soll nur der, welcher im Krieg oder als Beamter erwerbsunfähig geworden ist, Pension haben, und nicht auch der Soldat der Arbeit?
Es ist möglich, daß unsere Politik einmal zugrunde geht, wenn ich tot bin. Aber der Staatssozialismus paukt sich durch.

(K. Mielcke, Bismarck, Braunschweig 1954, S. 166)

Am 15. März 1884 führte Bismarck im Reichstag aus:

Die Frage von Arbeitszeit und Lohnhöhe ist durch staatliche Einwirkung, überhaupt durch Gesetze, außerordentlich schwierig zu lösen. Man läuft Gefahr, in die persönliche Freiheit sehr erheblich und unnütz einzugreifen.
Der eigentliche Beschwerdepunkt des Arbeiters ist die Unsicherheit seiner Existenz. Er ist nicht sicher, daß er immer Arbeit haben wird, er ist nicht sicher, daß er immer gesund ist, und er sieht voraus, daß er einmal alt und arbeitsunfähig sein wird. Verfällt er aber der Armut auch nur durch eine längere Krankheit, so ist er vollständig hilflos. Solange ihm der Staat da nicht entgegenkommt, oder solange er zum Staat kein Vertrauen hat, da wird er immer wieder zum sozialistischen Wunderdoktor laufen.

(H. Rothfels, Bismarck und der Staat, Stuttgart 1953, S. 275)

a) *Bismarck beschrieb aus seiner Sicht die Lage der Arbeiterschaft und deren besondere Sorgen. Fasse diese Aussagen zusammen.*

b) *Welche konkreten sozialpolitischen Maßnahmen sah Bismarck vor? Wo zog er die Grenzen staatlicher Sozialpolitik?*

Die erste Sozialversicherung der Welt

Am 17. November 1881 richtete Kaiser Wilhelm I. eine Botschaft an den Reichstag mit der Aufforderung, die gesetzlichen Grundlagen für eine umfassende soziale Sicherung der einkommensschwachen Bevölkerungsschichten zu schaffen. Darin hieß es u. a.: „Wir vertrauen auf die Unterstützung des Reichstages ohne Unterschiede der Parteistellungen.“ Die entsprechenden Gesetzesvorschläge hatte die Reichsregierung unter Bismarck auszuarbeiten und dem Parlament zur Beratung und Beschlußfassung vorzulegen.

Im Reichstag gingen die Meinungen der Parteien über die Ausgestaltung der Sozialversicherungen* weit auseinander, und es dauerte Jahre, bis alle Gesetze verabschiedet waren und in Kraft traten:

1883 Krankenversicherung
1884 Unfallversicherung
1889 Invaliditäts- und Altersrentenversicherung

Diese drei Gesetze wurden 1911 in einigen Punkten verbessert und zu einem einheitlichen Gesetzeswerk zusammengefaßt. Die Arbeitslosenversicherung dagegen besteht erst seit 1927.

Die Beitragszahlungen sind heute wie folgt geregelt:

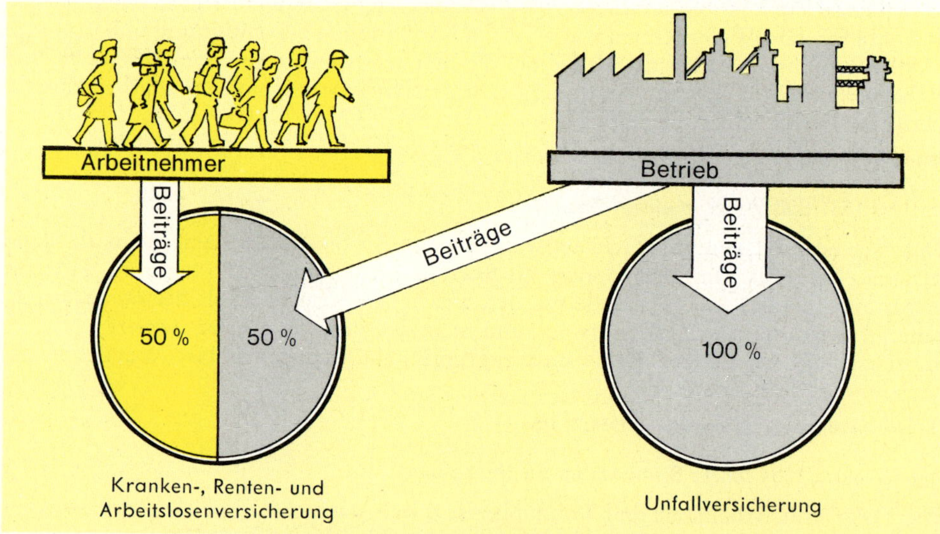

Die einzelnen Versicherungen erbrachten anfänglich folgende Leistungen:

Krankenversicherung:	Ärztliche Behandlung, Arzneimittel, Krankengeld bei Arbeitsunfähigkeit (13, später 26 Wochen lang)
Unfallversicherung:	Krankenversorgung zur Wiederherstellung der Arbeitsfähigkeit, Erwerbsunfähigkeitsrente, Hinterbliebenenrente, Sterbegeld
Rentenversicherung:	Altersrente vom 70. Lebensjahr an

a) *Worin stimmten die früheren privaten Betriebsversicherungen und die gesetzlichen Sozialversicherungen überein? Wo bestanden Unterschiede?*

b) *Besprecht mit eueren Eltern, wie sie versichert sind und welche Beiträge sie zu entrichten haben. (→ Arbeitsblatt Nr. 54)*

c) *Vergleicht die damaligen Pflichtleistungen der Versicherungen mit denen, auf die euere Eltern heute Anspruch haben.*

Reaktionen auf die Sozialgesetze

Dieses ganze Gesetzeswerk war, wie schon angedeutet, von Anfang an sehr umstritten. Einige der politischen Parteien im Reichstag verweigerten der Regierung Bismarck die Unterstützung in dieser Angelegenheit. So erhielt das Gesetz zur Rentenversicherung bei der Schlußabstimmung im Mai 1889 nur eine knappe Mehrheit von 185 : 165 Stimmen. Gegen dieses Gesetz stimmten auch alle sozialdemokratischen Abgeordneten.

Diese Ablehnung durch die Sozialdemokraten hatte nicht überall in der Partei Zustimmung gefunden. Der evangelische Theologe und Sozialpolitiker Paul Göhre, der einige Zeit in einer Fabrik arbeitete, um das Los der Arbeiter aus eigener Erfahrung kennenzulernen, berichtete über eine Parteiversammlung, bei der die gesetzliche Rentenversicherung zur Diskussion stand. In diesem Bericht heißt es:

Aus der breiten Masse der Durchschnittssozialdemokraten hob sich eine besonders bedeutsame Gruppe ab. Es waren die besonders klugen, praktischen, verständigen, ernsten und gebildeten Leute, Männer mittleren Alters, die von der rein politischen Agitationsarbeit* der Partei nicht viel hielten und sich darum vor allem auf die Tätigkeit ihrer örtlichen politischen Gemeinde geworfen hatten. Indem sie dies taten, waren sie — mochten sie noch so sehr sozialdemokratische Gesinnung durchdrücken wollen — doch gezwungen, mit realen Tatsachen zu rechnen, reale Ziele verfolgen zu lernen.

Diese Erfahrung machte ich in besonders klarer Weise einmal in einer Sitzung unseres sozialdemokratischen Wahlvereins. Hier trug an diesem Abend der damalige Redakteur der Chemnitzer sozialdemokratischen „Presse" über die Alters- und Invalidenversicherung vor, zunächst hauptsächlich zur Orientierung der Genossen. Es war eine im großen und ganzen durchaus sachlich gehaltene Rede. Sie gipfelte in der doppelten Behauptung, daß das Gesetz in der Tat vielfach noch mangelhaft sei, und daß es jedenfalls nicht die durchgreifende Hilfe für die Arbeiterschaft und die Lösung der sozialen Probleme sei, daß man sich dennoch nicht abschrecken lassen dürfte, sondern zunächst einmal das Angebotene annehmen, aber zugleich wacker an der allmählichen Verbesserung dieses Gesetzes mitarbeiten sollte. Man sollte, so schloß er, endlich einmal mit dem ganz überflüssigen Nörgeln und Schnauzen aufhören.

(W. Lautemann / M. Schlenke (Hg.), Das Bürgerliche Zeitalter, Geschichte in Quellen, Bd. 5, S. 447)

— *Folgt man diesem Bericht, so waren innerhalb der SPD die Vorstellungen von der einzuschlagenden politischen Taktik unterschiedlich. Auf welcher Linie lagen der erwähnte Redakteur bzw. der Verfasser dieses Berichtes?*

Sozialversicherungen früher und heute

Die Sozialgesetze Bismarcks sind seit rund hundert Jahren in Kraft. Einige Male schon wurden sie überarbeitet und verbessert. Haben sie die Erwartungen der damaligen Generation erfüllt? Welche Bedeutung hat dieses ganze Gesetzeswerk in der Gegenwart?

Die entsprechenden Aufwendungen im Jahre 1975:	
Krankenversicherung:	61,5 Mrd.
Unfallversicherung:	6,8 Mrd.
Rentenversicherung	87 Mrd.

Die zeitgenössische Darstellung auf S. 212 und einige Zahlenvergleiche geben Aufschluß über die Entwicklung seit Ende des 19. Jahrhunderts.

— *Die Bilder in der Zeichnung S. 212 heben einige Vorteile der Sozialversicherung hervor. Welche sind es?*

Die nachstehende Übersicht (Beispiel Altersrente) deutet an, wie sich die wirtschaftliche Lage der Arbeitnehmer seit der Einführung der Sozialversicherung veränderte:

	1892	1973
Arbeitszeit pro Woche	60 Stunden	41 Stunden
Durchschnittlicher Monatslohn	60 Mark	1820,— DM
Beitragssatz zur Altersrente (Arbeitgeber und -nehmer)	1,7%	18%
Monatsbeitrag zur Rentenversicherung (Arbeitnehmer-Anteil)	0,50 Mark	164,— DM
Beginn der Altersrente	70. Lebensjahr	65. Lebensjahr
Durchschnittliche monatliche Altersrente	18,— Mark	720,— DM

(Bundesministerium für Arbeit und Sozialordnung (Hg.), Soziale Sicherung, Bonn 1977, S. 61 ff.)

a) *Im Jahre 1892 war im Vergleich zu 1975 die Arbeitszeit wesentlich länger, die Arbeitsbedingungen waren ungünstiger, die Lebenserwartung lag niedriger, der Eintritt ins Rentenalter erfolgte dagegen fünf Jahre später. Was bedeutete dies für den einzelnen Arbeitnehmer?*

b) *Wie ist die Situation heute (Zahl der Rentner!), und welche Auswirkung hat dies für die Versicherung?*

7. Handwerker und Bauern gründen Genossenschaften

Der bedrohte Mittelstand

Die rasch aufstrebende Industrie hatte nicht nur dem neuen Arbeiterstand unvorhersehbare Schwierigkeiten bereitet, auch viele Handwerker waren in wirtschaftliche Not geraten. Mit der billigen Produktion der Fabriken konnten viele Gewerbe nicht mehr konkurrieren und mußten aufgeben. Waren selbständige Handwerker bereit, moderne Geräte und Maschinen anzuschaffen, um billiger produzieren zu können, so konnten sie sich durchaus behaupten. Das erforderte gewöhnlich sehr viel mehr *Kapital** als die kleinen Betriebe aufbringen konnten. Banken aber gaben an Kleinbetriebe keine Kredite und Privatverleiher verlangten meist zu hohe Schuldzinsen. Ohne zinsgünstige *Kredite* war die Modernisierung der Handwerksbetriebe nicht möglich.
Ähnlich war es in der Landwirtschaft. Nach dem Übergang zur *Fruchtwechselwirtschaft** erlebte sie zunächst einen kräftigen Aufschwung. Das rasche Anwachsen der Bevölkerung wurde für die einzelnen Familien mehr und mehr zur Belastung, da von den Ernteerträgen für den Eigenbedarf immer mehr zurückbehalten und immer weniger verkauft werden konnte. Mehrere Mißernten gegen Mitte des Jahrhunderts verschärften die Lage der ländlichen Bevölkerung zusätzlich. Für den Kauf von Kunstdünger oder für die Modernisierung der Betriebe fehlte das notwendige Kapital. Außerdem waren seit der *Bauernbefreiung** noch sehr viele Betriebe durch die Ablösungsgelder stark belastet.

Gemeinschaft macht die Schwachen stark

Hermann Schulze (1808—1883) aus Delitzsch bei Leipzig war Mitbegründer der demokratischen Fortschrittspartei in Preußen. Nach der Revolution von 1848 durfte er seinen Beruf als Richter nicht weiter ausüben. Im Jahre 1849 gründete er in seiner Heimatstadt die erste *Handwerker-Genossenschaft* Deutschlands und ein Jahr später den ersten sogenannten „*Vorschußverein*", später *Volksbank* genannt. Schon nach wenigen Jahren gab es in Deutschland mehrere hundert solcher Kredit-Genossenschaften. Auf seine Anregung hin entstand im Jahre 1856 in Stuttgart auch die erste „Handwerkerbank" Württembergs mit 43 Gründungsmitgliedern.

In dem Bericht über die Gründung der „Handwerkerbank" heißt es:

Eine ständig steigende Zahl von Gewerbsleuten vereinigte sich zu einer Gesellschaft, welche monatliche Beiträge von ihren Mitgliedern erhebt und davon Vorschüsse an ihre Mitglieder gibt. Für diese Vorschüsse leisten die Mitglieder eine Sicherheit durch Bürgschaft. Durch die regelmäßigen Einzahlungen gewöhnen sich die Mitglieder an das Sparen.
Zuerst fängt man mit dem Sparen bei sich selber an, dann kann man auch bald anderen aushelfen. Die Genossenschaft wird schon nach dem ersten Jahr 6% Dividende* gutschreiben können.

(Gärtner, Die Vorschuß- und Kreditvereine in Württemberg, Stuttgart 1879)

Bis 1878 waren im Lande weitere 107 Kreditgenossenschaften gegründet worden mit insgesamt 44000 Mitgliedern (1978: ca. 730 Genossenschaftsbanken mit 933000 Mitgliedern).

Die Zeichnung verdeutlicht den Kerngedanken dieser genossenschaftlichen Einrichtungen.

a) *Nenne die Pflichten eines Genossenschaftsmitgliedes. Worin bestehen seine Vorteile?*

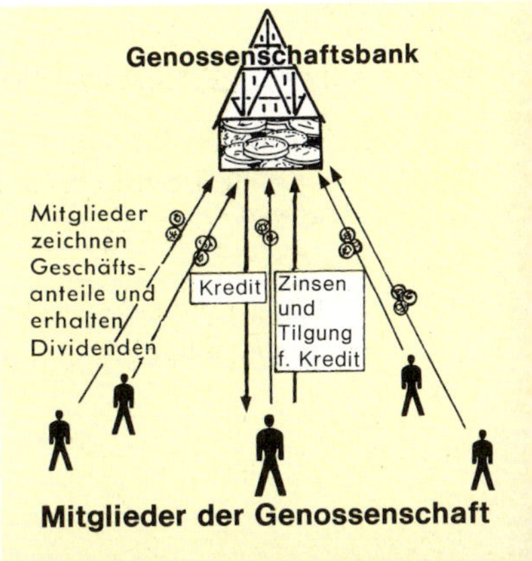

b) *Beschreibe die Bedeutung der Genossenschaftsbanken für die wirtschaftliche Entwicklung des Mittelstandes.*

Landwirtschaftliche Genossenschaften

Auch in der Landwirtschaft setzte sich der genossenschaftliche Gedanke allmählich durch. Das folgende Beispiel vermittelt einen Einblick in die Vielfalt ihrer genossenschaftlichen Unternehmungen:

Wie alle anderen Bauern in Deutschland waren auch die Winzer in Neckarsulm zunehmend in wirtschaftliche Bedrängnis geraten. Seit der Bauernbefreiung lagen auf vielen der kleinen Güter sehr hohe Schuldenlasten. Damals war es üblich, daß die Winzer den frischen Weinmost von der Presse weg direkt an Weinhändler und Gastwirte verkauften, weil sie nicht ausreichend Lagerfässer in ihren Kellern unterbringen konnten. Die Abnehmer nutzten dies aus so gut sie nur konnten und drückten die Preise.

Über das Erntejahr 1855 aber wird berichtet:

Vielseitigen Bemühungen ist zuzuschreiben, daß 130 Weingärtner miteinander mittelst Ablieferung ihrer Trauben nach Sorten 300 hl Wein erzeugt und in öffentlicher Versteigerung auf anerkannt günstige Weise verkauft haben. Im ganzen wurden erlöst: 5858 Gulden, wogegen sich der Erlös für Privat-Weinmost 4 Gulden niedriger pro Hektoliter herausgestellt hat . . . Es ist zu vermuten und zu wünschen, daß das gemeinsame Keltern und Verkaufen künftig Nachahmung finden werde. Die große Ersparnis an Kosten und an Zeitaufwand hat wenigstens den Genossenschaftsmitgliedern eingeleuchtet.

(Chronik der „Weingärtnergesellschaft Neckarsulm", in: O. Baer, Werden, Wachsen und Wirken der württembergischen Weingärtnergenossenschaften, 1979, S. 18 f.)

Die Ausweitung der Winzergenossenschaften schritt allerdings nicht so rasch voran wie erhofft. Die folgende Tabelle gibt Auskunft über die Entwicklung im ehemaligen Württemberg:

	1900	1940	1978
Zahl der Genossenschaften	10	83	104
Zahl der Mitglieder	983	8563	16538
Mitglieder je Genossenschaft (Durchschnitt)	98	103	159
Anteil der Genossenschaften (Gesamternte)	4%	43%	83%

a) *Beschreibe die besonderen Vorteile, welche die Genossenschaft ihren Mitgliedern bot.*
b) *Vergleiche die Kredit-Genossenschaft mit dieser Weinverwertungs-Genossenschaft.*

Schon einige Jahre vorher hatte Friedrich Wilhelm Raiffeisen (1818—1888) als Bürgermeister einiger Landgemeinden im Westerwald die Gründung von landwirtschaftlichen Genossenschaften angeregt. Dank seinem Einsatz fand dieser Gedanke unter den deutschen Bauern zahlreiche Anhänger. Vor allem in Württemberg, wo der Grundbesitz stark zersplittert war, trugen die Genossenschaften viel zur Festigung der Landwirtschaft bei.

In Württemberg bestehen gegenwärtig ca. 800 örtliche landwirtschaftliche Genossenschaften und ebensoviele Kreditgenossenschaften. Der Überblick zeigt einige wichtige Gruppen:

Volksbanken u. Raiffeisenbanken	Milchverwertungsgenossenschaften	Bezugs- und Absatzgenossenschaften	Winzergenossenschaften	Obstverwertungsgenossenschaften

a) *Welche Genossenschaften gibt es in deiner Heimatgemeinde? Fertige über sie kurze Beschreibungen (Gründungsjahr, Zweck, Mitgliederzahl u. a.) an. (→ Arbeitsblatt Nr. 55)*
b) *Gehören deine Eltern einer Genossenschaft an? Sprich mit ihnen darüber.*

Worterklärung

Absolution (lat. Frei-, Lossprechung). Bedeutet in der katholischen Kirche die Loslösung eines Menschen von Sünden. Die A. erteilt ein Priester; Bedingungen sind Reue, Beichte und Genugtuung.

Absolutismus, absolut. Regierungsform, in welcher ein Monarch (König, Fürst) frei ist, Gesetze zu geben, Steuern zu erheben, über Krieg und Frieden zu entscheiden und Recht zu sprechen. Er leitete seine Herrschaft von Gott ab (Gottesgnadentum) und war deshalb dem göttlichen Gesetz, aber auch den Menschen- und Völkerrechten unterworfen. Er herrschte also nicht willkürlich! In der Aufklärung wurde die absolute Herrschaft auf einen Vertrag zurückgeführt: Das Volk (s. „Volkssouveränität") habe vor Zeiten die Gewalt einem einzelnen überlassen. Widerstand gegen die absolute Herrschaft war meist verboten. Der A. erfuhr starke Widerstände (s. „Landstände") und wurde nirgends ganz verwirklicht. Trotzdem nennen wir das Zeitalter zwischen ca. 1648 und 1789 das Zeitalter des A.

Acht. Gerichtsurteil, das eine Person aus der Rechtsordnung und dem Schutz der staatlichen Gemeinschaft ausschloß. Der Geächtete wurde durch Gerichtsspruch für gesetzlos und vogelfrei erklärt. Er verlor Haus und Vermögen und konnte von jedermann getötet werden. Wer ihn aufnahm oder unterstützte, verfiel selber der Acht.

Agitator. Seit dem 18. Jh. bezeichnet man als A. den Vertreter radikaler politischer Gedanken.
Das Hauptwort „Agitation" wird häufig in abwertendem Sinne für „Hetze" gebraucht.

Akzise s. „Ungeld"

Allmende. Gemeinsamer Besitz einer Dorf- oder Stadtgemeinde an Wald, Weide und Gewässern; die Allmende stand allen Gemeindemitgliedern zur Nutzung offen.

Arbeitervereine, -bildungsvereine. Im Rahmen der Arbeiterbewegung schlossen sich auch in Deutschland schon früh Arbeiter zusammen, um ihre Lage gemeinsam zu verbessern. Da politische Vereine verboten waren, hatten die A. anfangs stärker wirtschaftliche (Genossenschaften, Konsumvereine) oder kulturelle Ziele (A.-Bildungsvereine). Mit der Entstehung von politischen Organisationen, wie z. B. „Gewerkschaften" und „Parteien", die bis 1869 verboten waren, nahm die Bedeutung der A. ab. Siehe a. „Sozialdemokratie", „Gewerkschaft".

Aufklärung: Große Kulturbewegung im 17. und 18. Jh. Sie bewertete die menschliche Vernunft (lat. ratio, daher Rationalismus = Vernunftdenken) und die sinnliche Wahrnehmung und Erfahrung (Empirismus) höher als Überlieferung (Tradition) und äußere Autorität (Kirche, staatliche Gesetze). Die A. beendete die jahrhundertelange Vorherrschaft der Kirche auf geistigem Gebiet und leitete in vielen Bereichen Reformen ein. Überall galt der Kampf dem Alten und Veralteten in Wissenschaft und Technik, Erziehung und Schule, Recht und Staat, auf sozialem und wirtschaftlichem Gebiet. So verdankt die moderne Zeit der A. unvorstellbar viel.

Augsburger Konfession (Confessio Augustana). Bekenntnisschrift der Anhänger Martin Luthers; sie wurde von Philipp Melanchthon verfaßt, von Luther gebilligt und auf dem Augsburger Reichstag 1530 in lateinischer und deutscher Sprache vorgelegt. S. auch „Konfession".

Ballhaus. Gebäude an Fürstenhöfen und in großen Städten, wo die Vornehmen eine Art Tennis spielten. Gelegentlich dienten die B. auch als Ort für große Festlichkeiten. Im B. von Versailles schworen die Vertreter des 3. Standes am 20. 6. 1789, nicht auseinanderzugehen, bis Frankreich eine Verfassung erhalten habe.

Bann. Allgemein: Das Recht der Obrigkeit, zu gebieten und zu verbieten. Im kirchlichen Bereich: Der Ausschluß einer Person aus der kirchlichen Gemeinschaft.
S. auch „Acht".

Bauernbefreiung. Die Lösung der Bauern aus ihrer alten Abhängigkeit von Grund-, Leib-, Gerichts- und Zehntherren. Die B. begann meist mit der Aufhebung der Leibeigenschaft. Danach wurden — gegen Entschädigung — die Fron-, Abgaben- und Zehntverpflichtungen abgelöst. Hof und Land wurden so zu bäuerlichem Eigentum. Die „Ablösungen" belasteten freilich die Bauern oft sehr stark und führten zu Verschuldungen. Die Gesetzgebung der B. begann vereinzelt schon im 18. Jh. Die meisten dt. Staaten führen die B. erst nach 1807 durch. Diese sogenannte Agrarreform war in Deutschland um 1848/49 abgeschlossen.

Bildersturm. Gewaltsame Beseitigung und Zerstörung aller Bilder und Kunstgegenstände in Kirchen. Diese Bewegung innerhalb der Reformation wurde auch von den Schweizer Reformatoren Zwingli und Calvin unterstützt.

Dauphin, Dauphine. Seit 1349 heißt der erste Sohn (Thronfolger) des französischen Königs D. (sprich: dofäng). Seine Gattin ist die Dauphine (sprich: dofin).

Defizit (lat. Fehlbetrag). Im privaten und staatlichen Haushalt der Betrag, um den die Ausgaben die Einnahmen übersteigen.

Demagoge. Griechische Bezeichnung für einen Volksführer, einen führenden Politiker. Während der Zeit der Restauration (1815—1848) wurden Männer, welche für liberale und nationale Gedanken eintraten, von den deutschen Einzelstaaten als „Demagogen" (= Volksverführer oder -verhetzer) beschimpft und verfolgt.

Deutscher Bund. Ein loser Staatenbund der souveränen deutschen Fürsten, der 1815 auf dem Wiener Kongreß gegründet wurde. Der gemeinsame Bundestag hatte seinen Sitz in Frankfurt/M.

Deutsches Reich. S. unter „Reich"

Diäten. Im 5. Jh. in Athen wurden Abgeordnete erstmals mit D. (Tagegelder von lat. dies = der Tag) für ihre Tätigkeit im Parlament entschädigt. In Deutschland sind D. seit 1818 in Baden und Bayern üblich. Bismarck lehnte D. für Reichstagsabgeordnete ab, um Vertreter der sozial schwachen Schichten aus dem Reichstag fernzuhalten.

Diktatur. Gewaltherrschaft. Herrschaftsform, bei der ein einzelner oder eine Gruppe die gesamte politische Gewalt innehat.

Disputation. Streitgespräch zwischen Gelehrten zur Erörterung bestimmter Ansichten oder Meinungen.

Dividende. Anteil am Gewinn einer Handelsgesellschaft oder einer Genossenschaft. Die D. richtet sich nach dem Geschäftsanteil des Mitglieds und dem gesamten Reingewinn. Sie wird in Prozenten angegeben.

Domherr. Mitglied eines Domkapitels. Darunter versteht man die Gemeinschaft der höheren Geistlichen an einer Bischofskirche (Dom). Die D. oder -kapitulare wählen den Bischof, unterstützen ihn bei seinen Aufgaben und verwalten das Bistum in der Zeit zwischen dem Tod eines Bischofs und der Neuwahl des Nachfolgers.

Dreifelderwirtschaft. Seit dem Mittelalter wurde die Ackerflur in einem dreijährigen Wechsel von Wintergetreide, Sommergetreide und Brache bewirtschaftet. Die Flur war deshalb in drei Teile („Zelgen", „Esche" u. a.) unterteilt. So sollte eine einseitige Auslaugung des Bodens verhindert und eine Anreicherung mit Stickstoff (Brache mit Gras- und Unkrautbewuchs) gefördert werden.

Dritter Stand. Allgemein: Das Bürgertum in der mittelalterlichen Ständeordnung, weil es hinter Adel und Geistlichen den dritten Platz einnahm.
In Frankreich erlangte der D. S. in der Französischen Revolution politische und rechtliche Gleichrangigkeit mit den oberen Ständen. Die übrigen Staaten Europas folgten nach.
Der Begriff D.S. sollte das Bürgertum auch vom entstehenden Proletariat („Vierter Stand") abgrenzen.

Ehrbare, Ehrbarkeit. Bezeichnung für die wirtschaftliche und politische Führungsschicht einer Stadt (im Gegensatz zur sogenannten „Gemeinde"). Vielfach hatten nur die E. einen Zugang zum Rat und zu anderen wichtigen städtischen Ämtern.

Emigrant (lat. = Auswanderer). Heute nur für diejenigen verwandt, die ihre Heimat aus religiösen, politischen oder rassischen Gründen freiwillig oder als Verfolgte verlassen müssen.

Enzyklopädie. Allgemein: Die umfassende und übersichtliche Darstellung des gesamten Wissensstoffes einer Zeit.
Hier: Das 24-bändige Buchwerk der Franzosen Diderot, d'Alembert u. a., das zwischen 1751 und 1772 erschien und zeitweilig verboten war. Es war von größter Bedeutung für die Verbreitung des Vernunftdenkens der Aufklärung. In vielen Artikeln stellte es dem veralteten Wissen die neuen Erkenntnisse der Aufklärung gegenüber.

Erblehen. Eine Bauernstelle, die einem Bauern „erblich", d. h. zu dauerndem Besitz, verliehen wurde. Beim Todesfall ging sie ungehindert auf den Erbberechtigten über. Die Abgaben und Dienste waren bei der ersten Übergabe festgesetzt worden und konnten vom Herrn nicht mehr einseitig erhöht werden.

Etikette. Die Gesamtheit der Vorschriften, Gewohnheiten und Regeln für das Leben an einem Fürstenhof.
Heute: Eine allgemeine Bezeichnung für das Benehmen in verschiedenen Lebenslagen.

Flugblätter. Druckschriften (Einzelblätter oder Broschüren), welche zu Tagesfragen in Politik, Kirche, Gesellschaft und Wissenschaft Stellung nehmen. Ihre Sprache und ihre Bilder sind meist kritisch, satirisch oder polemisch.

Folter. Bis etwa 1800 griff die ordentliche Rechtsprechung zur F., um in schwierigen Fällen Recht oder Unrecht festzustellen. Die Wahrheit wurde damals in erster Linie durch das „Geständnis" des Angeklagten ermittelt. Gestand dieser nicht freiwillig, dann schritt man zur „peinlichen Frage" (= Folter). Man kannte „drei Grade" der F.; der 3. Grad war besonders schmerzlich.
Die Aufklärer sahen die F. als unvernünftig und unnütz an und verlangten ihre Beseitigung.

Fortschrittspartei, Deutsche. Die 1861 von altliberalen Abgeordneten in Preußen gegründete F. geriet zunehmend in Opposition zur Regierung Bismarcks. 1866 spaltete sich der rechte Flügel, der Bismarcks Politik billigte, ab und bildete die „Nationalliberale Partei".

Frauenbewegung. In den technisch und politisch am weitesten entwickelten Staaten Europas und Nordamerikas wurden Frauen im 19. Jh. in immer stärkeren Maße in den Arbeitsprozeß einbezogen. Sie besaßen jedoch nicht die gleichen Rechte wie Männer: weniger Schulbildung, geringere Löhne und kein Wahlrecht. Seit 1848 entstanden Vereine, die für eine Verbesserung der Lage der Frau und die Gleichberechtigung eintraten. Die dt. F. war überparteilich. Die stärkste Unterstützung fand sie bei der Sozialdemokratischen Partei.
1918/19 erfolgte die politische und 1949 auch die rechtliche Gleichstellung mit dem Mann.
Es gibt allerdings heute immer noch Bereiche (Löhne, Renten), wo die tatsächliche Gleichheit noch nicht erreicht ist.

Fruchtwechselwirtschaft. Beginnend im 18. Jh., vor allem aber im 19. Jh. wurde die Dreifelderwirtschaft durch die F. abgelöst. Jetzt wurden die Felder in mehrfachem Wechsel mit Halm- (Getreide) oder Blattfrüchten (Klee, u. a.) bebaut. Eine Brache gab es nicht mehr. So konnten die Erträge beträchtlich gesteigert werden.

Garnison. Ein Ort mit ständiger Truppenbesatzung.

Gegenreformation. Mit religiösen und politischen Maßnahmen versuchten der Papst und die katholischen Fürsten, die Reformation zurückzudrängen und in den reformierten Gebieten wieder den alten Glauben einzuführen. Das nennt man G.
Auch die Zeit zwischen dem Augsburger Religionsfrieden (1555) und dem Westfälischen Frieden" (1648) heißt so. S. auch „Jesuiten".

Geleit. (Bewaffneter) Schutz zur Sicherheit von Reisenden. Freies Geleit: Versprechen einer ungehinderten Hin- und Rückreise vor allem bei Gerichtsverfahren.

Gemeiner Mann. Bezeichnet im 16. Jh. die einfachen Menschen in Stadt und Land — Bauern, Bürger (mit Ausnahme der reichen Oberschicht) und Bergarbeiter.

Generalstände. Versammlung der drei Stände Frankreichs, also der Vertreter der Geistlichkeit, Adligen und Bürger (= „Dritter Stand"). Vom König einberufen hatten die G. fast ausschließlich Steuern zu bewilligen. Sie tagten unregelmäßig; ihre Mitglieder bestimmte der König. Da Adel und Geistlichkeit meist den Vorschlägen des Königs zustimmten war der „Dritte Stand" politisch bedeutungslos. Nach 1614 wurden die G. 175 Jahre lang nicht mehr einberufen.
S. „Landstände", „Ständestaat", „Absolutismus", „Dritter Stand".

Genossenschaften. Selbsthilfeorganisationen von Handwerkern, Bauern oder Arbeitern, auf genossenschaftlicher Grundlage.
Durch gemeinsame Geschäfte (Kreditgewährung, Ein- und Ver-

kauf) sollte die wirtschaftliche Lage ihrer Mitglieder verbessert werden.

Gewalten, -lehre. Die Aufklärer verwarfen im 17. und 18. Jh. die schrankenlose, unkontrollierte Regierung der absoluten Herrscher. Der Engländer Locke (1632—1704) und der Franzose Montesquieu (1689—1755) begründeten die Lehre von den „Drei Gewalten". Sie unterschieden gesetzgebende (Legislative), vollziehende (exekutive) und richterliche (iudikative) Staatsgewalt und forderten deren Trennung. Wenn die drei Gewalten sich gegenseitig kontrollierten, schien ein Mißbrauch der Herrschaft unmöglich.

Gewerkschaft. Der Zusammenschluß von Arbeitnehmern zur Durchsetzung gemeinsamer sozialer, wirtschaftlicher und beruflicher Interessen.
Die Bildung von G. wurde in Deutschland durch ein Gesetz von 1869/71 ermöglicht, das den Arbeitern das „Koalitionsrecht" zugestand.

Gobelin. Unter G. versteht man heute einen handgewirkten Bildteppich als Wandschmuck. Er heißt nach der Familie G., in deren Pariser Haus Ludwig XIV. eine Manufaktur für Luxuswaren (Vasen, Teppiche, Bilder u. a.) einrichtete.

Göttliches Recht. Im Ggensatz zum alten Recht (den überlieferten Gesetzen und Gewohnheiten) bezeichnet das g. R. die von Gott verfügte Ordnung der Welt und des menschlichen Zusammenlebens. Es ist in der Bibel, im Evangelium niedergelegt.

Gouverneur. Französische Bezeichnung für den Befehlshaber einer Stadt, Festung oder eines Landesteils (Provinz) als Statthalter des Königs.
Die G. in Frankreich entstammten meist dem hohen Adel.

Grundrechte. Grundlegende Rechte des einzelnen Bürgers gegenüber dem Staat. Sie stehen dem Menschen aufgrund seiner Menschenwürde von Geburt auf zu. Der Staat hat sie zu garantieren.
S. auch „Menschenrechte".

Haufe. Das Wort bezeichnet im 16. Jh. eine größere, organisierte militärische Einheit; es stammt aus der Sprache der Landsknechte.

Heller, -münze. Kleine Münze (= Pfennig) aus Silber, später aus Kupfer. Dieser Pfennig wurde anfangs in Schwäbisch Hall („Haller") geprägt und fand weite Verbreitung. Er wurde (bei sinkendem Wert) vereinzelt bis ins 19 Jh. geprägt.

Hexen, -glauben. H. hießen nach altem Glauben Frauen, welche im Bunde mit bösen Mächten, besonders dem Teufel, durch Zauber-Kräfte den Menschen Schaden zufügten. In manchen Zeiten brach eine Art Hexenwahn aus und die Menschen vermuteten hinter allem Unglück, Krankheit und Not das Wirken solcher H. Man verfolgte sie daher grausam, besonders zwischen dem 15. und 17. Jh. Durch rücksichtslose Anwendung der Folter versuchten die Richter der Inquisition H. aufzuspüren und Verdächtige zum Geständnis und zur Nennung von Mittätern zu zwingen. Die Aufklärung beendete den Hexenwahn.

Hofstaat. Die Gesamtheit der am Hofe eines Fürsten versammelten Adligen und Bürgerlichen. Dazu gehörten die Minister ebenso wie die Ehrendamen der Königin, die Zofen und Lakaien ebenso wie die Wachsoldaten (Garden).

Hugenotten. Die Anhänger des Genfer Reformators Johannes Calvin in Frankreich heißen H. Sie schlossen sich ab 1555 zu Gemeinden zusammen. Ab 1562 wurden sie verfolgt („Hugenottenkriege"). Ein Gesetz König Heinrichs IV. erlaubte ihnen 1798 die Ausübung ihres Glaubens. 1685 hob Ludwig XIV. das Toleranzgesetz auf. Daraufhin flohen viele H. nach Deutschland, Holland und England.

Immunität (von lat. immunitas, = Dienst- und Abgabenfreiheit)
Grundsätzlich: Ein Vorrecht, das gewissen Personen, z. B. Abgeordneten zur Durchführung ihrer Aufgaben gewährt wird.
Angeordnete dürfen nur mit Zustimmung des Parlaments strafrechtlich verfolgt und verhaftet werden. Kein Abgeordneter darf für seine Reden oder Stimmabgaben im Parlament gerichtlich verfolgt werden.

Industrialisierung. Der Übergang von der handwerklichen Produktion zur Massenproduktion mit Hilfe mechanisch betriebener Maschinen. Es entstehen Großbetriebe mit weitreichender Arbeitsteilung und Spezialisierung. Eine neue Gesellschaftsschicht entsteht: die Lohnarbeiter, und stellt neue Probleme. S. auch „Soziale Frage".

Inquisition (lat. Untersuchung). Hier: kirchliches Gerichtsverfahren zur Aufdeckung und Verurteilung von Irrlehren. Die Inquisitionsgerichte, im 13. Jh. eingerichtet, waren meist von Angehörigen des Dominikanerordens besetzt.

Inquisitionsgericht s. Inquisition.

Internationale. Zusammenschluß der sozialistischen Arbeiterbewegungen aller Länder (1864 in London gegründet). I. heißt auch das Kampflied der Arbeiterbewegung.

Jesuit, -en, -enorden. Mitglieder der katholischen „Gesellschaft Jesu". Dieser Orden wurde vom Spanier Ignatius von Loyola gegründet. Papst Paul III. erkannte ihn 1540 an. Die Jesuiten wohnten nicht in Klöstern und hatten kein regelmäßiges Chorgebet. Sie widmeten sich der Glaubenspredigt bei den Heiden und abgefallenen Christen (z. B. Protestanten), der Jugenderziehung und der Wissenschaft. Sie wurden vom „Ordensgeneral" geleitet, der den Weisungen des Papstes direkt unterstand. Die J. waren daher wichtige Träger der „Gegenreformation".

Kapital (lat. Hauptgut, Hauptsumme, Vermögen) Geld und Sachgüter, welche einen Ertrag (Zinsen) abwerfen. Man unterscheidet daher Geld-K. und Produktions-K. (Werkzeuge, Maschinen, Fabrikgebäude u. a.), mit dem der Besitzer Güter zum Verkauf herstellen kann.

Kapitalismus. Hier: Ein Wirtschaftssystem, das vom 16. Jh. bis eingangs des 20. Jh. vorherrschte. Sein Grundgedanke: Der Eigennutz, das Streben des ungehindert wirtschaftenden Unternehmers nach Profit fördere den Fortschritt. Der K. wurde erstmals von K. Marx in seinem Buch „Das Kapital" (1867) analysiert und kritisiert, Auf ihn fußten die „Marxisten". In ihrem Sprachgebrauch ist K. meist gleichbedeutend mit Ausbeutung, Verelendung oder Unterdrückung des Arbeiters. Sie stellen dem K. den „Sozialismus" gegenüber, d. h. eine Gesellschaftsordnung, welche das diesseitige Glück aller durch eine gerechte Teilhabe an den materiellen Gütern sichern soll. Dem individuellen Gewinnstreben soll das Ziel der „sozialen Gerechtigkeit" übergeordnet sein.

Kaufkraft. Die K. drückt den realen Wert des Geldes aus, also das, was man mit ihm kaufen kann.
Die Höhe der K. bemißt sich nach

der Warenmenge, die man für eine best. Geldeinheit (z. B. 1 DM) erwerben kann. Entscheidend für die K. sind daher die Preise der Güter. Man konstruiert die K. meist aus einer größeren Anzahl von Preisen.

Keller. Im Mittelalter: Gehilfe des Meiers auf den Fronhöfen größerer Grundherren.
In Württemberg: Ein Beamter des Landesherren, der dem Vogt beigeordnet war. Er hatte die Einkünfte aus den fürstlichen Besitzungen (Domänen) und später auch die Steuern einzuziehen.

Ketzer. Anhänger einer Lehre oder Ansicht, die den Lehrsätzen der katholischen Kirche (Dogma) widerspricht.

Kinderarbeit. Beschäftigung von Kindern unter 14 Jahren in nichtelterlichen Betrieben gegen Lohn. K. (bei langen Arbeitszeiten, schlechten Löhnen) war bis ins 19. Jh. überall üblich. Sie wurde seither immer stärker eingeschränkt und ist heute gesetzlich verboten.

Klasse. Eine Gruppe von Menschen, die ein gleichartiges Einkommen und eine etwa gleichartige Stellung in der Gesellschaft haben durch Besitz, Bildung und Lebenschancen.

Kommunistisches Manifest s. unter „Manifest, Kommunistisches".

Konfession (lat. Bekenntnis). Ein bestimmtes Glaubensbekenntnis innerhalb des Christentums, z. B. das der lutherischen Protestanten oder das der Anhänger Calvins (Calvinisten). S. auch „Augsburger Konfession".

Konversativ (von lat. conservare = erhalten, bewahren).
Grundsätzlich: Eine politische und geistige Haltung, die am Bestehenden festhält gegen Neuerungen.
Im 19. Jh.: Die Kräfte werden als konservativ bezeichnet, die gegen die Ideen der Französischen Revolution, gegen Liberalismus und Demokratie ankämpften.

Konzil (lat. Versammlung). Feierliche Zusammenkunft der kirchlichen Würdenträger zur Beratung und Beschlußfassung. Die großen Konzilien des Mittelalters wurden meist von Kaiser und Papst einberufen.

Kopernikanisches Weltbild. Weltbild des Nikolaus Kopernikus (1473—1543): nicht die Erde, sondern die Sonne steht im Mittelpunkt unserer Welt.

Laien. Bezeichnung für alle Menschen nichtgeistlichen Standes.

Landesherr. Als L. galt, wer in einem Territorium die Landeshoheit (höchste Gewalt, Obrigkeit) innehatte. Zur Landeshoheit gehörten wichtige Herrschaftsrechte, wie die oberste Gerichtsbarkeit, einzelne „Königsrechte" (Regalien, z. B. Zoll, Münzprägung u. a.) und die Kirchenvogtei. Auch ein großer Grundbesitz war wichtig. Die großen Landesherren hießen „Fürsten". Ihre Selbständigkeit gegenüber dem Kaiser wuchs im Laufe der Zeit an.

Landstände. Adlige, Geistliche und Bürger (selten auch Bauern) hatten in vielen Staaten besondere Standesrechte (Privilegien). Sie wurden als Stände bezeichnet. Zusammen mit dem Fürsten repräsentierten sie den Staat. Die Bewilligung neuer Steuern stellte ihr wichtigstes Herrschaftsrecht dar. Auch bei der Gesetzgebung, Gebietsabtretungen, Landesteilungen, Nachfolgestreitigkeiten, und der Entscheidung über Krieg und Frieden versuchten sie mitzuwirken. Das Bestreben eines Fürsten „absolut" zu regieren, griff gerade ihre Rechtsstellung an.

Landtag. Die Versammlung der Stände eines Landes. Das Recht zu Einberufung und Entlassung lag beim Landesherrn. Der L. beriet in der Regel über die vom Landesherrn vorgeschlagenen Punkte. L. fanden meist unregelmäßig statt, (Vgl. dagegen „Parlament".)
In Preußen wurde 1847 aus Mitgliedern der einzelnen Provinzstände ein „*Vereinigter L.*" berufen. Als „*Preußischen L.*" bezeichnete man in der Verfassung von 1850 die Vereinigung von Herrenhaus und Abgeordnetenhaus zu gemeinsamen Sitzungen.
Heute bezeichnet L. das in allgemeiner, freier und geheimer Wahl gewählte Parlament der deutschen Bundesländer.

Lebensstandard. Die Lebenshaltung eines Bürgers heißt L. Er hängt von der Kaufkraft des Geldes und dem persönlichen Einkommen ab. Der L. ist bestimmbar und ablesbar an: Menge und Güte der Nahrungsmittel, Versorgung mit Haushaltsgeräten, Größe und Ausstattung der Wohnung, Umfang an Urlaub und Freizeit u. a.

Lehen. Alles, was ein Lehensherr einem Lehensmann übertrug. Solche L. konnten Herrschaftsrecht, Landgüter und Einkünfte sein. Das L. sollte den Lehensmann (Vasallen) in den Stand setzen, seine Lehenspflichten (z. B. „Rat und Hilfe", Kriegsdienste) zu erfüllen.

Leibeigenschaft, Leibeigener. Starke persönliche Abhängigkeit eines Menschen von seinem „Leibherrn". Verpflichtete zu unbegrenzten Frondiensten, der Zustimmung des Herrn zur Heirat, einer Kopfsteuer („Leibhuhn") und einer Vermögensabgabe beim Tode (Todfall) in beträchtlicher Höhe. Der Leibeigene stand entweder als Gesinde im täglichen Dienst oder war mit einem Bauernhof ausgestattet.

Liberalismus (liberal. lat. = freiheitlich). Weltanschauliche Richtung, die die freie und ungehinderte Entfaltung des Einzelmenschen in den Vordergrund rückte. Die Bezeichnung „liberal" (Liberale) tauchte erstmals 1812 in Spanien für diejenigen auf, die gegen den Absolutismus und für eine Verfassung kämpften. Im 19. Jh. fanden sich die Anhänger der liberalen Ideen (die aus der Aufklärung entstanden waren), vor allem im Bürgertum. In der Revolution von 1848/49 kämpften die Bürger für liberale Forderungen, wie Volkssouveränität. gleiches und allgemeines Wahlrecht und eine Verfassung.

Liga. Allgemein: Zusammenschluß, Bündnis. Hier: Gegenbund katholischer Fürsten unter Führung Bayerns gegen die protestantische „Union". Die L. wurde 1609 gegründet. Mit Ausnahme des Kaisers gehörten ihr fast alle katholischen Fürsten und Städte an. Im 30jährigen Krieg unterhielt sie ein eigenes Heer (Feldherr Graf Tilly) neben dem Heer des Kaisers.

Manifest, Kommunistisches. Programmschrift des Bundes der Kommunisten (Organisation deutscher Emigranten, welche die in Deutschland herrschenden Zustände bekämpften). Das K.M. wurde von Karl Marx (1818—1883) und Friedrich Engels (1820—1895) 1847/48 verfaßt. Das K.M. wurde damals nur von wenigen zur Kenntnis genommen. Nach dem Erstarken der Arbeiterbewegung übte es jedoch großen Einfluß aus. Es beginnt mit den Worten: „Ein Gespenst geht um in Europa — das Gespenst des Kommunismus."

Manufaktur. Großwerkstätte zur Massenproduktion, in der Arbeitsteilung und Spezialisierung aufkommen. Die M. unterscheidet sich u. a. dadurch von modernen Fabriken, daß in ihr Handarbeit und eine traditionelle Energienutzung (Wasser-, Wind-, Menschen- und Tierkraft) betrieben wurde. Der Übergang zur modernen Industrie deutet sich aber an.

Mediatisierung. Reichsunmittelbare Fürsten oder Städte, die nur dem Kaiser unterstanden hatten, mußten sich der Herrschaft eines anderen Landesherren unterordnen. Sie wurden dadurch zu mittelbaren (von lat. medius = mittleres) Herren und verloren ihre Souveränität.

Menschenrechte. Rechte, die jedem Menschen aufgrund seiner Menschennatur zustehen; daher auch „Naturrechte" oder „Grundrechte". Zu ihnen gehört besonders die Freiheit des einzelnen vor staatlichen Eingriffen. In der Neuzeit wurden sie erstmals in einem englischen Gesetz (Bill of Rights) 1689 formuliert. Seit der „Unabhängigkeitserklärung" der USA (1776) und der „Erklärung der Menschen- und Bürgerrechte" in der Französischen Revolution haben die M. Eingang in viele Staatsverfassungen gefunden. Im Grundgesetz der Bundesrepublik heißen sie „Grundrechte" (GG Art. 1—19).

Merkantilismus. Die staatlich gelenkte Wirtschaftspolitik zur Zeit des Absolutismus: Sie betrieb vor allem Handelspolitik, daher M. (lat. mercator = Kaufmann, Händler). Diese Politik strebte nach aktiver „Handelsbilanz", um möglichst große Geldmittel für Heer, Verwaltung und Hof anzusammeln. Die Erzeugung von Exportwaren in Manufakturen wurde gefördert; Landwirtschaft und Kleinhandwerk wurden vernachlässigt. Die Einfuhr fremder Waren wurde erschwert, die eigene Ausfuhr gefördert. Eine starke außenpolitische Stellung war die Voraussetzung solcher Maßnahmen.

Minister, Erster M., Das lat. Wort minister bedeutete ursprünglich allgemein „Diener", „Gehilfe". Allmählich wurde es dann auf die obersten „Diener des Fürsten", auf die Inhaber der höchsten Staatsämter eingeengt. Sie hingen im Zeitalter des Absolutismus ganz vom Vertrauen des Fürsten ab. Damals entstand auch das Amt des „Ersten M.". Er war der Leiter der Politik und anderen Ministern vorgesetzt. In England gibt es noch heute einen Ersten M. (= Premierminister).

Nation, -albewußtsein, -staat. (von lat. natio = Geburt, Volksstamm). Eine Großgruppe von Menschen, die u. a. ein gemeinsames Wohngebiet, eine gemeinsame Abstammung, Kultur und Sprache hat, wird als Nation bezeichnet. Das Bewußtsein, einer Nation anzugehören (**„Nationalbewußtsein"**), wird in Europa Ende des 18. Jh. vor allem in den Ländern Frankreich, England und Spanien ausgebildet. In dem territorial zersplitterten Deutschland entstand erst im Zuge der Französischen Revolution ein Nationalgefühl und eine Nationalbewegung. Die Angehörigen der deutschen Nation sollten zu einem Staat („Nationalstatt") vereinigt werden. Dieses Ziel wurde 1871 erreicht.

Nationalhymne. Offizielles Lied (Hymne) eines Staates für politische und sportliche Anlässe. N. sind Ausdruck der nationalen Zusammengehörigkeit und Mittel des nationalen Auftretens bei internationalen Gelegenheiten. Eine der ersten N. war die Marseillaise in Frankreich (1793). Die N. Deutschlands ist seit 1922 das Deutschlandlied.

Nationalkonvent. Das französische Parlament, das im September 1792 zusammentrat. Den N. konnten alle über 21jährigen Franzosen wählen, soweit sie nicht dem Dienstbotenstande angehörten.
Der N. beschloß in seiner ersten Sitzung die Aufhebung des Königtums und die Errichtung der einheitlichen und unteilbaren Republik.

Nationalversammlung. Eine Abgeordnetenversammlung, die eine Verfassung ausarbeiten soll. Am 17. Juni 1789 wurden die französischen Generalstände in die N. umgewandelt. Sie blieb bis zum 30. 9. 1791 bestehen.

Norddeutscher Bund, N. Reichstag.
Ein Zusammenschluß von 22 norddeutschen Staaten unter Führung Preußens. Er entstand 1866 nach der Niederlage Österreichs gegen Preußen und war ein Ersatz für den aufgelösten Deutschen Bund. Der N.B. war eine Vorstufe der Einigung Deutschlands.
Die Verfassung des N.B. wurde vom „Norddeutschen Reichstag" erarbeitet. Dieses Parlament war aus allgemeinen, gleichen und geheimen Wahlen hervorgegangen. Es wurde zum Vorbild für den Reichstag des (II.) Dt. Reiches nach 1871.

Parlament.
In Frankreich: Die obersten königlichen Gerichte. Es gab mehrere P., die — unter sich gleich — jeweils für bestimmte Provinzen zuständig waren. Das größte war das P. von Paris. Aufgaben: Rechtsprechung, Überprüfung und Aufzeichnung königlicher Gesetze. Im Absolutismus waren die P. zeitweilig die einzige wirksame „Kontrolle" des Königs. 1790 wurden sie aufgelöst.
In England: Aus den Versammlungen der englischen Stände (Adel, Geistliche) entwickelte sich das P. als Volksvertretung. Es verhinderte im 17. Jh. eine absolute Königsherrschaft und erlangte im 18. Jh. die ausschlaggebende Stellung, vor allem das „Unterhaus", das sich im 14. Jh. vom „Oberhaus" (Adlige, Geistliche) abgespalten hatte.
Heute bezeichnet P. die Versammlung der freigewählten, unabhängigen Vertreter des Volkes. Aufgaben: Gesetzgebung, Entscheidung über Einnahmen und Ausgaben des Staates (Budgetrecht) und Kontrolle der Regierung.

Parteien (von lat. pars = Teil). Politisch gleichgesinnte Menschen, die sich organisiert zusammenschließen, bilden eine Partei. Ziel einer Partei ist, die Herrschaft im Staat zu kontrollieren bzw. selbst zu übernehmen. Politische Parteien im heutigen Sinne bildeten sich erst im 19. Jh. In Deutschland entwickelten sich nach 1815 drei Parteirichtungen: die Konservativen, die Liberalen, die Demokraten. Nach der Revolution 1848/49 formierten sich daraus endgültig die Parteien der Rechten, der Mitte und der Linken.

patriarchalisch. Eine seit altersher überlieferte Ordnung, die sich auf die Autorität des Vaters (hier: des Herrschers) gründet, nennt man p.

Preußischer Landtag
s. unter „Landtag".

Privilegien (lat.). Sonderrechte einer Person oder Personengruppe. P. besaßen vom Mittelalter bis ins 19. Jahrhundert insbesondere Adel und Geistlichkeit bei der Besteuerung und bei der Rechtsprechung.

Protestanten. Heute eine Sammelbezeichnung für die Anhänger der reformatorischen Lehre(n) — Lutheraner, Reformierte u. a. Auf dem

2. Reichstag zu Speyer 1529 protestierten 5 Fürsten und 14 Städte (alle Anhänger der neuen Lehre) in einer feierlichen „Protestation" gegen den Mehrheitsbeschluß des Reichstages, alle religiösen Neuerungen einzustellen.

Ptolemäus. Geograph, Mathematiker und Astronom des Altertums, lebte um 140 n. Chr. in Alexandria. Ptolemäisches Weltsystem: Annahme des Ptolemäus, daß die Erde im Mittelpunkt unserer Welt steht.

Reformation (lat. Erneuerung). Bezeichnung für die durch Martin Luther und andere Reformatoren ausgelöste kirchlich-religiöse Bewegung des 16. Jh.'s, die zur Trennung von der katholischen Kirche führte. In der Sicht der Reformatoren bedeutete sie eine Reinigung der Kirche von Mißbräuchen und eine Rückkehr zum Evangelium als alleiniger Grundlage des Glaubens.

Reformierte. Seit 1648 die offizielle Bezeichnung für die Anhänger der schweizerischen Reformatoren Ulrich Zwingli (1484—1531) und Johannes Calvin (1509—1564).

Reich.
Allgemein: Herrschaftsgebiet eines Königs oder Kaisers.

Heiliges Römisches Reich Deutscher Nation: Name des Kaiserreiches der deutschen Könige bis 1806. Der Zusa z „Deutscher Nation" bedeutete eine Eingrenzung des Reiches auf die Deutschen; er stellte einen Verzicht auf den früheren Anspruch auf Weltherrschaft dar.

Deutsches Reich: Das 1871 in Versailles ausgerufene (II.) Reich. Als die Nationalsozialisten 1933 die Macht übernahmen, zahlten sie von da an ihr „Drittes Reich".

Reichsacht (auch **Bann, Reichsbann**). S. unter „Acht".

Reichsgut. Grundbesitz und Herrschaften, die der deutsche König bei seiner Amtsübernahme erhielt. Das R. setzte sich zusammen aus dem Besitz ausgestorbener Königsfamilien, freigewordenen Lehen, aus gekauftem und beschlagnahmtem Gut. Besonders dicht lag es im Westen und Südwesten des Reiches. Im späten Mittelalter wurde das R. scharf vom Besitz der königlichen Familie (Hausgut, Hausmacht) geschieden.

Reichstag.
Allgemein: Stände- oder Volksversammlung eines Reiches.

Deutschland vor 1806: Die Versammlung der deutschen Kurfürsten, Fürsten und Städte. Diese Reichsstände traten nur auf Einladung des Kaisers zusammen und berieten getrennt. Ihre Mehrheitsbeschlüsse erhielten erst durch die Zustimmung des Kaisers als „Reichstagsschlüsse" oder „-abschiede" Rechtskraft.

Nach 1867: „Norddeutscher R." und **nach 1871** war der R. die durch allgemeine, gleiche und geheime Wahl bestellte Abgeordnetenkammer des Norddeutschen Bundes bzw. des Dt. Reiches.

Religionskrieg. Eine militärische Auseinandersetzung, in der es um die Unterdrückung bzw. um den Erhalt eines religiösen Bekenntnisses, kurz: um die Religion geht. Mehrere Staaten Europas erlebten einen solchen R. Es ging dabei aber nie um den Glauben allein, sondern es spielten auch politische Ziele eine große Rolle.

Renaissance (frz. Wiedergeburt).
Seit dem 14./15. Jh. eine Bewegung, die in der Antike, ihrer Kunst und Wissenschaft, ein Vorbild für die eigene Zeit sah. Bezeichnung für die Epoche am Übergang vom Mittelalter zur Neuzeit, besonders in der Kunst- und Kulturgeschichte.

Republik. Ein Gemeinwesen oder Staat, dessen Staatsgewalt nicht auf eine Einzelperson (z. B. König) konzentriert ist, sondern vom gesamten Volk oder zumindest einer führenden Gruppe ausgeht. Es gibt also aristokratische R. (z. B. Stadtstaaten, die durch patrizische Familien beherrscht wurden) und demokratische R. (z. B. die BundesrepublikDeutschland), die auf dem Gedanken der „Volkssouveränität" aufbauen.

Residenz. Wohnung eines geistlichen oder weltlichen Herren, Mittelpunkt der Herrschaft und Verwaltung.

Revolution. Ursprünglich bedeutete der latein. Begriff „Umwälzung" oder periodische „Wiederkehr" (bei Kopernikus z. B. der Gestirne). Seit der Franz. Revolution hat ein Bedeutungswandel stattgefunden: R. ist jetzt der gewaltsame politische Machtwechsel, der von einer Veränderung der gesellschaftlichen Gliederung begleitet wird. In der „Französischen Revolution" (zw. 1789 und 1799) verschwanden die bis dahin herrschenden Einrichtungen (das absolute Königtum) und Schichten (Adel, Geistliche). Aufbauend auf den „Menschenrechten" erfuhr Frkr. eine Neuordnung von Herrschaft (Volksherrschaft — Demokratie) und Gesellschaft (Freiheit, Gleichheit).
Von der F. R. gingen wichtige Gedanken für ganz Europa aus: In Stichworten: Das Volk als „Nation", Demokratie statt Absolutismus, Freiheit (Liberalismus) statt Unterdrückung und Einengung u. a.
So ist die Geschichte der letzten 180 Jahre ohne die Auswirkungen der F. R. kaum denkbar.

Rheinbund. Ein Bund, den 1806 zunächst 16 süd- und westdeutsche Fürsten gründeten, nachdem sie aus dem Reichsverband ausgetreten waren. Der Rheinbund stand unter dem Schutz Napoleons.

Säkularisierung (von lat. saecular = weltlich) Verstaatlichung von kirchlichen Gütern und Rechten.

Schafott. Ursprünglich: Tribüne. Hier: Gerüst, auf dem Verbrecher zur Schau gestellt und dann hingerichtet wurden.

Schatzung (Schoß, Bede). Eine außerordentliche Steuer, welche die Landesherren (z. B. die Grafen von Württemberg) erhoben.

Schisma. Spaltung der kirchlichen Einheit, in der Lehre und/oder in der Kirchenleitung. Z. B. das große abendländische Schisma 1378—1417, bei dem zwei, später drei Päpste nebeneinander regierten.

Schwäbischer Bund. Bündnis zahlreicher süddeutscher Fürsten, Ritter und Reichsstädte, gegründet 1488; schlug unter seinem obersten Feldhauptmann Georg Truchseß von Waldburg (1488—1531) den Bauernkrieg in mehreren Landschaften nieder.

Schwindsucht, Tuberkulose. Dahinsiechen des Organismus als Folge einer entkräftenden Infektionskrankheit. Sie tritt meist als Lungen- oder Rückenmarkstuberkulose auf. Die S. war im 19. Jh. eine Volksseuche, bedingt durch schlechte Wohnverhältnisse, Unterernährung und Überarbeitung.

Souveränität. Unter S. verstand der Staatsrechtler Jean Bodin im 16. Jh. die oberste, nach außen und innen völlig unabhängige Staatsgewalt des Königs. Dieser galt als „von Gott eingesetzt" („von Gottes Gnaden"); er unterstand daher nur dem göttlichen Gesetz und dem Naturrecht. Gegenüber seinen Untertanen, besonders den „Ständen“, war er „absolut“, ebenso gegenüber anderen Königen, dem Kaiser und dem Papst.

Der Franzose Rousseau veränderte im 18. Jh. diese Lehre. Nach ihm lag die S. schon immer beim Volk; dieses habe sie nur als Amt auf den König übertragen. Diesen Gedanken nennt man „Volkssouveränität“.

Soziale Frage. Im Zeitalter der Industrialisierung entstanden große Gegensätze in der Gesellschaft. Insbesondere für die breiten, unteren gesellschaftlichen Schichten stellten sich zahlreiche Probleme: Massenarbeitslosigkeit, Schutzlosigkeit bei Alter und Krankheit, Wohnungsnot, Kinderarbeit u. a. Die Gesellschaft und der Staat waren herausgefordert, sich dieser „Sozialen Frage“ zu stellen und eine Antwort zu suchen, wie die Lage zu verbessern sei.

Sozialdemokratie. Eine politische Bewegung, die sich an den Lehren von Karl Marx (1818—83) und F. Lassalle (1825—1864) orientiert. 1863 entstand der Allgemeine Deutsche Arbeiterverein, der 1875 in der Sozialistischen Arbeiterpartei (seit 1891 „Sozialdemokratische Partei Deutschlands“ = SPD) aufging.

Sozialversicherungen. Gesetzlich vorgeschriebene Versicherungen zur Vorsorge gegen Krankheit, Alter, Erwerbsunfähigkeit durch Unfall und Arbeitslosigkeit. Sie beruhen auf dem Grundgedanken der Selbsthilfe aller Versicherten. Diese unterstützen mit ihren Pflichtbeiträgen in eine gemeinsame Kasse die versorgungsbedürftigen Mitglieder.

Heute wird eine Hälfte der Beiträge von den Arbeitgebern aufgebracht; bei der Unfallversicherung sind es sogar 100%.

Staatsräson. Der Italiener Machiavelli forderte um 1500, daß die Politik eines Fürsten allein auf den Nutzen und das Interesse seines eigenen Staates ausgerichtet sein müsse. Dieser Grundsatz der S. widersprach damals der traditionellen kirchlichen Lehre. Diese forderte, daß auch die Politik sich an bestimmte sittliche Regeln des Glaubens halten müsse.

Einfach gesagt: S. fordert, jeder Staat müsse gegenüber anderen rücksichtslos und egoistisch sein. Viele absoluten Fürsten griffen diese Lehre konsequent auf.

Stände, -staat. Im ausgehenden Mittelalter und in der Neuzeit regierte der Fürst in der Regel nicht schrankenlos oder „absolut“. Er war vielmehr an die Mitwirkung von Ständen (Landständen) gebunden, z. B. bei der Steuererhebung u. a. wichtigen Entscheidungen. Diese Herrschaftsform heißt S. s. auch „Landstände“, „Generalstände“, „Landtag“.

Stift. Eine Gemeinschaft von Geistlichen, die über eigenen Besitz verfügt. Sie lebt nach Kirchenrecht und hat den Chordienst an ihrer Kirche zu verrichten. Es gab einfache (niedere) Stifter, wie z. B. die „Stiftskirchen“, und gehobene, wie die Bischofskirchen. Dort stellten die „Domkapitulare“ das eigentliche Stift dar. An der Spitze eines Stifts stand ein „Propst“.

Todfall. Abgabe, die beim Tod eines Leibeigenen an den Herrn zu entrichten war. Sie bestand in einem Teil des beweglichen Vermögens, z. B. dem besten Kleid des/der Verstorbenen.

Tuberkulose s. unt. „Schwindsucht“.

Tübinger Vertrag. Abkommen des Herzogs von Württemberg mit seinen Landständen im Jahre 1514. Gegen Tilgung der hohen Schulden des Herzogs erhielten die Landstände bestimmte Grundrechte (z. B. freie Auswanderung, keine Bestrafung ohne rechtliches Urteil). Außerdem wurde die Mitregierung der Stände in wichtigen Angelegenheiten gesichert. So schränkte der T. V. die Willkür des Herzogs ein.

Ungeld, Akzise. Städte aber auch Landesfürsten schlugen in Mittelalter und Neuzeit auf den Verkaufspreis bestimmter Waren eine Verbrauchssteuer (Ungeld). In Württemberg war der Wein mit einem U. belegt. Das U. bedrückte i. d. R. die breiten (unteren) Bevölkerungsschichten.

Union. Allgemein: Eine politische und militärische Vereinigung.

Hier: Der Zusammenschluß protestantischer Fürsten und Städte (1608—1621) gegen die vom Kaiser und anderen Fürsten betriebene Gegenreformation. Der U. gehörten z. B. an: Württemberg, Baden-Durlach, Anhalt, Kurpfalz, Kulmbach, Ansbach, auch Ulm, Straßburg und Nürnberg. Im 30-jährigen Krieg unterstützte sie erfolglos ihren Führer, den Kurfürsten von der Pfalz und löste sich 1621 auf.

Vasall. Lehensmann; erhält vom Lehensherrn Herrschaftsrechte, Land und Schutz, wofür er ihm durch besondere Treue, Rat und Hilfe verpflichtet ist.

Vigilien. Nächtlicher Gottesdienst in der katholischen Kirche an bestimmten Tagen, u. a. vor hohen Festtagen wie Ostern, Pfingsten oder Weihnachten.

Vogt, Vogtei, -recht Kirchliche Einrichtungen, wie Klöster und Bistümer, benötigen einen weltlichen Beistand oder Vogt (von latein. advocatus Beistand). Man unterschied den Schirmvogt (Schutz nach außen) und den Gerichtsvogt (Gericht über schwere Verbrechen). Als Gegenleistung erhielten die Vögte eine bestimmte Steuer, das „Vogtrecht“ (z. B. den „Vogthaber“, das „Fastnachtshuhn“ u. a.).

In Württemberg trug der oberste Beamte eines Verwaltungsbezirkes („Amt“) den Titel V.

Volkssouveränität. Siehe unter „Souveränität“.

Volkswirtschaft. Die Gesamtheit aller wirtschaftlichen Vorgänge im Gebiet eines Staates: Herstellung von Waren, Vertrieb, Handel, Import und Export.

Wiener Kongreß. Eine Konferenz (1814/15) europäischer Fürsten und Diplomaten, auf dem Europa nach dem Sturz Napoleons politisch neu geordnet werden sollte.

Wohlfahrtsausschuß. Im April 1793 gegründeter Ausschuß des Nationalkonvents in Frankreich. Er bestand bis zum August 1795. Sein berühmtestes Mitglied war Robespierre. Unter dessen Leitung (Oktober 1793 bis Juli 1794) entwickelte er sich zu einer diktatorischen Regierung, gegen die es kein Einspruchsrecht gab.

Zehnt. Der Zehnt wurde um 700 im Frankenreich eingeführt: Ein Zehntel des Ertrags der Bauernhöfe sollte die Kirche für ihren Unterhalt bekommen. Der Anspruch gründete sich auf das Alte Testament.

Man unterschied den Großzehnt (Getreide, Wein, Obst), den Blutzehnt (Vieh) und den Kleinzehnt (Erzeugnisse von Tieren, kleine Früchte). Der Z. gelangte im Laufe der Zeit zu einem großen Teil in die Hände von Adligen und Bürgern. Er wurde so zu einer reinen Geldanlage und seines Sinnes beraubt.

Begriffsregister